李杰 著

Brand Aesthetics and Management

品牌审美与管理

图书在版编目（CIP）数据

品牌审美与管理 / 李杰著 . —北京：机械工业出版社，2014.2（2024.6 重印）
（高等院校市场营销系列精品规划教材）

ISBN 978-7-111-45544-8

Ⅰ. 品… Ⅱ. 李… Ⅲ. 品牌 – 企业管理 – 高等学校 – 教材 Ⅳ. F272.3

中国版本图书馆 CIP 数据核字（2014）第 014684 号

版权所有·侵权必究
封底无防伪标均为盗版

  本书是李杰教授关于品牌审美与管理最新的研究成果。全书共分 8 章，内容包括品牌概览、品牌审美与设计、品牌资产、品牌架构及定位、品牌传播、品牌维护、品牌发展和品牌危机，内容翔实，逻辑体系明晰。本书案例非常丰富，每个理论配以大量的案例，使全书内容异常丰满、生动有趣，同时本书配有大量精美的图片，精彩纷呈。作者以深厚的中西方美学积淀为基础，把品牌审美与管理的理论一一道来，带我们一览品牌审美与管理的美的历程。

  本书适用于高等院校市场营销、经济管理类本科生和研究生，更可供对品牌管理感兴趣的读者参考。

机械工业出版社（北京市西城区百万庄大街 22 号 邮政编码 100037）
责任编辑：王金强   版式设计：刘永青
三河市宏达印刷有限公司印刷
2024 年 6 月第 1 版第 6 次印刷
185mm×260mm · 18.5 印张
标准书号：ISBN 978-7-111-45544-8
定 价：45.00 元

客服电话：（010）88361066 68326294

献给我慈爱的父亲

Brand Aesthetics and Management | 序

人类的发展在地球不同流域进程相异,由此带来社会发展的不同进程,从而折射出东西方文明在哲学观、文化、传统、性格、气质等诸多方面的明显差异,反映在戏剧文化、音乐和建筑艺术以及人们的生活方式上也是风格迥异。对比近一个世纪以来由农耕时代直接跨入信息社会的中国大地,这种被引发的变化差异更是强烈。同样,在品牌这个包罗万象、斑斓多彩的丰富世界里,品牌审美也变得"画眉深浅入时无"了。

关于品牌审美,并没有一个明确的定义。人们对品牌的审美很大程度上来源于以往养成期累积的经验基础之上的心理活动,来源于接触到的品牌之具象表现——产品本身及其企业有形的建筑形态,如厂房、办公大楼、体验中心或者某些印象深刻的品牌活动等。从现代信息传播的角度来理解,这些形态实际上是设计师、创意总监或企业家在满足功能需求的前提下,运用形象与抽象的思维,借助现代科学技术,将各种物质材料以艺术与梦幻的手段等对具象物的外在表现(体量、空间、形态)以及光线、色彩与之的相互作用——这些人们可以感知的信息进行加工处理,有效地传递各种信息,从而使审美主体——人的各个器官受到刺激而产生适度的兴奋,引发健康的心理活动并导致合适的行为,激活并诱导审美情绪。这不仅是由直感而引起的情绪反应,还包括共鸣、升华、移情、崇尚等心理活动。

人们在品牌审美的(心理)活动中,实际上是同时从物质和精神两个方面去把握现实中的真实存在;其次是始终离不开对具体的和个别的具象物形态的特殊感受;还有就是这种审美活动是一种再创造性的形象思维及情感体验,有时会完全符合设计者原有的模式或设想，但更多情况下与之有所出入；最后，也是最重要的就是它的目的是审美享受：获得从物质感触而升华的情感愉悦。

快速的社会变革、空前的商业机会、巨大的利润诱惑让中国社会和在这个环境下的人变得浮躁不安而不断地骚动起来——人们不怕陷入其中，只怕不能陷入。审美很多时候成为屈服于商业利益的囚徒，品牌审美所需要的精致经常演绎成土豪们"跑马圈地、蒸蒸日上"后的笑资——在中国这个火箭般发展的社会，已经很少有人记得或者不愿意记得"与社会保持一定的距离，不满足于现状而始终抱有梦想"是多么重要！

《品牌审美与管理》一书的成稿多少带有一些偶然的色彩，尽管懵懵懂懂中似乎觉得有些必然。在完成了自定的人生三部曲《企业发展战略》、《奢侈品品牌管理：方法与实践》、《战略性品牌管理与控制》之后，原本设想"挂靴"云游、自由漂泊，不必再过那般非常人的日夜颠倒的生活状态，但我却拗不过机械工业出版社华章公司的专业执着，竟然又旧病复发，做起了"3+1"的续篇——蹉跎中得以完成这部作品。我想"求真、唯善、寻美"这种儿时起就在父爱的阳光雨露熏陶中烙下的烙印，在2013年这个特殊的年份里慢而有节奏地显露出来了。

本书共分8章，把品牌起源与发展作为开篇，以品牌审美与产品设计为重点浓墨特写，之后依序逐次展开品牌资产、品牌架构及定位、品牌传播、审计与组织、新产品导入与品牌延伸、危机管理等章节，最后以延伸阅读的形式将作者近期的研究成果"品牌社群对品牌延伸评价的影响研究"、"中国自主品牌的国际化路径探索"、"城区发展要有长远的品牌战略规划"导入，同时也将2013年法兰西文学艺术骑士勋章获得者蒋琼耳女士的审美认知和20年的新东方老友俞敏洪先生的"教育品牌是一个民族的重要基础"演讲稿一并收入呈现给读者。

我要感谢在上海交通大学安泰经济与管理学院任职的周林教授、余明阳教授、李垣教授、田鹏教授，他们为我创造了良好的学术环境和创作空间。周林教授与我关于"对称与美感"（Symmetry and Beauty）的讨论以及余明阳教授与我关于"品牌中的美与美中的品牌"的讨论很好地推动了我去完善本书的创作。

我要感谢哥伦比亚大学商学院的陈方若教授、Bernd H. Schmitt 教授、Amir Ziv 教授、Kamel Jedidi 教授和巴黎九大的 Denis Darpy 教授以及爱马仕公司全球副总裁 Patrick Albaladejo 先生、乔治·阿玛尼（北美）公司 CEO Graziano De Boni 先生，他们在我纽约和巴黎访学期间的精心安排和相关讨论带给我奇妙的审美启迪。

我要感谢华谊兄弟传媒公司董事长王中军先生和副总裁胡明女士、爱马仕（中国）公司前任总裁雷荣发先生和公关传播总监曹磊女士、KENGO KUMA 建筑设计事务所创始人隈研吾先生和 Nahoko Yoshii 小姐、「上下」品牌 CEO 兼创意总监蒋琼耳女士、东方航空公司首席信息官蔡阳先生、均瑶集团董事长王均金先生、副董事长兼总裁王均豪先生、鹿鸣谷建设集团董事长张幼才先生和总裁助理刘晓红女士、复地集团董事长兼总裁张华先生、江西三清山旅游集团公司董事长兼总裁陈斌先生、首都机场集团商贸公司总经理张坤兰女士、德国嘉格纳（中国）市场部经理谢琳女士、德国旭勒（中国）董事总经理张校铭先生、耶鲁大学建筑系硕士研究生孙凯伦小姐、哥伦比亚大学商学院 MBA 王海清小姐、通用照明市场部邱岑小姐、柏蒂·温妮达（中国）公司商品部陈晗小姐。感谢大家在我创作过程中给予的各种形式的支持和帮助。

我要感谢老友李京生、贾兰伉俪，他们夫妇和而不同、相互印证的风格让我受益良多。他们在幕后默默支持我所从事的品牌研究工作让我心存感激。我也要感谢中央美术学院教授吕品晶先生、北京大学出版社艺术总监林胜利先生在我创作过程中给予的帮助。

我要感谢我的全职研究助理孙立本先生，这位朝着职业化水准、专业化水平、国际化方向努力的交大双学位毕业生，3 年来 1 000 多个日夜，始终跟随在我身边，兢兢业业、勤勉协理，上海交通大学"起点高、基础厚、要求严、重实践、求创新"的学风与精神在他身上有着很好的透视。我还要提及的是我在上海交通大学的 EMBA 张俊杰，MBA 王侃、张海燕、江琨、李菲，全日制研究生张毅、陆雄杰、季欣彤、罗会清、石云峰、黄定，本科生陈婕、林莎、李嘉成、袁国振。没有大家一定时期的热情和奉献，这本书不可能得以在今年顺利完稿。

李杰·中院·1896

二〇一三年·冬至

目录 | Brand Aesthetics and Management

序

001　第 1 章　品牌概览

003　1.1　内涵与外延

004　1.1.1　品牌定义

005　1.1.2　品牌特征

006　1.1.3　品牌属性

007　1.2　品牌 360°

008　1.3　论品牌化

010　1.4　强势品牌特征

011　阅读材料　可口可乐（Coca-Cola）

015　第 2 章　品牌审美与产品设计

016　2.1　品牌与审美

017　2.1.1　品牌消费心理

018　2.1.2　关于品牌审美

021　2.2　关于美学

022　2.2.1　中国美学掠影

024　2.2.2　西方美学掠影

036　2.3　产品设计与品牌美学

038	2.3.1	走进产品设计
042	2.3.2	产品设计理念
047	2.3.3	产品设计艺术风格
049	2.3.4	产品设计传播
051	**2.4**	**品牌形象美学**
051	2.4.1	品牌名称
056	2.4.2	品牌标志
067	2.4.3	字体与色彩
070	**阅读材料**	蒋友柏谈设计

075　第 3 章　品牌资产

075	**3.1**	**品牌资产基本要素**
076	3.1.1	品牌资产含义
076	3.1.2	品牌资产形成元素
078	**3.2**	**品牌资产来源**
078	3.2.1	品牌资产构成因素
083	3.2.2	品牌资产增值
086	**3.3**	**品牌资产评估**
093	**阅读材料**	万宝路（Marlboro）

095	**第 4 章　品牌架构及定位**
095	4.1　等级、层级与架构
095	4.1.1　品牌等级
101	4.1.2　品牌层级
103	4.1.3　品牌架构
103	4.2　品牌定位与意义
107	4.3　如何定位
107	4.3.1　认清市场与自身
109	4.3.2　品牌定位原则
110	4.3.3　品牌定位策略
115	4.3.4　品牌定位步骤
116	4.4　品牌定位误区
118	**阅读材料**　吉祥航空与均瑶集团（JuneYao）
121	**第 5 章　品牌传播**
121	5.1　传播概论
124	5.2　品牌传播
124	5.2.1　品牌传播特征
125	5.2.2　品牌传播类型

128　5.2.3　传统品牌传播方式

134　**5.3　品牌传播新方式**

135　5.3.1　Web 时代网络传播

137　5.3.2　艺术展览传播

138　5.3.3　电影及剧目传播

142　5.3.4　赞助与事件传播

143　**5.4　品牌体验与构建**

143　5.4.1　品牌体验类型

146　5.4.2　品牌体验构建

148　**阅读材料**　华谊兄弟（Huayi Brothers）

153　第6章　品牌维护：审计与组织

153　6.1　品牌审计

155　6.2　品牌重新定位与创新

155　6.2.1　品牌重新定位

160　6.2.2　品牌创新

170　6.3　为品牌建设进行组织及调整

173　**阅读材料**　巴宝莉（Burberry）

177 **第7章 品牌发展：新产品导入与品牌延伸**

180 7.1 **新产品策略**

181 7.1.1 开发新产品的优势

183 7.1.2 开发新产品的风险

184 7.1.3 新产品开发战略

186 7.2 **品牌延伸**

186 7.2.1 品牌延伸类型

190 7.2.2 品牌延伸风险

191 7.2.3 品牌延伸原则

192 7.3 **品牌合作**

193 7.3.1 品牌合作层次

196 7.3.2 品牌合作风险

197 **阅读材料** 乔治·阿玛尼（Giorgio Armani）品牌发展

201 **第8章 品牌危机：根源与应对**

207 8.1 品牌危机的概念、特征与影响

209 8.2 为何出现品牌危机

211 8.3 品牌危机应对及方式

211 8.3.1 危机处理原则

212	8.3.2	危机应对方式
213	8.3.3	危机处理组织架构
216	**阅读材料**	从"达芬奇"到"农夫山泉"

221	**延伸阅读 1**	李 杰	品牌社群对品牌延伸评价的影响研究
230	**延伸阅读 2**	李 杰	中国自主品牌的国际化路径探索——破解中国自主品牌"国内化陷阱"的方法与建议
247	**延伸阅读 3**	李 杰	城区发展要有长远的品牌战略规划
253	**延伸阅读 4**	蒋琼耳	传承与创新——「上下」的审美观
258	**延伸阅读 5**	俞敏洪	教育品牌是一个民族的重要基础

262	**附录 A**	品类及代表性品牌
268	**附录 B**	国内外航空公司一览
273	**附录 C**	本书所现品牌列表

279 **参考文献**

第 1 章
品牌概览

品牌的英文单词是 Brand，"品牌"这个词来源于古斯堪的纳维亚语"Brandr"，意思是"燃烧"，指的是生产者燃烧印章烙印到产品上。最古老的通用品牌是在印度，约一万年前的吠陀时期被称为"Chyawanprash"，广泛应用于印度和许多其他国家。

在欧洲，最早人们用这种方式来标记家畜等需要与其他人相区别的私有资产。到了中世纪，手工艺匠人用这种大烙印的方法在自己的手工艺品上烙下标记，以便消费者识别产品的产地和生产者。这就是最初的商标标记，生产者以此为消费者提供担保，同时，此做法也为生产者提供了法律保护。意大利人最早在 1200 年在纸上使用品牌水印的形式。

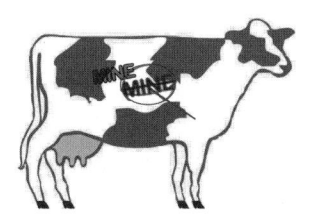

到了 16 世纪早期，蒸馏威士忌酒的生产商将威士忌装入烙有生产者名字的木桶中，以防不法商人偷梁换柱。

1835 年，苏格兰的酿酒者使用了"Old Smuggler"这一品牌，以维护采用特殊蒸馏程序酿造的酒的质量和声誉。此后，由于工业革命与经济发展，欧美许多工厂建立，需要大批量地生产商品，把产品卖给更广阔的市场。许多家用物品如肥皂，就是从当地社区集中工厂生产的。运输物品时，工厂以标志或徽章明确所属，形成了最早的"品牌"的商标意义。

其实，在古代中国也很早就有了品牌的概念，如"杜康"这个品牌已有五千年的历史，因酿酒鼻祖杜康始造而得名，在历史上有曹操"慨当以慷，忧思难忘，何以解忧，唯有杜康"的名句，古代人早就懂得在酒缸外贴上"杜康"以示区分。并且，我们从中国历史上留有盛名的镖局、银号、客栈也可以看得到"品牌"的影子。

留存至今的中华老字号都有上百年的历史：有始于清朝康熙年间提供中医秘方秘药的"同仁堂"，有创建于清朝咸丰年间为皇亲国戚、朝廷文武百官制作朝靴的"中国布鞋第一家"内联升，有1870年应京城达官贵人穿戴讲究的需要而发展起来的"瑞蚨祥"绸布店，有明朝中期开业以制作美味酱菜而闻名的"六必居"……衣食住行，无所不包（见图1-1）。

图1-1　部分中华老字号品牌

今天，在我们的生活中，品牌更是无处不在。

清晨被苹果（Apple）手机美妙的音乐叫醒，半梦半醒地走向科勒（Kohler）卫浴，使用高露洁（Colgate）牙刷、中华（Zhonghua）牙膏、欧莱雅（L'Oréal）洗面奶、吉列（Gillette）剃须刀、阿玛尼男士（Armani Man）护肤品洗漱打理后，从保鲜度极高的嘉格纳（Gaggenau）冰箱中挑选出诺心（Le Cake）低脂巧克力蛋糕和光明（Bright Dairy）的如实酸奶作为早餐。随后携带着联想（Lenovo）旗下的思考本（ThinkPad）笔记本电脑，驾驶大众（Volkswagen）旗下的汽车上班。进入办公室后，使用谷歌（Google）浏览器、惠普（HP）打印机办公。午餐选择了肯德基（KFC），点了汉堡伴着百事可乐（Pepsi），饭后买了一杯提神的星巴克（Starbucks）咖啡。因为下午出差，拎上了新秀丽（Samsonite）行李箱，乘坐国航飞机抵达北京，入住了东三环的凯宾斯基（Kempinski）酒店……第二天一早，赶上前往广州的南航A380飞机，降落后直奔四季（Four Seasons）酒店，换下了休闲服饰，套上了雨果·波士（Hugo Boss）的瘦身白衬衫，穿上登喜路（dunhill）西装，系上爱马仕（Hermès）其中一款含蓄的"H型"黑色腰带，踏上普拉达（Prada）皮鞋，同时也不忘把行李箱换为日默瓦（Rimowa），与极其重要的客户会面……终于到了迷人的周末，懒觉醒来穿上阿迪达斯（Adidas）球鞋以及J. Lindeberg高尔夫休闲装，约上恋人到恒隆广场（Hanglung Plaza）逛街购物，商店内摆着小孩热爱的迪士尼（Disney）玩具、女士钟情的路易威登（Louis Vuitton）皮包等。逛累了，去西提牛排（Tasty）享用了晚餐；餐后散步，一路走进了内庭小街上的哈根达斯（Häagen-Dazs），一品冰淇淋火锅。享受完美味的甜点，一路溜达，来到电影院，欣赏由华谊兄弟出品、冯小刚执导的《私人订制》，满心期待，不知这次葛优和冯导又会带来哪些精彩。柔情夜晚回到家，打开柏林之声（Burmester）音响，播放理查德·克莱德曼（Richard Clayderman）浪漫的钢琴曲，情意绵绵，拆开了杜蕾斯（Durex）避孕套……品牌渗入了消费者生活的每一个角落（见图1-2）。

图1-2　品牌无处不在（1）

1.1　内涵与外延

如果我们把形形色色的产品归类，每一类都有消费者所熟知的代表品牌。从图1-1、图1-2以及此后的图1-3中，我们可以感受到平日所接触的大大小小物件都有品牌的存在，附录A展示了更多的品牌。那么，何谓品牌？品牌为何有如此大的魅力？

图1-3　品牌无处不在（2）

从本章开始，我们将为读者展开看似斑斓，实藏玄机，丰富多彩的品牌世界。

1.1.1　品牌定义

直到 20 世纪 50 年代，现代意义上的品牌概念才由美国奥美广告公司创办人大卫·奥格威（David Ogilvy）第一次提出。从此，学者、专家开始注重对品牌的研究。让我们看看他们是如何定义"品牌"这个概念的。

品牌是一种错综复杂的象征——它是产品属性、名称、包装、价格、历史声誉、广告方式的无形总和，品牌同时也因消费者对其使用的印象以及自身的经验而有所界定……品牌就是产品和消费者的关系。

——大卫·奥格威

品牌是一种名称、术语、标记、符号或设计，或是它们的组合运用，其目的是借以辨认某个销售者或某群销售者的产品或服务，并使之同竞争对手的产品和服务区别开来。

——美国市场营销协会

品牌就是一种类似成见的偏见。而正如所有的偏见一样，对于占下风的一方总是有些不公平。品牌化，不仅仅是加强产品的特性而已，而且和消费者如何看待与购买这个产品有关。

——大卫·阿诺（David Arnold），《品牌保姆手册》

品牌是一个名字、名词、符号或设计，或是上述的总和。其目的是要使自己的产品或服务有别于其他竞争者。

——菲利普·科特勒（Philip Kotler）

品牌就是产品、符号、人、企业与消费者之间的联结和沟通。也就是说，品牌是一个全方位的架构，牵涉消费者与品牌沟通的方方面面，并且品牌更多地被视为一种"体验"，一种消费者能亲身参与的更深层次的关系，一种与消费者进行理性和感性互动的总和。若不能与消费者结成亲密关系，产品从根本上就丧失被称为品牌的资格。

——戴维·阿克（David Aaker）

品牌能为消费者提供其认为值得购买的功能利益或附加值的产品。我认为附加值是品牌定义中最重要的部分。我从 1 万个人中进行抽样调查，90% 的人都认为附加值在他们几乎所有的购买决策因素中起着最重要的作用。

——约翰·菲利普·琼斯（John Phillip Jones）

品牌是区分标志，用以识别。同时品牌是速记符号，是更有效沟通的代码。

——麦克威廉（McWilliam）

消费者视品牌为可凭消费经验减少购物时间的工具。消费者往往把某个品牌名称当作"信息标志"。通过一个品牌名称，消费者可以回忆起大量信息，如品质、可靠性、保证、广告等。

——霍威思（Hawes）

品牌不仅是用以区别不同制造商品的标签，它还是一个复杂的符号，代表了不同的意义和特征，最后的结果是变成商品的公众形象、名声或个性。品牌中的这些特征比产品中的技术因素显得更为重要。

——莱威（G. Levy）

品牌是指用以识别一个（或一群）卖主的商品或劳务的名称、术语、记号、象征或设计，及其组合，并用以区分一个（或一群）卖主和竞争者。

——《营销术语词典》(Dictionary of Marketing Terms)

品牌是证明供应者的一种去不掉的标志。

——《牛津高阶英汉双解词典》(The Oxford English Dictionary)

我们认为：品牌是一种识别标志、一种精神象征、一种价值理念，品牌是一种名称、术语、标记、符号或图案，或是它们的相互组合，用以识别企业提供给某个或某群消费者的产品或服务，并使之区别于竞争对手的产品或服务。品牌反映了一个产品、服务或者主体（包括国家、城市、企业、组织以及个人等）的属性、利益、文化、个性以及消费者类型，体现的是一个产品、服务或者主体的核心价值、差异化、质量和信誉的保证及其溢价能力。培育和塑造品牌也是一个不断创新的过程，通过这一过程，企业能够巩固原有的品牌资产，进而多层次、多角度、多领域地参与竞争，在全球化市场上立于不败之地。

1.1.2 品牌特征

品牌是企业的无形资产，不具有独立的实体，不占有空间，但它最原始的目的就是让人们通过一个比较容易记忆的形式来记住某一产品或企业。因此，品牌必须通过一系列直接或间接的物质载体来表现自己。品牌的直接载体主要是文字、图案和符号，间接载体主要有产品的质量、产品服务、知名度、美誉度、市场占有率。没有物质载体，品牌就无法表现出来，更不可能达到品牌的整体传播效果。

优秀的品牌在载体方面表现较为突出，如"可口可乐"的文字，其红色图案及相应的包装能使消费者联想到可口可乐饮用后的独特效果；再如"麦当劳"黄色的拱形"M"标志象征着欢乐与美味，给人们不一样的视觉效果。

品牌共有五大特征：无形性、专有性、价值性、风险及不确定性和扩张性。

无形性指品牌不具有物质实体，但有物质载体，通过一系列物质载体来表现自己。直接的载体有图形、标志、文字、声音，间接载体则有产品的价格、质量、服务、市场占有率、知名度、亲近度、美誉度等。

专有性是指品牌是用以识别生产或销售者的产品或服务的。品牌拥有者经过法律程序的认定，享有品牌的专有权，有权要求其他企业或个人不能仿冒与伪造。这强调了品牌的排他性。

中国很多企业在国际竞争中未能有效地利用法律武器，没有发挥品牌的专有权，近年来我们不断看到国内的金字招牌在国际市场上遭遇的尴尬局面："红塔山"在菲律宾被抢注，100多个品牌被日本抢注，180多个品牌在澳大利亚被抢注……人们应该及时反省，充分利用品牌的专有权。

品牌拥有者可以凭借品牌的优势不断获取利益，因此品牌具有价值性。这种价值并不能像物质资产那样用实物的形式表述，但它能使企业的无形资产迅速增大，并且可以作为商品在市场上进行交易。

品牌创立后，在成长过程中，市场、消费者需求不断变化，一个品牌的资产可能壮大，也可能缩小，甚至在竞争中退出市场。因此，品牌成长就存在风险，对风险的评估也存在很大的难度。对于品牌风险，有时由于企业的产品质量出现意外，有时由于服务不过关，有时由于品牌盲目进行延伸，运作不佳，这些都给企业的品牌维护工作带来难度，对企业品牌效益的评估也出现不确定性。

品牌具有识别功能，代表一种产品、服务或者企业，企业可以利用这一优点展示品牌对市场的开拓能力，还可以帮助企业利用品牌资产进行扩张。

1.1.3　品牌属性

品牌代表的不仅是产品，产品只是其中的一个方面。由于每个人的阅历与背景不同，消费者通常以自己特有的方式来理解品牌，但有时这种理解不同于商家的主观愿望。品牌使消费者能够扮演不同的角色，也正是因为它们，人们的生活才变得有意义。如果消费者对于产品的认识、情感和行动是正面的、积极的、友好的和愿意接近的，品牌就有可能转化为一种无形资产，体现出品牌的价值。

品牌能给企业带来高于平均利润的收益，越来越多的企业开始重视品牌。品牌不仅仅是一个区分的名称，更是一个综合的象征：品牌不仅掌握在企业手中，更掌握在消费者手中，品牌取决于消费者的感知、认同和接受；品牌虽然以符号形式存在，但在企业一系列丰富的、包括市场活动在内的综合行为中，赋予了其具有联想力的形象、个性与生命。

而品牌属性可以通俗地理解为"品质"+"牌子"，所谓"牌子"即品牌强调了品牌的注册商标、使用权、所有权、转让权等。现代品牌产品的一个基本特征就是商标化。注册商标具有区别商品来源的功能，通过对产品的商标注册可以让消费者辨别产地、质量，扩大产品的市场占有率。而"品质"即品牌从文化、心理意义的角度出发，是一种口碑、一种品位、一种格调，这是对品牌理念和价值的更进一步的表达。如西门子（Siemens）电器代表实用、可靠和信任；通用电气（GE）代表实用、方便，就像一位老朋友一样。

在菲利普·科特勒看来，品牌在本质上还代表着卖者对交付给买者的产品特征、利益和服务的一贯性的承诺。好品牌是质量的保证，它可以从以下六个方面来综合理解。

（1）属性：品牌首先使人们想到某种属性。例如，海蓝之谜（La Mer）意味着昂贵、高贵、护肤品、精华、享受等。公司可以采用一种或几种属性为护肤品做广告，而在海蓝之谜的广告中，永远强调它是"化妆界的奇迹"、"面霜之王"。

（2）利益：品牌不只意味着一整套属性。消费者买的不是属性，而是利益。属性需要转化成功能型或情感型的利益。耐久的属性可转化成功能型的利益："多年内我不需要买一款新腕表。"昂贵的属性可转化成情感型利益："这只腕表让我感觉到自己很重要并受人尊重。"制作精良的属性可转化成功能型和情感型利益："我总是能掌控最精确的时间。"

（3）价值：品牌也说明了一些生产者价值。例如奔驰（Benz）代表着高绩效、安全、声望及其他东西。

（4）文化：品牌也可能代表着一种文化。宜家（IKEA）家具代表着北欧文化：简约感、现代感与人情味兼容。

（5）个性：品牌也反映一定的个性。如果品牌是一个人、动物或物体，会使人们想到什么呢？苹果可以让人联想到乔布斯（Steve Jobs）、数码、创造力以及活力。

（6）用户：品牌暗示了购买或使用产品的消费者类型。如果我们看到一位30岁不到的年轻人开着一辆福特（Ford）、本田（Honda），即使是奥迪（Audi）A4，我们也不会太吃惊，但若是看到他驾驶着一辆保时捷（Porsche）时一定会很吃惊，它某种程度上暗示着家境富裕。若是一位中年男子在开保时捷或玛莎拉蒂（Maserati），一般地，我们感觉这位车主是一位较为成功的高级职业经理人或企业家。

1.2 品牌360°

品牌形成后自然会与外界产生联系，我们通常称之为**品牌关系**（Brand Relationship），如品牌与国家、品牌与企业、品牌与消费者。这些品牌关系伴随着品牌360°成长的状态，品牌建设者必须了解并维护良好的品牌关系。

1. 品牌与国家

品牌是国家形象和经济实力的代表。一个国家或地区的品牌在国际市场上的声誉和数量多少，反映这个国家或地区的整体形象和经济实力。反之，国家或地区的经济实力又不断扶持和强化其品牌在国际市场上的地位。强势品牌的树立不是针对少数人、少数企业，而与国家的大力扶持和宣传紧密相关。

曾经有一位日本名人说过："代表日本脸面的有两个——左脸是松下电器（Panasonic），右脸是丰田（Toyota）汽车。"品牌专家们普遍认为在当今的工商业界，品牌是增长和获利能力的主发动机。

对于今日中国，培育世界级品牌的意义超越了发展经济本身。世界级品牌是一个国家的名片，就像人们看到可口可乐、万宝路（Marlboro）等品牌，就会想到美国文化乐观奔放、积极向上的精神内涵与强大的综合实力。

2. 品牌与企业

品牌间的差异是竞争对象难以仿效的，它融多种差别化利益于一体，是企业综合实力和素质的反映。品牌是企业产品的质量、特征、性能、用途等级的概括性象征，凝聚着企业的风格、精神和信誉，使消费者一接触品牌就会想到生产企业。从一定意义上讲，代表企业产品的市场品牌所包含的价值要远远高于企业的其他资产价值。经注册之后的品牌，成为企业的一种特有资源，受法律保护，其他企业不得仿冒和使用，若被他人侵权，可以依法追究法律责任。

当一个品牌拥有更高的感知质量，企业可比竞争者卖更高的价格。如此，品牌可以增加现金流量、增强现金流的稳定性，同时加速现金流的周转，并提高现金流的剩余价值。美国的一项调查表明，领导品牌的平均获利率是第二品牌的4倍，在英国高达6倍。消费者在许多情况下乐意为购买名牌支付更高的金额。

3. 品牌与消费者

在现代社会，消费者不再单纯根据产品的功能做出选择，还根据产品的象征意义和品牌的个性和地位来积极地构建自我。品牌不仅对外构建了社会象征意义，对内也构建了购买者的自我身份。许多消费者在购买一些产品后，常有吃亏上当、后悔等感觉，而一个强势品牌不仅可以消除消费者的顾虑，还能获得一种**习得性满足感**（Learned Satisfaction），即是因为重复购买、重复满意而造成对品牌极其忠诚的心理状态，并且能使消费者在购买过程中省下评判产品的时间，降低时间成本，"买了放心，看着舒心，用着顺心"。

品牌与消费者的关系很容易快速建立，也很容易被破坏。当人们将互联网纳入自己生活方式的一部分的时候，品牌与消费者的关系触点无时不有、无处不在，而且品牌对消费者的刺激也越来越潜移默化，充斥眼球。在这个时候，品牌将单刀直入，直接成为需求的化身，占据消费者的某一处心灵空间，成为消费者行为习惯的一部分。

已经是百年的老品牌优势犹存，因为它已经沉积在消费者的大脑里。但不能忽视的是，新品牌随时都可能击碎消费者的品牌忠诚，就像互联网的创业奇迹一样，短短几年就能建立全新的巨大品牌。因为消费者心灵空间的记忆存储是有限的，强烈的吸引、高度的认同和持久的刺激将改变消费者的品牌偏好，重新建构新的品牌忠诚体系，并且这种未来的新品牌还有一股巨大的能量，这种能量蔓延性极强，能迅速占据消费者的生活，甚至还能催生另一种能满足某种心理需求的新生活方式。

1.3 论品牌化

历史上，许多产品没有品牌。生产者和中间商把产品直接从桶、箱子和容器内取出来销售，无须供应商的任何辨认凭证。中世纪的行业协会经过努力，要求手工业者把商标标在他们的产品上，以保护他们自己并使消费者不受劣质产品的损害。

如今，企业越来越注重品牌的商业作用，品牌化迅猛发展，已经很少有产品不使用品牌。像大豆、水果、蔬菜、大米和肉制品等过去从不使用品牌的商品，现在也被放在有特色的包装袋内，冠以品牌出售，这样做的目的自然是获得品牌化的好处。

当一个企业给产品赋予品牌，对于企业而言，更利于订单处理和对产品的跟踪保护产品的独特特征，不被竞争者模仿，吸引忠诚消费者，有助于市场细分并树立产品和企业形象。

尽管品牌化是商品市场发展的大趋向，但对于单个企业而言，是否要使用品牌还必须考虑产品的实际情况，因为在获得品牌带来的上述好处的同时，建立、维持和保护品牌也要付出巨大成本，如包装费、广告费、标签费和法律保护费等。所以在欧美的一些超市中又出现了一种无品牌化的现象，如细条面、卫生纸等一些包装简单、价格低廉的基本生活用品，这使得企业可以降低在包装和广告上的开支，以取得价格优势。

对于那些在加工过程中无法形成一定特色的产品，由于产品同质性很高，消费者在购买时不会过多地注意品牌。此外，品牌与产品的包装、产地、价格和生产厂家等一样，都是消费者选择和评价商品的一种外在线索，对于那些消费者只看重产品的式样和价格而忽视品牌的产品，品牌化的意义也就很小。如果企业一旦决定建立新的品牌，那不仅仅只是为产品设计一个图案或取一个名称，而必须通过各种手段来使消费者达到品牌识别的层次，否则这个品牌的存在也是没有意义的。未加工的原料产品以及那些不会因生产商不同而形成不同特色的商品仍然可以使用无品牌战略，这样可以节省费用，降低价格，扩大销售。

其实，品牌化不仅适用于服装、家电、食品、服务，像旅游地、区域、城市甚至国家也可以品牌化。当一个行业市场已经处于饱和状态时，品牌间的竞争进一步升级，已经从前一阶段产品间的竞争转变为品牌的综合比拼。不但有很多服务业开始创建自己的服务品牌，如银行、通信、零售等服务类行业；很多制造业企业也开始将服务品牌化，如家电、汽车、电子、烟草等制造类企业。

对于旅游地品牌化而言，打造旅游地品牌的过程就是在对当地旅游资源进行综合分析的基础上，找到旅游者对旅游资源最深层的本质需求，旅游地管理者对旅游资源规划、开发和宣传，树立一个统一的、最具吸引力的旅游地形象，随即产生品牌效应。

品牌打造就是要在众多旅游资源和产品中找到最具代表性和吸引力的特色，以婺源为例，围绕着"书乡，茶乡，中国最美乡村"这一主题来开发、规划、宣传江西旅游地形象，激发了旅游者的消费需求，如今成为江西省最著名的旅游主题品牌之一。婺源县内的江湾、李坑也凭借这极佳的品牌效应而闻名全国，当你用谷歌或者百度搜索引擎输入"中国最美乡村"，近700万条搜索条目显示了"婺源"这个名字。

众所周知的"桂林山水甲天下"也是一个成功的旅游地品牌，使山水风光成为桂林的旅游品牌，品牌效应也使桂林从此成为闻名遐迩的旅游胜地。此外，一些旅游景地借助久远的文化，凭借千古流传下来的诗句或者美誉打造成为旅游地品牌，并维持品牌的生命力。如"上有天堂，下有苏杭"、"五岳归来不看山，黄山归来不看岳"、"鱼米之乡，丝绸之府"乌镇、被誉为童话世界的"九寨沟"、以禅宗和武术并称于世的少林寺等。

同样作为国家5A风景区的丽江古城，它巧妙地把经济和战略重地与崎岖的地势融合在一起，真实、完美地保存和再现了古朴的风貌。古城的建筑历经无数朝代的洗礼，饱经沧桑，它融汇了各个民族的文化特色而声名远扬。并且，丽江古老的供水系统纵横交错、精巧独特，至今仍在有效地发挥着作用。它的存在不仅为人类城市建设史的研究、人类民族发展史的研究提供了宝贵资料，也成为中国最著名的旅游地品牌，是珍贵的文化遗产。

为了吸引跨文化旅游者，许多城市规划者借用本土文化中的经典形象来比拟和体现旅游目的地主题，如被称为"上海威尼斯、沪郊好莱坞"的上海朱家角、被誉为"东方罗马石雕"的山西云冈石窟等。

1.4 强势品牌特征

严格地说，我们一般不把成功、杰出、知名的品牌称为"好品牌"，品牌并没有"好"与"坏"这样的称谓，只有强势品牌与弱势品牌之别。比如"可口可乐"，在美国本土每天可以卖出4亿瓶（杯），若再包括207个国家的数字，每天就有超过18亿瓶（杯）的可口可乐出售。这就是强势品牌所打造的市场销售力。

在之前品牌定义中我们已经提及，品牌会使企业产品、符号、企业实力等信息在消费者心中留下一个投影，那么，这个投影就有可能被夸大或缩小，消费者对品牌的印象也有可能会很清晰或很模糊，于是就有了强势品牌和弱势品牌的区分。

强势品牌总表现出如下六大特征。

1. 品牌不可侵犯权

品牌和商标往往是合一的。只有在法律保护下的品牌才能健康生存。就像柯达、宝洁、可口可乐、百事可乐这样一些著名品牌，都进行了全球化商标注册，这就为它们的品牌畅销世界打下了法律基础。一个强势品牌，法律给它注入了排他性力量，别人是不可以随意侵犯的。

2. 一贯的好品质

从使用价值角度上而言，品牌与产品具有统一性。一个品牌往往代表了所对应的产品。

"西门子"是"电器"，"箭牌"（Wrigley）是"口香糖"，"佳得乐"（Gatorade）是"饮料"等。在这种情况下，产品的品质就与品牌发生了直接关系。强势品牌理所当然地拥有较强的品质力，并且永远保持。对美国人所热爱的佳得乐而言，它就必须保证总统喝的和我们喝的应该一模一样。当然，全世界的"德芙"（Dove）巧克力也应当一样好吃。

3. 钟情感

强势品牌必须是一个有吸引力的品牌。它给人以快乐、信任和满足。这样，制造品牌的亲和力就极为重要。人们对品牌的钟情感，往往是因为品牌本身所具有的丰富内涵。品牌形象、品牌文化、品牌个性与品牌象征性吸引了人们对它的爱好。知名度是强势品牌的一个特点，但高知名度不一定可以得到钟情。

4. 销售渠道支持

强势品牌所具备的强大销售力更容易扩宽产品分销渠道，获得分销商的有力支持，可以提高市场占有率，并为人们购买提供了很大的方便。我们从宝洁的商场分销、可口可乐的摊点分销都可以看出强势品牌在销售渠道方面的拓展力量。所以说，能够获得分销商的有力支持才是强势品牌的表现。

5. 获得再投资

品牌只有不断获得再投资支持，才能保持住市场生命力。强势品牌应当获得强有力的资金投入，这些投入主要用于品牌形象策划、传播和维护。

微软（Microsoft）对品牌做过多次改动，标准石油（Standard Oil）花费了3 000万美元重塑标志，"宝洁"（P&G）公司每年在本土投入10亿美元广告费宣传品牌。如果没有这些巨额的投资保障，强势品牌的弱化迟早是会发生的。在内地，要养一个强势品牌，每年至少需要对该品牌投入3 000万～5 000万元。

6. 专业品牌管理

一个品牌取得强势，必须对其进行专业化的管理，在不断的培护、促进、规划下才能壮大发展。我们要认真地对待品牌充当的角色，小心地传播品牌代表的信息，仔细地琢磨品牌的形象，谨慎地使用品牌扩张策略。在产品的质量上和性能上要充分体现出其优越性。要管理好价格，做好定位，理顺渠道，不回避竞争。只有对品牌加以规范，扶其根本，品牌的力量才会越来越大。

第2章开始系统地阐述品牌创建、维护与发展，引导读者深入地理解品牌对市场、消费者产生的巨大影响力，并了解企业为了打造品牌而采取的策略与措施。

阅读材料

可口可乐（Coca-Cola）

假如可口可乐的所有公司、所有财产在今天突然化为灰烬，只要我还拥有"可口可乐"这块商标，我就可以肯定地向大家宣布：半年后，市场上将拥有一个与现在规模完全一样的新的可口可乐公司。

——可口可乐创始人艾萨·坎德勒（Asa G. Candler）

由美国可口可乐公司（Coca-Cola Company）生产的一类含有咖啡因的碳酸饮料，中文译为"可口可乐"，这种风味来自原料中可乐种子（Cola Seed）。可口可乐不仅是全球销量排名第一的碳酸饮料，而且也是全球最著名的软饮料品牌，在全球拥有48%的极高市场占有率。在著名咨询商Interbrand发布的最新2011年品牌价值100强榜单中，可口可乐以718.61亿美元的品牌价值再获第一，这已经是可口可乐连续第11年在该榜单中拔得头筹。

百年品牌形象演变

1886年5月8日，药剂师彭伯顿（Pemberton）在美国佐治亚州（Georgia）亚特兰大市家中后院调制出新口味糖浆，并拿到当时规模最大的雅各布（Jacob）药房出售，每杯5美分。百忙之中，助手误把苏打水与糖浆混合，却令顾客赞不绝口。

至此，彭伯顿的新产品终于诞生了！他需要一个好名字，它听起来应该是有趣而令人开心的，彭伯顿的合伙人之一——弗兰克·鲁滨逊最后想出了"可口可乐"这个名字，大家一致叫好，因为它不仅点明了两种主要成分（可拉和柯拉果），而且还押头韵。与当时大多数广告词相比，可口可乐的广告词非常简短，开创了现代广告之先河。它最先使用的形容词"可口清新"几乎成为可口可乐的同义词。

从1885年第一瓶可口可乐被发明，这个品牌就一直在不断开拓创新。其标志、包装、广告都在不断演化、改进。从图1-4中我们可以看到，可口可乐标志从20世纪开始字体就一直沿用鲁滨逊设计的斯宾塞体草书"Coca-Cola"字样，字体有一种悠然的跳动之态，给人以连贯、流线和飘逸之感，100多年来，可口可乐的标志进行了多次修改，但"Coca-Cola"的草书字样只是做了细微的调整。

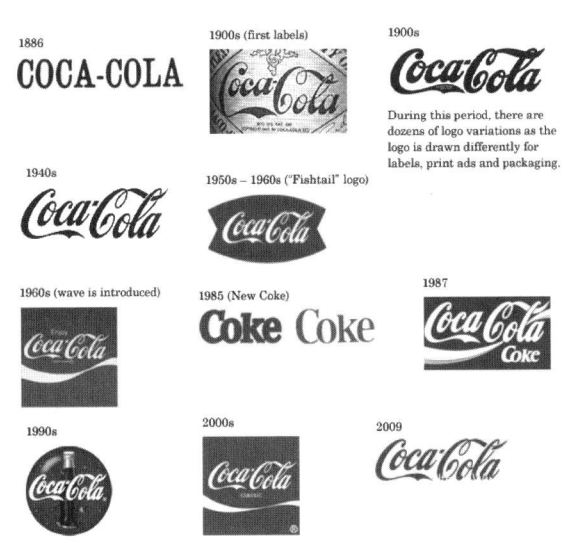

图1-4　可口可乐标志发展史

据说20世纪的一项调查显示，全球最流行的三个词分别是"上帝"、"她"和"可口可乐"。品牌分析家认为，全球最有价值品牌仍然是财富的主要创造者，未来仍将成为创造财富的领头羊。从这个角度讲，可口可乐的品牌经营本身就是在创造财富。

广告与传播

曾担任可口可乐公司董事长50年之久的伍德拉夫（Robert Woodruff）有一句名言："可口可乐99.61%是碳酸、糖浆和水。如果不进行广告宣传，那还有谁会喝它呢？"1886年，可口可乐营业额仅为50美元，广告费却为46美元，占营业额的92%；1901年，营业额为12万美元，广告费也暴增至10万美元，占营业额的83.3%；至2010年，可口可乐每年的广告费已超过6亿美元。92%和83.3%惊人的广告费比重使可口可乐这样一种99.61%都是碳酸、糖浆和水的饮料，销售额牢牢占据世界第一的宝座。的确，被国人戏称为"第一次尝起来如同咳嗽糖浆"的可口可乐多喝无益，甚至因为含有咖啡因而饱受诟病，但是它依然成功了。成功的最大秘诀是依靠了大规模的广告宣传。除了不惜血本的投入外，可口可乐的广告内容也是煞费苦心，总是紧跟时代与环境的变化而改变。

对任何一种产品来说，总是希望能通过某些特殊活动来丰富自己的品牌内涵，提高品牌形象。可口可乐一向把"欢乐、活力"作为两大宣传重点，最佳创意表现当然是与音乐、运动相联系。

虽然强大的广告攻势成就了可口可乐品牌的基础，但可口可乐从不期望从一条渠道获得品牌的全面提升，而是一直坚持多条渠道并进。由于赞助体育赛事而得到了明显的好处，也使赞助企业得到了丰厚的回报。对此，可口可乐可以说是深谙此道，从1928年阿姆斯特丹奥运会就开始提供赞助，并且赞助至今。可口可乐赞助奥运，最大的意义莫过于让观众无时无刻不见到它的身影，借以刺激他们的购买欲，提高销售量。可口可乐还青睐另一项全球性体育活动——足球。自1930年第一届世界锦标赛以来，可口可乐公司支持足球已有80多年的历史。"可口可乐"支持全世界每一个层次的足球，从基层的计划到代表最高水平的国际赛事——世界杯。1974年以来，可口可乐公司一直与国际足联保持密切的联系。"可口可乐"与国际足联合作，成为每届世界杯最主要的赞助商之一。可口可乐公司与所有六个洲际足联都有联系，并且赞助欧洲、亚洲、南美、非洲四大足联的重大比赛。

风靡世界各国

如今的可口可乐已经成为了一种全球性的文化标志，但是在风靡全球的同时，可口可乐仍然保持着清醒的头脑，没有固执己见地一味传播、销售美国观念，而是在不同的地区、文化背景、宗教团体和种族中采取分而治之的策略。

比如可口可乐公司的广告口号是"挡不住的感觉"（Can't Beat the Feeling），在日本改为"我感受可乐"（I Feel Cola.），在意大利改为"独一无二的感受"（Unique Sensation），在智利又改成了"生活的感觉"（The Feeling of Life）。广告信息始终反映着当地的文化，在不同时期有不同的依托对象和显示途径、生成方式，无一不是随着具体的时空情境而及时调整自身在文化形态中的位置，换言之，本土化随处可见。

拓宽市场

碳酸饮料市场日渐衰落，作为该领域全球老大的可口可乐自然首当其冲。为减少对碳酸饮料的依赖性，保持企业的持续发展，可口可乐不得不拓宽产品线，寻找更多的利润增长点。从这个意义上来讲，多元化是顺应整个饮料行业趋势的必然选择。如今，可口可乐在200个国家拥有

160种饮料品牌，包括汽水、运动饮料、乳类饮品、果汁、茶和咖啡，也是全球最大的果汁饮料经销商（包括Minute Maid品牌）。在美国排名第一的可口可乐为其取得超过40%的市场占有率，而雪碧（Sprite）则是成长最快的饮料品牌，其他品牌包括伯克（Barq）的沙士（Root Beer）、水果国度（Fruitopia）以及大浪（Surge）。

多元化不仅给可口可乐注入了新的活力，也巩固了其在自身行业头把交椅的地位。

第 2 章
品牌审美与产品设计

美（Beauty）是一种感受，是人的某种情感与所见事物之间形成的共鸣。美是全世界人都有的共同追求，如音律之美、自然之美等。从古代到现在，人类也一直在追寻美的脚步。古希腊柱式中多里克（Doric Order）的阳刚美、爱奥尼克（Ionic Order）的阴柔美，古埃及的金碧辉煌之美，古罗马的宏伟之美。中国五千年历史源远流长，中国人长期受到佛家、儒家与道家思想的影响，一直提倡真、善、美，明朝心学圣贤王阳明也将"心"与"良知"结合为一体，直到如今也流传着"良知体验美"的思想。

美的定义有多种，但是美的感受是可以相通的。重要的是要找到这种共鸣，在品牌管理中，找到与品牌特点、当地文化共鸣的美感，一个企业才能创造出出色的品牌。

其实，很多品牌管理者忘记了是什么为消费者带来了价值，是什么让消费者感到真正满意。有一些产品追求顶级质量、卓越功能而忽略了设计的重要性，一些产品片面地讲究设计而抛弃了高质量与高性能，然而，这些品牌管理者们都忘了：那些基本需求已经得到满足的消费者有着更深层的体验需求——质量与美结合的需求。

好质量和具有美感的设计可以让消费者满意、沉醉于产品的使用过程中，并且美能使企业有机会通过不同的感官体验方式来吸引消费者，而且这些机会不会仅仅限于奢侈品、娱乐业以及和美学相关的行业,其实,无论是营利型企业还是非营利组织、政府机构或是个体户,快速消费品行业、制造业、服务业都可以利用美来获益。

我们可以发现,拥有强势品牌的企业往往非常注重美学。就以西餐厅为例,在饭桌上除了要摆上可口香嫩的牛排之外,餐厅也需要为消费者提供一种全面的感官体验,做工精细的餐具、手感极好的餐刀、欧式风格的装潢、略显暧昧但感到温暖的灯光等。如今一些中餐厅也不仅仅只注重美味与服务,店面设计、环境布置、服务员衣着也越来越讲究美感。这些企业和品牌能够成功,并非仅仅做其他企业或品牌正在做的事,而是把传统狭义的营销留给竞争对手,自己通过美学体现使自己标新立异。

因此,美学可以为企业带来种种具体的有形价值,它可以带来大量的忠诚消费者,可以提高消费者的心理价格而提高定价,更容易成为人们识别品牌的手段,也通常能在竞争中获得保护。这就解释了为什么会存在如此众多的"果粉",白领一族如此迷恋星巴克咖啡,时尚达人热衷于穿着卡尔文·克莱因(Calvin Klein)的内衣,成功人士会挑选昂贵精致的瑞士名表。

实际上,所有品牌与营销活动都离不开美学,新产品开发、产品设计、品牌传播也好,品牌定位、品牌审计、品牌维护也罢,都涉及美学。许多西方企业以及越来越多的中国企业,已经将美学作为一种重要的战略手段。

2.1 品牌与审美

审美(Aesthetics),即是欣赏美的过程。

审美,有经典之审美,也有时尚之审美,经典之审美就是经过时间长河所洗礼的美,时至今日,仍然让人倾心的美。如黄金分割比例之美、希腊圆润之美、埃及数学之美(见图 2-1)。而时尚之审美则是契合了当代人审美特点的美,如现代的超长宽比例之美、硬朗的线条之美等。各品牌在应用美时要充分考虑各种审美特点的合理利用。

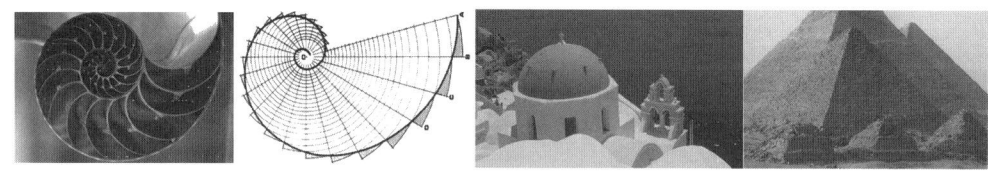

图 2-1 黄金分割比例之美、希腊圆润之美、埃及数学之美

审美是人类掌握世界的一种特殊形式,指人与世界(社会和自然)形成一种无功利的、形象的和情感的关系状态。人类从最早的造物开始,就存在有一种对形式和对形式美的认识和追求,诚如马克思所说:"人也按照美的规律来建造"。审美是在理智与情感、主观与客观的具体统一上追求真理、追求发展,背离真理与发展的审美,是不会得到社会长久普遍赞美的。由于审美活动体现了人的主观能动性,受到各人生活经验的影响,因此,审美活动具

有主观性、独特性和时代性。

消费者对汽车造型的审美变迁就直接可以通过不同时期的汽车造型风格体现出来（见图2-2）。如大众旗下具有悠久历史的品牌甲壳虫（Beetle）和高尔夫（Golf）：在20世纪30年代，人们偏好圆润的曲线形态；从20世纪70年代到20世纪末，人们又普遍偏好硬朗的直线形态；进入21世纪后，这种直线形态又慢慢向曲线转变。

大众甲壳虫
1939年

大众高尔夫第一代
1974～1983年

大众高尔夫第五代
2003～2009年

大众高尔夫第七代
2012至今

图2-2　汽车造型改变可以看出审美变迁

美学产生于个体经验与社会群体经验的脱节以及社会个体化过程的推进，而这与品牌的产生本质上一致。品牌世界丰富多彩，之所以会有这么多的品牌，正是因为个体意识的不断增强，一方面生产者对于自身生产的产品有了一定的独占性，另一方面，消费者希望自己与别人不同。而审美经验与日常生活经验的分离，体现在品牌审美上，即是消费者对于品牌的要求突破不仅仅是满足日常生活需求，更重要的是满足自身的审美需求。

人类用审美观去从事造物活动和设计活动，而这些活动的结果又促进了人类审美价值的提升，只有当设计结果与特定人群的审美价值观相一致的时候，设计结果才会得到肯定和喜爱。这些消费者的审美体验是决定产品设计与品牌审美是否统一的重要一环，也是品牌能否取得成功的关键。

在品牌打造与传播的过程中，品牌审美意识越来越重要。乔治·阿玛尼（Giorgio Armani）的成功之道归结为一句话即是"审美哲学的经营之道"——将时尚、经典、优雅等独特的阿玛尼风格深深植入集团内每个时尚男装品牌与产品线。不仅是对企业，品牌审美也是对消费者深度终极关爱的表现。品牌就像是一部艺术作品一样，要产生永恒的价值，没有审美的特征简直是不可想象的。品牌美学是品牌传播的结果，是消费者深度参与品牌构建的具体体现。品牌美学思想是消费者在消费实践和消费体验当中，积累到一定时间段的产物，是对产品审美实践和品牌实践的哲学概括。

品牌美学变成美学的一部分，不仅因为它在传播的过程中运用了艺术的手段，而且因为它在塑造的过程中，考虑到了目标人群的感受，甚至对于非目标人群它也表现出温文尔雅的气质，消费的人群感受到了功能利益的快乐，不消费的人群也感受到了美的享受。

2.1.1　品牌消费心理

品牌代表着卖者交付给买者的产品特征、利益和服务的一贯性承诺，它是消费者与产品有关的全部体验。品牌不是产品，产品只是其中的一个方向。品牌在更深的层次上是对人们情感诉求的表达，它要满足的不仅是人的物质需要同时还有人的精神需要、社会认同等，它映射出某种生活方式和人们对待事物的态度，成为捍卫自我生活和身份的事物。

消费包含了诸多社会成分，对产品或品牌的认同就是对某种社会理想和人格理想的认同，消费的体验就是在生活中实施这些理想的体验。这些理想从社会方面看，包括自由、民主、幸福、发展等观念；从个人角度看，包括个性、独立、私有、情感的张扬和自我的塑造等观念。

因此，消费者对品牌进行消费，不仅是消费产品，同时也能获得一定程度的美感。这种美感是在消费过程中发生的，通过对品牌产品的占有、消费、体验，使自己的生命追求获得精神满足。于是，消费这一最世俗、最实用、最经济的个体行为与人类精神生活中最精微细致的审美活动以及最纯粹抽象的价值理想可以相提并论了。

日常生活和商业活动的审美化和娱乐化已是不争的事实，随着社会财富的增长，消费已经不再局限于满足我们实际的生存需要。我们四周堆积着太多的商品，它们的魅力并非完全来自其实用的功能。广告、包装、展览、促销也不再是纯粹的商业行为，其中还包含了娱乐成分，甚至艺术成分。

由于品牌本身所具有的人格化、精神化、情感化特征，它已经由单纯的商业领域逐渐渗透进入社会的各个领域，品牌甚至作为一种评估的标准、一种价值判断的观念全面进入我们的生活。这背后，是以庞大的消费社会的存在和发展作为支撑的。正是整个社会空前的消费行为（物质的、精神的）将产生于商品领域的品牌意识、品牌观念、品牌思维泛化，而这一泛化过程与社会文化生活的互动更是直接地促使品牌成为一种在消费社会中相对独立的具有精神品格的观念。

诸多豪华汽车品牌，如奔驰、宝马（BMW），从它们产品超出一般的宽大尺寸比例，以及局部视觉形态的极度夸张程度，就可以看出这些品牌试图展现出来的不容侵犯的高贵格调与近乎"傲慢"的态度。然而，这种品牌形象正是与奢侈品中追求极致的价值观是一致的，因此，它们都具有了独特的精神品格。

品牌消费实际上是以物理性、现实性或精神性、虚拟性的方式满足着人们的精神追求，因此，我们在品牌消费的实际中都能明明白白地看见审美属性。无论是作为能够让主体以精神生命的方式或在精神的时空中获得生命满足的对象，还是作为能够让主体从中观照到自己本质力量的对象，品牌都能顺理成章地成为审美对象。

2.1.2　关于品牌审美

品牌不仅具有外在的形象，也有内在的理念。越来越多的人意识到了品牌美学的价值，不仅仅在于设计产品的外观和特征，也在于一个产品的实用性、交互界面甚至是零售体验。品牌外在形象的"美"，来自形态与色彩的认识与愉悦，一个优秀品牌产品的形象往往能够上升到美学的高度，让消费者感知形象的美感。

于是逐渐地，**"品牌审美"**（Brand Aesthetics）成为了一个新兴的品牌以及应用美学研究领域，涉及了市场营销学、美学、传播学等广泛的知识。从字面意义上而言，品牌审美是消费者对一个品牌美的感知，将美学观念与审美理论应用到品牌与产品上。

我们更多地可以把"品牌审美"这个概念从消费者审美体验的角度去理解：品牌审美是产品设计、品牌规划和传播领域的普遍美学规律的重要内容，它包含了品牌美的哲学、品牌审美心理学以及美学的应用，恰当的审美欣赏应当是对审美对象自身审美特性与价值的欣赏。品牌美的哲学主要指向品牌美感消费的心源、研究品牌美感消费的本质和起源，品牌审美心理学是研究人们在品牌消费过程中的心理活动规律，从而阐释人们在品牌体验中的消费动机，而美学的应用更关注品牌美学在建立品牌与传播过程中的具体方法，体现一个产品或品牌的独特价值。品牌审美是消费者通过品牌符号与情感体验的审美沟通，这种沟通的行为可以实现一个品牌溢价。

从消费心理的角度看，消费者购买一个品牌的商品或接受一个品牌的服务项目，他不仅仅关心产品功能，更需要体验品牌个性，使他感到品牌个性适合于某一场合，或与自己的个性相符。当生活里充满了品牌的时候，生活方式也跟着"品牌"起来，品牌的情感化、精神化、人格化特征表明，品牌的内涵天然地与审美相连。

但是，由于美感是无形的，所以一个品牌要从产品的质量、价格、服务、销售环境等各个方面来体会品牌是不是给消费者带来了内心的愉悦。即内在理念的"美"，来自品牌核心的深度与魅力。品牌审美的真正价值就在于：锻造品牌由外而内的美感，既抓住消费者的眼球，更赢得消费者的心，通过从内在理念到外在形式、从企业形象到广告传播的环环设计，赋予品牌令人认同、向往的特质，从而为品牌凝聚新的价值。因此，品牌审美的提出，是源自于心灵的需求，上升到了心灵感动层次上的消费行为。

我们需要说明的是，品牌审美与一般的审美不同。一般的审美心理只探讨认知心理，即感觉、知觉、思维和记忆，而品牌审美心理首先要探讨的是价值心理，即欲望、兴趣、个性和感情。因为品牌美学的功用就在于通过影响受众的价值心理，诱导刺激其欲望，从而促成购买。不仅如此，品牌应该从消费者的心理、价值取向和利益出发，在现代经济高速运转、生存压力极大的社会环境中，人们更加渴望人与人之间的沟通。品牌美学通过对消费者的心理行为分析而得出的沟通规律，可以使品牌管理者充分了解消费者行为中的"暗箱"部分。

品牌审美价值在于抓住消费者的需求心理，给他们带来享受，满足他们的偏好和欲求。那么什么是能感动人心的？无论是我们的传播，还是我们的产品功能，直指人心的才可能是感动人心的。心灵交流的结果是让消费者具有充分的产品体验，然后是感动和心灵的满足。品牌美学超越功能诉求，进而进入服务沟通，最后呈现于心灵交流的大境界。

美好的、令人难忘的东西能让人产生回味，产生回味就是感动，产品感动了消费者，就建立了这个品牌的美感。这种美感所带来的享受和满足不只是物质的，更是精神文化和审美的，例如，服装的气派、浪漫、悠闲、高贵、潇洒的承诺。

总之，品牌就是通过形象化的沟通手段，将消费者的欲望形象化、感性化，呈现出一种情调或情趣，使消费者产生共鸣和联想。先使受众获得美感，再由美感对其消费欲望进行诱导和刺激，形成购买前奏。品牌美学关注下的市场格局，在于创造商业化的艺术审美环境，给消费者在消费活动中的美感体验、审美接受、产品审美文化等一系列内心活动以消费美感的享受。因此，品牌塑造要借助现代审美心理的一些基本规律与大众进行沟通，诱导公众的审美流向，使人们乐于接受。

从某种角度而言，品牌的市场之争，也是一种心理之争。随着后工业化、信息化时代的到来，对现代品牌审美心理的强调或运用是同后现代式的表现融合在一起的，以一种非正规的、变异的或杂糅的方式散落在人们欣赏、观看的流程之中。而当下的消费者往往更习惯于以现代品牌审美心理的逻辑进入后现代式的结构或游戏、叙事中去。

我们在品牌消费的实际中都能明明白白地看见审美属性。品牌，无论是作为能够让主体以精神生命的方式或在精神的时空中获得生命满足的对象，还是作为能够让主体从中观照到自己本质力量的对象，都能顺理成章地成为审美对象。品牌审美要求把产品尽量地精致化、艺术化，在内容上丰富多样，强化产品的文化内涵，这就要求从业人员在审美形式、审美接受上拓宽思路、善于变化，这样更能体现符合时代潮流的和具有一定人文关怀的精神品位。品牌是美的创造性的反映形态，作为审美对象，它一方面反映或渗透着一定时代的审美观念、审美趣味、审美思想，同时它也凝聚着品牌构思的心血和创造性的精神劳动。

其实，品牌审美可以分为两个部分：表层的视觉冲击与深层的情感激发。这两部分与产品设计相对应，产品设计带给消费者的就是视觉上的感官体验，设计背后的故事以及设计本身成为消费者的情感激发点。

产品设计与品牌审美的联系如图 2-3 所示。

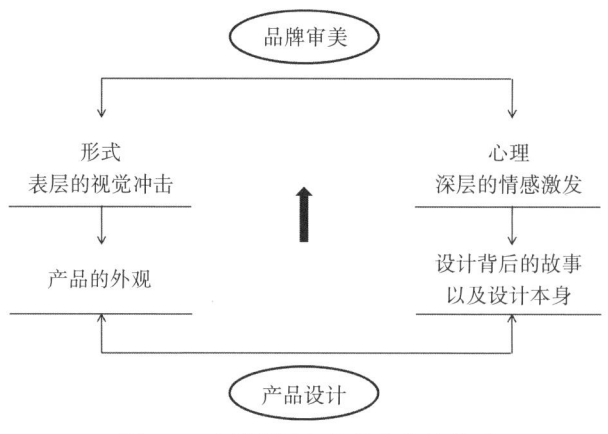

图 2-3　产品设计与品牌审美的联系

1. 表层的视觉冲击

人们在消费领域中具有一种情感需要，而其中表现的方式之一即为审美需要。人的审美需要反映在消费过程中，表现为要求产品有美感，消费者对于美的事物有一种天生的偏好，产品美丽的形式表现能够带给消费者情绪上的快感享受。品牌利用产品设计满足消费者的审美需求，带给消费者美学结构性上的价值。

因此，产品设计与品牌审美息息相关。首先，产品是品牌的基础，是品牌的物质载体，而品牌又具有审美属性，进而产品设计与品牌审美之间就有了密不可分的关系。产品设计所传递的视觉享受，正是品牌审美最为直接的体现。

这是一些塑料材质、制作精美的小动物搁架，有鹿、猫咪、企鹅等多种造型可选，它们共同的特点就是，都必须要把红酒的软木塞填入其中，当作身躯。然后，每款搁架都自带一个小巧的资料卡，可以让你填下开这支红酒时的大概情况。

2. 深层的情感激发

产品能提供美学上满足的另一点原因是因为它们具有指示性作用，即深层地激发消费者的情感。情绪及情感成了第一个吸引消费者掏钱购买的最大因素，产品所能带动的美感经验，如娱乐奢华、情感都是驱使消费者行动的磁力，而美感则是最直接勾起人们温暖、愉快回忆和经验的呈现。产品设计对于情感的激发，能够强化品牌审美，从而使消费者在受到表层的视觉冲击之后继而产生深层的心理反应，最终产生对品牌的好感与忠诚度。

淘气小熊（TOUS）创始人淘斯（Tous）夫妇在一次环球旅行中，从橱窗中摆放的泰迪熊获得了灵感，设计了后来成为标志的淘气小熊。作为淘气小熊创意大师，淘斯夫人曾说："让每一个人都感受到快乐、阳光与自信，这就是淘气小熊传承不变的设计理念。"她的每一件产品，都是包含爱与温柔，是混杂着现代美感的艺术品。

2.2 关于美学

品牌形象是产品、服务乃至企业投影在消费者心中的一张面孔，它不仅要传递品牌的客观信息和内在含义，同时必须通过具有诉求力的感性渠道获得消费者的好感和青睐。"爱美之心，人皆有之"，塑造被消费者认同的美好的视觉形象是品牌形象设计师研究和工作的重点。"美学"一词源于德文"Asthetik"，词根有感知的含义。

美学其中两个重要的分支分别是起源于春秋时期的**中国美学**（Chinese Aesthetics）与起源于古希腊的**西方美学**（Western Aesthetics）。而真正将"美学"作为研究领域，西方国家则要先于中国数百年之久，直到20世纪，随着西方美学理论逐渐传播进入中国，中国美学研究学者开始移植西方的美学原理著作，并从一种世界文化比较的背景（而非将"中国美学"作为独立的一个美学分支)去探讨中国美学的独特性,形成了我们现在所熟悉的中国美学。

2.2.1 中国美学掠影

最能反映中国美学观念的就是汉语"美"这个字。对于"美"这个字的构造和本源,中国古代给出了"羊大为美"、"羊人为美"、"色好为美"、"顺产为美"这四种看法(见图2-4)。"羊大为美"体现出人类对个体生命保存的重视,"色好为美"和"顺产为美"体现出人类对种族生命保存的重视,"羊人为美"体现出巫术在远古人类生存中具有重要的地位。四种说法都说明了美的本质是对人性的肯定,对生命的肯定。

图2-4 自右向左分别为"美"的骨刻文、甲骨文、金文、小篆、隶书

中国美学源于以道家为代表的中国古代哲学,建立在老子、庄子、慎到、杨朱等哲学家的道家"自然"哲学基础上(见图2-5)。道家以"道"为宇宙本体,用"无"与"有"两个概念阐释"道",万物生于"有","有"生于"无"。"道"为"无"与"有"的统一。道家哲学对"道"的这种阐释为中国美学的重要范畴——境界奠定了基础。

图2-5 自左向右分别为道家代表人物:老子、庄子、慎到、杨朱

道家哲学将人类理想的生活环境称为仙境,"仙境"的一大特点是人与鸟兽共处、内敛和谐,呈现出一片蓬勃的生机。著名的南朝文学家陶弘景在《寻山志》中写的"夕鸟依檐,暮兽争来"、"鸥双双而赴水,鹭轩轩而归田"是优秀的生态环境。陶弘景将它视为仙境,正好道出了人对环境的生态需求。

因此,中国美学一直倡导"美在境界"的意境。中国古代的文学家也经常在寄情山水之余,在建筑、家具、器物等方面彰显诸如气节风骨的自我主张,和琴棋书画、三教九流、茶文化、酒文化等一起,将之定格为中国传统文化的重要信息载体,反映中国传统文化与美学的神韵——含蓄、内敛、沉静、中庸的意境之美。

我们从中国古代家具材料的选择和采用适合的装配方法中就可以看出"天人合一"、"自然天成"这些中国文化最根本、影响最广的东西。

中国古典红木家具是世界家具的主要体系之一,为中国家具走向国际在历史上做出了卓越的贡献,它更多地表现了历史性、装饰性、欣赏性,而在实用性方面与现代人的生活方式和需要还有一定的距离。中国古典家具以明清时期式样最为有名,拥有优美的造型、严格的比例关系、科学的榫卯结构、精湛的制作技艺、合理考究的用料方法、寓意吉祥的传统图案等诸多方面。明式家具采用自然天成的黄花梨作为材料,表面打蜡抛光,彰显出木材本身的橙黄色泽和亮点,带有美丽棕眼的木纹赋予了家具以纯正质朴、简洁明快、线条流畅的艺术品性和审美感受(见图2-6)。

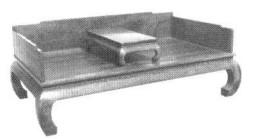   

图2-6　明式黄花梨家具

从世界家具发展史上,我们可以看到每一种新的风格都诞生于特定的社会历史背景。中国和西方文化之间的每一次交流都在美学领域中创造了新的风格。如中国半殖民地时期,出现了很多中西合璧的优秀家具作品(见图2-7)。

图2-7　中国半殖民地时期中西美学合璧的家具

庄子认为自然朴素之美是理想之美,即所谓"大音希声"、"大象无形"、"大巧若拙"、"大匠无雕"的绝妙圣境。若是模糊了设计本质,为炫耀技术和财富,形成为新而新的雕饰镂削之风,片面追求华而不实的富丽美,则会丢失了自然朴素的"大雅"之美。

"含蓄内敛之美"也是中国传统文化最提倡的美学意境之一。

例如,中国传统家具中的博古架就是隔断与家具结合的产物,造型多样、构成有序,天地融合、左右贯通,断而相连、通透空灵,"藏"而有"露"、或实或虚,这些都是博古架的特点及对空间分隔产生的含蓄魅力(见图2-8)。

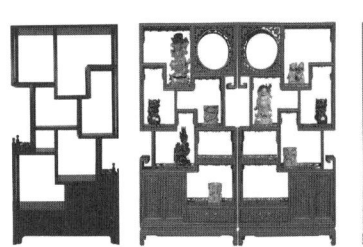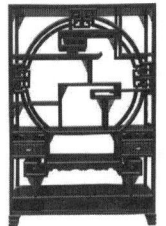

图 2-8 博古架

"美在境界"是最具中国特色的美学观点，是中国人对美的本质的认识。中国人的和谐侧重审美主体的心理体验，注重"美"与"善"之间的相似性，常把家具的审美创作和欣赏看作传播教化、塑造人格、独善其身的修身之道。虽然其他国家和民族不存在这样的说法，但是，从哲学角度去探讨美学的本质却是全人类共同的。很多民族的美学将美的本质归之于宇宙本体，就像黑格尔将"理念"看成宇宙本体，"美就是理念的感性显现"。一些西方美学观念与"美在境界"的语意相通、异曲而同工，我们现在就来重点了解一下西方美学。

2.2.2 西方美学掠影

西方美学从古希腊美学发展到如今的现代美学，已经经历了数千年的历史，从古希腊美学、经验论美学、唯理论美学、德国古典美学、马克思主义美学这些主流美学一步步走到如今的现代美学，如图 2-9 所示。

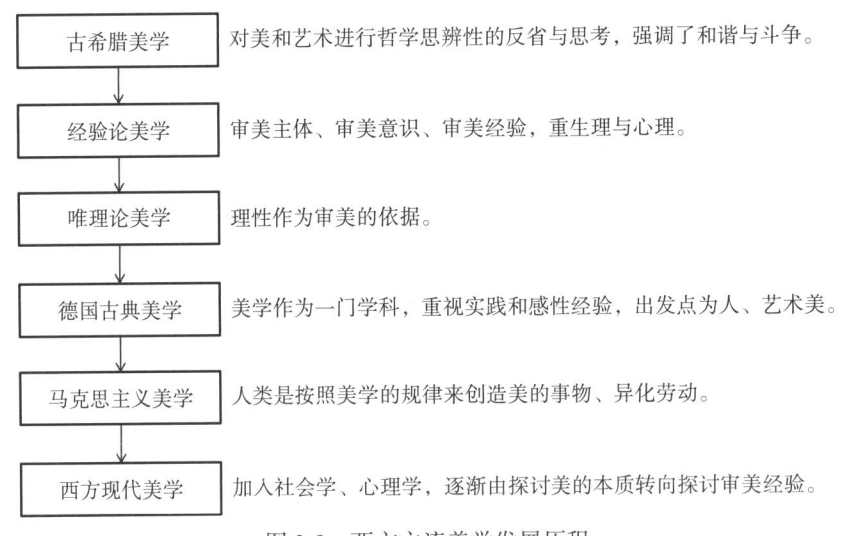

图 2-9 西方主流美学发展历程

我们现在就来看看沉淀了数千年的美学发展历程，来了解国外哲学家、文学家、美学家对美和艺术的思考。

1. 古希腊美学

公元前 6 世纪，希腊进入奴隶社会的全盛时期。工商业奴隶主掀起的民主运动，促进了文学艺术的发展，悲剧、喜剧、音乐、雕塑等都达到了高度的繁荣。人们越来越重视自由辩论和知识，它们与自然科学结合在一起的哲学取得了空前的发展。众多古希腊学派和哲学家（见图 2-10）对美和艺术进行哲学思辨性的反省和思考，产生和形成了希腊最早的美学思想。

图 2-10　古希腊美学的代表人物（从左至右）：毕达哥拉斯、赫拉克利特、德谟克利特、苏格拉底、亚里士多德、柏拉图

毕达哥拉斯学派（Pythagorean）认为，数的秩序、比例和尺度，不仅构成了宇宙万物，而且构成了宇宙的和谐。美就是从和谐中产生的。节奏、对称、和谐等形式观念，是希腊美学思想的理论基础。

赫拉克利特（Heraclitus）继承了关于和谐的观点，不过他认为和谐不是由"联合同类的东西"造成，而是由"互相排斥的东西结合在一起"，从而"造成最美的和谐"，和谐是从斗争中产生的。

德谟克利特（Democritus）则提出文艺创作中灵感与模仿两个重要的美学观念。

到了苏格拉底（Socrates），希腊哲学的重点从宇宙论转为政治伦理，美学思想也强调对于人类社会的效用。苏格拉底认为同样的东西，当它适合目的，对人有用的时候，是美的；反之，当它不适合目的，对人无用的时候，就是丑的。

亚里士多德（Aristotélēs）对美和艺术进行了真正系统的哲学思考，建立起完整的体系，从而成为以后西方美学思想的奠基者。

柏拉图（Platon）把美学思想融贯在哲学思想中，广泛地探讨了美与艺术的问题。他认为，世界的根本是"理念"，现实世界是从理念世界派生而得的，事物的美也是从美的理念派生出来的，美的理念是"美本身"。

2. 经验论美学

直到 17 世纪初期，美学才有了重大的进展。英国经验论美学促成了美学研究重点从审美客体和美的本体向审美主体和审美意识的转变，并把审美经验作为美学研究的出发点，创造性地提出了"内在感官"说和"审美趣味"论。它使美学由空泛的思辨研究转向具体经验的研究，形成了以经验归纳和心理分析为特色的新范式，为美学注入了"观念联想"、"审同情"这类新观念。

经验论美学代表人物之一，英国画家荷加斯（William Hogarth）从自己的经验出发写了《美的分析》一书，意在提供一把确定的、绝对的、非道德性的钥匙，揭示美的秘密。他认为人们必须采用观察的方法来寻找美的原因，这就是"用自己的眼睛进行观察"，而不是"草率地效法诱人的范例"或以"先入为主的偏见"来观察。

荷加斯考察了古代和文艺复兴时期造型艺术的线条特征，根据自己的观察，认为对象是由一个紧密联系的线条组成的"壳"，所以分析物体的美，就是分析物体形式的美，也就是分析它所组成的线条美。组成物体的线条有直线、曲线、波状线、蛇形线等。相对而言，波状线与蛇形线可以称为美的线条，而又以蛇形线最美。

蛇形线之所以最美，在于它灵活生动，同时朝着不同的方向旋绕，符合六条法则中最重要的两条，既是适应人的目的，使人的眼睛得到满足，使想象得到自由；又具有无限多样性；其次是因为蛇形线的多少是判断对象美的高低程度的标志，证据是人体较之其他物体具有更多的由蛇形线组成的部分，如骨骼、肌肉、皮肤等，女性形体具有的蛇形线多于男性形体，所以女性形体比男性形体美。

从艺术史来看，几乎所有埃及、希腊或罗马神像都是刻着盘绕的蛇、丰饶角或其他类似的曲线象征，大力士赫拉克勒斯（Hercules）胸像上边两个女神小头像上的装饰物就是如此；宙斯（Zeus）赠予仙女阿玛尔忒亚（Amalthea）的羊角——"丰饶之角"也同样具有代表性，如今不少陶瓷、杯具都以"丰饶之角"线条制作。

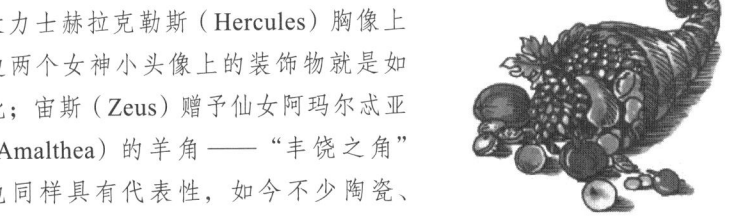

另一个代表人物大卫·休谟（David Hume）把经验主义的感觉论推到极端，以感觉经验为知识的唯一来源。他否认了美是事物本身的一种性质，否定美的客观性："美并不是事物自身的一种性质。它只存在于观赏者的心里，不同人的心灵见出一种不同的美。这个人觉得丑，另一个人可能觉得美。要想寻求实在的美或实在的丑，就像要确定实在的甜与实在的苦一样，是一种徒劳无益的探讨。"

此后，爱尔兰政治学家博克（Edmund Burke）批评了当时流行的一些关于"美"的定义。在博克看来，比例是知性的创造物，而不是作用于感觉和想象的首要原因，不是因为长久的注意与探究才使我们发现对象的美，美无须任何推理的帮助，也与意志无关，美的出现有效地使我们产生某种

程度的爱，就像冰或者水使我们产生冷或者热的观念一样；比例是被度量发现的，美绝非计量的对象；而且从经验上说，很多东西在比例上都可以差得很远，并不妨碍它们同样为美。

其次，美不是合适。博克说这种理论必须坚持不仅人造而且自然的物体都是由各部分与其目的的合适才成为美的，但这种理论显然没有充分考虑经验，否则猪就是最美的，楔状的猪鼻，端部带有粗糙的软骨，下陷的小眼睛，头的整个构成都适合于掘泥拱土。所以适合也不能成为美的原因。

同样，美不是圆满，美女或多或少带着孱弱和缺陷，嗲声嗲气、蹒跚行走，甚至病态都不影响她的美，惆怅美是最动人的美，不圆满的却可以是美的。

休谟由感觉主义发展到怀疑主义和唯心主义，博克却由感觉主义发展到有几分庸俗化的唯物主义。经验主义美学的最大缺点在于缺乏历史发展的辩证观点，由于过分重视生理和心理的基础，把人只看作动物性的人而不看作社会性的人。这种美学过分重视审美的感性、直接性以及情欲和本能的作用，忽视了理性的审美。这种片面的、机械的观点往下发展，第一步就成为达尔文（Charles Robert Darwin）"性的选择"理论（美是为了吸引异性），再进一步就成为弗洛伊德（Sigmund Freud）派的艺术起于"欲望升华"说。

然而，经验论美学对现代美学的贡献很大，以至于许多哲学家、美学家和历史学家认为经验论美学是现代美学的起源。

3. 唯理论美学

法国哲学家笛卡尔（Rene Descartes）的"唯理论"开启了17世纪欧洲大陆理性主义（Rationalism）的大门，他的文艺主张吹响了新古典主义的号角。他的哲学观对感性经验表示了怀疑和否定，把理性作为认识真理、创作文艺的前提。

另一个代表思想家布瓦洛（Nicolas Boileau）在笛卡尔的基础上把"只有符合理性的内容、合乎逻辑的明确严整、部分与整体配合"才是美的。由于理性是普遍的、永恒的，故由理性所产生的美也是永恒和绝对的。文艺应创造典型形象，不是对现实的机械模仿，应当高于现实，力图为文艺创造出合乎理性、万古不变的规则。布瓦洛的美学理论要学习古典，创造概括的、高于个人的、表现人性的形象。但是，这个理论过分教条化、绝对化了，也引起了18世纪末启蒙思想家的反对。

不过在此之前，随着18世纪中叶的文艺复兴，"理性主义"美学（又称新古典主义美学）作为新名词开始在法国出现，革新派的设计师们开始对传统的作品进行改良简化，运用了许多新的材料和工艺，并在罗马兴起，迅速在欧美地区扩展。

"理性主义"美学一方面起于对17世纪出现的巴洛克（Baroque）艺术和洛可可（Rococo）

艺术的反动，另一方面则是希望以重振古希腊、古罗马的艺术为信念。新古典主义的艺术家刻意从风格与题材模仿古代艺术，并且知晓所模仿的内容为何。

这种美学保留了古典主义作品典雅端庄的高贵气质（见图2-11）。这一风格很快取得了成功，欧洲各地纷纷效仿，新古典主义自此成为欧洲家居文化流派中特色鲜明的重要一支，至今长盛不衰。

图2-11 "理性主义"美学作品及家具

4. 德国古典美学

18世纪末到19世纪初，在德国以康德、费希特、谢林、歌德、席勒和黑格尔等为代表（见图2-12），形成了一个被后人称为"德国古典美学"的流派，是一股强大的唯心主义美学。德国古典美学全面总结了以往的美学历史经验，是马克思主义以前规模最大、最有严谨科学形态的美学思想体系。他们将辩证法和历史观全面引进，以抽象的哲学思辨（尤其是黑格尔的美学），构成了马克思主义美学的思想来源。当时德国政经落后，社会依然存在上升的资产阶级和没落的封建贵族之间的矛盾。德国古典美学是资产阶级的意识形态，他们的主要目标是要把感性和理性结合起来寻求自由。

图2-12 德国古典美学的代表人物（从左至右）：康德、费希特、谢林、歌德、席勒、黑格尔

（1）康德（Immanuel Kant）是德国古典美学的奠基人，起初，他受经验论美学的影响，从生理学和心理学的角度考察有关美学的问题。但是康德哲学体系的进一步发展，使他重新评价了美学的地位和作用，转到了承认美学作为一门科学的必要性。他企图调和经验主义和理性主义的对立，实际上是提出以主观唯心主义为基础的二元论和不可知论。对于审美，他提出了判断的四个契机：

- 审美趣味不凭任何利害计较，不涉及概念，没有目的又有合目的性。例如，观赏花不须知道它是植物的生殖器官，只欣赏花的形式就能唤起主观情感之愉悦。
- 艺术是人凭理性、有主观目的性的一种自由的创造活动。美的艺术品是鉴赏力与天才的结合。有的作品有鉴赏，但缺乏审美意象的能力，就是欠缺天才。

- 审美意象是人的想象力创造出来、能够显现理性观念的感性形象。这个感性形象是高于经验自然的创造，人的想象力是一种创造力的认识功能，根植于理性的原则。
- 任何艺术的本质都不在感觉的质料，即不在感官的刺激，而在符合观赏和评判目的的形式。这个形式引起的快感本身就是一种教养，能使精神提高到观念的高度。

（2）费希特。如果说古希腊美学是在智慧中实现自我的存在，包括康德在内的启蒙哲学与美学是在知识中确立自我的存在，那么费希特（Johann Gottlieb Fichte）已洞察到行动与自我存在的内在关系，为现代哲学的存在观设计了实践的真实元素。

费希特是一个关怀社会生活的哲学家，他的美学思想正是对现实生活的一种特殊关怀，突显了艺术在社会精神文化生活中的在场性。

（3）谢林（Friedrich Wilhelm Joseph von Schelling）是从有限与无限两极对立的角度去阐发美的本质的，认为"在有限的形式中表现无限就是美"，也就是说，美应当是具体的，所以美总是具有有限的形式。但是一件艺术作品所赖以显现的真正美的要素不仅仅是形式，而是高于形式的普遍性，这种普遍性又是无限的。

谢林又从"真、善、美"三者之间的关系来进一步阐述美的特质，他认为理念世界和现实世界的三种潜能是和"真、善、美"三个理念分别对应的："真"与"必然"相适应，"善"与"自由"相适应，"美"作为理念之物与现实之物的统一。在谢林的观念中，美不仅是自由和必然、理念与现实的统一，也是理性与感性的统一。

谢林的上述三个"统一"在黑格尔那里得到了进一步的展开和发挥，尤其是"美是理念在感性事物中的显现"的观点更是成为了黑格尔关于"美是理念的感性显现"思想的直接出发点。

（4）歌德（Johann Wolfgang von Goethe）对美学的兴趣曾受到康德的启发。但是，歌德并不是康德的忠实信徒，如果说康德更多面向抽象理论，那么歌德就是更多地面向实际。歌德的美学思想并不否认外部客观现实世界存在于我们的意识之外。他十分重视实践和感性经验的作用。歌德谈美更多谈的是艺术美。他认为艺术美主要表现在特征、内容和意蕴方面。所以，歌德认为，艺术或艺术美应当是"有生命的显出特征的整体"。

（5）在美学史上，席勒（Johann Christoph Friedrich von Schiller）是从康德的主观唯心主义美学向黑格尔的客观唯心主义美学转变的重要环节，占有重要的历史地位。席勒的美学理论的出发点是人。他认为，要实现政治自由，先决条件是要有具备完整性格的人，而这种人又只能通过审美教育才能培养出来。不仅以审美活动来教育人，而且"把审美活动作为恢复或实现人的完整存在基本的也是唯一的途径"是席勒美学思想的核心。在现代性前提下，美学的人文精神建构，把审美—艺术活动作为人自我实现的基本形式，即把美的本质设定为人自我本质性的对象化，主体性、自由精神和独创性观念等则成为美学的基本要素。

（6）黑格尔（Georg Wilhelm Friedrich Hegel）美学理论的结构是完整而严谨的，它有一个贯穿始终的中心——"美是理念的感性显现"。对于美的定义，黑格尔是这样说的：这个概念里有两重因素，首先是一种内容、目的、意蕴；其次是表现，即这种内容是现象与实在；并且，这两方面相互融贯，外在的特殊的因素只为内在因素的表现。

从黑格尔的定义，我们可以看出，美包括三方面要素：一是理念、概念；二是它的感性和个别的形象显现；三是两者的统一。美的外在形态来自客观现实形象，而它的内部体现着理念、概念、思想、意蕴。美正是这两个客观因素的有机统一，也就是理性与感性、内容与形式、普遍与特殊的统一。他把美学正式命名为"艺术哲学"，认为美学的对象是艺术或美的艺术，也就是艺术美，因此他的美学体系便以艺术美为中心。

在代表著作《美学》中，黑格尔首先指出艺术美学"必须从美这个理念出发"，然后描述理念如何通过许多中介环节，一步步显现为感性的艺术形象，最后实现理念与形象完满统一的过程。在此基础上，黑格尔还对各个艺术发展阶段的艺术门类作了具体划分，建筑是象征艺术的代表，雕塑是古典艺术的代表，绘画、音乐、诗是浪漫艺术的代表。而这些艺术门类的划分，也是按照理念与形象、精神性与物质性的关系和变化原则进行的，也反映了艺术历史的发展。例如，象征型艺术的代表是古代东方艺术，古典型艺术的代表是古希腊艺术，浪漫型艺术的代表是罗马帝国的艺术。

对艺术的本质问题，黑格尔提出了"表现心灵"说，他认为艺术和艺术作品由心灵产生，具备心灵的性格，而艺术是一种有意识的创作，它可以被认知、被说明。

黑格尔虽然强调艺术是心灵的表现，而对艺术与现实的关系又十分重视，认为艺术是客观的，也是真实的，只有一定范围和一定程度的真实才能体现于艺术作品，这种真实要成为艺术的真正内容。他又认为艺术真实要高于生活真实，它比起日常现实世界反而是更高的实在、更真实的客观存在。

黑格尔自身的阶级局限和对于当时社会的妥协，使他用不彻底的辩证法考察艺术，只把艺术置于他所处时代的社会的历史文化背景下，目光止步于资本主义社会，在看到腐朽的资本主义社会无法创造出表现绝对理念的艺术之后，他断言艺术将会终结。

在经过黑格尔所归纳的物质压倒精神、物质与精神的和谐共存以及精神压倒物质的博弈之后，艺术非但没有解体，反而更加生机勃勃。事实上，在浪漫主义（Romanticism）之后，又出现了印象派（Impressionism）、立体派（Cubism）、未来派（Futurism）以及表现主义（Expressionism）、超现实主义（Surrealism）和现代主义（Modern）等流派，这是一个艺术由探索理性分析和主观象征的并行，到强调自动自发地创造与反理性反逻辑的共生，再到发扬人本主义回归人性的历程。

现代艺术中，莫奈（Claude Monet）和梵高（Vincent Willem van Gogh）都是印象派的代表人物。莫奈是印象派画家中最先获得成功的人，尽管后来的野兽派、立体派、超现实主义等艺术流派，并未遵循印象派创立的一些原则，但创立这些流派的艺术家，都从印象派那里汲取过营养。而梵高一方面运用非理性的激情来表达工具理性下人的绝望和对之的反抗，另一方面也是通过创造而追求着自由和理想。很多人认为梵高的艺术是现代艺术中真正的艺术。因此，现代艺术扬弃了古典艺术和大众艺术，并在通向融理性与非理性于一体的精神的道路之中。图 2-13 是莫奈和梵高的代表作品《睡莲》、《向日葵》、《罗纳河上的星夜》与《星月夜》，值得一提的是，《睡莲》和《星月夜》2013 年在纽约现代艺术馆展出。

图 2-13　莫奈和梵高的代表作品

5. 马克思主义美学

马克思（Karl Heinrich Marx）和恩格斯（Friedrich Von Engels）在已建立的哲学基础上提炼了关于美学的思想。在审美创造基础上，人类创造美的活动并不是任意的，而是有规律可循的，人类是按照美学的规律来创造美的事物的。马克思主义美学关于美的规律的理论充分肯定了审美主体的主体性，又不忽视作为审美创造材料的客观事物的规律性，从而对于人类审美创造作出了深刻的理论概括。

6. 西方现代美学

进入 20 世纪后，出现了西方现代美学。现代美学主要表现为科学主义和人本主义两大潮流。前者受自然科学思想方法的影响，注重研究的客观性和可靠性，后者较多地从人的角度来思考美学问题。我们现在对这些流派进行一一介绍（见图 2-14）。

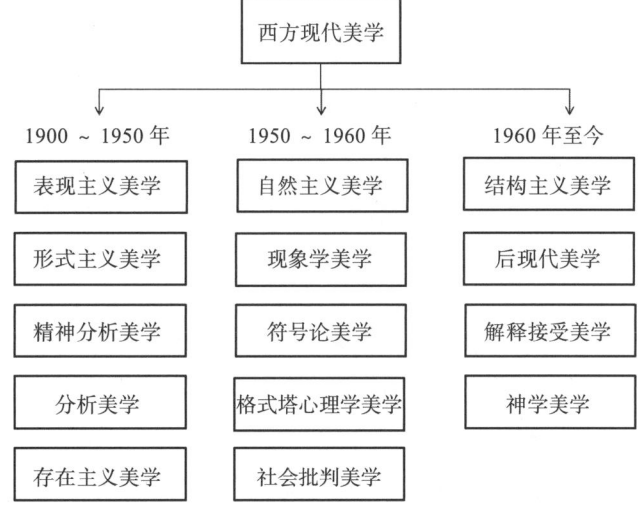

图 2-14　西方现代美学流派一览

（1）表现主义美学

代表人物之一是意大利哲学家克罗齐（Benedetto Croce）。在哲学上，他是新黑格尔主义者，承袭了黑格尔客观唯心主义的基本观点，但反对黑格尔的自然哲学体系，称自己的哲学为"精神哲学"。克罗齐试图确立艺术的独立自主性，划清艺术与非艺术、审美与非审美的界限，把艺术从科学、经济、道德的依附中解脱出来。他的美学以"直觉"概念为基础，包含两个最基本的命题：直觉既表现，艺术即直觉。

表现主义美学的另一个代表人物是英国哲学家科林伍德（Robin George Collingwood）。克罗齐的思想终点是科林伍德美学理论的起点。他认为真正的艺术具有表现性和想象性两个特征，因此，"艺术必然是语言"。想象性指语言的内容，表现性指语言的功能。语言，包括与语言表现方式相同的任何器官的任何表现。表现某些情感的身体动作，只要它们处于我们的控制之下，并且在我们意识到控制它们时，把它们设想为表现这些情感的方式，那它们就是语言。

（2）形式主义美学

形式主义美学是主张通过纯形式表现情感的一个美学流派。它产生于20世纪第一个十年，盛行至20世纪30年代。主要代表人物是英国艺术理论家和批评家贝尔（Clive Bell）和加拿大神学家弗莱（Northrop Frye）。形式主义美学的产生同19世纪末期以来法国后期印象派绘画的兴起有紧密联系。

贝尔美学的出发点是视觉艺术品所引起的审美情感。他认为一件艺术品的根本性质是有意味的形式，而有意味的形式是对某种特殊现实感情的表现。

弗莱美学的起点也是审美情感。他认为人具有过双重生活的可能性：一种是现实生活，一种是想象生活，而艺术就是想象生活的表现。

（3）精神分析美学

《梦的解析》（*The Interpretation of Dreams*）让我们知道了弗洛伊德。而弗洛伊德的精神分析学是现代美学的一个重要分支。他把人类性的冲动，作为对人类心灵最高文化的、艺术的和社会成就的最大贡献原因——艺术的功能被理解为愿望的发泄或满足，艺术的本质与功能、艺术的欣赏与目的，都是性欲的升华。欲望不仅构成了艺术创作和艺术欣赏的最深层动因，而且也构成了它们的最终目的。

当然，弗洛伊德的理论充满了争议，这个理论对美学的最大影响是把"无意识"引入文艺批评领域，主张揭示文艺创作的无意识内容和特征。

（4）分析美学

分析哲学和分析美学的创始人最早可追溯到英国哲学家摩尔（G. E. Moore）。他在一生唯一的著作《伦理学原理》中，提出了一种直觉主义的伦理学理论，首创对概念进行逻辑分析的方法，认为"善本身是单纯的、不可分析的、不能下定义的。"审美价值本身就是善的，是一种内在价值。如果给美下定义，只能说美是指对事物的欣赏本身就是善的。这样一来，这个定义就只剩下价值的一个不可分析的属性，即善。

摩尔主张对"善"和"美"都不能下定义。这却对西方美学产生了意想不到的影响，一批思想家追随他的足迹，成为了分析美学家，最著名的要属奥地利哲学家路德维希·维特根斯坦（Ludwig Wittgenstein）。他把美学、哲学、伦理学归为一类，认为它们都是不可表述、说不清楚的学科。这类学科的命题和问题都是超验的，无法在事实中得到证明，因此就没有意义，"凡是能说的事情，都能够说清楚，而凡是不能说的事情，就应该沉默"。

（5）存在主义美学

存在主义美学是现代西方美学中影响最大的一个美学流派，它以存在主义哲学以及现象学美学为基础，形成于20世纪20年代，在20世纪50年代达到鼎盛。

德国哲学家海德格尔（Martin Heidegger）是存在主义美学的创始人，胡塞尔认为现象即意识，海德格尔认为现象即存在。他给艺术下了一个定义："艺术就是真理在作品中的自行置入。根据希腊词源的诠释，美、存在、真三者都是无遮蔽性，都是一回事。作为艺术作品中真理的这种存在的显现，作为作品的显现，这就是美。"

（6）自然主义美学

自然主义哲学产生于19世纪末，所对应的自然主义美学在20世纪50年代逐步发展完善，主要流行于美国。主要代表人物是美国哲学家桑塔亚那（George Santayana）和门罗（Thomas Munro）。自然主义美学是在自然主义哲学影响之下形成的一个美学思潮和流派。自然主义美学的主要特点是：把美感经验和艺术活动作为美学探讨的中心，从生理学、心理学乃至人类学、文化史等各个方面去研究美学。

自然主义美学还强调艺术和审美活动的实用、功利的一面，并且可以采用生物学、进化论的观点来解释艺术和审美活动。

（7）现象学美学

现象学兴起于20世纪初的德国，创始人是胡塞尔（Edmund Husserl）。他的现象学方法和理论对美学产生了极大的影响。

现象学美学解释了作品是特殊的审美客体——意向性客体，即人为了具体目的而有意识地创造出来的客体。这种客体不是纯粹的实物，也不是纯粹的意识。作品创造了一个独立世界——和现实世界有联系但又不是和它同一的世界。

同时，现象学美学提到了艺术模仿现实并不是任意决定的，而是现实期待自己的意义得到表达。自然要充分展现自己的意义必须有人，现实需要艺术家把自己表现在作品之中。但是，对艺术表现的自然而言，艺术是手段，艺术家是工具。艺术家在作品中表现自己，这就使现实发生了变异，参与了存在的命运，所以艺术家在自己的行为中，不仅揭示了现实的意义，同时也创造了自己。

（8）符号论美学

符号论美学产生于20世纪20年代，50年代在美国成为占统治地位的美学思潮，它的基本特征是把审美和艺术现象归结为文化符号。

在创始人之一德国哲学家卡西尔（Ernst Cassirer）看来，艺术是一种构造形式的活动，它一方面是生命的自我构造，另一方面又是对生活和自然世界的构造，这种构造活动的结果便凝结为"纯粹的形式"，因此，艺术作品就是人性或内在生命在直观、形象的感性形式中的显现，在对艺术作品纯形式的审美直观中，人可以看到自己，也可以看到整个世界。

另一个创始人美国哲学家苏珊·朗格（Susanne K. Langer）发展了卡西尔的符号理论，把符号论美学提高到了一个新的水平。她认为直觉是一种基本的理性活动。由这种活动导致的是一种逻辑的或语义上的理解，它包括对各式各样的形式的洞察，或者说包括对诸种形式的特征、关系、意味、抽象形式和具体事例的洞察和认识。直觉又是对事物"外观"的直接洞察力。它在经验的基础上形成，表现为顿悟，不假造于概念和推理，但包含某种理解。

（9）格式塔心理学美学

格式塔心理学美学是在格式塔心理学的基础上发展起来的一个美学流派。格式塔心理学（Gestalt Psychology）又名完形心理学。格式塔心理学将心理现象视为有机整体，认为整体虽由各个部分组成，但它并不等于部分之和而是大于部分之和，并且认为，整体先于部分并决定部分的性质。这就是所谓"格式塔质"。格式塔心理学强调心理实验，是一种现代的实验心理学。

美国心理学家鲁道夫·阿恩海姆（Rudolf Arnheim）是格式塔心理学美学流派的代表人物，他对西方现代派抽象艺术采取一种为之辩护和褒扬的态度。认为现实主义艺术充其量不过是"对应该如此或能够如此存在的事物所进行的真实模仿"。他认为这种"真实模仿"无异于艺术生命的自杀。

（10）社会批判美学

1923年，德国法兰克福大学成立了一个社会研究所，以刊物《社会研究》杂志为中心，逐渐形成了一个学派，即"法兰克福学派"。这个学派自称从马克思主义的立场出发，来解释现代社会生活的各个方面，由此形成了一整套理论，统称"社会批判理论"，它的美学理论即为"社会批判美学"。德籍美国哲学家马尔库塞（Herbert Marcuse）和德国美学家阿多诺（Theodor W. Adorno）成为了这个美学学派的代表人物。

马尔库塞的美学思想是建立在他对当代资本主义社会的分析和批判的基础之上。他十分重视和强调艺术和美学在这场革命中的作用。在他看来，艺术和美学由于自身追求自由等特点，具有摧毁现实根本结构的政治潜能，于是创立了这种服务于本能革命或感觉革命的美学。

阿多诺的美学时常被称作"否定的美学"，它是以其"否定的辩证法"为哲学基础的。他从现代艺术经验出发，对艺术的本质作了重新界定。他认为，从本质特征上看，艺术是不同于现实的东西，他称之为"异样事物"（Das Andere）。阿多诺还对艺术的内容、形式、真实性、技巧、风格、自然美等传统美学范畴作了重新界定，提出了反艺术这个概念。反艺术是社会变迁的产物，现代社会的全面异化是反艺术产生的直接根源。反艺术拒斥消费的艺术，坚持自己之为艺术，反对把自己变成消费品和商品，于是就把自己变成了反艺术。

（11）结构主义美学

法国文学家罗兰·巴特（Roland Barthes）运用语言的结构和模式来研究、解释文学现象，并在20世纪60年代影响了现代西方美学思潮。它不关心作品所表现的客观世界，而是研究语言信息场内语言的美学功能，力图以此规定出文学的本质、功能，以及作品与社会的关系、作品与作者和读者的关系。

（12）后现代美学

后现代美学志在向"美学霸权主义"发动挑战，旨在取消传统美学家人为设置的形形色色的僵硬界线，特别是取消美学与非美学的区别。

后现代美学致力于将艺术从形式的束缚中解放出来，从象牙塔中解放出来，强调日常生活的艺术化、审美化；强调审美观念的"无处不在"。后现代主义美学的这一要求并非是空穴来风，而是对资本主义后工业社会现实的回应。

（13）解释接受美学

接受美学（Receptional Aesthetic）这一概念是由德国康茨坦斯大学文艺学教授尧斯（Hans Robert Jauss）在 1967 年提出的。接受美学的核心是从受众出发，从接受出发。尧斯认为，一个作品，即使印成书，读者没有阅读之前，也只是半完成品。

（14）神学美学

西方现代美学的发展有一个引人注目的内容就是神学美学的兴起。神学美学是以神学视角思考和讨论美学问题而形成的重要理论形态。

2.3　产品设计与品牌美学

随着人类哲学和美学不断拓展与完善，在这个多元需求盛行的时代里，人们对于美的需求展现出越来越丰富的姿态。众多的哲学和美学理念需要一个作品或者产品通过设计来表现。

设计是人类改变原有事物，使这些事物变化、增益、更新、发展的创造性活动。设计是构想和解决问题的过程，它涉及一切有目的的价值创造活动。诚如每个人都能作出一定的设计一样，几乎每个人都能给出一个关于设计的定义。如设计是"一种针对目标的问题求解活动"、设计"是在特定情形下，向真正的总体需要提供的最佳解答"等。

按照不同的对象，设计大致可以分为五大类：现代建筑设计、产品设计、平面设计、广告设计以及织品与服装设计。制造一个新型机械零件是设计，排版一个精美广告是设计，创造一款新颖汽车外形是设计。

从设计的目的角度来理解设计，可以对设计有一个更加深刻的理解。从根本意义上说设计的本身不是目的，它是人为实现自身的目的而使用的手段与方式，往往表现为一个过程，设计的目的是人而不是物，人是设计的根本和出发点。

形形色色的文字、产品说明了设计的存在与形式（见图 2-15）。建筑同样说明了设计的存在与形式。黑格尔就是最早将建筑与美学结合的研究者，他视建筑为艺术之始，把它作为艺术发展的第一阶段——象征型艺术的代表。他认为建筑是与象征型艺术形式相对应的，它最适宜于实现象征型艺术的原则，因为建筑一般只能用外在环境中的东西去暗示移植到它里面去的意义。黑格尔论述建筑美的全部意义和根本目的在于说明"美是理念的感性显现"。

在西方文化传统中，建筑设计历来被视为一门艺术，与雕刻、音乐、绘画相提并论。德国文学家施莱格尔（Friedrich V. Schlegel）、歌德、谢林等人比喻"建筑是凝固的音乐"，至今人们还耳熟能详。对此，黑格尔做出了更完善的解释：施莱格尔曾经把建筑比作冻结的音乐，实际上这两种艺术都要靠各种比例关系的和谐，而这些比例关系都可以归结到数学。

图 2-15　文字与产品说明了设计的存在与形式

此后，西方建筑设计流派纷呈、主义繁多，如"形式随从功能"、"国际主义风格"、"机器美学"、"房屋是居住的机器"、"装饰就是罪恶"等主张，如未来派、构成派、风格派、造型主义等流派，它们都倾向于功能主义的美学取向。随着技术的进步，建筑设计的技术美学逐渐成为主流，它影响并试图改变人们传统的艺术和审美观念，显示出对建筑技术个性的关注与热情，与黑格尔建筑美学形成鲜明的对比和强烈的反差。这在风格派和包豪斯学派表现得最为明显，我们将在此后再次提到。

20世纪末，西方环境美学创始人艾伦·卡尔松（Allen Carlson）结合前人的理论，把建筑设计与人类环境美学结合起来，将建筑的审美特性概括为存在（建筑物巨大的物理体量）、处所（特定物理、文化环境对建筑物存在合理性的规定）与功能（建筑存在的独特意义）。这三项均准确地揭示出建筑设计区别于其他艺术对象的本质（见图2-16）。

图 2-16　建筑同样说明了设计的存在与形式

秩序可以产生美，精致可以产生美，细节也可以产生美，因此，**产品设计**（Product Design）在生活中也发挥着史无前例的作用。人们已逐步从基础的物质需求转向高层次的精神需求，根据人们逐渐提升的需求层次，在产品设计的过程中，要结合美学，将产品的功能价值及情感价值完美地融合在一起。

我们可以在此对比一下中西方建筑设计的差异。

西方崇尚人工美、形式美，是一种古典的美，着重对建筑形态的表现，而中国是传统建筑艺术，显示出的是自然美、情趣美，是一种浪漫的美。我们以园林为例，西方园林以意大利文艺复兴园林和法国古典主义园林为代表，不仅布局需要对称、规则、严谨，连花草树木也修剪得方方正正，从而呈现出一种几何图案美和强烈的节奏韵律感。可见，西方人造园立足于人工手段，改变它的自然状态，体现出对于形式美的刻意追求（见图2-17）。

图2-17　西方园林讲究形式美

而中国园林所呈现的是另外一种状态。如同书法一般，园林既不追求对称，也没有任何规矩可寻，山水环抱，曲折蜿蜒，保持花草树木的自然原貌、参差错落。我们习惯把景色与自然融合，醉心于诗情画意般的意境中（见图2-18）。

图2-18　中国园林讲究意境美

好的园林总是赏心悦目的，中国园林重在赏心，而西方园林意于悦目。当我们看到西方传统建筑，它们都以"面"为基本构成要素，观感强烈的"块体"建筑物独立地向四周放射，可以直接供人观赏。中国传统建筑更多以组群为审美客体，犹如欣赏一幅绘画，围墙只是图框。我们需要进入巨大的"画面"中，移步换景，在虚与实的空间交互中体味建筑艺术内涵的神韵所在。可以说，中国的建筑主要是以"线"为基本构成要素，墙面、走廊、殿台、亭阁、钩栏、池岸等由"线"的粗细、浓淡、曲直与长短来增添它们的美感。

2.3.1　走进产品设计

产品设计是一个企业运营不可分割的一部分，正如将**栅格设计**（Grid Design）风格推广至全球的设计师拉尔夫·依克斯特朗姆（Ralph Eckerstrom）所说："产品设计作为一个独立存在的行业，可以为企业提供一个具有创造性、连续性的力量，它直接关系到企业的经营状况与销售活动，反映着一个企业、一个品牌的个性、形象等方方面面。"

下面我们来了解产品设计的起源与发展，以及构成设计的各类元素。

1. 起源与发展

其实，产品设计从中国石器时代开始就已存在，而青铜器、陶瓷、园林、家具、建筑、服装以及西方古罗马时期的设计、巴洛克式设计，这些无一不是设计起源的佐证

（见表 2-1）。

表 2-1 石器时代环形饰品设计一览

起源时期的设计，摆脱不了宗教、权力的束缚，不管在东方还是西方，设计都是为了满足统治者的审美需求，一件件精美匀称的作品，基本为统治者所独享。

随着世界经济、政治、文化的发展，到了中国明清时期以及西方17~18世纪，中国市民阶层兴起，西方公民思想进一步解放，设计也进一步发展。在这个时期的中国，园林设计达到顶峰，家具等生活用品的设计也达到了一定的高度，更多的普通市民也可以享受到精美的设计，满足自身的审美需求。而在西方，则涌现许多如今仍可以堪称经典的设计风格，如贝尼尼（Giovanni Lorenzo Bernini）《圣德列萨的神迷》的透视设计，洛可可式的极尽奢华，还有达芬奇（Leonardo di ser Piero da Vinci）艺术与技术的结合。但事实上，在这个阶段，设计仍是以手工创意设计为主，几乎没有技术上的成功案例，达芬奇的技术设计几乎没有一样做成了实体。当然也由此可见，创意设计和技术设计是相辅相成的。

真正的现代设计源于 20 世纪下半叶的几十年里。随着设计开始大众化，人们的生活品质也随之提高，设计界的先驱们开始期望改变以往的设计服务对象，对劳苦大众提供设计服务，改变他们的生活状况。与此同时，世界各地，尤其是欧美国家工业技术发展迅速，提倡装饰简单几何状（见图 2-19）、中性色彩以及功能主义，并把经济问题置于设计之中，以求达到经济、实用的目的。从而把千年以来依附于手工制作、原始材料的传统打破了。开始采用新技术、新材料。

图 2-19　椅子的简单几何设计

我们就以跑车为例。由于国情、民风、消费者偏好的不同，不同款式的跑车设计理念存在不小的差异性，经由多年来的经验与传承，每个品牌都有属于自己不同风格的款式。一般地，超级跑车（Super Car）、旅行房车（Estates）、运动顶棚式跑车（Convertibles）、运动型跑车（Sports Car）、赛车（Track Car）加上经典款跑车（Classic）构成了跑车款式的大家族。它们各自拥有不同的外形设计，如图 2-20 所示。

图 2-20　跑车的几何设计

而且随着跑车设计越发概念化，新技术、新材料越来越被运用到跑车设计上。如 2008 年，受到弹性纺织物包裹建筑的启发，宝马设计总监克里斯·班格勒（Chris Bangle）所带领的团队发布了一款织物材料概念跑车"GINA"。这款概念车以经过聚氨基甲酸乙酯涂料处理的莱卡纤维布作为外壳车身，具有良好的弹性和耐久性，而织物下是铝制框架结构支持，比普通跑车轻 30%。

由于是弹性织物，这款车的车身可以根据行驶的速度改变形状，前盖还可以像拉开拉链一样从中间打开并且折叠到左右两侧，便于对发动机进行维修。车前大灯关闭时被织物覆盖，而开启时织物的表层会在小马达的作用下向后拉开，就像睁开眼睛一样。虽然这只是一款概念性的设计，但是确实给人们对于汽车的固有设计带来了冲击（见图 2-21）。

图 2-21　宝马概念跑车"GINA"

当然，就某一个设计而言，自身也有一个发展过程，很多设计刚问世时并不为人们所接受，比如说西班牙设计师高迪（Antonio Gaudi i Cornet）设计的圣家族大教堂（Chiesa di San Cataldo）、法国埃菲尔铁塔、中国台北101大厦等。

由此可见，设计的发展也需要一个被逐步认知的过程。设计发展之初可能就是世人眼中的一个"异种"。对产品设计的认知、消费者自身审美素养、社会大背景，这三者之间有着密不可分的关系，三者在不断的交互中发展。

2. 产品设计背景要素

通常，市场环境、技术、审美以及人这些要素构成了产品设计需要考虑的背景。

（1）市场环境要素包括销售方式与手段、市场统计、市场开发等。设计部门与企业及企业外部环境是一个统一体。产品设计成功与否不仅取决于设计师的水平与努力，还受到企业和外部环境要素的制约与影响。

（2）技术要素是指产品设计时要考虑的生产技术、材料与加工工艺、表面处理手段等各种有关的技术问题，是使产品设计构想变为事实的关键要素。随着现代科技的快速发展，产品设计中不断运用尖端科技成果、新型材料，大大地提高了产品的性能，但是，另一方面，精湛的手工艺始终传承着历史，一直为众多奢侈品品牌所推崇。

（3）审美要素决定很多方面，包括消费者的教育程度、价值观，还有个性等。现代时尚的设计更注重人的情感化和个性化，消费者面对多样性的产品有了更多的选择，可以说现在的产品设计形式已经几乎不受技术的约束，各种风格争奇斗艳，对于它是否被市场接受，关键在于它是否符合某个群体消费者的需要。

（4）当然，"以人为本"也是工业设计的宗旨，随着时代进步，设计发展将更关注于人、机以及环境的协调发展。

产品设计本质上是技术上描述企业商机演绎发展为产品设计说明书（产品定义）的过程。产品设计是确定产品价值的决定性阶段。产品价值发展包含了三个主要原则："产品要满足企业对市场的需求与变化"、"相对竞争能力"以及"可否商业化/可生产性"（见图2-22）。这三个原则是产品设计的基础，组成了设计过程的最高评价准则。

产品设计作为工业设计的核心，是一项复杂的工作，它是在有限的时空范围内，在特定的物质条件下，人们为了满足一定的需求而进行的一种创意思维活动的实践过程。产品设计并不是孤立的，它和企业营销、开发、生产、销售、服务的每一个过程都紧密联系，不仅仅是创造了某一物质，更是创造了企业无形的生命——市场。

产品设计需要全面确定整个产品的结构、规格，从而确定整个生产系统的布局，因而，产品设计具有

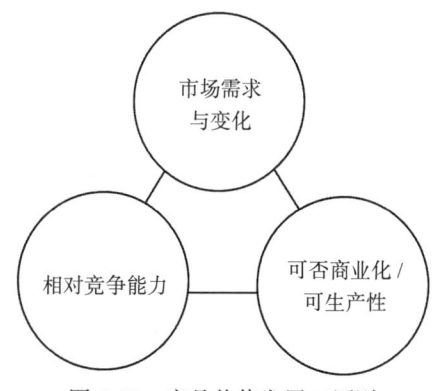

图2-22 产品价值发展三原则

"牵一发而动全局"的重要意义。如果一个产品的设计不科学，那么生产时就将耗费大量费用来调整和更换设备、物料和劳动力。相反，杰出的产品设计，不仅具备优越的功能，而且便于制造，生产成本低，产品的综合竞争力很强。许多在市场竞争中占优势的企业都十分注意产品设计的细节，以便设计出造价低而又具有独特功能的产品。

工业产品设计与企业品牌的联系是以产品的形式作为媒介表现出来的，产品设计的最终目的是提高产品的附加值，增强消费者的购买欲，获取更大的收益。产品设计一定要有市场为其买单，这就要求企业需要平衡"引领"和"迎合"的关系：不能一味地"自恃清高、一意孤行"，也不能"谄媚逢迎、一味讨好"。产品设计以一种高于消费者预期甚至是出乎消费者预料的形式去满足这种需求，反过来消费者会发现原来自己确实有这种需求，进而感到欣慰，产生对品牌的依赖感，从而树立品牌忠诚。

2.3.2 产品设计理念

产品设计源于设计师的灵感与创造性思维。创意是传统的叛逆，是打破常规的哲学，是破旧立新的创造与毁灭的循环，是思维碰撞与智慧对接。创意思维是指具有创意的思维活动，可以分为创意理性思维和创意感性思维，创意理性思维注重创意内容的实用性与生产的经济性，创意感性思维注重创意内容的感受性与消费者的接受性。从专业角度上而言，创意思维是一种类似于特异或突破的思维形式，总给人一种与众不同的感受，它的目的是通过特殊的思维构建体现寻求突破的思维过程，传达标新立异的创造欲望。

每个设计师都有梦想成为大师，但不是每个设计师都能成为大师；每个产品设计都希望能够轰动市场，但也不是每个产品都能万众瞩目。做产品设计一定要有天马行空的想法，但也不能忽视脚踏实地的工作。

如今，有两种产品设计的做法风靡全球：一者为快速设计，另一者为经典设计。

Zara 和 H&M 就是采用快速设计的做法，它们都养了上百名的设计人员，在与市场潮流同步的"快速设计、快速生产、快速更新"策略下，一件新款式的生命甚至不到一个星期。这种设计的做法往往更加偏重于对市场的"迎合"。

而像苹果、迪奥的设计则更偏重于"引领"，它们的产品设计往往能够轰动市场，产品设计的生命周期较长，被更多地认为是经典设计。

两种方法不能说孰优孰劣，一个市场中必定会存在快速设计和经典设计，只是对于一个企业来说，需要根据自身的品牌定位以及资源实力来确定自己所要采用的产品设计方法。

所有品牌都有最根本的策略与优势，所以设计的着力点便是将品牌实体化。所有的产品设计都要与品牌内涵与传统相一致，比如路易威登与村上隆合作的一系列产品（迷彩系列、樱桃包系列、彩色标志系列），这些设计都没有脱离路易威登的"根"（见图2-23），而一旦脱离，可能如同它印有"大LV"的腰带，虽然市场效果很好，但是饱受争议。

图 2-23　路易威登与村上隆合作产品

当然，产品设计也不只是时代的潮流，而是实际存在的"活动"，所有认同设计可以创造价值的企业与设计者，最后会在这个"活动中"创造新的历史。

能够带给我们创新、丰富我们的文化或是充实我们自身的，并不是新材料的发现，而是科学家、设计者、手工匠和建筑师解读新材料、找到新的用途和加工方法来转化它们的过程。在克里斯·莱夫特瑞（C. Lefteri）《欧美工业设计 5 大材料顶尖创意》系列中，我们看到了很多材料在设计师的笔下焕发出的无限魅力与非凡创意。

1. 玻璃

玻璃具有各向同性、无固定熔点、介稳性、渐变性与可逆性四个通性。玻璃通透的质地、流畅的线条，体现出独特的简约之美。许多玻璃作品融入了艺术家的创见与思想，反映了现代生活，很具备艺术价值、装饰价值、人文价值、收藏价值。

在西方国家，玻璃用品发展有 3 500 年的历史，对玻璃的研究也很透彻，而且罗马时期玻璃几乎就是日用品了，但玻璃成为艺术品的时间并不长。直到 1970 年，英国皇家美术学院第一次确立了玻璃艺术品的学术地位，距今不过 40 余年的时间。

玻璃艺术品对艺术家的艺术理解力和技艺要求极为苛刻，优秀作品一件难求，因此在西方主流收藏界很受追捧，一些名作的市场价值已达到百万美元。"重材质、轻工艺"是现当代玉器收藏的特色，也是中国藏家在器物收藏方面的一个标准。

设计大师提莫·萨帕涅瓦（Timo Sarpaneva）是芬兰近代最著名的玻璃设计大师之一。人们说，最接近他内心的，应该仍是玻璃，因为他曾说："玻璃是一种空间的材料，特别适合用来给予光亮。"也正是那些从玻璃不同角度反射出的光亮，让人在寒冷的冬夜里，也能看到一份美的希望。

2. 塑料

塑料是一种以高分子量有机物质为主要成分的材料，它在加工完成时呈现固态形状，在制造以及加工过程中，可以借流动来造型。相比于黄金、宝石、陶瓷，塑料更体现在它自身的质地，一个杰出的塑料作品往往也更取决于它的设计与功能。

法国著名设计师菲利浦·斯塔克（Philippe Starck）享有"设计鬼才"、"设计天才"、设计界"国王"等重量级美誉。他的每一件设计品都围绕着市场需要，融合着菲利浦·斯塔克招牌式的"情感式行销"理念，更充满了孩童般的天真烂漫和毫无拘束。他的路易斯幽灵椅（Louis Ghost Chair）是为知名意大利家具品牌Kartell设计的，由聚碳酸酯压铸生产，这种化学材料具有很强的稳定性与耐冲击性，椅子优雅简洁的造型，给人留下了深刻的印象。

3. 陶瓷

陶瓷是陶器与瓷器的总称，是以天然黏土以及各种天然矿物为主要原料经过粉碎混炼、成型和煅烧制得的各种制品。陶瓷文化是中华民族的代表文化之一，它凝聚着创作者的情感以及创作者心手相应的艺术形象，表现了一个民族的文化。陶瓷文化与绘画、书法的关系是非常密切的，这些艺术部类，都是最为典型的中国民族艺术。从其实质来说，都是共同的，都是共通的。青花、斗彩、釉里红、粉彩、新彩等是最常见的陶瓷釉彩（见图2-24）。

图2-24 青花、斗彩等是最常见的陶瓷釉彩

瓷器在中国有悠久的历史，在18世纪欧洲启蒙时代更是象征了皇室贵族的财富与地位。全球知名的瓷器品牌，包括皇家哥本哈根（Royal Copenhagen）、皇家道尔顿（Royal Doulton）、威基伍德（Wedgwood）、雅致（Lladró）等，都流露着优雅高贵的气质、皇家级的品质、精湛的工艺以及至高无上的品位。

坐落于巴黎赛福大街八号（8 Rue de Sèvres）的爱马仕旗下品牌「上下」（Shang Xia）第一家海外空间，设计师以巴黎深厚的历史与文化为灵感，演绎巴黎之家独一无二的节奏与美感。空间由纤薄精巧的6000余片白瓷片营造出一个云状空间。自古至今，瓷作为中国文化中不可或缺的元素，长久以来受到欧洲及至世界人士的青睐。结合法兰西的浪漫与东方的文明，崭新的空间由轻灵的白瓷片承托起一个全新的梦想，润泽剔透，光影流转之间，"如其在上，如其在下"——一个包容并蓄、海纳百川的东方雅致生活展现在世界眼前。

4. 木材

木材具有很独特的优良特性，木质饰面给人一种特殊的优美观感，贴近自然、绿色、可降解，具有较高的保温性，具有天然的美丽花纹（见图2-25）。

图 2-25　木材家具

来自"时尚之都"意大利的 Listone Giordano 地板,关注现代生活中的高端人群需求,以孜孜不倦的创新精神和精益求精的加工工艺,开创了地板行业的品质传奇。Listone Giordano 的"水平—垂直—全方位"的创新理念给身临其境的人们带来崭新而深切的触动。Listone Giordano 用极为严谨的态度对待生产出的每一块地板,力求以精美卓越的品质为您提供细致入微的感受。

红木家具起源于中国,是中华民族的"国粹",它不仅仅是一件家具,更是时代文化的象征,是包含了中华民族五千年来传统艺术和文化底蕴的瑰宝。红木家具是时代的奢侈品,是人们崇尚的传统,其以实用性、艺术性、健康性、传承性受到越来越多的人的关注和喜爱。红木分两种科、五个属、八个类（见图 2-26）,共计 33 种红木（见表 2-2）。

图 2-26　八类红木图

尤其在中国明清时代,红木家具非常流行（见表 2-3）。每一件红木家具,每一个不同的图案和符号,都是一种象征并有着不一样的寓意。红木家具在皇宫贵族里是地位的象征、财富的象征;在现在,红木家具代表着一种对典雅、传统生活的向往。

表 2-2　红木种类表

豆科	紫檀属	紫檀木类	檀香紫檀（小叶紫檀）
		花梨木类	越柬紫檀（老挝花梨）■ 安达曼紫檀 ■ 刺猬紫檀 ■ 印度紫檀 ■ 大果紫檀（缅甸花梨）■ 囊状紫檀 ■ 鸟足紫檀
	黄檀属	香枝木类	降香黄檀
		黑酸枝木类	刀状黑黄檀 ■ 黑黄檀 ■ 阔叶黄檀 ■ 东非黑黄檀 ■ 巴西黑黄檀 ■ 亚马逊黄檀 ■ 伯利兹黄檀 ■ 卢氏黑黄檀（大叶檀）
		红酸枝木类	巴西黄檀 ■ 赛川黄檀 ■ 交趾黄檀（老挝红酸枝）■ 绒毛黄檀 ■ 中美洲黄檀 ■ 奥氏黄檀（缅甸红酸枝）■ 微凹黄檀
	崖豆属 铁刀木属	鸡翅木类	非洲崖豆木（非洲鸡翅）■ 白花崖豆木 ■ 铁刀木
柿树科	柿树属	乌木类 条纹乌木类	乌木 ■ 厚瓣乌木 ■ 毛药乌木 ■ 蓬赛乌木 苏拉威西乌木 ■ 菲律宾乌木

表 2-3　中国明、清两代红木家具比较

	清代	明代
客厅系列		
餐厅系列		
卧室系列		
书房系列		
休闲系列		

5. 金属

金属材料包括纯金属、合金、金属材料金属间化合物和特种金属材料等，每一种金属都拥有独特的属性。金属材料因其硬度、光泽、良好的延展性、可塑性，表现出简约、现代、时尚、干练的风格，在产品设计中应用广泛，在跑车、腕表、服装、配饰、箱包、厨卫、电器等领域都扮演着重要的角色。

欧洲顶级定制银器品牌 Christofle 创立于 1830 年，在欧洲，它被称为"欧洲皇室御用供应商"，例来以奢华细节和卓越品质著称。它在餐具、器皿、瓷器和水晶制品方面，都有其独特的创造，同时 Christofle 还出品一些设计精美的首饰。限量般的纯手工高级定制的特点让它的每件作品有很高的收藏价值，被许多艺术爱好者和收藏家视为珍品。

2.3.3 产品设计艺术风格

设计作为一种艺术性的造物活动，它的本质是"按照美的规律为人造物"。爱美之心，人皆有之。虽然"美"并不是设计的唯一属性和最终目的，但就设计成果而言，美的因素却成为考察其优劣程度的标准之一。美是唤起和激发人的最高享受的心理状态，它是人类设计、创造本质的最深刻反映。"美"的设计能使产品有效地使用，并给人以强烈的视觉冲击和视觉印象，提升产品的审美体验。美是抽象的，但同时它又是可感的。

产品设计是以产品这一实物形式呈现在人们面前的，它利用各种技术手段和艺术方法按照功用规律和审美的规律来创造。设计的独特表现形式使美学这个主题更加广泛、更加深入地介入了人们的生活。产品设计迫切要求人们正确认识产品的形式与审美的关系，用"美"的尺度，设计制造富有形式美感的现代"艺术品"——产品设计。

长此以往，设计师们逐渐拥有了各自产品设计的独特风格，如巴洛克风格、洛可可风格、抽象艺术以及波普艺术等，下面一一介绍之。

1. 巴洛克风格

巴洛克（Baroque）是一种欧洲艺术风格，是 17 世纪初至 18 世纪上半叶流行于欧洲的主要艺术风格。它的特点是外形自由，追求动态，喜好富丽的装饰和雕刻、强烈的色彩，常用穿插的曲面和椭圆形空间，追求一种繁复夸饰、富丽堂皇、气势宏大、富于动感的艺术境界。巴洛克风格以其奢华富丽，一直为奢侈品所钟爱。

一向强调视觉冲击的意大利品牌杜嘉班纳（Dolce & Gabbana）2013 年秋冬女装就延续了一贯的巴洛克奢华宫廷风——紧身胸衣、宽大的衬裙裙撑，用精致高贵的绣花、耀眼灿烂的金线装饰凸显了繁复奢华的工艺。

2. 洛可可风格

洛可可（Rococo）艺术是法国 18 世纪的艺术样式，发端于路易十四时代晚期，流行于路易十五时代，风格纤巧、精美、浮华、烦琐，又称"路易十五式"。洛可可风格的基本特点是纤弱娇媚、华丽精巧、甜腻温柔、纷繁琐细，室内装饰和家具造型上凸起的贝壳纹样曲线和莨苕叶呈锯齿状的叶子，C 形、S 形和涡旋状曲线纹饰蜿蜒反复。创造出一种非对称的、富有动感的、自由奔放而又纤细、轻巧、华

丽繁复的装饰样式。

洛可可服装的必备要素包括夸张的裙撑、打褶的花边、繁复的缀饰、低胸衬裙、印花布料。洛可可风格的服装给人优雅、梦幻、浪漫、柔美的女性化时装感觉，属年轻类的流行时装。洛可可风格服装在造型设计上多以古典优美的"X形"轮廓为中心，运用合体且古典式的紧身形造型，强调裙及袖的层次和量感。服装细部处理十分精巧，多采用柔美精巧的花草纹样，加进金属的闪光提花织物或手工性强的手绘印花及刺绣面料。

3. 抽象艺术

20世纪初期，抽象艺术（Abstract）完全打破了艺术原来强调主题写实再现的局限，把艺术基本要素，进行抽象的组合，创造出抽象的形式，因而突破了艺术必须具有可以辨认形象的藩篱，开创了艺术新的发展天地。

图案都如同现代艺术，几何构成、绘画笔触、泼溅效果、仿生图像、电脑数学图形等，所有你想得到的抽象和超现实图案都可以在T台上找到。而一些传统或具象的图案也被抽象化：添加亮片等装饰材料，不同图案叠加在一起，或运用复杂的对比色彩，或将不相关的影像组合，所以我们可以看到全新的佩斯利花纹、放大或缩小的格纹、变化的动物纹或花卉，其中孔雀羽毛元素的设计受到BCBG等多个品牌的重视。

4. 波普艺术

波普艺术（Pop）又称普普艺术，在1956年由英国的艺术评论家劳伦斯·艾伟（Laurence Alloway）提出。波普艺术创作特征是直接借用产生于商业社会的文化符号，进而从中升华出艺术的主题。它的出现不但破坏了艺术一向遵循的高雅与低俗之分，还使艺术创作的走向发生了质的变化。

2009年，法国My Dot Drops推出了波普风格DIY旅行箱，可以让购买者自己定制彩色点组成的图案（见图2-27）。尽管我们已经习惯了行李传送带上的"撞箱"的尴尬，可这款波普风格的旅行箱一经推出却获得了极大的好评，因为其使用了单元的微粒组成了各种具象形状的图案，更能体现使用者的个性，波普风格也更适合年轻人的口味。

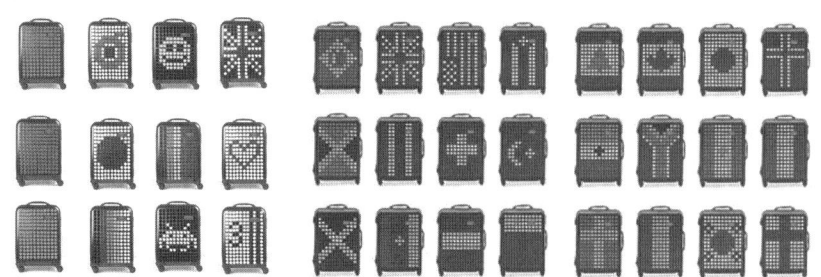

图2-27　My Dot Drops的波普风格DIY旅行箱

5. 包豪斯风格

德国"包豪斯学院"创办人沃尔特·格罗佩斯（Walter Gropius）主张以团队合作的方式及客观方法，积极拯救因机器大量生产造成的家庭无序，并探讨设计品质，使之回归到符合人本目的、感情及基本需要，避免人类成为机械的奴隶。包豪斯风格（Bauhaus）是在荷兰"风格派"和俄国"构成主义"的影响下形成的，具有高度理性化、功能化、简单化、减少主义化和几何形式化的特点。

瑞士钟表品牌摩凡陀（Movado）在1947年曾邀请美国包豪斯学派艺术家南森·霍威特（Nathan George Horwitt）设计了一款表盘上看不到任何数字、只在12点位置设有一个圆点的简洁表款。而这一单一圆点表盘设计的创始款型表款，在短短10多年后就被以纽约现代艺术博物馆为代表的20多家知名博物馆作为永久藏品收藏。同时，这个表款也得到了钟表历史上最简洁表款的美誉，并推波助澜地将包豪斯风格的影响力扩散到全球。

6. 栅格设计风格

栅格设计（Grid Design）风格源于包豪斯风格。20世纪50年代，栅格设计风格在德国与瑞士得到发展，通过瑞士平面设计杂志的宣传，将瑞士苏黎士（Zürich）和巴塞尔（Basel）两个城市的设计家从20世纪40年代探索的成果全面展示，并影响世界各国，因此也被称为"瑞士平面设计风格"（Swiss Design）。由于这种风格简单明确，传达功能准确，因而很快得到世界范围内的普遍认可，成为第二次世界大战后影响最大的一种平面设计风格，也是国际最流行的风格，因此又被称为**"国际主义平面设计风格"**（International Typographic Style）。

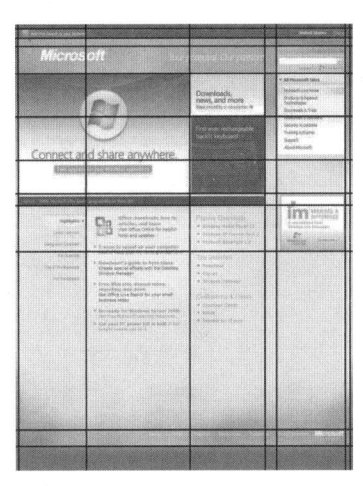

此后，拉尔夫·依克斯特朗姆把"强调平面设计上的标准化，采用方格网络为设计依据，旨在提供极佳的视觉传达功能"作为设计宗旨，大量应用于网页和平面设计，取得了巨大成功。

2.3.4 产品设计传播

通常，产品的设计可能需要品牌管理者将它的设计理念或者风格公之于众，其中最实用、最成功的传播方法就是"讲故事"。

故宫就是设计故事最多的地方之一。故宫里的每一件宝物的设计都是超越时空的，背后都是故事。故宫的宝物是非卖品，但宝物的"设计故事"可以让人们更了解故宫。故宫是千载难逢的，但是设计也是要把故事创造得很好。

所谓创造设计故事，是设计最前端源自于某个简单又有趣的情节或说法，这也成了设计最重要的精神。这个故事拉近观看者与设计师的距离，产生某些爱好，更好的情况是观看者觉得这个故事表达的设计精神，符合自己的某种生活态度，想要拥有这个设计。

卡地亚猎豹系列就是很好的例子，它体现了女性独立、优雅的气质，连公爵夫人也被它吸引。灵活自如的猎豹，时而凶猛、时而高傲、时而迷人，是卡地亚的代表性图腾之一。卡地亚与猎豹的渊源始于 1914 年，路易斯·卡地亚（Louis Cartier）委托插画家乔治·巴比尔（George Barbier）设计一张以"淑女与猎豹"为主题的邀请卡。插画家采用美好年代晚期的风格设计，描绘了一名身着皱褶长裙的年轻女子，一只猎豹伏在脚边。同年，黑白相间的豹纹图腾成为卡地亚装饰元素之一，出现在两枚女式腕表上。

甚至，设计师的灵感来源也可以作为设计的卖点。

迪奥（Dior）前首席设计师约翰·加利亚诺（John Galliano）从千变万化、令人眼花缭乱的素材中得到灵感，设计了一系列的高级时装和成衣。他的灵感来源取材丰富，包括富有传奇色彩的迪奥"New Look"、爱德华式的花花公子、马萨部落小姐、印第安或是印度公主，弹奏震耳欲聋音乐的 RAP 歌手、京剧名伶，甚至可以是街头流浪汉。这些都是一个产品设计可以讲的故事。

钢笔是发明于 19 世纪初、人们普遍使用的书写工具，万宝龙（Montblanc）、派克（Parker）与威迪文（Waterman）是并称世界的三大名笔品牌（见图 2-28）。中高端钢笔品牌中，德国凌美（Lamy）钢笔是其中的佼佼者，凌美 2013 年荧光黄限量版的成功就是来自设计师灵感来源的故事。凌美设计师一直想要寻找一种荧光黄的颜色，但怎么都无法配出他满意的效果。直到有一天，当他在印度旅游时，无意间发现了一辆荧光黄色的汽车，正是他所想要的那种效果，他立刻将那辆车的颜色拍下，回到工作室潜心研究。终于，2013 版凌美 Safari 限量版诞生了。在凌美销售柜台，当消费者在荧光黄和其他颜色的款式中抉择不下时，销售人员往往会向他们讲述荧光黄这个颜色的来源。听完这个故事，通常消费者都会选择购买荧光黄色，也会向周围的朋友讲述这支笔设计背后的有趣故事。

图 2-28　凌美钢笔与三大钢笔品牌

设计的故事不是凭空捏造的，那是在深信设计师的设计直觉后，将品牌的情感投入其中，经历时间化为一则动人的故事，让设计作品看上去是活的，有一股强劲的生命力。再专业的设计最终还是要转化、回归到大众了解的语句，那就是设计的故事。

2.4 品牌形象美学

我们知道产品设计非常重要，它已经成为消费者购买一个产品的重要因素。其实，不仅仅是产品外形和功能的设计，**品牌形象**（Brand Image）的美也至关重要。一般地，我们把品牌名称、品牌标志以及字体与色彩称为品牌形象，它更关系到一个品牌、一个产品、一家企业乃至一个地区、一个国家的方方面面。因此，形象的设计必须与品牌规划相一致。一般地，有四大原则需要设计者借鉴。

（1）个性化原则。个性化原则指一个企业对产品、品牌形象进行策划、整合，并力求显示出独特的识别性，形成差异化，即所谓使品牌"远离竞争者"。

（2）民族化原则。各个国家和地区的企业文化具有鲜明的民族特色，由此决定企业的经营宗旨、企业精神、企业价值观等企业理念的内涵须具有强烈的民族性。同时，品牌形象都会因民族心理、审美情趣的差异打上民族烙印。

例如，上海世博会中国馆，馆内外运用了"中国红"与中国古代建筑、家具主要结构方式之一的"榫卯结构"，简明地体现了中国的品牌形象，成为世界了解中国文化的窗口（见图2-29）。

图2-29　上海世博会中国馆的中华文化

（3）社会化原则。一个产品塑造并传播企业形象，目的在于得到社会大众的认同，因此，品牌形象必须做到引领社会心理、顺应时代潮流才能发挥它的效用。

（4）标准化原则。品牌标准化原则要求企业进行设计时，必须统一品牌各个要素，才能给消费者信心，增加可信度。

下面我们将一一阐述品牌形象的三大要素。

2.4.1 品牌名称

品牌名称是企业的无形资产。成功的品牌名称应该是消费者在第一时间就能回忆起来的，是家喻户晓、妇孺皆知的。品牌名称不只是个简单的名字，也是经营理念、行业产品、服务特点、市场定位和消费心理的综合体现，是社会道德、文化观念、心理因素等映照下的言语行为，具有鲜明的时代性、地域性和民族性。

1. 品牌命名

若要成功创建一个品牌，必须精心设计品牌名称。品牌名称的选取涉及语言学、修辞学、社会学、心理学、美学、营销学等多方面的知识，"善始者起于名，善终者成于名"。

（1）短音节。音节是命名首先要考虑的因素。品牌名称应该能够易于发音，音节数量过多，必定会给消费者造成记忆负担，从而影响品牌名称的传播力。很多情况下，两三个音节的品牌名称占绝对优势。因为两三个音节的品牌名称长度适中，表意丰富，节奏感强，朗朗上口。如著名比萨品牌棒约翰（Papa John's），既便于称说，又易懂好记，符合文字的表达习惯，能最大限度地传播，从而博得消费者的广泛认同和接受。

（2）产品相关。品牌名称作为企业、产品的商标，具有功能性和标志性。因此，在设计品牌名称时，要与产品特点相结合，尽可能将有利于企业、产品的信息浓缩其中。例如"妇炎洁"、"一梳黑"、"五粮液"、"珍珠口服液"，能够简洁准确地表达产品的性能和功用，都不失为好名称。

（3）亲和力。品牌名称的亲和力主要取决于用词的风格、特征与倾向，有亲和力的品牌更利于消费者接受和传播。

如大众护肤品牌"小护士"（MiniNurse），让人感到温柔、细腻、体贴入微，能给人以呵护，富有人情味，特别是带有明显女性化的倾向，吸引了成千上万的女性消费者。

"康师傅"作为品牌名称，熟悉而亲切，"康"又有健康之意，对消费者的心理能产生强烈的吸引和情感鼓舞，"康师傅"系列产品走俏大江南北就在情理之中。其他如"农夫山泉"（Nongfu Spring）、"乡巴佬鸡蛋"拉近了与普通消费者的距离，这些无疑都是成功的品牌名称。

"娃哈哈"作为产品品牌，既突出了消费时的感受，又传达出品牌的核心理念，就是让消费者在消费的过程中感受品牌的价值理念。谐音"哇哈哈"是个拟声词，是对儿童发出的爽

朗笑声的模拟，也可以是成人得到某种美好的事物时的不由自主的欢心。这样将品牌与消费者联系，既有亲和力，又成功显示了品牌力。

（4）新颖独特。品牌名称是区别于其他同类产品的识别标志，独创性是品牌命名的根基，因而品牌名称的设计还要考虑构思独特，给消费者新颖、奇异的感觉，这样才能吸引消费者，创造消费热点，引领消费潮流，如"傻子瓜子"等。

但是，我们不否认品牌名称具有商业性质，品牌名称的确需要借助新颖别致的表现方式来吸引消费者。品牌命名求新、求奇、求异自然无可厚非，但必须有个尺度。

如曾经饱受争议的儿童食品品牌"泡妞"、奶茶品牌"青蛙包二奶"、卫浴品牌"净国神社"等,这些名称都有损于人们的心理健康,或有损于国家民族的感情,都是应该被抛弃的。中国商标法也明确规定:有害于社会主义道德风尚或者有其他不良影响的文字或图形,不得作为商标。

2. 品牌命名方式

许多品牌直接以企业品牌命名品牌,如日立(Hitachi)、东芝(Toshiba);有些品牌以动物、花卉名称命名,用形象美好的动物、花卉名称命名,可以引起人们对商品的注意与好感,并追求某种象征意义,如"凤凰"(Pheonix)自行车、"相宜本草"(Inoherb)护肤系列等。

还有的品牌根据人名或地名命名。这种名称或以人和产地的信誉吸引消费者,或以历史、传说的人物形象引起人们对商品的想象,如青岛啤酒(Tsingtao)、李宁(Li-Ning)运动鞋等。

若以具有感情色彩的吉祥词或褒义词命名,可以引起人们对商品的好感,如"百丽"(BeLLE)女鞋让女性更加美丽,"金利来"(Goldlion)领带给人带来滚滚财源,"联想"(Lenovo)给人以无限想象。

特别地,有些品牌以杜撰的词语命名。以别出心裁、不含意思的词语打破商品名称表意的惯例,达到异乎寻常地引人注目的效果,如"海尔"(Haier)空调、"COCO都可"奶茶(COCO)等。

品牌名称除了要具备上述特征之外,还应该有美好的联想,不仅字义好,还要注意谐音,不要有不吉利的联想。若考虑使品牌进入国际市场,则必须要避开某些国家的禁忌。此外,品牌的命名要能体现思想和时代精神,同时也要符合法律要求,可以依法注册。

上海汽车(集团)股份有限公司自主品牌定名为"荣威"(ROEWE),产品定位于不同级别细分市场中的中高端车型,目标客户是有知识、有修养、事业发展成功、勇于创新突破、积极向上、追求品位的消费者。这类消费者都需要有很好的荣誉,所以取意"创新殊荣、威仪四海"之意。

3. 品牌译名

品牌译名也是品牌命名一个重要的组成部分。一个国际品牌进入中国市场的首要环节就是品牌译名。为了让商品能够迅速打开市场,博得消费者青睐,一个杰出的品牌译名显得尤为重要。成功的品牌译名必须符合一定的美学特征,一般地,美表现在以下五个方面:音韵美、意境美、文化美、情感美和简洁美。

（1）音韵美。音韵美指品牌译名应发音响亮，节奏明快，抑扬顿挫，从音韵的角度满足中国人的审美要求。为实现品牌翻译的音韵美，大部分译者采用头韵、尾韵、叠韵、象声、拟声以及平仄等方法，使译名读起来朗朗上口，富于想象力和感染力。

如饮料品牌可口可乐（Coca-Cola），名Coca（古柯）和Cola（可乐）是两种植物名称，其中古柯叶含有一种叫可卡因的碱，这种碱用于麻醉药甚至应用于毒品。如果直译势必影响该品牌在中国市场的销售。而可口可乐这一译名，一方面摒弃了品牌直译的尴尬，另一方面保留了品牌原有的头韵"K"，采用了双声叠韵，使韵律和谐，富有乐感。

再如化妆品牌可伶可俐（Clean & Clear）。该译名也保留了品牌原有的头韵"K"，同时采用平仄结合将伶俐结合在一起使译名富于音律变化，产生了音韵美的效果。还有一些国外品牌的汉语译名采用尾韵，使韵律和谐，富于美感，如力士（Lux）、雪花秀（Sulwhasoo）等。

（2）意境美。品牌译名通过形象描写该商品原语中的意境和情调，采用虚实结合、情景交融的方法，旨在让消费者触景生情，听弦声而知雅意，进而诱发消费者开拓自己的审美想象空间，激发消费者展开丰富的联想，从而形成了品牌深远、悠长的意境美。

如休闲饮品——咖啡品牌雀巢（Nestlé）。"雀巢"一词源自清代诗人张骅描写"桐山八景"之一"浮山夕照"的诗句：人驱古道牛羊下，风送归巢鸟雀忙。这种夕阳西下、百鸟归巢和人马休息的休闲意境给人以轻松愉悦的享受，充分展示了一种意境美，因此这一译名给人带来无限的遐想，能产生巨大的购买欲望。

再如香格里拉（Shangri-La）酒店。香格里拉位于云南省，是融雪山、峡谷、草原、高山湖泊、原始森林和民族风情为一体的多功能旅游风景名胜区。这种高山、峡谷、草原、森林的优美意境能够让人充分感受高品位的享受。这种意境美能够轻松地展示出来。

雅诗兰黛（Estée Lauder）是美国雅诗兰黛公司旗下化妆品旗舰品牌，以抗衰修护护肤品闻名。从这种品牌翻译中我们可以读出优雅、年轻、自信与极富魅力。雅，即优雅；诗即如诗一样流畅优美；兰乃花之四君子之一，是自信、幽香的典范；黛，本是青黑色染料，是古代女子画眉的材料，更好地契合了品牌主题，同时传达出了悠久的历史底蕴。

（3）文化美。语言是文化的载体，文化通过语言传播。品牌译名作为一种文化载体，是跨文化交际的有效媒介。它既要表现不同的文化特性，又要融入目的国的文化系统，满足该国民众的审美需求和审美取向，感染该国消费者，为品牌在该国拓展市场提供保障。

品牌译名要想真正体现文化美就必须融入该国的文化体系。

法国高端化妆品牌兰蔻（Lancôme）的译名深刻融合了中国文化因素。"兰"在中国是一种植物科类，兰科植物富含香气。蔻在中华文化中是一种植物，比喻少女，女子十三四岁被称为"豆蔻年华"。Lancôme翻译为"兰蔻"给人的印象是该化妆品是一种植物精华，使用后可使人年轻，这正符合化妆品的使用目的，因此具有很深的文化美。

再如法国另一个化妆品品牌依泉（Uriage）。依泉本是法国境内阿尔卑斯山的一个温泉名字，那里的温泉专门用于治疗皮肤问题。作为一个化妆品品牌，"依泉"是一个体现文化美的翻译。在中华文化中，泉水首载于《本草拾遗》，古本草认为新汲的、未被污染的井泉水均有某种医疗价值。将 Uriage 翻译为"依泉",在展示该品牌组成成分和产品功用的同时也融合了中国文化,真正体现了文化美。

麒麟(KIRIN)。日本三大啤酒公司之一的麒麟麦酒酿造会社,也是世界前十大啤酒集团。麒麟品牌以中国传统文化中昌盛吉祥的象征——麒麟来命名。世界上有很多以动物名命名的品牌成功案例,而麒麟借用东方的吉祥文化底蕴,阐述的是不一样的品牌与历史。

(4)情感美。情感美指品牌译名顺应了消费者审美的心理情感,迎合了消费者的消费心理,满足了消费者的民族心理认同感。好的品牌译名能够在情感上亲近消费者,引发他们产生感情共鸣并激发他们的尝试心理和购买欲望。

如宝洁公司旗下品牌帮宝适(Pampers)。该品牌译名直截了当地展示了商品的适应对象与功效,表现出能够帮助宝宝在尿裤子时感到舒适,这就很自然地激发了家长们的购买欲。事实也证明了该品牌译名的成功之处。再如旗下另一品牌护舒宝(Whispers)。这个译名也是成功地将情感美运用到了品牌翻译过程中。中国讲究含蓄美,护舒宝不仅能够体现女性的婉约之美,更是把情感美运用得恰到好处。

表现情感美的品牌译名还有紫色香水百爱神(Poison)、婴儿用品牌强生(Johnson & Johnson)等。包大人(Dr. P)是成人纸尿裤的品牌,包大人是人们对"包拯"这一历史清官的昵称。包大人这种称呼在中国有很好的传播性,同时包大人有很好的形象联想,同时照顾到成人的感受,是个品牌译名情感美的典范。

(5)简洁美。简洁美体现在品牌译名应简洁明快,避免生僻字,充分运用汉字的优点——蕴含多义信息,不仅便于消费者记忆,还能使人产生无穷的想象。

打印机品牌惠普,若采用直译原名 Hewlett-Packward 会是很长的一个名字,而将其译为"惠普",两个字便于记忆,而且意义丰富,惠普给人直接感觉是能够给普通大众带来恩惠。

再如洗发水海飞丝(Head & Shoulders),如果直译为"头和肩膀"会使人不知所云。如果音译为"海伦仙度丝"也让人一头雾水。这两种译法都存在致命的缺陷,就是冗长复杂,而译为"海飞丝"则简洁明快且易于记忆。其他如 LV、H&M 等,都是用简洁的字母缩写代替冗长的名字,让人记忆深刻,同时凸显产品的简洁与高端。

由此看来,品牌翻译的美学价值主要体现在音韵美、意境美、文化美、情感美和简洁美。事实上,好的品牌译名往往体现的不是单一美学,而是集中多重美学。

我们再来看一些奢侈品品牌的译名。

Bottega Veneta 于 2013 年公布了品牌官方新的中文名——"葆蝶家"以替换原来的"宝缇嘉",品牌方指出这个中文名不但是品牌谐音,且每个字都暗含深意,更指出蝴蝶一直是品牌的隐性标志。为何"宝缇嘉"这个早就为大众熟知的优雅品牌译名会被放弃呢?其实,我们上网搜索一下"宝缇嘉"就发现这个译名已被其他公司注册转让,而且各个品类都已被注册,甚至包括大理石、水泥。因此，备选译名"葆蝶家"成为了正式中文名。

同样的例子也发生在 Hermès 上，原本首选译名是"爱玛仕"，后来发现早已被国内其他厂商注册使用，于是改为"爱马仕"。这个巧妙的改名却正与 Hermès 的品牌文化合拍，代表着一种贵族、优雅的象征。现在，"爱马仕"这个译名早已深入人心，相信"葆蝶家"也会如此。

其实，比起品牌译名，有时产品译名更关键，有些未必是品牌的官方叫法。

比如，爱马仕 Birkin 包在国内取名为"铂金包"，为这款产品加分无数。珑骧（Longchamp）的 Le Pliage 尼龙折叠手袋也被形象地称为"饺子包"。蔻依（Chloé）前创意总监菲比·菲罗（Pheobe Philo）入主思琳（CÉLINE）后推出的包款被称为"笑脸包"，赢得了无数消费者。这些简单直白，又能产生联想的产品名在中国市场传播效果奇佳，可能远胜过那些高端杂志上的插图广告。

2.4.2 品牌标志

品牌标志指品牌中可以被认出、易于记忆但不能用言语称谓的部分，包括符号、图案或明显的色彩或字体。品牌标志与品牌名称都是构成完整品牌概念的要素。品牌标志自身能够创造品牌认知、品牌联想和消费者的品牌偏好，进而影响品牌体现的质量与消费者的品牌忠诚度。

品牌标志是一种"视觉语言"。它通过一定的图案、颜色来向消费者传输某种信息，以达到识别品牌、促进销售的目的。品牌标志图形比其他艺术样式视觉感更集中，更有冲击力和代表性，具有以小见大、以少胜多的特点。因此，在品牌标志设计中，我们除了最基本的平面设计和创意要求外，还必须考虑营销因素和消费者的认知、情感和心理。

我们列举了一些高尔夫品牌的标志（见图 2-30）。

图 2-30　高尔夫相关用品品牌

我们从狭义的产品品牌中脱离开来看一些有趣的标志，如 NBA 球队（见图 2-31）、足球俱乐部（见图 2-32）、银行，我们也可以把它们看作品牌，这些形形色色的标志也各具特色。

图 2-31　30 支 NBA 球队标志

图 2-32　一些著名足球俱乐部标志

每家银行的品牌标志绝非随意设计，都具有深远的象征意义。

中国银行，它的标志由香港著名商标设计家靳埭强先生设计，曾在国际设计展中获奖。这个标志用中国古代的铜钱为意象，融合汉字"中"，很容易让人联想到这是一个银行的形象，并且采用"红色"作为色彩，简洁明了并极具民族特色，是相当成功的标志设计。

中国建设银行以古铜钱图形为基础，"方圆"特性代表着严格、规范、亲和与融通。图形右上角的变化，形成重叠立体的效果，代表着"中国"与"建筑"的英文缩写。标准色为海蓝色，象征理性、包容、祥和、稳定，寓意中国建设银行像大海一样吸收容纳各方人才和资金。

中国工商银行的标志是以一个隐性的方孔圆币,两边对称,体现出银行与客户之间平等互信的依存关系。图案中心是经过变形标志的"工"字,中间断开,使"工"字更加突出,和外圆所寓意的是商品流通,表明中国工商银行作为国家办理工商信贷的专业银行的特征;"工"字图案四周形成"四面八角",象征工商银行的业务发展和在经济建设中联系的广泛。

招商银行以英文名首字母C、M、B为基本设计元素。视觉中心"M"型稳实有力,象征招行全面拓展国内、国际市场的发展态势。"M"下加横线构成"B"的造型,又与充满速度感的平行射线,形成扬帆出海、资金畅通的图形寓意;七条平行射线代表招行最初的七家股东,传达出明确的亲和性与时代性。标准色选用代表活力、热情的红色,象征招行的经营活力和服务热情。

1983年,奥地利设计师石汉瑞(Henry Steiner)选取香港汇丰银行简称"汇丰"设计,简单的六角形标志,好似指南针,指着不同的方向,象征着来自世界东南西北的交易,象征银行集团迅速成长。即使在无比熙熙攘攘与目迷五色的闹市,也超群出众。这个设计现已成为全球最著名的品牌标志之一。

美国银行(Bank of America)的标志象征着美国国旗,体现了爱国主义精神。线条的重复加强了情感联系和熟悉度。主体颜色的红蓝搭配则是体现了力量、信任与激情。

瑞士联合银行集团(Union Bank of Switzerland,UBS)的标志是三只交叉的钥匙,这个标志是沿用瑞士银行公司(Swiss Bank Corporation)于1872年开始使用的标志,代表信任、安全及慎重(confidence, security, discretion)。

苏格兰皇家银行(The Royal Bank of Scotland,RBS)由4个变形的箭头结合为一个圆形,而箭头的排列恰好又组合成一个方形。在一个设计中用了中国传统文化中的天圆地方的概念。在标志的简称上没有做过多的修饰,直接采用厚重的字体设计将图案与字体融为一体。

德意志银行(Deutsche Bank)的标志在1974年推出。德意志银行从140个建议中选择了标志性的广场"斜线",由平面设计师安东·斯坦考斯基(Anton Stankowski)设计。而这条对角斜线也表现了德意志银行稳中求发展,暗示了无限的生命力。

广义上,学校也可以看作一个品牌,而标有学校名称的校徽即是学校品牌的象征与标志,佩戴校徽有一种自豪和荣耀感,也是对学校的归属之情。纵观全世界所有高校的校徽,绝大多数以圆形、盾形、椭圆形以及长条形为主,其中以圆形和盾形最多,长条形在20世纪80年代比较流行。

哈佛大学(Harvard University)最早的校徽上有拉丁文"Ve-ri-tas"(真理),分布在三本书上,周围环绕着"pro Christo et ecclesia",即"为基督及教会"。校徽中两本书是向上翻开的,象征上帝启示给人类的知识;另一本书则朝下扣

着，象征人类对上帝的真理不可能全部掌握，上帝有上帝的奥秘，人对上帝应有敬畏之心。如今的校徽保留"Ve-ri-tas"，但三本书都是向上翻开的，周边有着宗教意味的拉丁文消失了，意味着宗教变革。

普林斯顿大学（Princeton University）校徽由黑色与橙色组成，曲直对称。盾形内部上方有一本打开的书，书上用拉丁文写着"旧约与新约"。下面缎带上的古体大写拉丁文是 DEI SVB NVMINE VIGET，也是校训。英译是 Under God's power she flourishes（因为上帝的力量，学校欣欣向荣）。

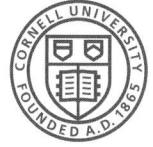

康奈尔大学（Cornell University）坐落于美国纽约，它的校徽用鲜艳热烈的红色，喻指着任何人的青春都能在康奈尔校园内燃烧。校徽设计很简洁，图案组合像人的眼睛和嘴，盾形中轴线上摊着一本打开的书，上面是两个小盾牌，两个盾牌一个代表纽约州，一个代表美国。

哥伦比亚大学（Columbia University）的盾形校徽中间有三个皇冠，皇冠上有十字架。当时英国国教是基督教，国王也是国教的首领，它的设计就是由此而来的。

剑桥大学（University of Cambridge）校徽其实是欧洲中世纪时期的徽章，一个独特的符号，用来代表一个人、一个家族、一个市政当局甚至是国家，这个徽章作为校徽随着剑桥悠久的历史一直传承到了现在。

牛津大学（University of Oxford）校徽由三颗王冠组成（上二下一），中间为一本展开的书，上写"DOMINUS ILLVMINATIO MEA"（主照亮我），这表明了起源于中世纪的牛津大学，宗教对它的深远影响，强调"启示"是知识和真理的源泉。

都灵大学（Torino University）的校徽中，鹰代表的是一只被饿死的鹰。鹰为了实现飞遍全世界的远大理想，苦练飞行，却忘记觅食技巧，最后在征途中饿死。而那匹奔马是一匹被剥了皮的马。都灵大学创办者设计此校徽为了时刻提醒学生：把人们从饥饿、痛苦和贫困中解救出来的是劳动和生存技能，而非不切实际的知识。

清华大学的校徽是由三个同心圆构成的圆面。外环上下是英文校名，中环左右并列着"自强不息"与"厚德载物"。清华大学以此孔子名言作为办学的精神标志，为了注重传统教育的研究，同时也培养学子新型君子人格。

由鲁迅先生设计的北京大学校徽上,"北大"两个篆字上下排列,其中"北"构成背对背两个侧立的人像,"大"构成一个正面站立的人物,突出了"以人为本"的理念。

复旦大学老校徽"复旦"字样上方写着"博学而笃志,切问而近思"的校训,如今改为了英文 FUDAN UNIVERSITY,下方则是"1905"字样,意味着学校建立的年份。

上海交通大学校徽为齿轮、铁砧、锤链和书本。校徽中心为铁砧、铁锤,铁砧上置四本平放的线装书和三本竖放的现代书籍,表示工程教育工读并重、融汇古今、学贯中西之意。"1896"表明了学校创办的年份。

品牌标志是种象征符号,要体现品牌核心价值,同时要与品牌有很好的相关度。好的标志要有好的颜色、形式、比例、搭配等,同时还需要考虑时下流行的平面设计趋势。

1. 品牌标志的作用

品牌标志能够引发人们对品牌的联想,尤其能使消费者产生有关产品属性的联想。例如,法国汽车品牌标致(PEUGEOT)的标志是一只狮子,它张牙舞爪、威风凛凛的兽中之王的形象,使消费者联想到该车的高效率、大动力的属性。

品牌标志能够促使消费者产生对产品或服务喜爱的感觉。风格独特的标志能够刺激消费者产生幻想,从而对该品牌产品或服务产生好的印象。例如,米老鼠、快乐的绿巨人、凯勃勒小精灵以及骆驼牌香烟上的骆驼等。这些标志都是可爱的、易记的,能够引起消费者的兴趣,并使他们对其产生好感。而消费者都倾向于把某种感情(喜爱或厌恶)从一种事物上传递到与之相联系的另一事物上。因此,由于品牌标志而使消费者产生的好感,在某种意义上可以转化为积极的品牌联想,这非常有利于品牌经营者开展市场营销活动。

品牌标志是公众识别品牌的信号灯。风格独特的品牌标志是帮助消费者记忆的利器,使他们在视觉上有一种感观效果。

当消费者看到三叉星环时,立刻就会想到奔驰汽车;他们会到有黄色大写"M"的地方就餐;在货架上,看到"两只小鸟在鸟巢旁边",就知道这是他们要购买的雀巢咖啡等。

检验品牌标志是否具有独特性的方法是认知测试法,将被测品牌标志与竞争品牌标志放

在一起，让消费者辨认。辨认花费的时间越短，就说明标志的独特性越强。一般来讲，风格独特的品牌标志会被很快地找出来。

在酒世界中，尤其是葡萄酒，酒瓶标志通常由艺术家设计，这种标志不仅仅用于区分产品或品牌，更代表一种艺术、文化和审美理念。

葡萄酒越来越受到大众消费者的欢迎。葡萄酒分为红葡萄酒、白葡萄酒与桃红葡萄酒。红葡萄酒经葡萄皮和汁混合发酵而成，白葡萄酒则是肉与皮分离发酵而得，桃红葡萄酒与红葡萄酒类似，但是葡萄皮和汁在一起浸泡的时间相异。

把葡萄按品种分，红葡萄品种有佳丽酿（Carignan）、赤霞珠（Cabernet Sauvignon）、蛇龙珠（Cabernet Gernischt）、解百纳（Cabernet Franc）、黑比诺（Pinot Noir）、梅洛（Merlot）、席拉（Syrah/Shiraz）、巴贝拉（Barbera）、玛尔贝克（Malbec）、内比奥洛（Nebbiolo）、桑娇维塞（Sangiovese）等，而白葡萄品种有雷司令（Riesling）、白羽（Rkatsiteli）、贵人香（Italian Riesling）、白比诺（Pinot Blanc）、霞多丽（Chardonnay）、长相思（Sauvignon Blanc）、白诗南（Chenin Blanc）、赛美蓉（Semillon）、灰比诺（Pinot Gris）。

在很多关于葡萄酒的书籍中，我们经常能看到葡萄酒产区有"旧世界"与"新世界"之分。通常，我们把拥有悠久酿酒历史的传统葡萄酒生产国称作"旧世界国家"，也就是欧洲版图内的葡萄酒产区，如法国、意大利、德国、西班牙和葡萄牙以及匈牙利、捷克、斯洛伐克等东欧国家。

工业革命以后，人们开始探索欧洲之外的广大葡萄种植地，欧洲新移民潮也把欧洲葡萄品种传到了美洲，美国、澳大利亚、南非、智利、阿根廷和新西兰等欧洲之外的葡萄酒新兴国家就被称为"新世界"。最著名的产区非美国加州纳帕谷（Napa Valley）莫属。

提起"旧世界"葡萄酒，我们一定会联想到法国。虽然法国不是最早酿制葡萄酒的国家，也不是葡萄酒产量最大的国家，但却拥有最多好酒的土地。法国生产世界上最优秀的葡萄酒，无论是波尔多的名庄、勃艮第价值连城的佳酿，还是带贵族气息的香槟，都令世人倾倒。

法国有八大葡萄酒产区（见图2-33）：波尔多（Bordeaux）、勃艮第（Bourgogne）、香槟（Champagne）、罗纳河谷（Cote du Rhone）、卢瓦尔河谷（Loire）、阿尔萨斯（Alsace）、普罗旺斯（Provence）以及朗格多克（Languedoc）。而其中，波尔多以产浓郁型的红葡萄酒著称，也是法国最著名的葡萄酒产区，因为波尔多被吉隆河（Gironde）穿过，我们就把波尔多拆分为左岸和右岸。左岸有名的酒区有梅多克（Médoc）大区内的波亚克（Pauillac）、圣朱利安（St-Julien）与玛歌（Margaux），格拉夫（Graves）也是波尔多左岸历史最悠久的酒之一，是波尔多白葡萄酒酒区的代表。圣爱美侬（St-Emilion）和波美侯（Pomerol）是波尔多右岸酒区里的台柱，两者都有不少的"天价酒庄"。除此之外，右岸还有圣爱美侬卫星酒区（Satellites St-Emilion）、冯萨客（Fronsac）、卡斯提雍丘（Côtes de Castillon）以及芙虹丘（Côtes de Francs）等。勃艮第则以产清淡型的红葡萄酒和清爽典雅型白葡萄酒著称，香槟区酿制世界闻名、优雅浪漫的汽酒。

波尔多的红酒名满世界，单是著名酒庄也有两三百家之多，而在这众多的酒庄中，有八家锋头最劲，它们各自有自己鲜明的特色，代表了波尔多乃至世界的最高酿酒水平。它们分别是拉斐庄（Château Lafite Rothschild）、拉图庄（Château Latour）、奥比安庄（Château Haut-Brion）、玛歌庄（Château Margaux）、武当庄（Château Mouton Rothschild）、白马庄（Château Cheval Blanc）、奥松庄（Château Ausone）和翠柏庄（Pétrus），法国顶级的红酒几乎都产自其中。

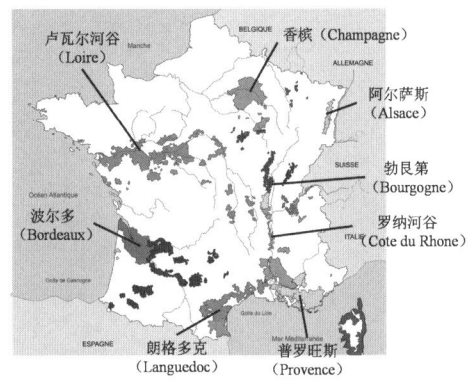

图 2-33　法国八大葡萄酒产区

值得一提的是，自从 1945 年起，武当庄每年在酒标的上部用一幅艺术家的绘画作品作为标签的装饰，如维克多·雨果（Victor Hugo）之重孙让·雨果（Jean Hugo）、英国画家弗朗西斯·培根（Francis Bacon）、上海书法家古干、艺术家徐累、查尔斯王子（Charles Philip Arthur George）都设计了酒标，这些酒标囊括了印象派、抽象派、立体主义、表现主义、超现实主义、波普艺术以及涂鸦艺术等 20 世纪以来最重要的美术流派，几乎堪称是一部浓缩的 20 世纪世界美术史。这成为武当庄的标志之一，也是武当精明的传播方式的代表（见图 2-34）。很多人仅仅是为了收藏酒标而要将武当庄酒买齐，这一方法后来也被其他酒庄效仿。

图 2-34　武当酒庄部分酒标

我们现在看的例子就是来自波尔多及勃艮第的美酒——法国新创立的葡萄酒品牌艺术之桥（Pont des Art）。Thibault Pontallier 和 Arthur de Villepin 先生于 2010 年将艺术与葡萄酒相结合创立了艺术之桥葡萄酒。艺术之桥将著名华裔画家赵无极的作品化成葡萄酒标，推出 6 款来自勃艮第和波尔多的收藏酒品，让艺术与酒结合的美妙跃然于瓶上（见图 2-35）。

赵无极擅长融合中国传统与欧洲艺术精髓，风格别树一帜，作品长年于各地展出。他到处游历吸收新灵感，慢慢建立起自家的画风，擅长把富有东方色彩的写意画法及西方的抽象意念相连接，很快便得到收藏家的青睐。赵无极先生就是用油画的方式画出了东方哲学的一种意象，而这种就是人类共通的一种思想情感。

此外，玛歌酒庄总酿酒师 Paul Pontallier 携子 Thibault 与好友 Arthur de Villepin（法国前总理 Dominique de Villepin 之子）家族一起与赵无极先生促成合作，将葡萄酒零售品牌 Bordeaux Etc 糅合艺术与佳酿，独家发售限量版 Pont des Arts 系列红酒。Pont des Arts 也由此一跃成为最成功的葡萄酒品牌之一。

图 2-35　赵无极经典酒标油画之一（左）与以 6 898 万港币价格拍卖成交的作品（右）

2. 品牌标志设计原则

如果我们将世界众多知名品牌的标志放在一起，便能找到一些共同的特点，这些特点正是它们成功的因素。从中我们可以发现标志的发展从形式上经历了由烦琐复杂到简洁明快、从绘画到图形风格、从具象形态到抽象形态的过程。在整个发展过程中，标志总是以一定的形式作为象征，借以表达特定的含义。

（1）独特性。独特性是标志设计最基本的要求。标志的形式法则就要求标志要具备各自独特的个性，不允许有任何的雷同，这就要求标志的设计必须做到独特别致、简明突出、追求创造与众不同的视觉感受。品牌标志主要的功能之一就是用以区别于其他产品或服务品牌。如果标志与其他品牌类同，那将会大大减弱品牌标志的识别性能。因此品牌标志设计既要与企业的形象、产品的特征联系起来，又要体现构思新颖、别出心裁的风格。图 2-36 是别克 110 年品牌标志变化的掠影。

图 2-36　别克（Buick）110 年品牌标志变化

（2）简洁性。品牌标志设计的形式主要有具象表现形式（如法拉利、兰博基尼的标志）、抽象表现形式（如中国银行、耐克的标志）和文字表现形式（如加多宝、麦当劳的标志）三种。而这三种形式必须是对现实对象、思想的高度浓缩与提炼，并且具有理性的秩序感和强烈的现代感。

物质丰富的社会，品牌多如牛毛，人们不会特意去记忆某一个品牌，只有那些简单的标志才能留在人们的脑海中。

苹果是人们最熟悉的品牌标志之一，"被咬了一口的苹果"标志非常简单，却让人过目不忘。创业者当时以苹果为标志，是为纪念自己在大学读书时，一边研究电脑技术，一边在苹果园打工的生活。但这个无意中偶然得来的标志恰恰非常有趣，让人一见钟情。苹果电脑作为最早进入个人电脑市场的品牌之一，一经面市便大获成功，这与它简洁明了、过目不忘的标志设计密不可分。

耐克的红色一勾也同样简单明了，但它无处不在，给人以丰富的联想。小时候，我们做完作业，等着的就是老师那红色的一勾，它代表着正确、表扬和父母的笑脸。长大了，这一勾仍然如影相随，开会签到、中奖了领奖，甚至在我们小小的记事本上，都要在已经来过的人或已经完成的事的前面打上一个勾，它代表着顺利、圆满。当年设计出这个标志的一名大学生只得到了35美元的报酬，但今天，这一勾已经价值上百亿美元。

（3）准确性。品牌标志归根到底是为品牌服务，标志要让人们感知到这个品牌是干什么的，它能带来什么利益。比如食品行业的特征是干净、亲切、美味等，房地产的特征是温馨、人文、环保等，药品行业的特征是健康、安全等。品牌标志要很好地体现这些特征，才能给人以正确的联想。

"M"只是个非常普通的字母，但是在许多小孩子的眼里，它不只是一个字母，它代表着麦当劳，代表着美味、干净、舒适。同样是以"M"为标志，与麦当劳圆润的棱角、柔和的色调不一样，摩托罗拉（Motorola）的"M"标志棱角分明、双峰突出，以充分表达品牌的高科技属性。

（4）瞩目性。黑格尔将形式美的构成因素划分为两大部分：一部分是构成形式美的感性质料（主要指色彩、形状、声音），另一部分是感性质料构成形式美的组合规则，即形式美的法则。这些美的法则是人类在创造美的活动中，不断熟悉和掌握各种形式因素的特点，并对各种形式因素之间的联系进行研究而总结出来的，它包括自然中各种感性质料的有规律的组合。

在标志设计中，形式美的法则主要有：反复（奥迪标志）、对称[大众（Volkswagen）标志]、对比与调和[斯巴鲁（Subaru）标志]、律动（别克标志）、渐变[华为（Huawei）标志]、均衡[凯迪拉克（Cadillac）标志]。

造型要优美流畅、富有感染力，保持视觉平衡，使标志既具静态之美，又具动态之美。

百事可乐的圆球标志，是成功的设计典范，圆球上半部分是红色，下半部分是蓝色，中间是一根白色的飘带，视觉极为舒服顺畅，白色的飘带好像一直在流动着，使人产生一种欲飞欲飘的感觉，这与喝了百事可乐后舒畅、飞扬的感官享受相一致。

（5）标准性。有些标志图案可以完美地用在名片或图章上，如右图名片极具创意，但是放大运用在广告牌上时，却容易失真；有的则正好相反，大的标志压缩变形后，原来的设计精神和形象变得荡然无存。因而在标志设计中，要注意这种放大或缩小引起的变形。因此在设计品牌标志时，我们必须考虑标志的美学尺度，并制定严格的大小标准。

（6）通用性。在设计时对可能引起公众和消费者心理错觉的地方作某种修正。例如，设计的是垂直线，由于其他部分斜角的影响，使它看起来歪了，要纠正这种错觉，就得把线条略向相反一方微斜，使之平衡。标志设计还应注意实际使用问题。如品牌可能在很小的空间使用，要求标志实际尺寸很小，应应用通用的工艺制作。

（7）文化性。需要注意的是，在设计品牌标志时必须考虑不同国家对色彩的偏好和禁忌。品牌标志的设计受到营销原则、创意原则、设计原则等各方面的规范，以前随便画一个飞禽走兽、花草树木的图案已远不能满足品牌的发展需要。激烈的品牌竞争对品牌标志的设计提出了更高的要求，把设计的程序推上了更专业化的道路。

（8）时代性。品牌需要不断成长，然而在品牌理念不断丰富的同时，品牌的外在形象的核心——品牌标志也应该不断变化，以适应全新的适应时代特征的品牌理念。

本田原先以生产摩托车为主，最早的本田标志是一个老鹰翅膀，象征着高速的驾驶感、飞跃的本田技术和前途无量的品牌，采用红色配色。1969 年，本田公司为了将"H"与鹰的形象相融合，而使用了纵长的"H"商标。1980 年，为了体现本田年轻、技术先进和设计新颖的特点，决定使用形似三弦音箱的"H"标志，把技术创新、团结向上、经营有力、紧张感和轻松感体现得淋漓尽致。"H"字母的设计，加上外方框的环形设计，融合现在标志设计中常见的金属质感，在汽车企业标志设计中算是比较沉稳的风格（见图 2-37）。

1948 年，第一代　　1969 年，第二代　　1980 年，第三代

图 2-37　本田品牌标志变迁

同样的例子，2013年，雅虎（Yahoo！）宣布将更换自己现用的品牌标志，这是雅虎成立18年以来第一次大幅度改变形象标志。新标志继续保留了感叹号和紫色色调。字体则采用全新设计的无衬线体，并且在字体中加入了棱角效果，整体将显得更加现代（见图2-38）。

图 2-38　雅虎更换品牌标志

最早的肯德基（KFC）标志就是最简单的白底黑字加上肯德基上校的头像以及Q版效果。此后肯德基品牌标志跟随了时代与审美潮流，不断更新。1997年，肯德基上校穿上了西装，预示着提供更加高端、绅士的服务。9年后，肯德基再次更新了标志，上校脱下了西装外套，穿上围裙，意在表现"想必他已经准备好为您服务了"。新品牌标志背景还增加了一个动态效果，意味着更快速的服务（见图2-39）。

1952年，第一代　　1978年，第二代　　1991年，第三代　　1997年，第四代　　2006年，最新

图 2-39　肯德基的品牌标志变迁

微软创始人比尔·盖茨（Bill Gates）和保罗·艾伦（Paul Allen）使用BASIC语言，花了不到一天时间，设计了第一代标志。此后，第二代标志的字母"O"别具特色，被微软公司员工亲切地称为"blibbet"。1987年，第三代标志更新后，很多消费者包括微软员工仍然对"blibbet"念念不忘，因此，第三代标志很少被微软使用。同年，设计师斯科特·贝克尔（Scott Baker）为微软设计了第四代标志。这个标志的字母"O"右下角被砍掉了一点，看起来就像是著名的《吃豆人》游戏（Pac-Man），为了强调微软的"软"，并传递出一种运动和速度的感觉，这个标志被绝大多数人接受。18年后，微软终于再次更新了品牌标志，标志的英语部分使用了Segoe字体，与微软的产品以及传播中使用的字体保持一致，图案是一些色块，体现了微软多元化的产品组合（见图2-40）。

1975年，第一代　　1982年，第二代　　1987年，第三代　　1987年，第四代　　2012年最新

图 2-40　微软的品牌标志变迁

特别地，有些品牌标志设计与以上诸多原则不符，甚至格格不入，但是有其中很小一部分品牌获得了巨大成功。无印良品（MUJI）即是其中的代表。

无印良品创始于日本，本意是"没有商标与优质"。虽然极力淡化品牌意识，但它遵循统一设计理念所生产出来的产品无不诠释着"无印良品"的品牌形象，它所倡导的自然、简约、质朴的生活方式也大受高品位人士推崇。

与绝大多数品牌产品不同的是，无印良品产品摒弃一切外在"标签"，不断简化：拿掉商标，去除一切不必要的加工和颜色，简单包装，简单到只剩下素材和功能本身，提醒人们去赏识原始素材和质料的美感。这使得在日本常常会出现这样的现象：假如有人看到一个没有品牌标志的产品就会预测，"这是无印良品吗？"由此，无印良品巧妙地实现了最大程度的品牌差异化：世界被人为地分成了两极，一极是所有的品牌，而另一极就只有无印良品。大音希声，大象无形，刻意追求低调反而成为著名世界的"无品牌"(No Brand)。

值得一提的是，MUJI 旗下的 MUJI LABO 品牌的标志设计也十分独到。比如 MUJI 旗下的高端系列 MUJI LABO。LABO 是国际通用词，即是"实验"的意思。MUJI LABO 的符号引用了日本禅宗里的理

论——圆。圆这个图形其实是从中国传播至日本的，代表宇宙万物的生存之道。日本画家画一个圆代表宇宙，人间是三角形，方块代表土地，成为宇宙的三个符号。LABO 的符号并不是圆规画的圆，而像是水墨的痕迹，它让 MUJI 的本质在每个地方得到渗透。MUJI LABO 是自由想象的创作实验室，圆有界又无界，包含万物而不争。

2.4.3 字体与色彩

在设计过程中，字体必须符合企业形象，对字符的间距、笔画和线条的粗细、编排的形式、统一的造型等都要周密考虑，严谨制作。在字体设计时应做到根据品牌理念以及消费者对各种字体所能产生的印象和对商品的联想，选择符合表现力的适当字体。

在应用中，字体首先要体现产品特征，例如，食品品牌字体多以明快流畅的字体，以表现食品带给人的美味与快乐；化妆品品牌字体多为纤细秀丽，以体现女性的秀美；高科技品牌字体多为锐利、庄重，以体现其技术与实力；男性用品字体多为粗犷、雄厚，以表达男性特征。其次，字体要容易辨认，不能留给消费者去猜，否则不利于传播。最后，字体要体现个性，与同类品牌形成区别。

无论哪种字体的笔画、结构都要遵循规则，虽然可以适当装饰或简化，但要符合现在企业高速度、高效率的精神，具备准确、易读的特点，达到传递信息的效果。标准字设计的成功与否取决于造型因素，要使其富有美感、亲切感和创新感。

如可口可乐，以文字作为自身品牌标志，在文字图形化的过程中，文字保持了其易识别的特性，同时通过设计赋予了文字以灵动飘逸的感觉，具有很强的亲和力。此外，在中文和英文的文字设计中均能够给消费者传达同样的视觉形象和品牌理念。

在色彩的运用上，首先要明白不同的色彩会有不同的含义，给人不同的联想，适用于不同的产品。当然，作为个体的人，对于色彩的感觉有时会差异很大，由于人们的生活经历不同，红色也可以联想到暴力和恐怖，白色也可以联想到生病、死亡等。其次，相同的颜色也

会因为地区、文化、风俗习惯的差异而产生不同的联想。因此，进入不同的国家和地区，有时需要对色彩因地制宜，进行调整。

对于品牌的标准色彩而言，色彩要能够代表品牌形象。它适用于所有的视觉传达媒体，通过色彩带给人的知觉感知和心理反应，达到表现品牌理念的目的。由于色彩最容易形成具有特定情绪化的环境以及每种色彩在人们的认知过程中被赋予了独特的性格内涵。在室外广告中，最重要的是标志的标准色，次之是图形，最后才是文字。

因此，品牌的标准色彩对于品牌形象的塑造具有决定性影响。在色彩的设计中，设计师通过对色彩三属性：色相、明度、彩度的选择和调整，给人们独特的品牌形象联想。在若干设计经验中，我们会发现表达高端感，就离不开黑色；表达奢侈感，就离不开金色；表达科技感，就离不开蓝色；表达环保理念，大多选择绿色；表达年轻活力就选择明度和彩度都比较高的色彩；相反，表达成熟稳重就选择明度和彩度都比较低的色彩。如爱马仕偏橙的金色系，既高端又不落俗。

在进行品牌色彩设计时，必须考虑企业本身的理念、特性以及民族习惯、大众心理等因素，此外，还必须考虑流行色的变化趋势。

此外，构成品牌的其他外在元素，包括品牌理念、品牌愿景、品牌目标等。

品牌理念（Brand Mind）是指能够吸引消费者，并且建立品牌忠诚度，进而为客户创造品牌（与市场）优势地位的观念。品牌理念应该包括核心概念和延伸概念，必须保持品牌理念概念的统一和完整，具体包括企业业务领域（行业、主要产品等）、企业形象（跨国、本土等）、企业文化（严谨、进取、保守）、产品定位（高端、中端、低端）、产品风格（时尚、新潮、动感）等的一致。

一个卓越品牌的塑造首先从规划清晰的品牌愿景开始。

《圣经》里有一句话："哪里没有愿景，人们即将灭亡"（Where there is no vision, the People perish）。无论是万宝路、可口可乐、奔驰，还是IBM、强生、吉列，每一个卓越品牌的背后都有一种无形的力量引领着品牌前进的方向，就像迷雾中的灯塔，激励着员工为了共同的理想和目标而奋斗，这就是品牌愿景。

品牌愿景（Brand Vision）是关于一个品牌未来的最重要的描述，它描绘了"我们的品牌想要创造什么"的美好蓝图，它告诉消费者、股东及员工：品牌未来的发展方向是什么，品牌未来要达到什么目标，品牌为什么存在。品牌愿景能够给人一种清晰的品牌聚焦和激励人心的凝聚力、感召力，一经确定就能形成一种无坚不摧的精神力量，推动着品牌不断前进。很多企业在推出品牌时会提出要倡导某个理念，其实不管理念有多好，最终能否占据公众的心智就成了品牌成败的关键。

我们来看一下国内外著名企业的品牌愿景：
- 3M：创造性地解决那些悬而未决的问题。
- 惠普：为人类的幸福和发展做出技术贡献。

- 麦肯锡（McKinsey）：帮助杰出的公司和政府更为成功。
- 默克（Merck）：保护和改善人类生活。
- 耐克：体验竞争、获胜和击败对手的感觉。
- 索尼（Sony）：体验发展技术造福大众的快乐。
- 沃尔玛（Wal-mart）：给普通百姓提供机会，使他们能买到与富人一样的东西。
- 迪士尼：建造迪士尼乐园——根据我们的想象，而不是根据工业标准。
- 波音（Boeing）：在民用飞机领域中成为举足轻重的角色，把世界带入喷气式时代。
- 苹果：让每个人拥有一台电脑。
- 微软：计算机进入家庭，放在每一张桌子上，使用微软的软件。
- 麦当劳：成为世界最佳用餐体验的快速服务餐厅。
- 肯德基：服务至上、追求卓越的肯德基企业文化。
- 星巴克：为客人煮好每一杯咖啡。
- 福特：成为世界领先的汽车产品和服务的公司。
- 通用电气（GE）：使世界更光明。
- 杜邦（Dupont）：致力于创造可持续的解决方案，让全球各地的人们生活得更美好、更安全和更健康。
- 华为：丰富人们的沟通和生活。
- 万科（Vanke）：成为中国房地产行业持续领跑者。
- 苏宁（Sunning）：打造中国最优秀的连锁服务品牌。
- 吉利（Geely）：让世界充满吉利。
- 格力（Gree）：缔造全球依靠的空调企业，成熟格力百年的世界品牌。
- 康佳（Konka）：成为具有全球竞争力的强势电子品牌。
- 茅台（Moutai）：酿造高品位的生活。
- 李宁（Lining）：我们以体育激发人们突破的渴望和力量。
- 统一（PRESIDENT）："三好一公道"，就是品质好、信用好、服务好、价钱公道。
- 立天唐人（NHH）：只做最好的商业平台。

其实，也有公司没有主动为自身品牌注入内涵，而是通过包装、说明、企业宣传及消费者使用等产生一种理念或感觉。

尽管普通消费者一般根据有限经验及知识会对某一品牌形成自己的认知，但他却认为那是正确的，尽管那可能会跟客观情况不一致，但"心智认知就是品牌"，消费者还是根据他自己的认知去消费。

品牌目标（Brand Goal）是品牌管理者按照企业的经营方向，推出品牌时所要达到的理想中的状态，是品牌战略方向的具体化与定量化，如质量水平、市场占有率、市场影响力、品牌美誉度等。有的品牌目标只是过渡性的，营造一个品牌只是为了暂时地打造声势，企业的终极目标可能是整个企业的统一形象而不仅仅是某一个产品品牌。有些品牌目标则是长期的，如海尔：成为互联网时代的世界名牌。这对企业发展长期促进的效果。

阅读材料

蒋友柏谈设计

台湾橙果设计公司董事长蒋友柏是蒋经国之孙,遵从父蒋孝勇之训不碰政治,19岁进军商界,2003年7月,蒋友柏与弟弟蒋友常创立了橙果设计公司(DEM Inc.),蒋友柏担任CEO,定位所属公司为"方案解决提供者"(Solution Provider)。2007年,他到中国大陆各个高校演讲,在演讲中谈论了对于事业、美学与设计的种种想法。

我们挑选了其中的精华部分与读者分享。

时尚美学=设计高帽,那设计呢?

设计,真的无所不在吗?

20世纪50年代以前,概括地说,"设计"是归属于艺术家的特权。艺术家往往在经历过一段惊世骇俗的人生故事、画下句点后,这份特权才得以发挥——作品受到世人注目与增值。但这样的设计特权,是我们需要的吗? 20世纪60年代,因为战后需求,物品被机械化大量生产,但只停留在"实用"层次,和"设计"画不上等号。真正将实用"物品"转化为"产品",则是在20世纪70年代以后,设计开始大众化,人们的生活质量也随之提升。电视的发明与普及,更让产品直接对消费者说话,展示设计。20世纪80年代后,全球经济逐渐攀向顶峰,产品的设计与包装开始了异化现象(dissimilation),不论是独尊设计材质、制程或美学等,成了一顶顶"设计高帽",和时尚结合之后,新的"时尚美学"产生了,但也逐渐失去"设计"该有的纯粹实用功能,设计有成为无聊收藏品的危险。

一杯加了冰块的葡萄汁,刚开始喝起来超爽快,有味道,又冰又过瘾,但放久了,味道却因冰块融化稀释而变淡。"冰块"对葡萄汁而言,是一种设计,让葡萄汁更有风味。但如果你停止了加入冰块/设计,时间久了,冰块反而是造成葡萄汁风味变差的主因。重点在于,设计需要不断寻找新的方向与内容。服务就是现今设计的新方向,是为顾客寻找解决方案的新内容。不只是为单一产品,而是必须思考到整体(品牌)。所以,"设计"是帮客户做梦,也帮客户检视梦醒之后的现实。明基(BenQ)为了提升自己为国际品牌,勇敢做梦,以小吃大,买下西门子手机部门。在极端残酷的商场厮杀下,花了股东们一年267亿新台币(约55亿人民币)后,又能勇敢地设下停损。就现代设计观点来看,这是何其气魄。并购的目的,绝不是为了寻找失败,但在失败/梦醒的边缘喊停,梦醒的勇气比做梦的勇敢更难得。这一课何其珍贵,是别人无法学习复制的经验。冷静检视自己的伤口,往往会让对手不寒而栗。就凭这一点,明基比其他台湾自创品牌更有机会成功。因为他们了解自己——这一连串"设计"的初衷。

时尚、设计是什么?

时尚是什么?大师级人物会告诉你,这是一种心境、一种感觉、一种气息、一种味道。这么说来,只可意会吗?

设计是什么?创意高手会给你一件作品、一个眼神、一个手势,外加一段使用说明。当然,绝佳的设计,是不必说明的;遗憾的是,大部分仍需要。

从时尚看设计，就像以大象的眼睛看地上的蚂蚁，看到的只是一大片黑压压（或是红通通），看似静而不动，这就是时尚的宏观；群聚的蚂蚁们，不断地再生与创造，从生活中不断再发现，这是设计的微观角度。每一个设计创意人心中都应该要有大象与蚂蚁，并且要让它们积极对话。当大象和蚂蚁可以闲嗑牙，就是时尚与设计开始结合。设计者以时尚美学的概念领导细节；从艺术发想，再回归实用。

如何卖设计？

我的方法有4个关键：深信直觉、创造故事、忠于选择、包容市场。

深信直觉

先谈第一个关键：深信直觉。设计直觉，是设计人必备的天赋，如同神赋予生物的直觉一样，是一种生存本能。

是不是一定要设计大师才能定调？才能质疑设计的好与坏？设计人深信自我的设计直觉，我的体会是，要卖设计，先要学会抓住脑袋中一闪的感觉，否则很容易在市场中随波逐流，忘了设计的坚持。不只是对设计的直觉，也要有对客户与市场的直觉。这种直觉只能从市场真正的肉搏战中养成，是不断跟客户鞠躬弯腰，忍受无止境的挑战换来的。

正因如此，现在碰到欣赏设计的客户，橙果可以不管利润地卖命。像捷安特那样为了一个设计投资上千万的模具费，我更有义务带头协助公关营销规划与宣传产品设计。这是我们所谓的保留客户。这次捷安特 City Storm 卖得好，连橙果的客户都要我帮忙预购，这种成就感不是金钱可以衡量的，那种快乐只有经历不断挑灯夜战、彻夜难眠，终究实践自我价值的人才能真正体会的。

创造故事

卖设计的第二个关键是"创造故事"。

iPod 与 iPhone 的例子代表着一个完整的设计故事，常常是持续演化的，而一个设计故事被营销与贩卖也不是几天的事。近三年来，我有很多机会与国外设计界的佼佼者接触，问起他们对于台北的印象时，大都会提到 101 大楼。很少人会记得 101 在三年前曾经被许多设计师与时尚专家认为是最丑的设计。101 创造故事的元素不仅包括它是全世界最高的建筑，还有建筑采用中国宝塔浮屠概念，以及古铜钱与祥云符号。但是在许多评论者文字下，它成了"不中不西"且丑陋的巨兽，有杂志形容像是一个大墓碑。

时至今日，大家已不再记得这些批评了，大众对 101 的想法也跳脱设计的美丑想法。完工后的 101，历经二次全球最高楼层的跨年倒数，铜钱与浮云成为这栋大楼的重要识别元素，今天，它成为台北的地标。101 为什么会成功？从刚落成时美丑的争议，一直到成为世界最高的建筑，这一连串的创造性说法——从负面到中性再到正面，造就 101 成为最具故事性的大楼。或许有人会认为 101 的成功是营销而来，但是我相信设计者在设计时心中已经有了一个既定的故事，经营者才有办法抓出重要元素，把故事传播出去。设计的故事不是凭空捏造的，那是在深信你的设计直觉后，将你对设计作品的投入与感情，经历时间转化为一则动人的故事，让你的设计作品看起来是"活"的，有一股强劲的生命力。

创造故事来卖设计，有时不能不太在乎一时的批评。而设计没有让人心动的故事，就像所有想用更高的规格、更好的材质向 iPod 挑战的品牌，再好的设计都是市场竞争的炮灰。

忠于选择

卖设计的关键三，就是要忠于自己的选择。

许多设计领域的人无法推销自己的设计，常因为他们没有忠于自己的理念与选择。台湾产业对设计师严厉的考验，逼得很多人放弃坚持自己的理念。这种放弃不仅在于部分客户的目光浅短，更在于设计产业的不确定性。设计本质上充满不确定性，设计师卖的不是客户摸得到、感觉到的实体产品，越是创新，技术与生产的挑战越大，最后逼得许多人承受不了这种不确定性而打安全牌，不敢冒险创新。从怀疑自己的选择到放弃自己坚持的选择，这是一种可怕的恶性循环，放弃自己的选择等于放弃创新。没有了创新精神的设计，价值在哪里？

就像以设计征服全世界的乔布斯，曾经因为 Apple II 被骂到臭头并下台。从苹果第一代到今天的 iPhone，乔布斯即使在被打击成过街之鼠时，也从没放弃他对设计与科技产品的热情。至于时尚设计界，最戏剧性的例子，大概就是米扎里（Isaac Mizrahi）这个在 20 世纪 90 年代被美国好莱坞捧上天的金童设计师。他成名前从平价成衣设计师到卡尔文·克莱恩的助理都做过，爆红后成立自有品牌，赢得好莱坞一线女星的热爱。

最后该品牌却因为幕后大老板香奈儿抽银而倒闭，新闻还上了《纽约时报》头版。接着他委身形同美国佐丹奴的 Target 成衣，负责"设计师"系列的产品。米扎里以前设计的高级服饰一件甚至高达十几二十万新台币，到了 Target 变成了一件千元左右的衬衫或裙子。他在接受媒体访问时曾表示他没有设计上的水土不服，只是布料成本差了数十倍。终于，2005 年新金主看上他，为他在全美五大城市设立 Boutique Shop，2006 年，米扎里将再度站上睽违多年的纽约时尚周的舞台。

包容市场

时尚设计媒体最喜欢问一个问题：什么是风格？你的基因是什么？

"没有答案"就是答案。这就是卖设计的第四个关键：包容市场。市场是现实的，无所谓残酷或美好。这里有 4 个我对"包容市场"观点：

（1）我接受台湾设计产业的不成熟。博客这一个多月来的响应，有很多人不赞同我对市场的看法，这就是例证。如果他们真的仔细用心看我的文章，就会了解台湾设计产业的问题。

（2）过去 10 年，台湾的广告公司为了争取广告合约，会为客户提供品牌营销服务。我接受了这样的市场环境，并从中找到一个切入点，就是用设计来创造品牌的附加价值，和广告公司竞争，而不再只是代工设计。橙果在此找到了新的出路。

（3）从商业的角度思考设计，有大部分的设计是没有价值的，因为设计并非客户经营的核心价值，这是真实的状况。我接受（客户）商业需思考的是成本与盈利之间的关系，设计并非主轴。正因为如此，反而制造出更多的空间，让我来证明设计在市场上的价值。在市场面上，产品的大卖是因为设计而非成本时，这就是设计人的机会。

（4）我可以接受市场不如我所想象中的完美，且不抱怨市场。相反，我更积极地试着将数种不同的商业运作模式结合，用以在市场里获取最大利益。我坚持橙果的设计作品在市场上是贵的，因为我们用心设计，为客户及消费者带来设计该有的价值，这也是我们的核心竞争力。

台湾很多设计同业无法接受现实的市场，抱怨市场不成熟让他们的设计作品难以成功并得到认同。看到这样的状况，我只想告诉大家：当你不接受市场的现实时，市场也会同样拒绝你的参与。市场的不完美，透过设计人的不断修补，是可以往上提升的，什么时候配合市场的需求，何时又该为市场激励，卖设计到此，可以说是存乎一心的艺术。

设计是未来式

我们不断挑战新的设计概念与团队作战方式，今天写在博客上的设计概念，明日可能就会被改写，这就是设计的专业特质——创意，不只专为设计对象而思考，同时反馈自我创造机制。

我们前面讨论做设计的四项要诀：深信直觉、创造故事、忠于选择、包容市场。博客专栏经常更新，网友响应的意见虽然宝贵，但很容易用放大镜检视单一设计要诀，这样的讨论常会引导出"橙果只是一家营销的公司""设计只要会说故事"等误解。甚至我的"蒋"姓都成了设计的一环，很有创意，但也有令人遗憾之处。

第 3 章
品牌资产

20世纪80年代的企业收购热潮，使人们越来越关注品牌资产，有关理论也逐渐发展起来。到了20世纪90年代，无论对企业自身而言，还是对消费者来说；无论从国内现状考虑，还是从国际发展要求出发，品牌资产显得更加重要。

品牌资产这一概念也就是在20世纪80年代提出的，随后兴起了世界著名品牌的兼并狂潮，各大跨国公司期望借助品牌的洗牌运动，整合品牌资源，扩大市场份额，这些热潮使品牌资产这一概念被关注和深入研究，并引发了人们对有关品牌资产的定义、测度及运行机制的全面系统的研究。对品牌资产进行了解、评估，恰恰是企业实施品牌战略，进行品牌兼并、收购和合资的重要的前提条件。

3.1 品牌资产基本要素

像应用类学科的其他概念一样，品牌资产的内涵和外延一直是一个有争议的话题，但是品牌资产确实存在，它超越一般资产的价值，并且这种价值又基于品牌对消费者的动员力。消费者喜爱的品牌，其知名度高、美誉度好，甚至存在不同程度的品牌忠诚度，消费者为了选择该品牌愿意付出更高的价格。因此，我们首先需要了解究竟何谓品牌资产。

3.1.1 品牌资产含义

一般地,我们把**品牌资产**(Brand Equity)定义为只有品牌才能产生的市场效益,即是产品在有品牌时与无品牌时的市场效益之差。品牌的名字与象征相联系的资产(或负债)的集合,它能够使通过产品或服务所提供给顾客(用户)的价值增大(或减少)。

在很多会计、经济学、管理学以及营销学教材上经常出现四个名词,分别是:品牌资产、品牌权益、品牌财产、品牌价值。那么这四者有何联系,又有何区别?

1. 品牌资产、品牌权益与品牌财产

在许多品牌战略教材中,经常会提及**品牌财产**(Brand Assets)这一概念。其实,品牌财产是一个基于会计学原理的财务概念,后来由于很难用于品牌具体管理,因此在品牌研究中,品牌财产被品牌资产替代。同样在不少中文参考教材中,Brand Equity 被译为"品牌权益",但这一译法仍然保留着较强烈的财务意义色彩,在品牌研究中,为了更易于使用和理解,本书将 Brand Equity 统一译为"品牌资产"。

2. 品牌资产与品牌价值

品牌价值与品牌资产之间的关系既相互区别又相互联系。

品牌价值的核心在于:它能够给客户带来利益,度量价值高低的标准就是利益与成本之间的差额,它是用类似有形资产评估方法计算出来的金额,一般是市场价格。

而品牌资产则是其自身所拥有的一种无形资产,指只有品牌才能产生的市场效益,或者说,产品在有品牌与无品牌时的市场效益之差。品牌的资产主要体现在品牌的核心价值上,传递高的品牌价值本身就是品牌资产的培育过程,其结果也将会带来品牌资产的提高,从而产生一种良性循环。

3.1.2 品牌资产形成元素

品牌资产的确存在,但品牌资产是一种无形资产,它不可能由有形的实物资产来表示,而必须借助于别的因素,如品牌的名称、标志、包装等。由于品牌资产形成的基础和意义在于消费者看到品牌的方式以及由此产生的消费行为,因此,要使消费者对品牌所标示的商品和服务进行购买和消费,就需要投资于品牌形象,获得消费者的认同和亲近,从而让消费者接受这一品牌,形成品牌忠诚度,最终达到企业经营的终极目标——积累品牌资产。

品牌资产可以分为两个部分,即品牌资产的有形要素和无形要素。品牌资产是基于消费者对该品牌形成相对稳定的形象认知,并在此基础上对该品牌产生偏好和忠诚,形成品牌资产的无形要素;而品牌资产的有形要素则为无形要素的形成提供了物质层面的支撑。

根据长期数据显示,麦当劳的员工平均与一位顾客接触,希望他们留下良好的品牌印象,就要把握顾客平均在店里 40 分钟,广告 4 分钟,总共 44 分钟的接触时机,贴近顾客提供服务,留住他们，让他们有物超所值的感觉。

掌握关键"44分钟"

这个"44分钟"过程，就不只是品牌的塑造，更是品牌管理的问题了。麦当劳的品牌管理的重点在于，对于一个国际知名的老牌子，想要展现"青春、活力、欢乐"的品牌感觉，那真要有良好的品牌策略，更要有很好的执行力，才能收效。

全球120个国家都有麦当劳，如何把品牌策略40分钟的服务经验、44分钟的广告，彻底执行并达到效果，同时在全球任何国家都可被理解与接受，就要靠企业不断求新求变、不断接受刺激与挑战。

品牌就像金字塔建构，要靠一块一块石头堆放起来。麦当劳品牌个性是青春、活力、欢乐，透过环境与服务提供顾客享受生活。总公司制定品牌形象与策略的主轴，但是品牌管理则要根据不同地区、不同市场的特性，去实现全球品牌形象目标，因此品牌策略充满自由活力，也让各区域的经理都可以发挥能力，做好品牌管理。

麦当劳新品牌策略的执行，先由全方位沟通计划着手，以"PASSION"的内涵整体串联：

- P（people）人员
- A（advertising）广告
- S（sound）声音
- S（swing）韵动
- I（interactive）互动
- O（outlook）外观
- N（news）新闻

以上述角度作全方位相关的活动，推展全新品牌。

相同的创新品牌策略，以不同的手法呈现在各地的麦当劳，品牌广告歌词也以各国的语言唱出来，"挑逗"各地的消费者注意这个全球品牌新策略。在许多新国家的麦当劳店请来新的设计师，新改装餐厅，以标榜活泼、青春的模样与气氛。

不断擦亮"金拱门"标志

麦当劳全面动员推动新的品牌策略，从定位到达成共识的规划，以致推展到许多国家地区，还要改变场所的设计，营造新品牌形象的味道，更落实到员工的教育训练与各种广告传播策略。逐个阶段的进行，真是一项非常大的工程。

一个品牌取得成功不容易，背后有无数人创意与心血的奉献。品牌是所有企业竭尽心力想要建立的利基，透过认知、经验、信任与感觉，像盖座金字塔一般，长期建设才能构筑成功，这是企业与顾客建立独特而无法取代的关系，麦当劳不断擦亮它的"金拱门"标志，使其品牌价值永远青春有活力。

"创意"营销引领风潮

因此，麦当劳品牌使命与品牌形象清晰，品牌使命就是卓越的营运加上卓越的营销，以达到成为顾客最喜欢的餐厅与用餐方式。展现麦当劳的品牌精神则是"永远年轻"（Forever young），品牌目标就设定在：

（1）熟悉的且创新的；
（2）传统的且现代化的；
（3）可预期的且有惊喜的；
（4）大人喜欢的且小孩热爱的；
（5）永续经营的且引领潮流的。

从品牌精神的"定位"，不难明白麦当劳这个老字号的全球化公司正努力在新时代找出新的利基，更要展现"创意"营销，持续扮演引领时尚风潮的角色，不会因为企业的年龄变大、变老就退缩，局限自己的品牌使命与品牌精神，持续抢攻大人与小孩市场，不畏惧新品牌或新竞争者的挑战。

3.2 品牌资产来源

我们在第 1 章说过，品牌是一个复杂的符号标志，它能表达六个层次的意思，即属性、利益、价值、文化、个性以及用户。只有让品牌的内涵和消费者之间建立起某种联系，即让消费者对品牌所包含的意义有所认知、感受和体验，并在消费者的头脑中占有一席之地时才能形成品牌资产。

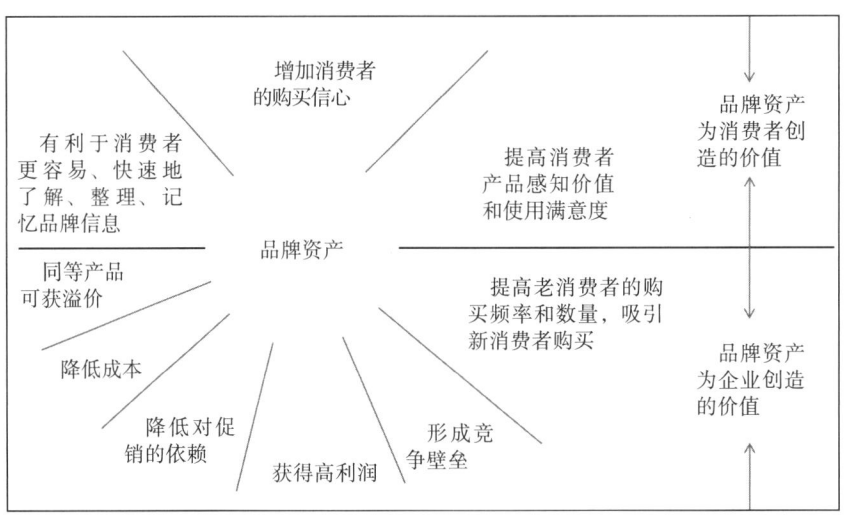

图 3-1　品牌资产创造价值

3.2.1　品牌资产构成因素

戴维·阿克（David Aaker）对品牌资产先后提出了五星模型和十要素模型。

阿克于 1991 年首先提出了**五星模型**（Five-Star Model），认为品牌资产是由**品牌知名度**（Brand Awareness）、**感知品牌质量**（Perceived Brand Quality）、**品牌联想度**（Brand

Association)、**品牌忠诚度**（Brand Loyalty）和其他品牌专有资产 5 部分所组成，其中其他品牌专有资产指品牌标志、专利等知识产权、客户资源、管理制度、企业文化、企业形象等。其中品牌知名度、联想度等概念在后面章节中会详细阐述。

5 年后，阿克进一步提出了**十要素模型**（Brand Equity Ten），从五个方面衡量品牌资产：忠诚度、品质认知 / 领导能力、品牌联想或差异化、品牌认知与市场行为，并提出了这五个衡量指标的十项具体评估指标（见表 3-1）。借助市场研究方法可以检测上述这些因素，针对品牌经营者所设定的目标和策略，品牌的资产和其他竞争品牌拥有的资产不同。

表 3-1　品牌资产十要素模型

忠诚度	1. 差价效应
	2. 满意度 / 忠诚度
品质认知 / 领导能力	3. 品质认知
	4. 领导型 / 受欢迎度
品牌联想或差异化	5. 价值认知
	6. 品牌个性
	7. 企业联想
品牌认知	8. 品牌知名度
市场行为	9. 市场占有率
	10. 市场价格及渠道覆盖率

十要素模型为品牌资产评估提供了一个更全面、更详细的思路。其评估因素以消费者为主，同时也加入了市场业绩的要素。它既可以用于连续性研究，也可以用于专项研究。而且十要素所有指标都比较敏感，可以以此来预测品牌资产的变化。其不足之处在于，对于具体某一个行业品牌资产研究，十要素指标要作相应的调整，以便更适应该行业的特点。例如，食品行业的品牌资产研究与高科技行业品牌资产研究所选用的指标就可能有所不同。

此后，阿克、凯文·凯勒（Kevin Keller）、贝尔（Alexander L. Biel）等诸多学者结合前人研究以及自己理论的基础上，从消费者的角度进一步完善了以"品牌"为核心的品牌资产主要因素：品牌知名度、品牌美誉度、品牌偏好度、品牌联想度、品牌满意度与品牌忠诚度。

1. 品牌知名度

品牌知名度指目标消费者对品牌名称及所属产品类别的知晓程度。品牌知名度越高表明消费者对品牌越熟悉，而熟悉的品牌往往更令人感到安全、可靠，并使人产生好感。因此，一般相对而言，品牌知名度越高，消费者对品牌产品的喜爱程度越高，选购的可能性越大。在品牌喜爱程度相同的情况下，品牌知名度越高，它的市场占有率越大。在同类产品中，知名度最高的品牌往往是市场上的领先品牌，即市场占有率最高的品牌。因此，几乎所有强势品牌都具有极高的品牌知名度，常常是同类产品的代名词，同时也吸引了大量消费者的购买（见图 3-2）。

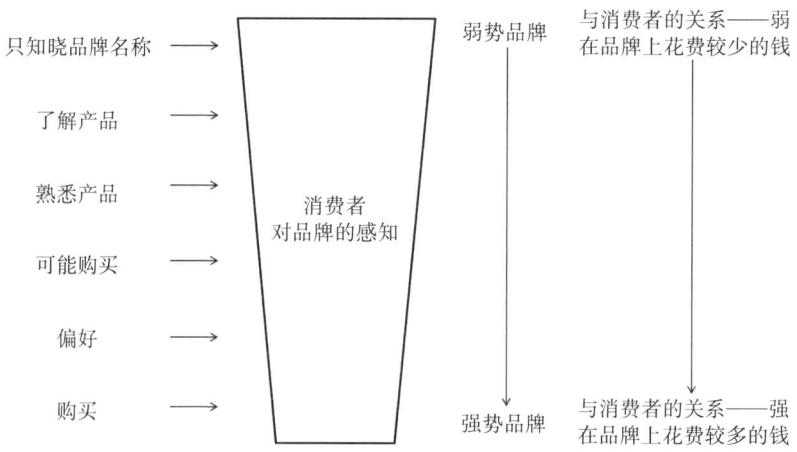

图 3-2　品牌知名度对消费者的影响

若比较所有洗发水的知名度可见，飘柔（Rejoice）、海飞丝、夏士莲（Hazeline）、潘婷（Pantene）、沙宣（Vidal Sasson）、舒蕾（Slek）等品牌知名度非常高，这些品牌在消费者心目中的地位已经根深蒂固，是当前洗发水行业的强势品牌。

正因为品牌知名度如此重要，提升品牌知名度已成为品牌管理的一项基本任务。然而，目前面临的问题是，随着大众媒体广告费用越来越高，利用大众媒体提高知名度的做法逐渐受到了挑战。越来越多的理论与实践说明，只有针对目标消费者开展能凸现品牌特性的活动，才能使消费者在活动中亲身感受到品牌特性，从而将品牌铭刻在心中。这是提升品牌知名度的最佳途径。

2. 品牌美誉度

品牌知名度反映的仅仅是该品牌被用户记住或识别的程度，而**品牌美誉度**（Brand Favorite）则反映了消费者在综合自己的使用经验和所接触到的多种品牌信息后对这个品牌感知品牌质量及价值认定的程度，品牌美誉度是形成品牌忠诚度的重要因素。

根据 2012 年在中国最新一次的抽样调查数据，比较消费者喜欢的国际手机品牌与国内品牌，尽管国内品牌在技术与外观上大有改善，但还是没有被消费者排在最喜欢的品牌最前列。中国消费者最喜欢的三大品牌依次为：苹果、三星（Samsung）、HTC。苹果和三星凭借高端、时尚、新颖的外观设计和给消费者"技术先进"的印象，获得了极高的品牌美誉度。

很多强势品牌之所以能够获得如此高的品牌美誉度，还在于提供产品或服务的高品质和高质量，例如，麦当劳的黄金准则是消费者至上，消费者永远第一。提供服务的最高标准是质量（Quality）、服务（Service）、清洁（Clean）和价值（Value），即 QSCV 原则，这样的原则使消费者在任何时间、任何地点所品尝的麦当劳食品都是同一品质的，同时还享受到热情、周到、快捷的服务。同时，麦当劳由此传达了"向消费者提供更有价值的高品质"的理念，而使消费者对其产生忠诚度。

强势品牌美誉度来自消费者之间的口碑传播，口碑传播是非常重要、非正规的信息渠道，但是不同的产品、不同方面的信息是通过不同的人群进行传播的，因此为了更高的品牌美誉度，不仅仅要提高消费者的满意度，同时还要注意传播产品的正面信息，否则，"高知名度＋低美誉度＝臭名昭著"。

3. 品牌偏好度

其实，消费者在采取购买行动之前，已有确定的**品牌偏好**（Brand Preference），只有极少数的消费者会临时起意产生冲动性购买。即使消费者的购买是无计划性的、无预期性的，仍将受到心中既有的品位与偏好的影响。事实上，品牌与品牌之间的战争是一场由营销传播与促销所构建成的消费者心理战争，每个品牌都竭尽所能去击败对手，获取最高的品牌偏好度。每位广告主都不断地拉高自己品牌的声音，只为引起消费者的高度注意与兴趣。这意味着营销人在策划与促销产品时，应特别留意消费者内心世界里的"喜欢"或"不喜欢"如何形成，才能为品牌贯注正面、强力的偏好度。

4. 品牌联想度

品牌联想（Brand Association）是消费者记忆中与某品牌相关联的每一件事，是品牌特征在消费者心目中的具体表现。当人们想起一个特定的品牌时，会很自然地与某种特定的产品、服务、形象甚至愉快的场景联系起来。有时，当消费者对某种产品、服务存在需求，或者体验到某种场景时，就会和某一特定品牌对接起来，这些都是品牌联想的具体表现。

当一个品牌具备联想功能，我们就说这个品牌具备了回忆（Recall）属性。图3-3表明了回忆对品牌联想的作用，通常被称为"墓地模型"（Graveyard Model）。在这一模型下，一类产品中的品牌被列在一个表明"认知度"和"回忆度"的图上。每一个品牌的认知度和回忆度都可以被测量出来，测量数值为每个品牌在图上做了定位。通过对多类产品的研究表明，品牌倾向于按照图中显示的曲线分布。但存在两种例外的情况，它们都反映了回忆的重要性。

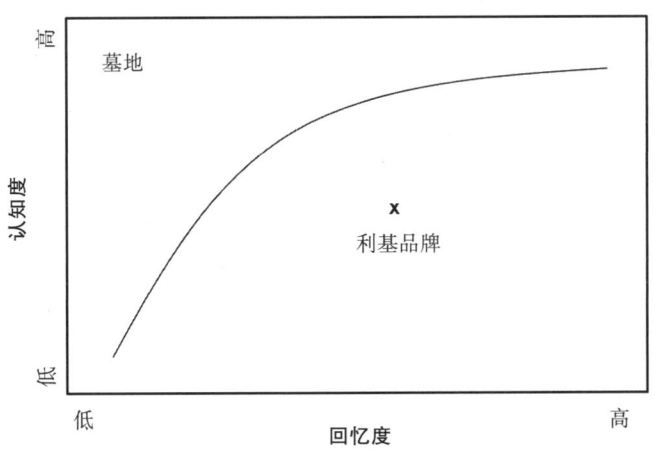

图3-3　认知度与回忆度：墓地模型

第一种例外是经营良好的**利基品牌**（Niche Brand）。所谓利基品牌是指在非常狭小市场中的品牌，通常包括顶级奢侈品品牌和专业化程度很高的品牌。它们落在曲线下方，因为大多数消费者都不知道这些品牌，品牌认知度相对较低。但在各自的忠诚消费群中，它们的回忆度非常高。因此，低联想度并不一定代表市场表现差，并且优秀的利基品牌有时还有潜力扩大品牌联想度，同时扩大消费群的基数。

第二种例外情况是墓地，位于图3-3的左上角，指代那些认知度较高但回忆度很低的品牌。处于墓地位置非常危险：消费者知道这些品牌，但考虑购买时经常无法联想到它们。逃离墓地会受到高认知度的阻碍，因为人们没有理由去听一个熟悉品牌的什么故事，无论这个故事多么新颖。墓地模型表明了这样一个重要结论：高认知度并不一定是强势品牌、强大品牌资产的标志，它同样与弱势品牌相伴。

5. 品牌满意度

品牌满意是消费者对品牌的一种心理状态，来源于消费者对某种品牌所产生的感受与自己的期望所进行的对比，它建立于品牌认知、品牌美誉、品牌偏好以及品牌联想之上。品牌满意度是一个变动的目标，能够使一个消费者满意的品牌，未必会使另外一个消费者满意；在不同的品牌使用环境下，也会产生不同的品牌满意度。

6. 品牌忠诚度

品牌忠诚（Brand Loyalty）是指消费者对品牌的一种嗜好，消费者在不断购买此类产品时，仅仅是认品牌而放弃对其他品牌的尝试。忠诚的消费者是企业宝贵的财富。

美国商业研究报告指出：多次光顾的消费者可为企业带来20%～85%的利润，固定消费者的数目每增加5%，企业利润就会增加25%。因此，提高消费者对品牌的忠诚度是企业品牌战略极其重要的内容。

品牌忠诚度反映了一个消费者在与品牌的接触过程中，由于品牌所标示的产品或服务的价格、质量因素，甚至是由于消费者独特的心理和情感方面的诉求所产生的一种依恋而又稳定的感情，并由此形成偏爱而长期重复购买该品牌产品的行为。品牌忠诚度是消费者对某品牌产生的感情的度量，它是品牌资产最高的衡量维度，是基于前五种维度升华而得的最有力的品牌资产。

中华老字号在历史上曾经是区域的强势品牌，如今的经营困境实质上是品牌资产的流失带来的，因此全面审视老字号品牌资产，是发展老字号品牌的基础和前提。

作为历史上的强势品牌，老字号当年的忠诚消费者拥有相当的数量。然而，由于历史的原因，这些老字号逐渐没落，消费者不断流失。如今，仍然忠诚于老字号的消费者越来越少，并且以中老年为主，忠诚度已经趋于老化。

老字号历来具有较高的品牌认知度以及良好的品牌美誉度。老字号都是过去信誉卓著的品牌，如胡庆余堂、北京同仁堂、全聚德都凝聚着传统的商业美德，都秉承诚信的商业理念。

老字号都具有深厚的历史文化底蕴，历经数十年、上百年的岁月，其间的人或事都已经沉淀下来，形成题材丰富的品牌故事。虽然历史品牌联想丰富，但现代品牌关联缺乏。可以说，大多数老字号品牌在现代市场处于弱势品牌的地位。要把老字号发展成为强势品牌，老字号的优势是拥有少量的忠诚顾客作为品牌发展的基础，同时拥有较高的美誉度，知道其质量较好，并且其独特的历史品牌故事为创造品牌差异提供了基础。而老字号品牌也拥有非常明显的劣势：忠诚顾客群体太小，品牌在顾客中影响力较小；同时现代顾客对老字号缺乏新鲜、直接的品牌联想和体验，这阻碍了老字号成为现代市场的强势品牌。

3.2.2 品牌资产增值

品牌资产是企业的重要资产，是节约企业市场活动费用的有效手段，也是提升企业产品溢价的源泉，又是取得市场竞争优势的法宝。提升品牌资产价值，可以促进品牌声誉的价值溢出，促进品牌资产的扩张，可以建立有效的壁垒以防止竞争对手的进入。提升品牌资产有以下四个最主要的途径。

1. 提高差异化价值

差异化优势表现在产品的质量、性能、规格、包装、设计、样式等带来的工作性能、耐用性、可靠性、便捷性等的差别；也可表现在由服务带来的品牌附加价值，如服务的快速响应、服务技术的准确性、服务的全面性、服务人员的亲和力；还可表现在塑造品牌联想和个性，品牌联想能够影响消费者的购买心理、态度和购买动机。所以品牌能够提升消费者的感知价值，反过来，也可以促进品牌价值的提升。

2. 品牌延伸

通过理性品牌延伸走外延提升品牌资产之路。

利用品牌资产实施兼并与合作是资本运营的一个重要方式，也是企业实现规模经济、实现低成本扩张、提高企业资源配置效率、提升品牌资产价值的有效手段。因为创建强势大品牌的最终目的是为了持续获取更好的销售与利润，而无形资产的重复利用是不花成本的，只要有科学的态度和过人的智慧来规划品牌延伸战略，就能通过理性的品牌延伸与扩张，充分利用品牌资源这一无形资产，实现企业的跨越式发展。我们将在第7章详细阐述品牌延伸的意义与作用。

2013年夏天，对百丽而言是一个重要的转折点。这个夏天百丽先以超过7亿元收购了日本服装品牌巴罗克（Baroque）部分股权，跨界进军女装行业之后，又以7亿元左右的资金收购美国添柏岚（Timberland）、圣伽步（SKAP）品牌母公司龙浩天地的全部已发行股本。

龙浩天地是一家专业从事国际知名品牌营运、产品设计、技术研发、批发、零售等业务的连锁经营企业，旗下品牌常以自然、舒适、健康、经典的风格，受到消费者的青睐。百丽的收购标志着其正式进军国际高端市场，是为了提升略为萎缩的品牌资产而做出的决策。

但是，诸如公司并购等品牌扩张战略是一项风险相当大的业务，为了有效地促进并购后公司业绩的增长和品牌资产价值的提升，必须慎重地制定策略。

3. 品牌叙事

纵观国际、国内市场，那些具有良好声誉、在行业市场拥有良好表现的品牌，必然是一个品牌要素齐全、给人留下美好印象和回味的完美品牌。品牌叙事以存在主义的纽带形式把消费者和品牌联系起来，它是品牌力量的基础和源泉。品牌叙事对于深化消费者对品牌的理解与认知起到至关重要的作用。

（1）完美地体现品牌的核心价值理念。品牌核心价值理念是品牌带给消费者利益的根本所在。品牌叙事就是通过形象化、通俗化的语言和形式，将之传递给目标受众。不同行业甚而同行业中的不同品牌，由于其经营方式、追求目标的不同，它的核心价值理念也是迥然不同的。

（2）增进与消费者的情感交流与心灵共鸣。品牌叙事通过娓娓道来、形象生动的故事讲述，消除目标受众对品牌的陌生感和隔阂感，达到增进与密切目标受众的情感交流，进而实现品牌与目标受众的心灵共鸣。

（3）形象巧妙地传递品牌信息。品牌叙事的另一个明显的作用，就是通过传播渠道传递品牌的相关信息。品牌叙事更多的是以一种经过精美包装的形象化形式，将所要传递的品牌背景、品牌价值理念和产品利益诉求点（USP）等品牌信息，诉诸人们的视觉感官，使人们在欣赏玩味、潜移默化中接受品牌提供的信息，增进目标受众对品牌的识别和认可。

玫琳凯（Mary Kay）品牌的叙事主题是："你要别人怎样对待你，你也要怎样对待别人。"雅诗兰黛品牌的叙事主题是："美丽是一种态度。"正因为这些主题反映了品牌的核心价值理念，恰到好处地迎合了女性的心理，所以俘获了众多爱美女性的心，使品牌历久弥新，成为畅行全球的经典品牌。主题缺失或者主题游离的品牌叙事，犹如缺乏灵魂的行尸走肉，难以给人清晰、明了的品牌思想和理念，因此，也就难以给人留下印象，更不用奢谈给人美感、刺激人们的消费欲望了。

4. 加强企业内部管理

对一个企业而言，外部环境不容易改变，提升品牌资产需要从企业内部挖掘潜力，因为企业自身的资源相对而言容易控制。从企业内部的角度出发，很多需要考虑的元素需要品牌管理者经常审视。

（1）品牌意识。凯恩斯认为观念可以改变历史的轨迹。那么，对于一个企业来讲，观念可以改变企业的命运。现实中，很多企业把品牌喊得很响，但是真正涉及建立品牌资产的投入时，却总是认为这只是一笔费用，而不是长期投资，没有真正从内心认识到建立品牌资产的长远意义，因此，转变观念就显得尤为迫切。

（2）长期投入。品牌资产的作用在于可以为企业投入的资产带来未来超额收益，而现期的投入是获得未来收益的基础。企业未来的发展趋势表明，企业通过消耗有形资产来建立无形资产，企业资产特别是核心资产日趋无形化，无形资产尤其是品牌资产逐步成为企业价值的主体。因此，建立和提升品牌资产价值应该有长远的眼光和打算，眼睛不能只盯在眼前利益上，要舍得去投入人力、物力和财力。

（3）个性化。品牌的建立一定要有明确的定位，结合自身的优势打造品牌的个性。市场竞争的激烈导致产品同质化越来越严重，因此，一个品牌的鲜明个性就显得特别重要了。这可以从不同的途径来实现，比如技术领先、产品差异化和市场专一化等。

品牌资产增值可以影响新的消费者和留住旧的消费者，给予消费者更充分的购买理由及使用后更多的满足感。品牌资产价值高的品牌能够支持较高的价位，品牌资产价值高者能够提供更多的成长及品牌延伸机会等。

相反，品牌资产能够影响定价的形成。品牌资产包含超越产品功能之外，在人们心目中的抽象形象的部分，是消费者对企业产品或服务的主观认知和无形评估，有许多企业可以通过品牌资产增值来提高产品定价的途径。

（1）产品品质/服务增值。提高品质、加强品质管制是提高品牌产品定价的基础。消费者因为产品、服务能实现某一些功能、满足自身的需要才会购买。消费者购买品牌产品，最主要的需求是产品本身的质量。只有保证卓越的品质，才能使消费者对品牌建立长期的信心，为消费者创造更多的**消费者剩余**（Consumer Surplus）。所谓消费者剩余，就是消费者对一个产品或服务的评价和定价的差额。高消费者剩余表现在一个品牌同样的产品能比竞争品牌卖出更高的价格，这个附加值就是我们经常说的**品牌溢价**（Brand Premium）。长期的信誉是品牌溢价之本。

（2）产品/服务创新。产品/服务创新是品牌产品定价提高的动力。在当前品牌众多的市场，为与其他品牌竞争，就必须赋予自己产品更多的特性，进行差别化竞争。消费者多支付的品牌溢价，必须以一定的差别化功能作为补偿，并且，随着同质化产品越来越多，品牌溢价能力越来越小，只有注重产品创新，才能使自己品牌麾下产品区别于其他品牌，获得更多的品牌溢价。此外，消费者的需求也越来越个性化，张扬个性，表现自我的消费观念形成也促使产品/服务创新，赋予品牌更多的内涵。

（3）提高消费者心理预期价值。消费者对品牌的心理需求主要包括品牌知名度、品牌美誉度、消费的满足感以及荣誉感等。

使用万宝龙（Montblanc）钢笔能让消费者感到自己的重要性并受人尊重。这些都反映在品牌产品的文化、市场力、道德、社会责任、诚信等消费者情感诉求的特性上。又如浪琴（Longines）腕表的品牌核心价值是"优雅人生"，大多数人可能并没有优雅的人生，这种联想是消费者所向往的，所以能打动消费者的内心世界。像香奈尔女士那样将自己的魅力转嫁到品牌上，如此品牌的美誉感和身份地位的象征是其他绝大多数同类品牌望尘莫及的。

这些品牌之所以能获得很高的溢价，主要是因为消费者购买这些产品品牌的主要驱动力是情感诉求，功能型已退居为十分次要的地位。因此，品牌产品定价的提升关键就是不断提高品牌在消费者中形成的心理预期价值。

《中国好声音》的歌声如今已飞入千家万户，不可估量的品牌资产更是惹得各商家红了眼，加多宝以6 000万元豪赌打包冠名权，插播广告以每15秒广告费从15万元涨至50万元，美白大师九美子更是以 2 479.5 万元天价拍得 45 条硬广告。

加多宝以 6 000 万元作为冠名费冠名《中国好声音》，冠名成功会带来巨大的品牌效益与品牌资产，这有过成功的范例。2005 年，蒙牛酸酸乳以 1 400 万元冠名《超级女声》，随后追加了 8 000 多万元用于带有超女元素的产品包装、路演、广告宣传等，使蒙牛酸酸乳的销售量从 2004 年的 7 亿元飙升至 30 亿元。在《中国好声音》中，主持人高频语速念叨的加多宝广告，屏幕下方不断闪烁的加多宝饮料瓶，让处于品牌权纷争的饮料品牌赚足了眼球。

《中国好声音》从第一季伊始至结束，广告费从每 15 秒 15 万元升至 50 万元。而保守估计，《中国好声音》每期仅凭广告就能带来近 2 000 万元的收益。2012 年，《中国好声音》第一期总决赛广告招标会，15 秒广告 111 万元中标，12 条 15 秒广告卖出约 1 100 万元，刷新了 15 秒广告的新纪录。

其实，《中国好声音》是立足于原版——荷兰 The Voice 这一巨人的肩膀上，但两者在赚钱的模式上却不尽相同。制作团队灿星制作真正实现制播分离，而且与播出平台浙江卫视达成协议，如果节目收视率达到一定标准，将由双方共同参与广告的分成。《中国好声音》还将明星导师作为打造产业链的合作伙伴，吸引明星们长期共同投入。

在引入原版 The Voice 的其他国家中，节目结束于那一季冠军的产生，除了节目本身的衍生品或是线上歌曲的继续销售之外，歌手签约、演唱会、唱片发售等获利环节都与节目的制作方没有任何关系。但灿星制作把选手签约以及签约之后的商业演出等项目都收归自己所有，并跟明星导师们合作，开发音乐学院、演唱会、音乐剧、线下演出等在内的全产业链。全新的运营模式随着《中国好声音》第二季的开播，使好声音品牌资产增值越发强势。

3.3 品牌资产评估

品牌资产评估在品牌资产研究中是关键的一环，通过品牌资产评估，企业可以对拥有的无形资产有一个定量的把握，为品牌并购、品牌特许使用等活动提供依据。

构成各种品牌资产评估方法基本要素可以分为三大类：财务要素（成本、溢价、附加现金流）、市场要素（市场表现、市场业绩、竞争力、股市）和消费者要素（态度、行为、信仰；认知、认同、购买意愿）。表 3-2 归纳了各种评估方法。

表 3-2　品牌资产评估方法

评估方法要素	评估方法的特点	代表性方法
评估方法 I		
财务要素	品牌资产是公司无形资产的一部分，是会计学意义的概念	成本法 股票市值法 市价计量法 收益计量法

(续)

评估方法要素	评估方法的特点	代表性方法
评估方法 II		
财务与市场双要素	品牌资产是品牌未来收益的折现，因此，对传统的财务方法进行调整，加入市场业绩的要素	Interbrand 法 Financial World 法
评估方法 III		
财务与消费者双要素	品牌资产是相对于同类或竞争品牌而言，消费者愿意为某一产品所付的额外费用	溢价法 消费者偏好法 品牌-价格抵补模型 联合分析法
评估方法 IV		
消费者定量评估模型	品牌资产是与消费者的关系程度，着眼于品牌资产的运行机制和真正的驱动因素	电通模型 趋势模型 引擎模型

受到现实中不同的评估目的（如并购等财务的需要、品牌管理的需要、市场竞争及战略的需要等）的影响，人们更重视方法的选择和可比性，而并不强求建立统一的评估模型。

1. 财务要素法

财务要素法利用会计学的原理来测量品牌资产，主要有以下四种，我们将进行简单介绍。

（1）成本法。依据用于建立和发展品牌的实际投入费用（如研发费、广告费等）来估算品牌资产。

对于一个企业品牌而言，其资产的原始成本占据不可替代的重要地位，因此我们对一个品牌的评估应从购置品牌资产或开发的全部原始价值，并从品牌再开发成本与各项损耗价值之差两方面考虑。前一种方法称为历史成本法，后一种方法称为重置成本法。

历史成本法考虑直接依据企业品牌资产的购置或开发的全部原始价值进行估价，计算对品牌的投资，包括设计、创意、广告、促销、研究、开发、商标注册，甚至专属于创建该品牌的专利申请费等一系列开支等。

重置成本法需要考虑品牌**重置成本**（Replacement Cost）和**成新率**（Newness Rate），二者的乘积即是品牌资产的评估价值。重置成本是第三者的**支付意愿**（Willing to Pay, WTP），相当于重新建立一个全新品牌所需的成本。重置成本法的基本计算公式为

$$品牌评估价值 = 品牌重置成本 \times 成新率$$

其中，有

$$品牌重置成本 = 品牌账面原值 \times (评估时物价指数 / 品牌购置时物价指数)$$
$$品牌成新率 = 剩余使用年限 / (已使用年限 + 剩余使用年限) \times 100\%$$

其实，对于评估品牌，更注重的应是其价值，而不是成本。而且，成本法没有把市场竞争力作为评定品牌价值的对象，因此，现在已经很少使用成本法评估品牌。

（2）股票市值法。股票市值法由美国芝加哥大学西蒙（Simon）和沙利文（Sullivan）提出，以公司股价为基础，将有形与无形资产相分离，再从无形资产中分解出品牌资产，适用于上市公司的品牌资产评估。

第一步计算公司股票总值 A；第二步用重置成本法计算公司有形资产总值 B，无形资产总值 $C = A - B$。无形资产由 3 部分所组成：品牌资产 C_1、非品牌因素 C_2（如 R&D 和专利等）以及行业外可以导致获取垄断利润的因素 C_3（如法律等）；第三步确定 C_1、C_2、C_3 各自的影响因素；第四步建立股市价值变动与上述各影响因素的数量模型，以得出品牌资产占公司有形资产的百分比（也可导出不同行业中品牌资产占该行业有形资产的百分比）。由 B 即可得出品牌资产 C_1。

（3）市价计量法。市价计量法是资产评估中最便利的方法，如今也有人将其适用于品牌评估之中。通过市场调查，选择一个或几个与评估品牌相类似的品牌作为比较对象，分析比较对象的成交价格和交易条件，进行对比高速估算出品牌价值。参考的数据有市场占有率、知名度、形象或偏好度等。

（4）收益计量法。收益计量法通过估算未来的预期收益（一般是"税后利润"指标），并采用适宜的贴现率折算成现值，然后累加求和，借以确定品牌价值的一种方法。**超额利润**（Super-normal Profit）、**折现系数**（Discount Factor）、**收益期限**（Duration of Return）是这种方法的主要影响变量。

2. 财务与市场双要素法

下面我们引入非财务因素进行调整，其中最著名的两种方法以其创立机构命名，分别是：Interbrand（国际品牌公司）法和 Financial World（财务世界）法，这两种方法主要加入了反映品牌市场业绩和市场竞争力的若干新评估因素。

（1）Interbrand 法

英国 Interbrand 公司被公认是世界上最著名的品牌资产评估公司，1990 年发表第一本国际范围的 *World's Top Brands* 评估结果，1996 年书名改为 *World's Greatest Brands*。Interbrand 认为，与其他资产一样，品牌资产也应是品牌未来收益的折现。因此，Interbrand 方法评估品牌资产分为两步：首先确定品牌收益和现金流，随后根据品牌强度确定折现率。

依据 Interbrand 方法，品牌资产价值等于品牌收益乘以品牌强度。

其中，**品牌收益**（Brand Earning）指品牌的获利能力。Interbrand 方法中品牌收益的衡量方法非常复杂。品牌收益的计算虽然可以从品牌销售额中减去品牌的生产成本、营销成本、固定费用和工资、资本报酬以及税收等，但是品牌收益的计算还要考虑许多其他因素。

首先，并非所有的收益或利润都来自品牌，可能有部分收益或利润来自非品牌因素，例如，分销渠道因素。其次，品牌收益不能用某单一年份的利润来衡量，而应该用过去 3 年历史利润进行加权平均。

Interbrand 法中**品牌强度**（Brand Strength）是决定品牌未来现金流入的能力值，最大值为 20。Interbrand 先后提出了两套计算品牌强度的模式：七因子加权综合法和四因子加权综合法，均运用 Interbrand 设计的详细问卷收集品牌在各因子表现的得分。

其中，品牌强度七因子加权综合法包括：**市场领先度**（Market Leadership）、**稳定性**（Market Stability）、**市场特征**（Market Features，如行业增长能力、进入障碍等）、**国际化能力**（Internationality）、**发展趋势**（Development Trend，如与消费者的相关性）、**品牌支持**（Brand Support）以及**法律保障**（Legal Protection）。

四因子加权综合法包括：**比重**（Weight，同类产品中的市场占有率）、**广度**（Breadth，市场分布）、**深度**（Depth，品牌忠诚度）以及**长度**（Length，品牌延伸程度）。

（2）Financial World 法

Financial World 杂志每年度发布世界领导品牌的品牌资产评估报告，所使用的方法与 Interbrand 方法基本接近，主要不同之处是 *Financial World* 更多地以专家意见来确定品牌的财务收益等数据。

Financial World 法强调品牌的市场业绩，首先从公司销售额开始，基于专家对行业平均利润率的估计，计算出公司的营业利润。然后再从营业利润中剔除与品牌无关的利润额，例如，资本净收益（根据专家意见估计出资本报酬率）和税收，从而最终得出与品牌相关的收益。此后，根据 Interbrand 品牌强度七因子模型估计品牌强度系数，品牌强度系数的范围大致在 6～20。最后可以计算出 Financial World 品牌资产

$$品牌资产 = 纯利润 \times 品牌强度系数$$

Interbrand 法和 Financial World 法这两种方法多年发表评估结果，已形成了国际性地位，具有较强的权威性和通用性，可用于任何产品类别或品牌。特别在品牌收购、兼并或租赁等市场行为中，用途较广。

但两者存在的不足表现为：只提供品牌总体绩效指标，却没有揭示品牌资产内部的因果关联，对品牌管理指引不够；过于简单化，难以确定品牌资产中有多少价值来自母品牌，又有多少价值来自子品牌。

为了更直观地理解品牌资产评估方法，我们以 1992 年万宝路的数据为例，采用 Interbrand 法与 Financial World 法综合评估万宝路的品牌资产。

我们再回顾一下品牌资产估算公式

$$品牌价值 E = 品牌收益 I \times 品牌强度系数 G$$

其中，品牌强度系数在 12～20 间取值。

第一步：调查"万宝路"品牌产品 1992 年全年在全球的销售收入为 154 亿美元。

第二步：计算"万宝路"品牌产品税前的营业利润。

税前利润：154×22%=34（亿美元）

其中，利润率的确定，为了评估的客观性，根据咨询人员、竞争对手和烟草行业专家的估计，众多咨询公司调查了万宝路近些年来的营业利润率，再结合相关专家的建议，认为万宝路的营业利润率应为22%。

第三步：从营业利润中扣除企业的正常投资回报，以计算"调整后的品牌营业利润"，经济意义在于品牌所能够带来的超额利润。

（1）估算与该销售收入规模相对应的企业正常投入资本。

根据分析，1元的销售收入需要使用0.6元的资本，即每产生1元收益，需要使用0.6元的厂房、设备和营运资金等。

正常投入资本：$154 \times 0.6 = 92.4$（亿美元）

（2）估算投入资本的正常回报。

在不考虑使用品牌的前提下，资本投入的正常回报率为5%。

资本正常回报：$92.4 \times 5\% = 4.62$（亿美元）

（3）扣除正常回报，计算品牌带来的超额收益。

品牌的超额收益：$34 - 4.62 = 29.38$（亿美元）

第四步：计算税后品牌净收益即品牌的利润贡献（I），公司所得税为43%。

品牌净收益：$29.38 \times (1 - 43\%) = 16.75$（亿美元）

至此，万宝路的品牌利润贡献（I）已经求出，为16.75亿美元。

第五步：专家根据品牌影响因素打分确定品牌强度系数。

万宝路当时为世界最强的10个知名品牌之一，因此品牌强度系数（G）取为19。

第六步：税后品牌价值计算。品牌价值（E）= $16.75 \times 19 = 318.25$（亿美元）。

3. 财务与消费者双要素法

此方法尽管引入消费者的新角度进行评估，但没有摆脱财务方法的影响，视品牌资产定义为：相对于同类无品牌产品（或服务）和竞争品牌（或服务）而言，消费者愿意为某一品牌产品或服务所付的额外费用。这是两种要素组合基础上的评估。比较代表性的方法有：溢价法、消费者偏好法、**"品牌—价格抵补"模型**（Brand-Price Trade Off）、**联合分析法**（Conjoint Analysis）。具体操作采用实验模拟，向消费者提供品牌和价格的多种组合，让消费者进行选择，从而通过专用的统计软件计算出品牌资产价值。其特点是运用实验方法，操作比较繁杂，且过分依赖消费者的直观判断和电脑统计过程。

4. 消费者定量评估模型

随着品牌资产理论越来越重视品牌资产与消费者的关系机理，出现了以下三种最具有代表性的基于消费者关系的定量评估模型。

（1）**电通模型**（Dentsu Model）。电通模型由扬·罗必凯广告公司（Young & Rubicam）提出，它使用了邮寄自填问卷，每三年进行一次消费者调查，覆盖了19个国家450个全球性品牌。调查中由消费者用以下四个指标对每一个品牌的表现进行评估：**差异性**（Differentiation，指品牌在市场上的独特性及差异性程度）、**相关性**（Relevance，指品牌与消费者相关联的程度，品牌个性与消费者适合程度)、**品牌地位**(Brand Esteem,指品牌在消费者心目中受尊敬或欢迎的程度以及认知质量)、**品牌知晓**(Brand Knowledge),指衡量消费者对品牌内涵及价值的认识和理解的深度。

电通模型在消费者评估结果的基础上,引入了两个因子:①**品牌强度**(Brand Strength),等于差异性与相关性的乘积;②**品牌高度**(Brand Stature),等于品牌地位与品牌知名度的乘积。进而构成了品牌力矩阵,可用于判别品牌所处的发展阶段。

电通模型突出了从品牌力的角度进行评估,有利于品牌资产的诊断和品牌战略管理(见图3-4)。它的优点是比较简单,可以覆盖品牌范围及产品的种类范围很广,模型摆脱了传统的"认知-回忆"模型,因而比较新颖。

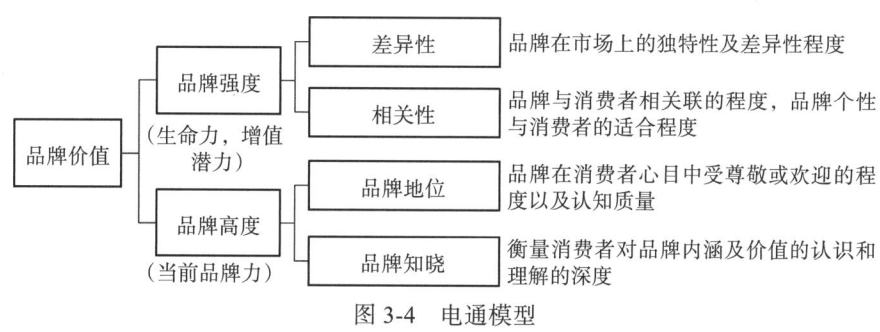

图3-4 电通模型

但是,该模型也存在局限。它必须以数据库作为基础,并且很难解释品牌选择及品牌忠诚的原因。

(2)**趋势模型**(Equi Trend)由美国整体研究(Total Research)公司提出,每年调查2 000位美国消费者。1995年的调查包括100多个产品类别的700个品牌,尽管其调查的范围和问卷的长度都不如电通公司的模型,但该模型由于经过多年的调查积累了较大的数据库,因而可以更好地理解各品牌的品牌资产的运行机制及效果。

模型主要由消费者衡量品牌资产的以下3项指标。

1)**品牌认知程度**(Brand Salience):消费者对品牌的认知比例,也可以分为第一提及、提示前及提示后知名度。

2)**认知质量**(Perceived Quality):这是阿克"五星模型"的要素之一,也是趋势模型的核心,因为消费者对品牌质量的评估直接影响品牌的喜欢程度、信任度、价格以及向别人进行推荐的比例。趋势模型的相关研究说明了认知质量与使用率或市场占有率极其相关。

3)**使用者的满意程度**(User Satisfaction):品牌最常用户的平均满意程度。

综合每个品牌在以上三个指标的表现,能够计算出一个趋势模型的品牌资产得分。根据趋势模型的数据库及调查结果,美国领导品牌多年来的排名顺序都比较稳定和一致。但模型的不足之处在于太依靠认知质量这项指标(这项指标只能解释消费者为什么去买该品牌,但却不能解释是什么原因导致高质量);由于认知质量和使用者满意程度两项指标的基数不一样，认知质量和使用者满意程度两项指标的相关性并不高，而且，趋势模型并没有解释"各项指标的权重是如何得到的，是否对于每一个消费者都是一样的"的问题。

（3）**引擎模型**（Brand Equity Engine）是国际市场研究集团（Research International, RI）的品牌资产研究专利技术。此模型认为：虽然品牌资产的实现要依靠消费者购买行为，但购买行为的指标并不能揭示消费者心目中真正驱动品牌资产的关键因素。品牌资产归根到底是由消费者对品牌的看法，即品牌的形象决定的（见图3-5）。

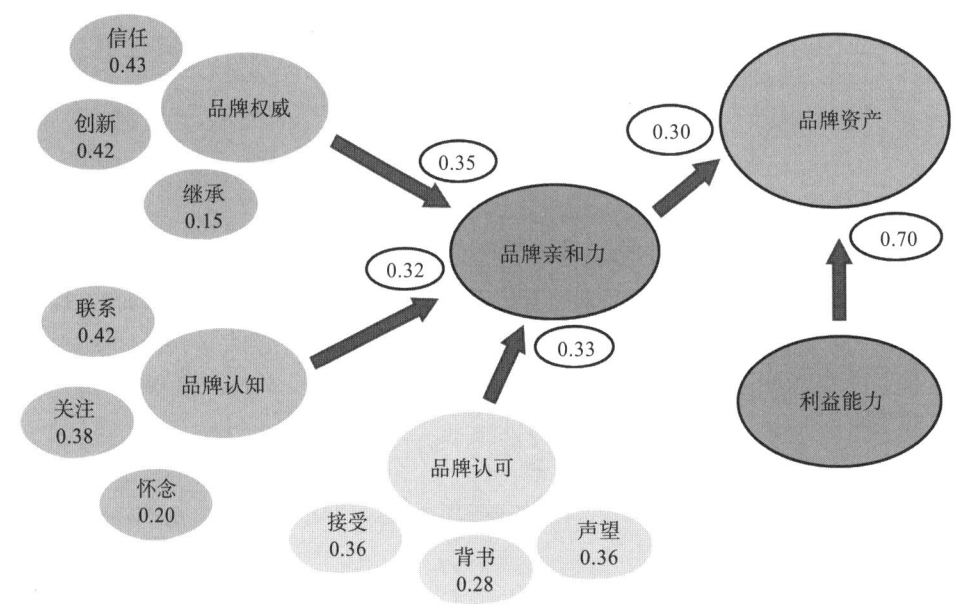

图3-5　引擎模型

引擎模型将品牌形象因素分为两类：一类是"硬性"属性，即对品牌有形的或功能性属性的认知；另一类属性是"软性"属性，反映品牌的情感利益。

引擎模型建立了一套标准化的问卷，通过专门的统计软件程序，可以得到所调查的每一个品牌的品牌资产的标准化得分。得出品牌在**亲和力**（Affinity）和**利益能力**（Performance）这两项指标的标准化得分，并进一步分解为各子项得分，从而可以了解每一项因素对品牌资产总得分的贡献，以及哪些因素对品牌资产的贡献最大，哪些因素是真正驱动品牌资产的因素。

国际市场研究集团的这项技术着眼于从品牌形象的角度来评估品牌资产，从而进一步摆脱了传统的"墓地模型"，有助于发现品牌资产的真正驱动因素。它既可以用于连续性研究，也可以用于专项研究。不足之处是，测量问卷要针对具体行业品牌进行相应调整。

阅读材料

万宝路（Marlboro）[①]

我们在之前估算了万宝路的品牌资产超过了 300 亿美元。但是，在中国，许多年轻一代消费者都不熟悉甚至从来没有听说过这个品牌。其实，在欧美消费者的心目中，万宝路是知名度最高和最具魅力的国际烟草品牌之一。在多项权威性的国际品牌资产评估排行榜中，万宝路总是出现在榜单的前列，在 1995 年甚至居全球品牌之首，品牌资产高达 446 亿美元。从销售而言，全球平均每分钟消费的万宝路香烟就达 100 万支之多。

风靡全球的万宝路香烟在 1854 年以一家小店起家，1908 年正式以品牌 Marlboro 形式在美国注册登记，1919 年才成立菲利普·莫里斯公司（主要产品品牌是万宝路香烟），在 20 世纪 40 年代宣布倒闭。然而 1954 年，万宝路彻底改变品牌战略与广告策略，在 1955 年，万宝路香烟在美国香烟品牌中销量一跃排名第 10 位，之后便扶摇直上。1989 年，万宝路在全世界售出 3 180 亿支香烟，比瓶装可口可乐或罐装 Campbell 汤的销量还大。若将万宝路以一家独立公司来看，1989 年其营业额高达 940 亿美元，当年在美国《幸福》杂志全球 500 家大企业中排第 45 位。1995 年，美国《金融世界》评定万宝路为全球第一品牌，品牌资产价值高达 446 亿美元。在全球"反烟"浪潮高涨的 21 世纪，万宝路虽然排名有所下滑，但仍在全球品牌中稳住地位。

在万宝路的成功之路上，品牌资产起到了关键作用，能够使万宝路在近半个世纪中屹立于世界香烟之林，并创造了一个世界顶级品牌的奇迹。

在万宝路品牌早期，它只把香烟卖给女性。它的广告口号是：像 5 月的天气一样温和。可是，事与愿违，尽管当时美国吸烟人数年年都在上升，但万宝路香烟的销量却始终平平。女士们抱怨香烟的白色烟嘴会染上她们鲜红的口红，很不雅观。于是，莫里斯公司把烟嘴换成红色，可是这一切都没能挽回万宝路女士香烟的命运。莫里斯公司终于在 20 世纪 40 年代初停止生产万宝路香烟。

第二次世界大战后，美国吸烟人士继续增多，万宝路把最新问世的过滤嘴香烟重新搬回女子香烟市场并推出三个系列：简装、白色与红色过滤嘴，以及广告语为"与你的嘴唇和指尖相配"的一种。当时美国的香烟年消费量达 3 820 亿支，平均每个美国消费者要抽 2 262 支之多，然而万宝路仍不受欢迎，吸烟者中很少有人青睐万宝路，甚至知道万宝路的人也极为有限。

1954 年。莫里斯公司决策层对香烟市场进行审慎分析之后，做出了几项重大决策，改变了万宝路的品牌方针，如表 3-3 所示。

莫里斯公司进行的一系列产品及形象改变中，最重要的、起决定作用的就是对万宝路所做的"变性手术"——把原来定位为"女士香烟"的万宝路打造成为"男子汉香烟"。

表 3-3　万宝路品牌战略改变前后比较

旧万宝路	新万宝路
淡烟	重口味香烟
香料少	香料多
没有过滤嘴	有过滤嘴
白色包装	红白色包装
老旧形象	现代化形象
针对女性	针对男性
功能诉求广告	形象诉求广告

重塑品牌形象，焕发新生

李奥·贝纳是美国广告界最有名的大师之一，也是世界广告学的奠基人之一，当时在美国享有极高的威望。

[①] 资料来源：孙鹏. 万宝路的品牌策略. 企业研究 [J]. 1997.11. 李洋. 准确的品牌定位——从传播学角度分析万宝路的成功之路 [J]. 新闻世界. 2012.3.

他经过周密的调查和深思熟虑之后，大胆地改造了万宝路的形象。

（1）品牌标志。品牌标志以 Marlboro 字体为设计焦点，形成金字塔形构图，而"Marlboro"拆解为"Men always remember ladies because of romance only"。以红色的主调表现以人为本，并能成就年轻人的抱负与梦想的理念。万宝路的红色倒 V 形设计，红色块包围的三角形寓意世界的顶峰，也正是这个倒 V 形红色块不用文字或名称，人们一看就知道这是万宝路香烟。倒 V 形与 Marlboro 文字相映衬，更有一种挑战极限、完善自我的精  神。品牌标志整体来看使人感觉到美好家园的大乡村景色，令人感到亲切美好。运用以小见大的手法，以简练而精巧的设计带给人丰富的想象，并赋予品牌无限的生命力。

（2）包装。包装采用当时首创的平开盒盖技术并以象征力量的红色作为外盒的主要色彩。

（3）广告形象。广告上的重大改变是：万宝路广告不再以女士为主要诉求对象，广告中一再强调万宝路香烟的男子汉气概，吸引所有喜爱、欣赏和追求这种气概的消费者。按李奥·贝纳的创意，这种理想中的男子汉也就是后来在万宝路中充当主角的美国西部牛仔形象：一个目光深沉，皮肤粗糙，浑身散发着粗犷、原野、豪迈英雄气概的男子汉；袖管高高卷起，露出多毛的手臂，手指间总是夹着一支冉冉冒烟的万宝路香烟；跨着一匹雄壮的高头大马驰骋在辽阔的美国西部大草原。"万宝路男人"来自"万宝路世界"并总是伴有电影 *Magnificent Seven*（《豪勇七蛟龙》）中的打击音乐，这就使万宝路广告成为广告史上最成功的广告概念之一。因此很多人说：在万宝路世界，男子汉气概等只不过是广告商涂抹在万宝路香烟上的人工色彩而已。

（4）品牌联想。品牌联想度作为构成品牌资产的重要因素之一，起到十分关键的作用，一个触动人心的品牌联想有利于使消费者产生心灵的共鸣。

而万宝路的品牌联想更是数十年没有改变。1962 年后，所有万宝路广告采用的人物形象被选定为具有美国西部背景和原型的牛仔。虽然在此之前，万宝路也曾用过几种具有男子汉气概的男主角，如飞行员、消防员、远洋渔民等，但不久就抛开了这些形象而用牛仔并一直坚持至今。万宝路的品牌造型历久不衰，产品印象深入人心。牛仔的特写，有的夹着烟，有的不夹烟，有的指间夹着火柴，有的夹着打火机。在万宝路烟上不必打上 Marlboro 品牌，任何人一看那粗犷的牛仔，就知道是万宝路香烟。当然，消费者看到万宝路香烟也会联想起充满男人味的西部牛仔，"哪里有男子汉，哪里就有万宝路"。

万宝路树立了自己的形象：自由、野性与冒险。万宝路形象如同美国西部牛仔的形象一样根植于人们心中。这种形象是稳固的同时又是无形的，是人们被万宝路传播长期感染而逐渐形成的。

（5）品牌知名度。在中国，处处显示出万宝路牛仔形象与中国国情的完美结合。20 世纪被媒体和舆论炒得热火朝天的"1995 年万宝路甲 A 足球联赛"让中国男人牵挂了整个赛季，其中足球队员具有的精神恰好吻合了牛仔的形象。而 1996 年新春的"万宝路贺岁锣鼓比赛"又着实敲出了中国男人的大丈夫气概。锣鼓喧天的气势、恢宏的真实场面、粗犷的西北汉子、红得夺目的基调……这些正是组成万宝路广告概念的要素。鲜红的背景颜色让人们联想到万宝路的红色 V 形包装设计；来自中国广袤西北的男性鼓手，也让人们联想到了美国的西部牛仔。

1987 年，美国《福布斯》杂志对 1 546 个万宝路香烟爱好者的调查表明，真正使烟民们着迷的不是万宝路香烟与其他品牌香烟之间微乎其微的产品上的差异，而是广告商涂抹在万宝路香烟上的男子汉气概给烟民们带来的满足感和优越感。

第 4 章
品牌架构及定位

从第 3 章的阅读材料中我们可以看到,万宝路成功的品牌定位奠定了它在全球烟草行业中的地位,由此可见定位在企业发展过程中起到了至关重要的作用。谈及品牌定位,我们或许会对什么是品牌等级、品牌层级、品牌架构有一些疑问,因此,在本章中我们会先了解这些概念,然后就能更为深入地理解品牌架构对品牌定位和品牌战略产生的影响了。

4.1 等级、层级与架构

我们经常会看到品牌等级、品牌档次、品牌层级、品牌层次、品牌架构、品牌结构这些术语,没有看本节内容之前,你一定会觉得"天呐,它们长得都差不多,该如何区分呢?"但事实上,它们一共就代表了"品牌等级"、"品牌层级"、"品牌架构"这三个概念,我们现在一一分析这三者的异同。

4.1.1 品牌等级

在本书的开头,我们列举了各个品类的一些代表品牌,其实可以将这些品牌划分为"奢侈品品牌"、"高端品牌"、"中高端品牌"、"大众品牌",目的就是为了说明**品牌等级**(Brand Class)这个概念。

以酒店业为例，不管是国际知名酒店管理集团，还是国内较为有名的酒店集团无一例外地对自己旗下的酒店品牌划分等级。

洲际酒店管理集团（IHG）是全球最大、网络分布最广的专业酒店管理集团，旗下拥有7大品牌。洲际酒店（InterContinental）属于奢侈品品牌酒店，皇冠假日酒店（Crowne Plaza）属于高端豪华品牌，假日酒店（Holiday Inn）属于中高端豪华级酒店，快捷假日（Holiday Inn Express）属于中端舒适级酒店，而Staybridge Suites则是为打入新兴的延长住宿饭店市场而创立的品牌，Candlewood Suites向客户提供宾至如归的超值体验，Hotel Indigo是中高端概念型酒店品牌（见图4-1）。

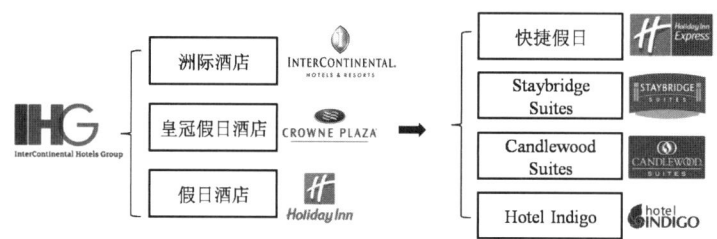

图4-1　洲际酒店管理集团旗下品牌

同样，希尔顿酒店集团和法国雅高（Accor）国际酒店集团也分别根据不同的细分市场，将旗下的酒店品牌进行了分级。前者既有超豪华型酒店"康拉德"（CONRAD）、高端酒店"希尔顿"（Hilton），又有中端的"汉普顿"（Hampton）；而后者也从豪华型的"索菲特"（SOFITEL）分级至经济型的"宜必思"酒店（Ibis Hotel）。

华住酒店集团原身即是我们耳熟能详的汉庭酒店集团。旗下拥有禧玥酒店、全季酒店、星程酒店、汉庭酒店、海友酒店五大酒店品牌。华住是"中华住宿"的简写，寓意企业愿景：成为领导代言中华住宿业的世界级酒店集团。原汉庭酒店集团旗下品牌名称都做出了调整："海友客栈"更名为"海友酒店"，更能匹配年轻时尚的客人和现代设计风格，具备价值感；"汉庭快捷酒店"更名为"汉庭酒店"，汉庭不再是集团名称，经济型酒店的形象更明确，无须附加"快捷"二字。

如今华住品牌层级与前面提及的酒店集团如出一辙。禧玥作为高端品牌，中端品牌是全季、星程，以及经济型品牌汉庭和海友。汉庭改名华住，显然是为摆脱经济型酒店印象、转型多元酒店集团做出准备（见图4-2）。

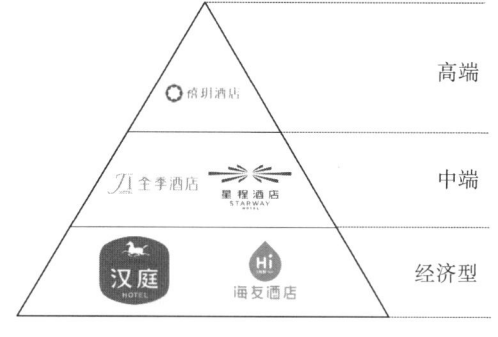

图4-2　华住酒店集团旗下品牌等级

我们再来看看自行车品牌。自行车作为马车之后人类较为便捷的路上交通工具，从1791年诞生至今，已经经历了漫长的发展历史，自行车品牌也是非常之多，我们可以将自行车按品牌等级分为：

- 奢侈品品牌：兰博基尼、法拉利；

- 高端品牌：SOLOMO、Colnago、Specialized；
- 中端品牌：美利达（Merida）、捷安特；
- 大众品牌：凤凰、永久（The Forever）等。

在中国，人们对自行车的感情难以言表，家喻户晓的"永久"牌则是其中最重要的一部分。永久牌自行车，是自行车中的中国强势品牌，承载着无数中国人温馨的记忆。在20世纪七八十年代，永久牌自行车也算是奢侈品，作为"三转一响"中的"一转"，结婚时有一辆"永久牌"自行车也是一件十分风光的事。而如今，国产自行车品牌很少有奢侈品层级上的，这也是一个值得我们思考的问题。安东尼·克罗斯兰（Charles Anthony Raven Crosland）曾说过："被一代人看作奢侈品的东西可能是下一代人的生活必需品。"即使在我们这代自行车已经成为生活必需品，但其中仍存在品牌档次的划分，这些档次的划分可以满足不同人群的需求（见图4-3）。

图4-3　世界自行车品牌一览

对品牌进行归类是至关重要的。每个消费者都有自身的特点，他们有不同的家庭背景、不同的收入情况、不同的产品偏好以及不同的购买情绪（或理性，或冲动）。马斯洛（Abraham Harold Maslow）把人类价值体系分为五大需求类别，由最底层到最高层分别为：生理需求、安全需求、社交需求、尊重需求、自我实现需求，每个社会群体总有这五类人群存在（见图4-4）。而对于这些不同层级的需求，要有相对应档次的品牌去进行满足。

如今在互联网上，"矮穷挫"、"高富帅"这一类词汇非常流行，有些人会时不时自嘲是"矮穷挫"，而有时看到一些人以及他们的行为，我们又会惊呼"高富帅"。大家有没有思考过，是什么让我们区分"矮穷挫"和"高富帅"的？根据马斯洛的理论，"矮穷挫"和"高富帅"一定会有需求上的差别，而这些需求上的差别外化在行为表现上，即他们在消费时对不同等级品牌选择的差别。那下面我们来看一个"矮穷挫"摇身一变成"高富帅"的过程中需求的变化以及外化品牌选择的变化。

最差的情况下，他为了维持自身生命，可能只需要露宿街头或者寻找一间破屋居住，这就满足了最基本的生理需要；经过努力，他找到了工作，获得了一定的收入，但是居无定所，为了保障自身安全，他会寻找一间最便宜的招待所或出租房入住，这就满足了他的安全需要；当事业开始有所起色，为了友爱的需求、归属的需求，他渴望伙伴之间、同事之间关系融洽或保持友谊和忠诚，他会和同事一起出差，约朋友去附近小游一下，于是他出现在小饭店、经济型旅馆 [如汉庭、锦江之星（Jinjiang Inn）] ；直到事业有成，他有了一定的社会地位，他不再局限于满足社交需求，他希望自己的能力得到外界的认可和社会的尊重，因此，他选择的酒店不再是经济型酒店，而是中高端酒店（如快捷假日酒店），可以体验到自己生活的乐趣和价值。最后，他功成名就，实现了个人理想和抱负，他的个人能力发挥到了最大的程度，实现了自我的价值，他喜爱的酒店一定是五星级顶级酒店 [如洲际酒店、艾美酒店（Le Méridien）] ，这样才会使他感到最大的快乐，达到自我实现需求。

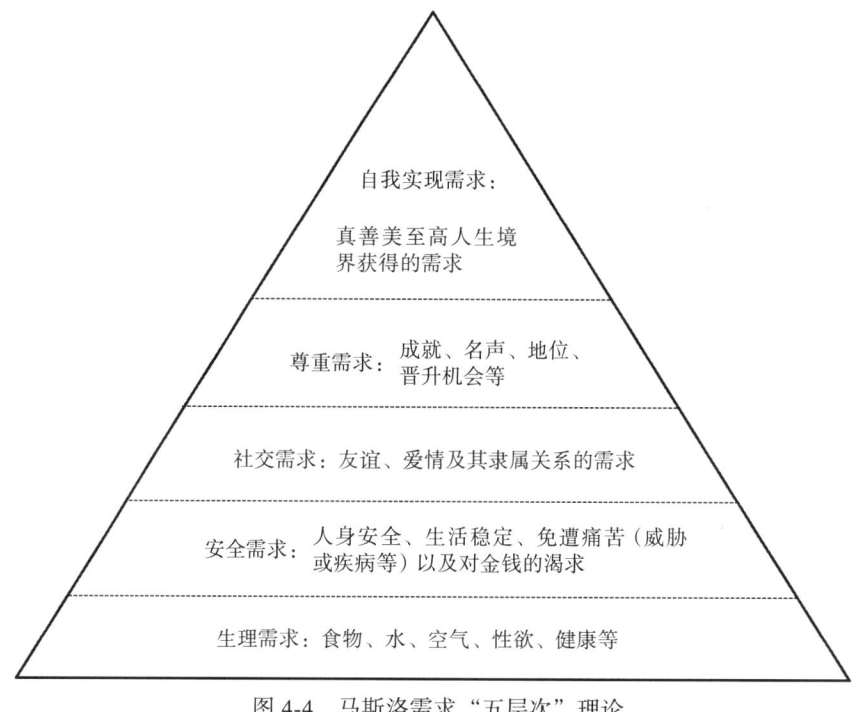

图 4-4　马斯洛需求"五层次"理论

当然，同一品牌等级内的各个品牌，也会具备相同的品牌特性。

仍然以奔驰、宝马和奥迪为例，它们都具有悠久的品牌历史沉淀、深厚的品牌人文底蕴，全心专注于豪华车市场，是成功人士身份的象征，彰显精致与优雅的生活方式，是一种对卓越不懈的追求（除非特指，在此和之后提及的奔驰、宝马都指代品牌，而非汽车集团）。

三大品牌的旗下品牌分别如图 4-5 ~ 图 4-7 所示。

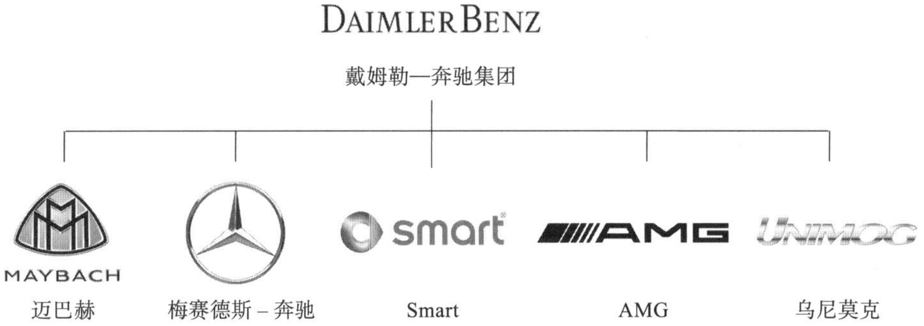

DAIMLERBENZ

戴姆勒—奔驰集团

| 迈巴赫 | 梅赛德斯-奔驰 | Smart | AMG | 乌尼莫克 |

图 4-5　戴姆勒—奔驰集团旗下品牌

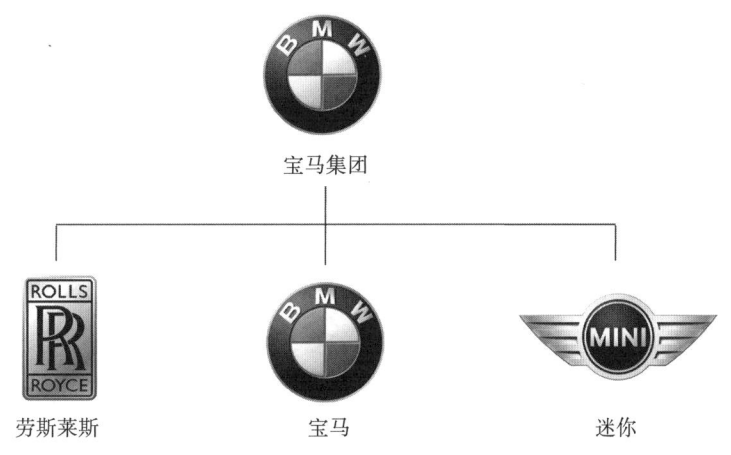

图 4-6　宝马集团旗下品牌

图 4-7　德国大众集团旗下品牌

三大品牌在高端汽车市场中都占据着一席之地，拥有各自的车型与产品系列。表 4-1 显示了奔驰、宝马与奥迪各个车系的产品系列。

表 4-1 奔驰、宝马与奥迪的产品比较

	奔驰	宝马	奥迪
微型车	Smart	Mini	—
小型豪华车	A Class & B Class	1 Series	A1/A3
中型豪华车	C Class	3 Series	A4
中高级豪华车	E Class	5 Series	A6
高级豪华车	S Class	7 Series	A8
中型 SUV	GLK Class	X1 & X3	Q5
大型 SUV & MPV	ML, GL, G, R Class	X5 & X6	Q7
跑车	SLK, SL, CL	Z4, 6 Coupe	TT/TTS
轿跑车	E Coupe, CLS	3 Coupe	A5/S5/S8/R8
高性能车型	AMG	M Series	—
顶级豪华车	Maybach	Rolls-Royce	Bentley

奔驰、宝马、奥迪三者虽然处于同一个品牌等级，它们也存在着差异化（见图4-8）。奥迪是稳重的中年人的首选，车型豪华，象征着他们的进取心；奔驰的优雅与尊贵无与伦比，是懂得享受生活的人才能了解的，是成就和地位的象征；宝马的弧线时尚而优雅，激情而澎湃，是热情与年轻的化身。

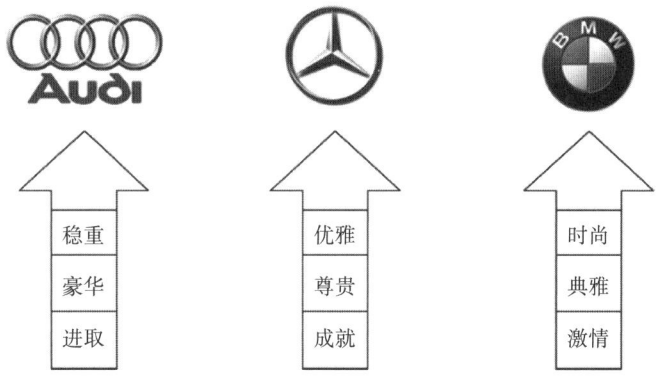

图 4-8 奔驰、宝马和奥迪品牌形象

为了更好地理解"微型车"、"高性能车型"与"顶级豪华车"，我们加入了各自集团公司旗下的其他品牌，如戴姆勒集团 Smart、AMG、迈巴赫（Maybach），宝马集团下迷你（Mini）、劳斯莱斯（Rolls-Royce）以及德国大众集团旗下品牌宾利（Bentley），如表4-1所示。

从入门级的微型车到最高端的顶级豪华汽车，奔驰、宝马和奥迪都有合适的产品供消费者选择，满足不同类型消费者的需求。但就产品性能与车型特点而言，三者间的差异在逐步缩小。

（1）奔驰除了继续继承与生俱来的高雅、豪华、安全、舒适等优点，也开始为客户开发并提供各种充满驾驶乐趣的车型，注重驾驶者的性能体验。

（2）宝马在注重性能的同时，开始更注重驾乘的舒适性、设计的艺术性和产品的细节，以提升产品等级和驾乘者的舒适体验。

（3）在中国，奥迪先前专注于公共部门和企业采购，但随着个人消费市场的井喷和传统政府及企业采购增长的放缓（国产品牌车必须占采购的显著份额），为了减缓竞争对手对其市场份额急剧地蚕食和掠夺，奥迪陆续推出了适合普通消费者的各种车型。

4.1.2 品牌层级

一般地，按照所覆盖产品的宽度，每家公司的产品由高到低分为四种**品牌层级**（Brand Hierarchy）：**公司品牌**（Corporate Brand）、**分部品牌**（House Brand）、**产品线品牌**（Line-Brand）以及**子品牌**（Subsidiary Brand）。公司品牌是企业的品牌，代表了企业的价值观、文化；分部品牌是涵盖多种产品类别的品牌；产品线品牌是针对公司特定产品的品牌；子品牌则是代表产品线品牌的具体款式。各个企业针对不同产品的品牌战略会有差异，企业可能会以某一层级的品牌名称为主，也可能对多个层级的品牌名称采取平均比重。所以，在为产品设计品牌战略时就可以将些不同层级的品牌名称以特定方式集合在一起，形成一个完整的品牌结构。

在品牌层级的最上端是公司品牌，它定义了产品或服务背后的企业。例如，雀巢和惠普代表了生产及销售的组织，包括人员、规划、系统、价值及文化。

第二层级是分部品牌，我们也称为**系列品牌**（Series Brand），它代表的是涵盖几种产品类别的品牌。如通用汽车、雀巢以及惠普这些公司品牌本身就是分部品牌。

若分部品牌下还存在品牌，那就是第三层级——产品线品牌。这些品牌代表了公司的特定产品，如丰田汽车有产品线品牌如凯美瑞（Camry）、花冠（Corolla）、回声（Echo）、皇冠（Crown）、兰德酷路泽（Land Cruiser）；惠普有打印机产品 OfficeJet、DeskJet、LazerJet、LazerJet Pro、FaxJet 以及 DesignJet 等。

再以奔驰、宝马和奥迪三大车品牌为例，讨论三者的 SUV 产品系列。在 SUV 市场中，由于出现了更多类型的客户需求，不同的产品也应运而生。总体而言，奔驰的产品品类较宝马和奥迪更为丰富。而宝马和奥迪特注重于在现有品类中通过排量和配置的变化推出更多的车型。SUV 是一个充分体现客户个性的市场，差异化竞争在 SUV 市场上得到充分体现。除了在入门级车型 GLK、X1/X3 及 Q5 上实施价格肉搏战，奔驰、宝马和奥迪专注于精耕各自的高端细分市场和客户群（见图 4-9）。

最后，品牌还可以通过子品牌（也称为副品牌）进一步细化，如惠普 LaserJet Pro CM1410。如果产品更多，可以通过分布品牌或产品线品牌的子品牌继续细化。

丰田汽车按此就可以划分为四个层级，最高层级公司品牌为丰田汽车，第二层级分部品牌包括大发、丰田、雷克萨斯、塞恩、斯巴鲁以及日野（见图 4-10）。

第三层级产品线品牌包含了如凯美瑞、花冠、回声、皇冠、兰德酷路泽等数十种产品。第四层级为子品牌，代表了各个产品线品牌的款式。如同样为卡罗拉，又具体细分为运动款、标准款、天窗版、LE 版等多种型号，以示不同产品线品牌的区别（见图 4-11）。

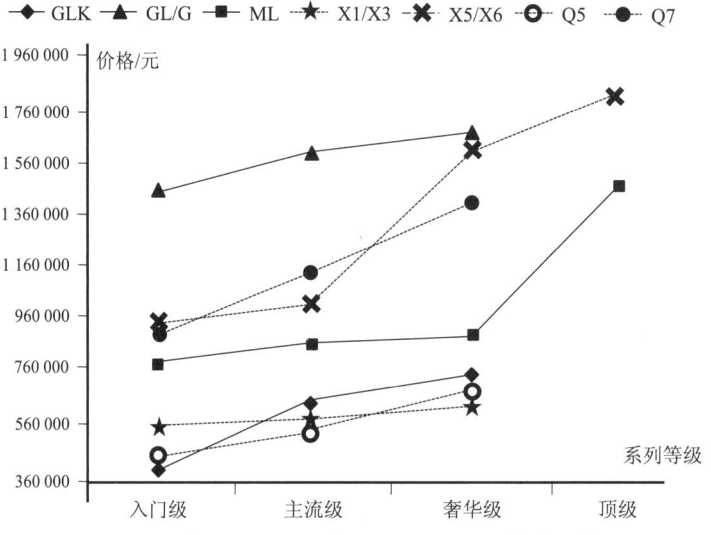

图 4-9 奔驰、宝马和奥迪的 SUV 系列价格比较

图 4-10 丰田汽车公司品牌与分部品牌

图 4-11 丰田的产品线品牌

4.1.3 品牌架构

品牌架构（Brand Structure）也称为品牌结构，指一个企业不同产品品牌的组合，它具体规定了品牌的作用、各品牌之间的关系，以及各自在品牌体系中扮演的不同角色。合理的品牌结构有助于寻找共性以产生协同作用，条理清晰地管理多个品牌，减少对品牌识别的损害，快速高效地做出调整，更加合理地在各品牌中分配资源。

在品牌架构建立后就会产生品牌名称主导性问题。我们很少在闲谈中提及一款产品时把这个产品从品牌第一层级说到子品牌（或是款式），必然有一两个层级的品牌层级作为主导存在。英国学者欧林斯（Olins）和墨菲（Murphy）研究了数百种杂货品牌，只使用公司统一品牌的情况在所研究产品中仅占 1/4，绝大多数产品的包装上面含有两种以上的品牌名称，具体情况分为以下五种类型。

（1）公司品牌主导：采用公司品牌作为产品品牌，这样有利于使公司的不同产品获得协同效用，例如，日立、华为就是典型的例子。

（2）分部品牌主导：采用公司分部的品牌作为产品品牌，分部通常是由于企业并购而产生的，如印度塔塔汽车集团（Tata Motor Group）收购捷豹汽车（Jaguar），使捷豹成为塔塔集团针对奢侈品消费者市场的分部品牌。

（3）双重品牌：两种品牌名称占据同等重要的地位，如索尼 VAIO、三星 Galaxy 等。

（4）支持品牌：产品线品牌占据主导地位，公司品牌或分部品牌以较不显著的方式出现，对产品线品牌起支持作用，如卡夫食品旗下的奥利奥（OREO）、可口可乐旗下品牌芬达（Fanta）、费雷罗（Ferrero）旗下的健达巧克力（Kinder）等。

需要一提的是，我们常把"支持品牌"这种类型称为**品牌背书**（Brand Endorsement），不显著出现的公司或分部品牌称为**担保品牌**（Endoser）。品牌背书是指一个品牌要素以某种方式出现在包装、标号或者产品外观上，但不直接作为品牌名称的一部分。通常，这个特殊的品牌要素是公司的品牌或标志。品牌背书战略在公司或企业品牌间形成了最大的距离，这样，企业或家族品牌联想与新产品的关系降到最小，同时，负面的反馈影响也降到最低。

（5）子品牌主导：与产品线品牌主导相似，但因为各种战略或策略上的考虑，这种类型的公司品牌名称不出现在产品包装上，如雀巢旗下子品牌巴黎水（Perrier）、宝洁旗下吉列的产品线品牌博朗（Braun）子品牌 °CoolTec 等。

以上五种类型品牌架构是公司品牌主导到子品牌主导的连续渐变，从上至下，公司品牌的力量逐渐减弱，而旗下品牌或子品牌的力量逐步增强。利用公司品牌，是为了利用它们带来的**协同效应**（Synergy）或担保作用；利用旗下品牌或子品牌则是为企业实施产品差异化策略创造条件，产生**驱动**（Driving）作用，促使消费者做出购买决策。两者混合的形式，则取二者之长，在最大限度发挥协同效用的同时体现旗下品牌或子品牌的独特价值。

4.2 品牌定位与意义

我们在杂志、书报中经常会看到"定位"两个字，明确品牌层级并建立品牌架构也是为了更好地进行品牌定位。

就以4.1节提及的丰田为例。公司品牌丰田之下的分部品牌针对了不同的消费群体。其中，大发坚持"低成本、可靠质量"的核心价值，主打追求高性价比、低成本的消费者；丰田强调了更舒适、更高的性价比；雷克萨斯主打"豪华、舒适、品位"的高端情怀；塞恩的品牌定位在"时尚、多功能、惊奇"，重点突出年轻人追求"与众不同、前卫、时尚"的品牌精神；斯巴鲁代表一种汽车智能和敏感的理念；日野作为商用车品牌，针对的目标市场主要集中于组织客户，它的品牌诉求则集中于"安全、可靠"。

但是，诸如丰田这样的企业为何做出这样的定位把各个品牌目标瞄准不同类型的消费者？为何不能把目标消费者锁定在整个消费群，这样面向更广大的市场不是更可能获得更大的市场份额吗？

其实不然。如今的市场，大众商品供过于求，产品大量过剩，商品之多几乎是全方位的，不仅总体上总量、种类繁多，而且就某一种商品而言也有着数不清的品牌。

美国辛辛那提BIGGS超市陈列的商品就多达6万余种。商品如此浩瀚以至于消费者几乎无从选择下手，再加上科学技术的迅速发展，新产品层出不穷，对老产品的替代范围也在不断扩大。如果一个企业不能提出一个明确的定位，让消费者认知产品特征以及从中能获得的收益，销售活动就成了在市场上抓阄，消费者偶然之选永远不可能给企业带来长远发展。

这正好验证了一句话：试图讨好每一个人是不可能的，这样做的结果就是一个人都没有被讨好。因此，辛辛那提BIGGS超市想容纳整个消费群体、最大限度地占有市场，这种想法只能存在于理想化的**完全垄断模式**（Perfect Monopoly）中。因此，定位必不可缺。

在商业世界，"定位"这个术语涉及企业定位、市场定位、产品定位以及品牌定位。企业定位与市场定位涉及企业的战略层面，产品定位注重于战术角度，而品牌定位连接着"战略"与"战术"。

（1）企业定位是指企业基于自身或通过整合可能获得的优势来决定进入哪一个或几个行业，在企业做出决策后，通过产品和品牌，基于消费者需求，将企业独特的个性、文化和良好的形象，塑造于消费者的心目中，并占据一定的位置。为了实施差异化战略，在预期客户头脑里占据一个真正有价值的地位，它不仅可以让你区别于其他的品牌，而且还会成为目标客户的优先选择（见图4-12 ⊖）。

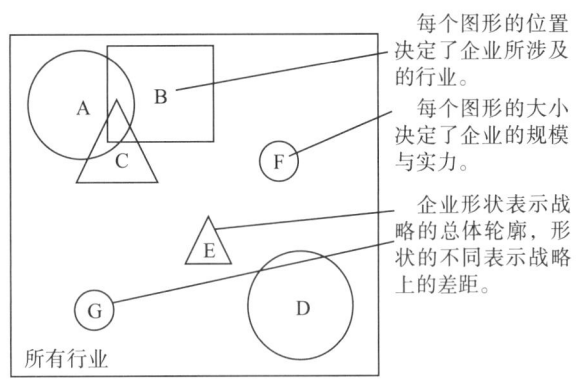

图4-12　企业定位决策图

⊖ 本图引用迈克尔·波特《竞争战略》（译者：陈小悦，华夏出版社2005年10月出版）一书图7-2战略集团分布图及集团内部争夺。

中国品牌海尔的名字已经成为高品质国产大型家用电器的代表。据消费市场权威调查机构欧睿国际（Euromonitor）的数据显示，海尔连续四年蝉联全球白色家电第一品牌。在美国波士顿管理咨询公司（BCG）发布的2012年度"全球最具创新力企业50强"中，海尔是唯一进入前十名并且来自中国的企业，位居消费及零售类企业榜首。海尔的企业定位就在于品质与创新，这样的定位一旦形成，就会在消费者心目中产生较为深远的影响（见图4-13）。

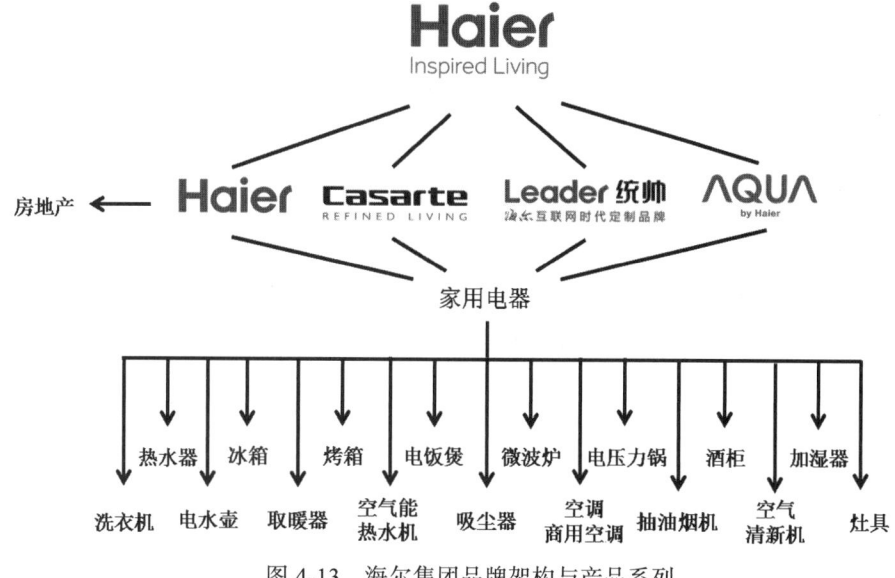

图4-13 海尔集团品牌架构与产品系列

（2）市场定位是指企业及产品确定在目标市场上所处的位置，并在客户心目中树立独特的形象。为了使企业生产或销售的产品获得稳定销售，从各方面为产品培养一定的特色，树立一定的市场形象，以求在消费者心目中形成一种特殊的偏爱。市场定位是企业定位中的一个重要组成部分，内容包括了确立产品的特色、树立市场形象以及巩固市场形象，最终形成在市场上与众不同的位置。因此市场定位更注重对市场的调研，迎合市场的需求，摆正自身在市场中的位置。

1906年，William J. Riley先生在美国马拉松之城波士顿成立了品牌"新百伦"（New Balance），现已成为众多成功企业家和政治领袖爱用的品牌，在美国及许多国家被誉为"总统慢跑鞋""慢跑鞋之王"。新百伦之所以能在美国这个极其市场化的国家，在不请明星做广告的情况下，成为美国第二大品牌运动鞋，甚至力压阿迪达斯等品牌，就是因为该公司能够做到对市场十分准确的定位，它和耐克或阿迪达斯不同，它的定位主要是针对鞋款舒适度有一定要求的成年人，它认为这一部分的顾客会从鞋品的外观转向关注鞋品的舒适程度和对脚部的保护，同时又有着强大的购买力。而且正因为其定位独特，它几乎不与其他的几个鞋业巨头平分市场。

（3）产品定位是指企业对产品特征、包装、服务和竞争对手进行研究，确定产品在目标消费者的心目中具有一定的特色，赋予一定的形象，以适应消费者一定的需要和偏好。为了确定生产什么产品来卖给目标消费者，需要将目标市场与企业的产品相结合，从而确定企业的产品。产品定位是对市场定位的具体化和落实，以市场定位为基础，受市场定位指导，但比市场定位更深入和细致。因此对于产品的定位也不仅仅是停留在对市场的迎合上，有时候也可以对产品进行研发，甚至可以引领市场，这就不只是在现有市场中找到自身定位，更可以开辟出新的市场，而此时产品的定位极有可能成为这个新兴市场的行业标准。

就 iPhone 的产品定位，用乔布斯的话说，可以把触摸的宽屏 iPod、革命性的新型移动电话、具有突破历史意义的网络通信设备融合在一起。说白了就是一个便捷的移动电脑一样的智能手机，即网络智能手机，换句话说是人们移动时的好帮手。因为
iPhone 里面有个 App Store，而 App Store 的程序总量也已经超过 50 万款，这么多应用可以帮助消费者做许多事情。正是 iPhone 这样的市场定位，使它成为了智能手机市场第一个吃螃蟹的人，在其之后，进入这个市场的产品多多少少会受到 iPhone 一定程度的影响。

当企业明确了产品定位后，一个关键的具象工作即是产品定价。在对产品进行定价时，最重要的三个参照因素是：成本、利润率和竞争产品的价格信息。

在产品定价中传统且最容易执行的是成本叠加法，即在成本已知的情况下，对每个细分的产品线定出**预期收益率**（Expected Yield），然后在成本基础上叠加利润期望值，扣除**操作成本**（Operation Variable Cost, OVC，通常以利润率比值出现，各行业并不相同），就是产品价格

$$产品价格 = 产品成本 / （1 - 预期收益率 - 操作成本）$$

但是，这种定价方法过于机械化，忽视了市场竞争对价格的影响。为了能更好地适应市场的价格竞争，许多企业在定价时也综合考虑了整个市场的定价情况。

如在方兴未艾的 LED 照明市场，来自国内外的照明品牌掀起了一轮又一轮激烈的竞争。其中，国内 LED 的代表品牌有雷士（NVC）、欧普（Opple）和胜亚（VAS）。通用照明作为美国老牌照明品牌，在中国定位为高端照明，与飞利浦（Philips）和西门子旗下欧司朗（Osram）一争高下。通用照明进入 LED 市场较晚，与飞利浦和欧司朗相比，生产成本和销售渠道处于弱势。为了争夺市场，通用照明采取了灵活的价格策略，结合市场竞争价格制定了自己的价格体系。它的定价原则是维持总体价格水平和主要竞争对手一致，若近期供应商成本能达到理想成本，维持与竞争对手相同的价格；若短期内无法达到理想成本，视产品线而定，或用其他高利润产品线利润弥补损失，维持和竞争价格相一致，或暂时采用成本叠加法。

（4）品牌定位是指企业在市场定位和产品定位的基础上，对特定的品牌在文化取向及个性差异上的商业性决策，它是建立一个与目标市场有关的品牌形象的过程和结果。换言之，

即指为某个特定品牌确定一个适当的市场位置,使商品在消费者的心中占领一个特殊的位置,当某种需要突然产生时,随即想到的品牌,比如在炎热的夏天突然口渴时,人们会立刻想到"可口可乐"红白相间的清凉爽口。

品牌定位的内容包括了品牌理念识别系统(目标消费者文化特征分析、消费心理需求分析、文化形象标准描述/品牌概念的提出、价值观提炼、个性确定、口号提出)、品牌视觉识别系统(品牌标志设计、产品包装设计、环境设计等)、品牌行为识别系统(如品牌传播、品牌延伸、品牌危机管理等)以及品牌推广识别系统(如品牌销售人员形象设计、销售服务规定、专卖店店面形象设计)等。

我们从上述的概念分析中可以理解:产品定位是品牌定位的支撑和依托,离开了产品定位,品牌定位将成为"空壳";品牌定位是建筑在产品定位之上的更高层次的营销思路与营销战略。品牌定位和市场定位密切相关,它是市场定位的核心,是市场定位的扩展和延伸,是实现市场定位的手段。

在完成市场定位和产品定位的基础上,才能较顺利地进行品牌定位。但是品牌定位内容极其丰富,并且完全不同于市场定位或产品定位。一个企业最初可能有多种品牌定位,但最终是要建立对目标人群最有吸引力的竞争优势,并通过一定的手段将这种竞争的优势传达给消费者,进而转化为消费者的心理认识。做品牌必须挖掘消费者感兴趣的某一点,当消费者产生这一方面的需求时,首先就会想到它的品牌定位,那么自己的品牌就会在市场上形成一个明确的,有别于竞争对手又符合消费者需要的形象,从而潜在消费者也会在自己的心中为品牌预留一个位置。

4.3 如何定位

我们已经明晰了定位的诸多概念,那么下一步就需要了解应该如何让自己的品牌和产品具有与众不同的个性和良好的形象,能够在消费者心目中占据有利的位置。这直接关系到企业品牌经营的成败和发展前景的好坏。因此,品牌定位在企业界普遍受到推崇,是大家关注的焦点。

4.3.1 认清市场与自身

品牌定位的策略多种多样,归纳起来我们可以从品牌产品、品牌目标消费者和品牌竞争者三个角度认清市场和自身,开发品牌的定位点。

1. 与产品相关

这种品牌定位从产品的属性、给消费者带来的利益、产品类别以及产品的质量和价格之间的关系来寻找定位点。

如高露洁（Colgate）牙膏的防止蛀牙，采乐洗发乳的"药物去头屑"功能，云南白药可以让软组织损伤病人尽快康复，佳得乐饮料可以让运动员迅速补充水分等。

2. 与目标消费者相关

这种品牌定位围绕着目标消费群展开，一般来说，可以从使用者，使用或应用的场合和时间，消费者的购买目的以及生活方式、文化、个性等不同的角度来定位。

小米（MI）科技有限公司在智能手机市场上成为了后起之秀，小米手机首先把目标消费群界定为25～35岁的人，这个人群数量庞大，消费能力强，易于接受新事物，喜欢新的尝试。在这个基础上，小米对客户再次细分，找到对手机作为工具使用偏爱的群体，即所谓的发烧友，他们代表了消费前沿，对消费具有示范作用，能引发群体跟风。目标客户的精准定位为小米找到了市场的空白点，利用客户对高品质、低价位的诉求，采用饥饿的心理疗法，差异化的品牌定位避开同质化竞争赢得了客户。

来自美国的箱包品牌TUMI一直以高端与多功能而著称。周到细致的产品分类是商务出差或休闲旅行者选择TUMI品牌的重要原因。TUMI品牌深知消费者需要不同的产品以配合他们的旅行要求。因此，TUMI产品在每一个系列中都有众多产品可供选择。TUMI品牌还定期介绍最能体现品牌功能和新颖设计的杰出新产品。

20世纪80年代，TUMI品牌创新推出的黑色柔软弹导学尼龙旅行袋使得公司迅速占领了当时的美国市场，并处于领先地位。20世纪90年代后，TUMI的消费者遍布全球。TUMI品牌拥有超过25项有关设计和工程突破的专利，独特的设计和新颖的款式为它赢得了多项业内权威杂志评选的设计大奖。

而另一个同样来自美国的箱包品牌新秀丽（Samsonite）以"为全世界旅行者提供一套全面的旅行配备方案"为定位，将产品已经延伸至三大领域，分别是旅行、公文和休闲。虽然新秀丽品牌等级在路易威登（Louis Vuitton）、日默瓦（Rimowa）、TUMI之下，作为中高端箱包品牌形象出现，但在近100年的发展历程中，它是箱包行业的引领者和先行者。新秀丽以优秀而卓越的产品质量、与时代同步的设计风格、考虑周到的实用性和可靠性以及完善的售后服务，使之赢得了世界各地消费者的喜爱和认同。

3. 与品牌竞争者相关

这种品牌定位以行业内的竞争者作为参照物，在通过详细分析、描述出竞争者的品牌在什么位置后，再确立本品牌的定位。

美国玛氏公司（M&M），针对普通巧克力容易在手里融化，不易携带的特点，开发出了"只溶在口，不溶在手"的巧克力，这个定位一经推出就给消费者留下了深刻的印象，迅速确立了玛氏的市场领导地位。

4.3.2 品牌定位原则

成功的品牌定位是产品进入市场、拓展市场的助推剂。在进行品牌定位的过程中，全面、正确、灵活地运用定位原则，是确保品牌定位成功的关键。

1. 消费者中心原则

品牌定位，其实是要借助传播等手段使品牌在消费者心目中占据一个有利的位置，因此要将品牌的利益与消费者心理上的需求结合起来。然而，任何一个产品都无法满足所有消费者的需求，任何一个品牌都只能以部分消费者作为服务对象，才能发挥其优势。所以，企业在进行品牌定位之前，必须考虑目标消费者的特征，通过科学的市场调查了解消费者的需求，以求其定位与消费者的需求相吻合，并通过一系列营销活动向目标消费者传达这一定位信息，让消费者感觉到这一品牌就是他们所需要的，这样才能真正获得消费者的青睐。

2. 与企业实际相一致原则

品牌定位之前还要考虑企业自身所拥有的资源，比如规模、技术水平、管理能力等。超出自身拥有的资源去进行品牌定位，是非常辛苦与尴尬的，就像你只有一丁点的奶酪，却想做一个能够吸引很多人的樱花芝士蛋糕一样，反而会让人感到失望。企业的品牌定位，一方面要能促进资源的充分利用，发挥最大的效能；另一方面，也不能好高骛远，不顾实际情况，做力所不能及的事。这样一来，反而会有更加恶性的结果，就如同一个人，将自身定位于高位，然而个人的行为却与自己所宣称的不符，这样的人不会受到大家的欢迎，这样的品牌也不会得到市场的认可。例如，企业品牌定位于"时尚的代言人"，就必须要拥有年轻、活力、敢于创新的团队；定位于国际化的大品牌则必须要有规范的管理、国际化的视野和雄厚的资金支持等。

3. 差异化原则

品牌定位必须考虑竞争者的定位。任何一个品牌的定位，都要与竞争者有所不同，要找准他们的独特情境，基于心智构建品牌的差异化。每一个品牌都必须基于其消费者构建一个专属于自己的独特情境，从而将不同的消费者通过情境设计凝聚在一起，拥有自己的特色，给消费者留下深刻的印象；否则，消费者很难对后进入市场的品牌产生信赖感。

美国雷诺公司（R. J. Reynolds）将芝加哥分成三个各具特征的香烟小型市场。

（1）北岸地区市场。这里的居民大多受过良好的教育，关心身体健康，因此公司就推销焦油含量低的香烟品牌。

（2）东南部地区市场。该地区是蓝领工人居住区，他们收入低并且保守，因此公司就在此推销价格低廉的云丝顿（Winston）香烟。

（3）南部地区市场。该地区是黑人居住区，因此公司就大量利用黑人报刊和宣传栏促销薄荷含量高的沙龙（Salem）香烟。

正是雷诺公司这种对品牌差异化的定位，让每类消费者都找到了属于自己的情境，加强了消费者与品牌的联系与信赖。

4. 与产品特点相一致原则

产品是品牌的载体，任何品牌都不可能脱离产品而孤立存在。因此品牌定位也要结合自身的特点、属性、使用价值来考虑。

例如，服装品牌可以根据不同的市场细分，以时尚、商务、休闲等不同定位来满足消费者不同的需求；而有些产品，如日用品中的洗衣粉、洗洁精等，很难将其定位于"高端"或"时尚"，因为这些产品本身的用途决定了无论怎样对品牌宣传，都很难使其变成高端产品。

5. 动态性原则

品牌定位不是一成不变的，要根据社会的进步、人们的生活方式和价值观念的变化、消费者需求的改变、产品的升级换代以及周围市场环境的变化而不断调整，进行再定位，使品牌拥有活力，始终贴近消费者的需求。

方太（Fotile）厨具就是一个品牌动态定位成功的例子。1996年，中国第一台圆弧流线型深形吸油烟机上市，在接下来的十余年里，方太将自身定位于专业化，专注做吸油烟机。之后方太就将自身定位于"中国（高端）厨房第一品牌"。随着品牌的发展，方太又将自身的定位扩展为"中国嵌入式厨房电器第一品牌"、"中国成套化厨房第一品牌"。不断的技术革新与产品设计创新让方太将自身综合定位为"技术与设计领先的厨电专家"。

4.3.3 品牌定位策略

艾·里斯（Al Ries）和杰克·特劳特（Jack Trout）将品牌定位分为八大类型，分别细述如下。

1. 开创新品类

"开创新品类"永远是品牌定位的首选。力图通过挖掘品牌产品与之相关的更加知名和熟悉的产品之间的区别而得到品牌定位点，继而成为这个产品类的代名词。

开创新品类定位成功的典范当属七喜（7-up）汽水。可口可乐和百事可乐是市场领导品牌，地位非常稳固。七喜汽水为了成功地进入市场，宣称自己是"非可乐"型饮料，与可口可乐和百事可乐不是同一类产品，是替代两者的消暑解渴饮料。这种定位，不仅避免了与实力强大的可口可乐和百事可乐正面冲突，还巧妙地将自己与它们并列在同一位置。得益于其成功的类别定位，七喜汽水成为美国第三大软性饮料，在市场上拥有了自己的消费群体。

2. 属性定位

在实际操作中,属性定位可能是使用最多的,它主要借助产品的某项特色来表达与同类品牌的区分。

例如,沃尔沃(Volvo)通过在商业广告中演示它的碰撞试验并引证该车平均寿命的统计数字来强调安全性能,宣传自己的耐用性;相比之下,菲亚特则努力做到将自己的车定位成欧洲最受欢迎的轿车,使用欧洲的技术工艺;宝马则侧重于驾驶性能和工程技术效率,它使用的广告主题是"最完美无缺的汽车",并不断强调驾驶的乐趣;奔驰则在很大程度上等同于高级或豪华车的同义词,奔驰的乘坐舒适性是世界公认一流的。

但是属性定位也会有一定的缺陷:

宝洁公司的洗发香波品牌沙宣(Vidal Sassoon)定位为"时尚现代",就可以成功地从洗发护发产品延伸到定型产品,如摩丝等,即使将来向化妆品延伸也是可行的。而采用属性定位——"使秀发飘逸柔顺"的飘柔品牌就不容易向其他领域延伸。

3. 利益定位

利益定位就是根据产品所能满足的需求或所提供的利益、解决问题的程度来定位的。在现实生活中,消费者总是按自身的偏好和对各个品牌利益的重视度来选购产品。利益定位实际上就是将品牌的某一特点与消费者的关注点联系起来。两者利益点的一致,能够刺激消费者的购买欲望,强化品牌在消费者心目中的位置,有利于品牌和消费者关系的发展。

这里的利益可以是产品利益,也可以是品牌利益。产品的利益是指产品如何能满足消费者的需求。

夏士莲(Hazeline)向消费者提供的利益点是"中药滋润",飘柔的利益承诺是"柔顺"。而品牌利益带给消费者更多的是一种感觉和结果,如鳄鱼(Lacoste)、乔治·阿玛尼、登喜路(dunhill)都是地位、时尚和个性的代名词,穿上它就会让消费者感到很有品位、很有社会成就感,从而得到心理上的满足。

4. 使用/应用定位

这种定位是根据产品的某项使用或应用来定位的。

来自泰国的饮料品牌红牛(Red Bull),它以"累了困了喝红牛"作为广告宣传,将自己列为功能饮料,强调其功能是迅速补充能量、消除疲劳。而消费者在需要精力的时刻,就能联想到红牛,进而实现购买行为。

5. 情感定位

情感定位是将人类情感中的关怀、牵挂、思念、温暖、怀旧、挚爱等情感内涵融入品牌,使消费者在购买、使用产品的过程中获得这些情感体验,从而唤起消费者内心深处的认同和共鸣,最终获得对品牌的喜爱和忠诚。这就如同恋人们穿情侣衣、戴情侣表一样,不是为了保暖、看时间，而是想表达一种情感。情感的包容力比产品属性的包容力大得多，能为品牌向其他领域的延伸创造更多成功的机会。

"黑芝麻糊咧，一股浓香，一缕温暖——南方黑芝麻糊"这段经典广告，曾获得全国性广告设计大奖。南方黑芝麻糊的定位就是情感：受众消费者与品牌之间产生联动效应，并对这个产品产生认同感、亲切感和温馨感。由此即会触发消费者购买芝麻糊的欲望。南方黑芝麻糊利用了人们的怀旧心理，调动了人们的情愫，"爱心杯，爱香随"的宣传获得了巨大的成功，也由此获得了极高的品牌知名度。

升级换代频繁的产品如芯片、软件和汽车，它们升级换代的速度非常快，情感诉求可以更持久地保持与消费者的关系。因为认知性诉求和产品特性迅速变化，而情感却可以长久不衰。这样就可以减少营销成本，保持品牌个性的稳定性，对于品牌延伸也可以起到好的作用。

如"英特尔，奔腾的芯"，运用"心"和"芯"的谐音为其增添了情感成分，构造了一个非常成功的定位。奔腾（Pentium）各代产品的升级换代更加强化了英特尔的品牌形象。

6. 竞争者定位

竞争者定位又称比附定位，企业通过各种方法和同行业中的知名品牌建立一种内在的联系，使自己的品牌迅速进入消费者的心目中，占领一个牢固的位置，并借名牌之光使自己的品牌生辉。这种定位方法主要有以下三种。

（1）甘居第二。该方法明确承认自己在行业中只能排名第二，与最优秀的品牌还存在差距。这种策略会使人们对公司产生一种谦虚诚恳的印象。

世界上排名最前的四大著名汽车租赁公司（见图4-14）分别是美国最大的租赁公司赫兹（Hertz）、艾维斯（Avis）、欧洲最大的租赁公司欧洲汽车（Europcar）以及巴基特（Budget）。

图4-14　世界四大汽车租赁公司

艾维斯强调"我们是老二"，随即话锋一转，"但是我们更努力"（We Try Harder.），突出其谦虚、耐心以及热情，从而赢得了更多忠诚的消费者。

在2012年的全球乳业20强排名中，瑞士雀巢、法国达能（DAnone）、法国拉克塔利斯（Lactalis）、新西兰恒天然（Fonterra）以及荷兰菲仕兰（EPAX）占据了前五席（见图4-15）。而中国双巨头乳业伊利（Yili）和蒙牛（Meng Niu）排在第15、16位。蒙牛推广宣传伊始就与伊利联系在一起，第一块广告牌标明"争创内蒙乳业第二品牌"，宣传册上闪耀着"千里草原腾起伊利集团、蒙牛乳业……我们为内蒙古喝彩"；在冰激凌的包装上打出"为民族工业争气，向伊利学习"的字样，利用伊利提高了品牌知名度。

图 4-15　全球五大乳业品牌

（2）依托策略。依托策略也是承认自己不是行业中最有领导力的品牌，但是在某些特定地区或在某一方面还可与之相提并论，借领导品牌的地位、声望来提高自己的地位和形象。如中国白酒是以五粮液、茅台、泸州老窖、稻花香、汾酒、洋河酒、枝江酒、剑南春、四特酒和郎酒为主体的市场，而内蒙古的宁城老窖，依托茅台，宣称自己是"宁城老窖——塞外茅台"。

（3）高级俱乐部策略。公司如果不能取得第一名或攀附第二名，便可采用此策略，借助群体的声望和模糊数学的手法，打出限制严格的俱乐部式的高级群体牌子，强调自己是这一高级群体的一员，从而提高自己的地位和形象。

典型的例子是美国克莱斯勒汽车公司。在被意大利著名集团菲亚特收购前，克莱斯勒一直宣传自己是美国"三大汽车品牌/公司之一"，使消费者感到克莱斯勒和美国通用一样都是知名的轿车品牌，从而得到良好的效果。

克莱斯勒公司旗下品牌如图 4-16 所示。

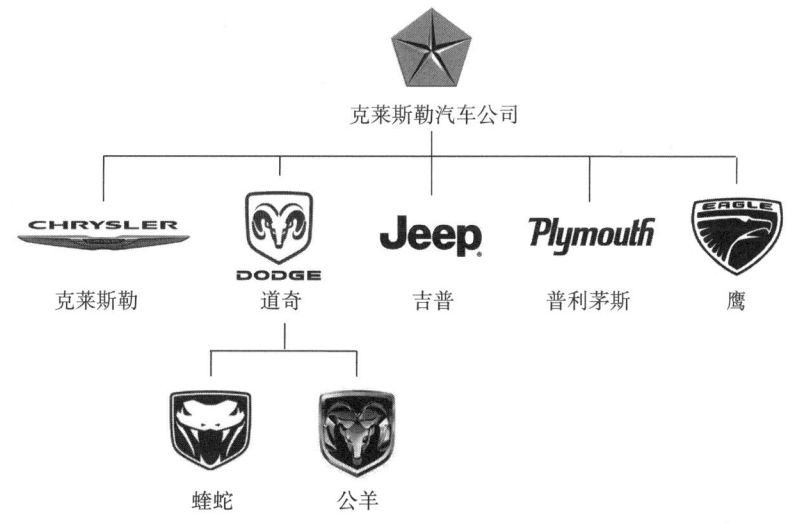

图 4-16　克莱斯勒公司旗下品牌

7. 质量/价格定位

该方法是结合质量和价格来定位。质量和价格通常都是消费者最关注的因素，直接关系到买卖双方的直接利益。不同的消费者关注点有所不同，如果某产品的目标市场是工薪阶层，则可定位于"物美价廉"或"物有所值"。

雕牌洗衣粉用"只选对的，不买贵的"，暗示雕牌的实惠价格；沃尔玛超市则定位于"天天平价",良好的美誉度为沃尔玛供了产品质量保证,让消费者买得放心;戴尔(Dell)电脑采用直销模式,降低了成本,并将降低的成本让利给消费者,因而戴尔电脑总是强调"物超所值,实惠之选"。再如喜悦(Joy)香水,称自己是"世界上最好的香水",暗示其商品的质量及地位的尊贵。

当然,将价格和质量结合起来的定位方法还有很多种。

品牌定价是消费者感知品牌价值高低及自己利益得失的重要依据,是消费者考虑购买这个产品的重要因素及判断商品价值的基础。品牌质量会成为影响价格的主要因素,它能够对消费者产生很大的影响。如果产品具有良好的品牌形象,那么产品价格将会产生品牌溢价。强势品牌一般采用"优质高价"策略,既增加了盈利,又让消费者在心理上感到满足。

消费者对实际价格的接受能力表现为消费者对于商品价格与价值的判断,是对"物有所值"、"物超所值"及"物无所值"的判断标准。当消费者认为定价与实物相符或者低于实物价值时,易形成品牌忠诚度。对不同品牌、同一价格的商品,当消费者感知某个品牌价值高于其他品牌时,即感知消费者剩余大,也容易形成较高的品牌忠诚度。

8. 文化定位

文化是一种社会现象,是人们长期创造形成的产物,同时又是一种历史现象,是社会历史的积淀物。确切地说,文化是指一个国家或民族的历史、地理、风土人情、传统习俗、生活方式、文学艺术、行为规范、思维方式、价值观念等。在某种意义上,文化决定了生活的质量、族群的命运以及产品的特性。将文化与品牌特征联系起来,为品牌注入文化内涵,可以形成文化上的品牌差异。

星巴克是男人的名字、女人的模样。星巴克的顾客不是普通大众,而是收入较高的、有一定社会地位、有一定生活情调的人群。它追求的是顾客的质量和顾客对它的忠诚度。在美国,有的顾客一个月光顾星巴克次数能达到18次,在美国,星巴克属于大众文化,但它是大众文化中的精英文化,也是精英文化中的大众文化。

星巴克的标志是温柔微笑着的绿色的双尾美人鱼图案,作为美国文化的象征,这个图案透着强烈的异国风情和情调,充满了浪漫气息。这个图案的设计来自《奥德赛》中的美人鱼故事,星巴克徽标中的美人鱼由此而来。这使星巴克的咖啡似乎也充满了魅力,这种美丽的联想体验是很多人迷上星巴克的原因之一。绿色给人以自然平和的心境,让人放松,星巴克的绿色美人鱼正好传达了这样一种消费者感受。

文化定位反映了一个地区消费者的生活方式,它不仅可以大大提高品牌的品位,而且可以使品牌形象具有特色,更容易获得消费者的心理认同和情感共鸣,使产品极其形象地根植于消费者脑海中,达到稳固和扩大市场的目的。

如今,消费者出行越来越依赖飞机,现运营的航空公司品牌早已过百,绝大多数品牌根据消费者的生活方式进行定位,确保自身品牌的市场份额。如高端国际航空公司阿联酋航空

（Emirates）以中高端收入的商旅客户为基础，将头等舱和商务舱做到世界顶级。

享有"最受消费者欢迎的航空公司之一"的新加坡航空（Singapore Airlines），通过"新加坡女孩"提供给其客户的无微不至的关怀和服务赢得了许多航空公司和旅游业的奖励。

世界五大航空品牌之一的汉莎航空（Lufthansa）推出品牌歌曲，用差异化的表现形式，获得消费者的情感认可，进而认可汉莎的品牌，提高品牌忠诚度。并且，汉莎与世界上最大的私人喷气式飞机运营商合作，订制汉莎私人喷气式飞机，为高端消费者提供个性化的旅行服务，此外，提供了长旅客服务项目——Miles more，并针对贵宾提供尊贵服务。

廉价航空品牌鼻祖美国西南航空（Southwest Airlines）将目标人群定位旅游人士、学生、工薪阶层、一些私人公司的出差人员，主要运营二线机场点对点航线，没有经停和联程。飞机不用对号入座，不用上飞机找座位，没有公务舱和经济舱的区别，不提供任何用餐服务，甚至登机牌也是塑料做的，用完后可以回收。西南航空以低价策略成功地占据了很大一部分低端市场，即使经历了"9·11"事件、经济危机，西南航空都能保持年年盈利。

4.3.4 品牌定位步骤

品牌定位是一个复杂的流程，了解品牌定位步骤有助于一个企业有效地进行品牌定位。一般，我们把品牌定位分解为五个阶段。

1. 分析行业竞争者

"知己知彼，百战不殆"。企业首先必须分析同行业内的竞争者，如行业内的竞争者数量、竞争对手产品、市场份额、竞争地位、最新发展动向等。

要回答这些问题，需要企业运用科学的方法，分析搜集到的资料，形成有价值的分析结果，使品牌决策者对品牌竞争有一个客观的市场认知。

2. 分析品牌消费者

产品的最终购买者和使用者是消费者，因此对目标消费者进行分析，详细研究他们的需求，这对于进行成功的品牌定位以及吸引消费者是必不可少的。

值得一提的是，品牌定位必须吻合目标市场的个性化需求。许多化妆品都笼统地定位于"美白"或者"保湿"，从而使产品"千篇一律"，消费者往往感到无所适从，不知如何选择。品牌定位后的产品是为特定消费群量身定做的产物，企业应该仔细研究这部分消费者的需求，紧紧抓住这个需求来开展经营销售活动，没有必要也没有可能奢望通过品牌定位吸引目标市场上所有的消费者。

3. 分析竞争品牌

品牌的核心价值在于品牌能够承诺给消费者最主要的、最具差异化的、长期的理性、感性以及象征性价值。因此，品牌管理者为了打造品牌的核心价值，必须寻找与竞争品牌的差异点，结合产品特色，选择与众不同的定位，提炼个性。这个差异点可以从竞争产品的设计、功能等内在因素挖掘，也可从品牌形象、品牌个性等方面考虑。

值得注意的是，分析竞争品牌是为了赢得对竞争者的比较优势，而这种比较优势是针对同一消费群的。因此，品牌管理者需要掌握与目标市场、企业相同或类似的竞争者定位信息。

4. 决策品牌定位

企业自身的产品与竞争对手的品牌在产品、技术、质量或服务等多方面都会存在差异，而品牌定位不可能将所有可能的差异点都顾及到，因此要选择与消费者需求相符、最具特色、最能展示独特竞争优势的差异点进行品牌定位。

同时，品牌定位还要考虑企业规模、技术水平和资金实力等相关因素。品牌定位是为了让产品占领和拓展市场，为企业带来利润，在品牌定位上的投入与企业所得到的经济利益是品牌管理者应该着重考虑的问题之一。

另外，企业初步确定品牌定位后，需要针对这个定位在部分消费者中进行调查或在某个区域市场进行试验，根据调查和试验结果进行分析以及适当修改，以保证在更大的销售范围内，品牌定位能成功地被目标消费者接受。

5. 监控与调控

在完成品牌定位设计、品牌传播和推广活动开始后，企业并不能就此高枕无忧。品牌管理者必须密切注意产品市场份额的变化以及竞争对手和目标消费者对于品牌定位的反馈。若消费者以及各个销售渠道反应平平，则说明这个品牌定位没有达到预期效果，企业要调查原因所在，并进行适当的调整。若各方面的反映都非常良好，企业也不能掉以轻心，要时时监控市场上的反应，以防品牌定位由于时间原因变得落后陈旧。

这部分内容我们将在第 6 章中详细阐述。

4.4　品牌定位误区

品牌定位策略已经是企业制定发展战略中的重要组成部分。然而，纵观世界上成千上万的品牌，真正能够在消费者心目中占据一定位置、留下深刻印象的，可谓少之又少。主要原因在于许多企业想当然地进行品牌定位，或缺乏长远眼光或盲目跟风导致品牌建设的失败。一般地，品牌定位的主要误区分为三种。

1. 缺乏整体规划，导致缺乏一致性

品牌定位是一项系统工程。企业在进行品牌定位时，首先要结合长期的战略目标，同时还要借助广告宣传、产品功能介绍、价格定位、渠道选择等其他营销手段，并通过长期的策划与维护，才能逐步建立起强势品牌。在现实经营中，有很多企业，受短期利益的驱动或是盲目地跟随流行概念，在缺乏长远规划的情况下，随意将品牌定位变来变去，导致其缺乏一致性。消费者对品牌的深刻印象，是通过企业长期的、一致性的营销互动而获得的。频繁变换的或混乱

的品牌定位，只会让消费者对企业及其品牌的认识日趋模糊，无视其特色，最终被消费者遗忘。

伊士曼柯达（Eastman Kodak Company，简称柯达）曾是世界上最大的影像产品及相关服务的生产和供应商，在影像拍摄、分享、输出和显示领域一直处于世界领先地位，但随着数码技术的崛起，柯达公司定位失误，最终于2012年1月19日申请破产保护。投资方向单一、管理层整体规划的缺失、决策层迷恋既有优势和短视的战略联盟导致了柯达的没落。

成功贵在坚持。持之以恒的品牌定位能够使原本平淡无奇的品牌在消费者心目中深深地扎根，留下独特的印象，并为消费者普遍接受，进而成为世界著名品牌。

除了在广告等宣传中反复强调这一定位，使消费者形成对它的初步印象之外，它还通过不断开发、设计出更贴近消费者需求的产品来强化这一主张，实现品牌定位。

在手机刚刚成为人们生活必不可少的产品之时，曾经的手机巨头诺基亚就率先将游戏功能添加到手机上，这为寂寞的旅行者带来了消磨时光的快乐。同时通过对消费者需求的研究，真正地把"科技以人为本"的品牌定位全面贯彻到功能开发、外观设计、价格定位、影视广告等一系列研发和营销传播活动中，使诺基亚在21世纪前10年的全球市场取得了骄人的业绩。但是，此后诺基亚迫于苹果、三星等品牌的技术创新，无奈之下于2013年9月被微软（Microsoft）以54.4亿欧元收购，与之类同的是，摩托罗拉也被谷歌在2011年8月以125亿美元收购。

2. 求全定位

求全定位也可以称为过分定位。企业在宣传品牌时，往往希望能将其所有的优势都传递给消费者，并坚信这样可以更多地获得消费者的认同，刺激购买欲望。事实上，这种求全定位的结果往往适得其反。求全定位往往会让消费者产生怀疑，或对品牌形象认识更加模糊，然而使定位的初衷不能实现。

先前美菱电器的广告语"中国人的生活，中国人的美菱"，看似充满号召力，实际上定位空洞泛化；远不及后来的"新鲜的，美菱的"个性突出、定位明确。还有大红鹰广告语，原来是"大红鹰，新时代的精神"，定位也空泛不明确；"新时代的精神"到底是什么精神，每个人都有每个人的理解，远不如后来的广告语"胜利之鹰"的定位来得准确。

凯迪拉克创建伊始，它的定位类似于宝马、奔驰和奥迪。凯迪拉克汽车用皮座椅、行李架，凯迪拉克的标志打在底盘上，可很多消费者只是把它看成一种雪佛兰的卡非拉汽车和奥斯莫比尔的菲尔扎汽车组合的玩具车。这辆车的定位是"比更多还要多"，但消费者却认为它有"多种不足"。此后，凯迪拉克品牌管理者认识到这个严重的误区，重新改变了品牌定位，代表锐意进取和技术创新。步入新世纪的凯迪拉克更是融汇了高新科技与现代化设计的精华，令新一代成功人士尽显今朝风流，充分演绎了"艺术与科学"的主题，使之一跃成为汽车品牌中的佼佼者。

即使品牌真的有诸多优势，企业也应该集中宣传某一个方面。

宝洁公司就深谙此道。旗下品牌潘婷洗发水的广告片，虽然代言明星一直变化，但是诉求的主体和品牌定位却多年来始终如———"从发根渗透到发梢，使头发健康亮泽"的营养个性。长期定位的一致性，让消费者将"营养头发"与潘婷紧密结合起来，看到潘婷就知道它是给头发补充营养的，而一旦感觉到秀发营养不足，就会立刻想到用潘婷来解决问题。

正是通过对消费者兴趣点的充分挖掘，使品牌在消费者心目中占据有利的位置，一旦消费者产生了这种需求，就不会心有旁骛。

3. 品牌定位不足

在激烈的市场竞争中，一个品牌想要从同类产品的成千上万个品牌中脱颖而出，就必须形成自己独特的卖点，吸引消费者的眼球，进一步刺激其购买欲望。目前，市场上的同类产品之间差异其实很小，再加上雷同的广告宣传，消费者虽然勉强记住了几个常见的品牌，但是对于它们之间的差异却了解得非常少。定位的模糊使消费者意识不到这些品牌的独特之处，不能在其心目中树立起明确的品牌形象。

顺爽（Hair Song）用女明星舒淇来演绎"一顺到底才叫爽"，试图通过明星与大量投入去满足消费者对"头发柔顺"的需求，但是与飘柔长期以来的"头发柔顺"定位相重合，这就注定了顺爽的失利。

企业对品牌定位的这些偏差与误区以及在实施过程中的操作失误，将直接导致品牌属性淡化，在市场上缺乏竞争力，定位发挥不了应有的效果。因此，在构建品牌之时，管理者必须要考虑种种因素，避免这些失误在自身品牌上发生。

阅读材料

吉祥航空与均瑶集团（JuneYao）

均瑶集团从20世纪80年代在温州苍南经营300块学校饭菜票印刷合同到1991年破天荒地民企参与包机航运，从经久不衰的牛奶到组建当年就实现盈利的中高端民营航空公司，从收购无锡商业大厦进入资本市场到参与上海世界外国语中小学改制，由一家公司从温州做到了上海，并且成为罕见的多元投资、专业经营的成功企业。

其实，均瑶的原英文名是汉语拼音全拼"JunYao"，此后更新为了新的英文名称"JuneYao"，和原有汉语拼音相比仅仅多了一个字母"e"。"June"是英语中的6月，在大部分地区与"热情"、"丰盛"、"繁茂"相关，可以让人们联想到企业生机勃勃的发展状况，也与品牌个性中的一些表述（如简单快乐，举重若轻）的感觉接近。品牌名称增加"e"后，对于不同母语的消费者更加通用易读，并且具有多重含义：代表英文中"效率"一词，凸现强调执行高效的企业文化；和正在到来的"e"时代相呼应，反映均瑶集团理解"e"时代消费者的生活理念，可以很好地服务于人们的生活，体现"注重团队"的核心价值观。字母的凸显效果也使品牌标识显得更加平衡。从语音角度来看，"June"和"Yao"在国际主要的10种语言中都有明确的读音，适合国际化业务发展的需要。

均瑶集团总裁王均豪曾经与王石探讨过选择"多元化"还是"专业化"的问题，最后的选择是"多元化投资，专业化经营"。均瑶集团作为公司品牌，吉祥航空、均瑶16885旅行网、均瑶置业等作为分部品牌,这正是继承了均瑶"多元化投资,专业化经营"的战略思路(见图4-17)。

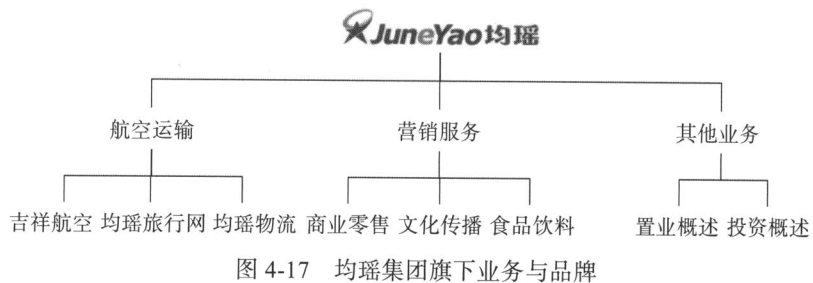

图4-17　均瑶集团旗下业务与品牌

均瑶集团旗下传统的均瑶乳业也在向现代服务业转型的过程中依托产品研发,向食品饮料拓展,继续秉承"现代农业,绿色健康"的发展理念,为消费者提供更多安全健康的产品。均瑶集团2005年进入文化创意产业,先后成为国内外顶级文化体育赛事衍生产品的品牌授权特许经营商,如北京奥运、上海世博、西安世界园艺博览等。

均瑶集团旗下的上海市世界外国语小学、中学是上海知名的品牌学校,通过引进国际文凭组织(IBO)课程,打造了一条从小学、初中到高中及大学预科的完整教育产业链,探索素质教育创新模式,致力打造"百年名校"。

均瑶集团积极投入社会教育和项目扶贫的公益事业。捐款设立"大学生志愿服务西部计划均瑶基金"及"均瑶育人奖"奖教基金。在三峡库区的系列投资已经成为中国光彩事业的案例,同时也是第一批联合国"全球契约"组织的中国成员企业。

我们来重点分析一下吉祥航空的品牌定位。

作为中国成长速度最快的航空公司之一,吉祥航空在激烈的航空运输市场竞争中,秉承"吉祥航空,如意到家"的服务理念,按照"安全、正点,精致服务"的经营理念,尝试用10年左右的时间致力于成为一家旅客真正想要的、有特色的、有品质的航空公司。截至2013年7月,吉祥航空32架全新空客A320系列飞机构成了国内平均机龄最年轻的机队。依托上海的区位优势,吉祥航空不断完善自身的航线网络,开通了上海、杭州往返全国各主要城市及国际(地区)60多条航线。

类似于美国西南航空的低成本、高效的特点,切入中国航空市场缝隙,瞄准三大航空和海航尚未完全覆盖的细分市场,为不同时段消费群体提供介于四大航空和春秋航空之间如意到家的差异化服务。

吉祥航空推出的机上"即时升舱"服务更是方便了因公务繁忙未能在地面购买头等舱机票的消费者。从消费者角度来看,"即时升舱"无疑是为旅客提供了更多的选择;从航空公司自身而言,该服务推出是其拓展收入来源的一种手段——这是一种双赢。在当前诸多航空公司意欲通过"价格战"争夺市场份额的大环境下,吉祥航空对营销方式做出了相应的改变,将重点放在以消费者为中心的服务模式上,力图用差异化的服务树立品牌,从而应对新的消费者购票决策历程。

吉祥航空从成立起便寄希望于成为具有特色的差异化航空公司,在低成本运营的同时提供高质量、精细化的服务。在这种差异化求存的经营理念下,吉祥航空在发展进程中寻求营销和服务突破口，对航空市场进行细分，针对目标的公务、商务和商务休闲旅客，把营销触角延伸到每个消费质点，以差异化的增值服务赢得自己的市场份额。

图4-18展示了吉祥航空创造了一个新的市场，满足了一种新的需求——既达成了传统地面运输没有办法解决的快捷问题，也解决了传统航空很难获得的便宜的价格，有很好的前景和生存空间。吉祥航空在自己制定的发展战略中另辟蹊径，以优质服务，定位中高端公务、商务、公商务休闲旅客，从而找到属于自己的蓝海。

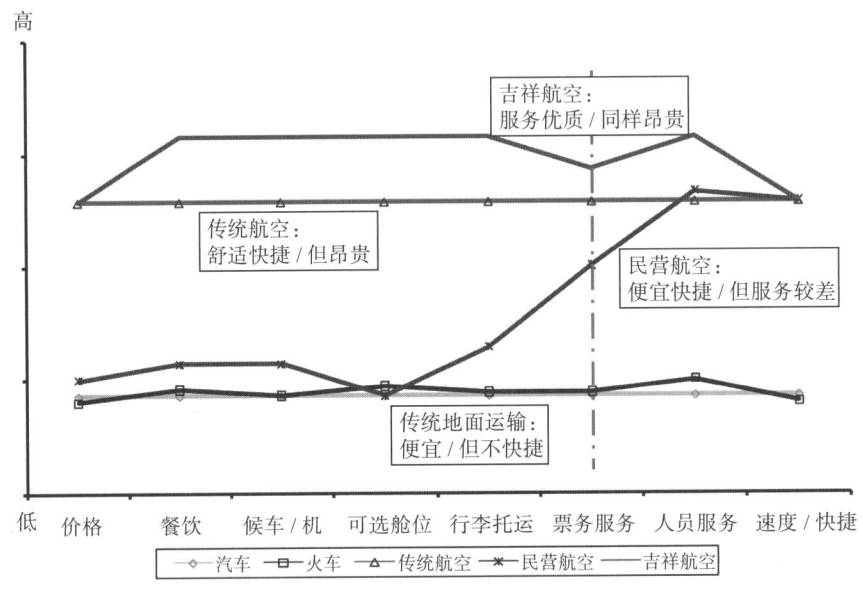

图4-18 吉祥航空的品牌定位

吉祥航空首先将目标消费群体定位于公务、商务和商务休闲的高端消费群体，此后，所有服务营销活动都围绕着这样一个客户群展开。在"即时升舱"服务建立前，吉祥航空根据旅客品牌抉择的过程，针对客户商旅行程变化快、乘机服务要求高的特点，推出了一系列个性化增值服务，如便捷的机场地面服务、高舱位免退票费服务、高舱  位获赠额外免费托运李额、全流程无缝隙中转服务、便捷的网上订座及支付系统等，通过优质的服务赢得了旅客的信任，提高了旅客的忠诚度。

吉祥航空不仅找准了品牌，更将自身浓郁的中国文化融合在了品牌中。"吉祥航空"标志打造为"吉祥凤凰"，力求通过对中国传统文化的国际化阐释，在中国航空界和国际航空界塑造一个为客户提供舒心优质服务的百年航空品牌。吉祥航空标志的颜色则是中国传统的吉祥色——含蓄的酒红色和典雅的金色作为主色调，结合吉祥凤凰的设计元素，经过法国设计师对图形线条的现代化处理，以色彩和图形的完美结合（金为阳、玉为阴）而成吉祥，充分体现了中国文化和世界文化的融合以及吉祥航空所提供的高品质、便捷的服务和媲美国际水平的至臻愿望，是稳重与激情的结合。

各航空公司根据自身的定位和不断变化的市场需求，动态地制定自己的运营模式，服务于不同的消费群体并提供差异化的服务，将是中国民航市场以及各航空公司走向成熟的标志。

第 5 章
品牌传播

品牌传播是品牌接近消费者、提升品牌形象、提高品牌认知度与忠诚度的重要途径。通过品牌的有效传播，可以使品牌为广大消费者和社会公众所认知，使品牌得以迅速发展。品牌传播与传播方式的选择及设计密切相关，如果传播方式选择不当、设计不合理，就不可能收到好的传播效果。因此，企业在进行品牌传播时需要把传播方式的选择和设计放于重要位置。

5.1 传播概论

社会学家查尔斯·库利（Charles Horton Cooley）曾说过传播是"人类关系赖以存在和发展的机制，是一切智能的象征和通过空间传达它们和通过时间保存它们的手段"。威尔伯·施拉姆（Wilbur Schramm）在《传播学概论》一书中提到："传播是社会得以形成的工具。传播（Communication）一词与社区（Community）一词有共同的词根，这绝非偶然。没有传播，就不会有社区；同样，没有社区，也不会有传播。使人类有别于其他动物社会的主要区别是人类传播的特定特性。"

"传播"一词起源于14世纪,《韦氏新国际词典》(*Webster's New International Dictionary*)将其定义为:人与人之间通过共同的符号或行为系统,进行信息交换的过程。传播学就是要研究人与人、人与社会之间如何建立联系。传播的历史可追溯到有文字记载之前,伴着科学技术的不断创新,人类的传播活动经历了**身体语言传播→语言传播→文字传播→印刷传播→电子媒体传播→数字媒体传播**的发展阶段(见图5-1)。

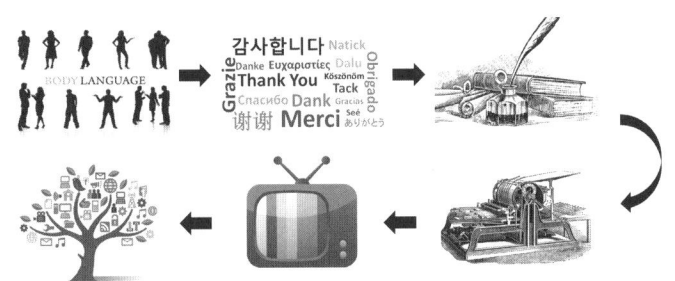

图5-1 人类传播活动的发展阶段

为了深入了解传播过程中每个要素的作用与影响,不断优化传播流程,提高传播的准确性与有效性,我们需要借助传播模式进行深入研究。传播模式是一种理论性的、简化了的对传播过程和性质的表述。20世纪20年代以来,西方传播学研究中出现了反映不同观点和研究方法的多种模式。早期多为单向线性模式,50年代以来普遍强调传播是双向循环的过程。

1."5W"模式

1948年,美国政治学家拉斯韦尔(Harold Dwight Lasswell)就传播提出了"5W"模式,即

谁→说什么→通过什么渠道→给谁→取得什么效果

这五个要素构成了传播学研究的五个基本内容,即传播者、讯息、媒介、受众以及效果(见图5-2)。拉斯韦尔的"5W"模式概括性强,对大众传播的研究起了很大的推动作用,但它忽略"反馈"传播因素,有局限性。

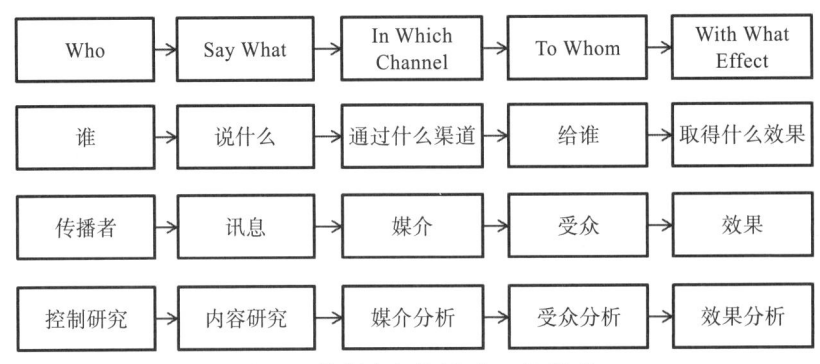

图5-2 拉斯韦尔传播"5W"模式

语言有时是动物之间交流的重要方式,但是动物之间也存在"方言问题"。北美松雀的北部亚

种和西部亚种，分别生活在北美不同地区，由于地理上的隔绝，经过长期演化，属于同一物种的北美松雀在"语言"上也产生了隔阂。动物学家甚至利用鸟类的方言，重新对它们进行分类：直嘴夏威夷管舌鸟曾被认为是单一物种，生活在夏威夷群岛的不同岛屿上，后来人们发现，不同岛屿上的鸟彼此之间互不往来，而且各有各的土语，于是原先的一个物种划分出了五个新物种来。

2. 香农—韦弗模式

1949年，香农（Claud Shannon）和韦弗（Weaver）在《传播的数学理论》（*Mathematical Theory of Communication*）中提出的传播模式中，传播被描述为一种直线性的单向过程，包括了信息源、发射器、信道、接收器、信息接收者以及噪声六个因素，这里的发射器和接收器起到了编码和解码的功能。在信号被传递时，还有一些噪声来源对它起作用。

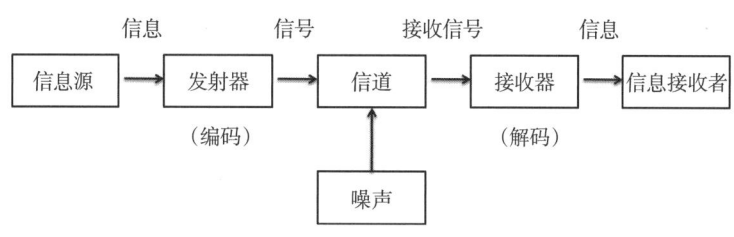

图 5-3　香农—韦弗模式

在动物园里常会看见游客向孔雀园中的雄孔雀鼓掌拍手，孔雀听到掌声，会为游客表演孔雀开屏。然而，孔雀向人们竖起美丽的羽毛，可能是在向雌孔雀示爱，或者是在向同种雄孔雀示威，还有可能是在向人们发出警告。它那五颜六色的羽毛其实就是它展示自己、吓唬敌人的武器。孔雀是在通过展示尾羽传播某种视觉信息，可惜在场的游客却错误地接受并传递了另一种含义的信息。因此，传播者与受众背景的不同，会直接导致传播的结果不同。

3. 奥斯古德—施拉姆循环模式

奥斯古德（Charles E. Osgood）与施拉姆循环模式突出了信息传播过程的循环性。在这个模式中，信息会产生反馈，并为传播双方所共享。相对于以前单向的传播模式，这个模式强调传受双方的相互转化。参与传播过程的每一方在不同的阶段都依次扮演译码者、释码者和编码者的角色，并相互交替这些角色。虽然这个模式体现了人际传播的特点，却不能适合大众传播的过程。

以分布于北美洲东部和中部的一种萤火虫为例，说明传播的双向过程。其雄虫在低空飞舞，每隔5.8秒发光一次，雌虫与之呼应，在雄虫发光之后的2秒发光，发光的时间长短和呼应所空的间隔，每次都准确无误。只要雌虫不断发出应答的信号，雄虫就会不断靠近，直到与之交配。光信号的长短，有助于不同种类的萤火虫之间相互区分。在此例中，雌雄萤火虫通过相互信息的交换与反馈，完成传播的整个过程。

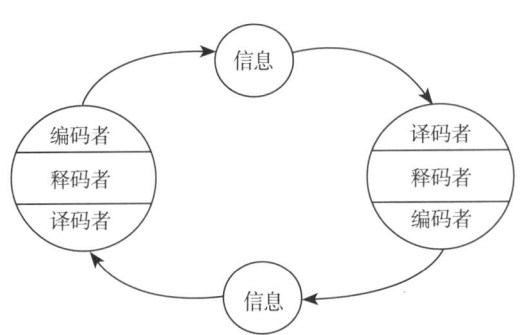

图 5-4　奥斯古德—施拉姆循环模式

这些传播学的概念无非是告诉了我们传播到底是个怎么样的概念。首先,传播是人类社会的一部分,对于品牌来说,品牌传播就是品牌存在于这个社会的一个重要表现,"酒香也怕巷子深",无论如何,要在丰富的品牌世界立足,始终不能离开"传播"这个主题。

在现实生活中,品牌传播不会是单向的,品牌通过传播向消费者表达它所想要表达的内容,同时,消费者会进行反馈,这种信息反馈是需要被品牌和消费者共享的,品牌通过信息反馈能够了解到自身的传播效果从而进行改进,而消费者与消费者之间可以交流这种信息反馈从而培养自身的品牌信仰。"传"与"受"的双方相互转化,可以增强品牌与消费者之间的互动——品牌希望传播什么?消费者希望品牌传播什么?如何传播?这些互动的问题都有待品牌管理者解决。

接下来,我们就进入品牌世界中的传播,一探究竟。

5.2　品牌传播

品牌传播（Brand Communication）指企业以品牌的核心价值为原则,在品牌识别的整体框架下通过广告传播、公共关系、营销推广等手段将企业设计的品牌形象传递给目标消费者,以期获得消费者的认知和认同,并在心目中确定一个企业营造的形象的过程。

简单来说,品牌传播是品牌所有者通过各种品牌传播手段持续地与目标受众交流,最优化地增加品牌资产的过程。品牌传播以多样的方式,向特定目标人群传输品牌文化、价值观与饱满的品牌形象。品牌传播唤起人们心中的向往与憧憬,并对其许下承诺,架起了与消费者沟通的桥梁,让消费者成为品牌构建的重要部分。

5.2.1　品牌传播特征

品牌传播因它的传播内容、传播者、传播媒介以及众者的特殊性,不同于普通意义上的传播。品牌传播一般有以下几个特征。

1. 目标性

品牌的传播对象是有针对性的,目标就指向那些有相应功能及情感需求的消费群体。品牌定位决定了品牌的目标消费群体,同时也就决定了品牌传播的受众。品牌传播受众在受到品牌传播信息的影响之下,会逐渐加深对品牌的了解与认同,成为品牌消费者或潜在的购买者,并不断提高对于品牌的忠诚度。

2. 多元性

品牌传播的媒介广泛而丰富,传播学家麦克卢汉(Marshall Mcluhan)曾说:"媒介即讯息。"从长远的角度看,真正有意义的讯息并不是各个时代的媒介所提示给人们的内容,而是媒介本身。在传播技术正得到革命性变更的今天,新媒介的诞生与传统媒介的新生,则共同打造出一个传播媒介多元化的新格局。这为"品牌传播"提供机遇的同时,也对媒介多元化提出了新的挑战。我们将在5.3节中详细阐述新媒体对品牌传播的巨大影响。

3. 系统性

在品牌传播中,整个传播系统主要由品牌拥有者与品牌受众组成,两者由特定的信息、媒介、传播方式、传播效果(如受众对品牌产品的消费、对品牌的评价)以及市场反馈等信息组成。品牌传播不仅要追求短期传播效果的最佳化,而且需要追求长远的品牌效应。因此,品牌传播总是在品牌拥有者与受众的互动关系中,遵循系统性原则进行操作。

5.2.2 品牌传播类型

我们通常根据品牌等级划分品牌传播的类型:大众品牌传播、中/高端品牌传播以及奢侈品品牌传播(见图5-5)。每一级别品牌的特殊性、不同的市场层次侧重于不同的传播方式。在大众市场中,媒体广告是最主要的方式,随着品牌等级上升,广告所起到的作用越来越小,而对于顶级奢侈品来说,广告已经成为非常次要的传播方式,公关活动成为首要之选。

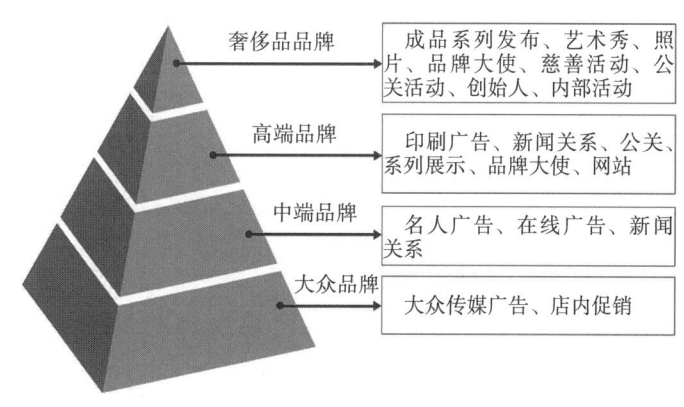

图 5-5 品牌传播类型

1. 大众品牌传播

大众品牌的传播内容多数以较浅层次的品牌形象与宣传产品的功能性为主。大众品牌等级较低、品牌溢价较少、品牌附加值不高，因此，在进行品牌传播时，将会突出品牌实用性的特点，以"价廉"或"质优"为宣传重点，从而吸引消费者的目光。在一些大众品牌传播中，品牌也会将品牌文化与核心价值融入其中，这为品牌进一步的发展奠定了坚实的基础。

大众品牌的传播路径是"大众—上层阶级"的传播，传播对象是社会大众。品牌通过向社会大众宣传品牌，扩大品牌影响力，提高品牌认同感，与同类产品进行差异化竞争，在社会形成一定的效应后，间接影响上层阶级。大众品牌的传播对象十分广泛，而消费者的需求会对品牌传播造成很大的影响。因此，大众品牌往往迎合大众，走亲民路线。

大众品牌的传播方式以广告传播与销售方式传播为主，多数依靠大众媒体。大众传媒反映的是社会和大众的需求，它们不断向外传递信息，使品牌决策者了解大众需求。同时，大众传媒具有公开、易逝、快速、单向的特征，符合大众品牌与如今快速消费时代的特点，传播面广、速度快、效率高、影响大。

拥有一头柔亮的秀发是每个女性的梦想，而各大美发品牌就用自己与众不同的方式共同标志着这个梦想。全球知名美发品牌，包括海飞丝、潘婷、飘柔、夏士莲、伊卡璐（Clairol）、力士、沙宣、清扬（Clear）、丝蕴（syoss）、威娜（Wella）、施华蔻（Schwarzkopf）、欧莱雅（L'oreal）等，都有效地运用独特的传播方式，为品牌赢得更大的市场。

潘婷是宝洁旗下四大洗发水品牌之一。品牌风格来自希腊女神般优雅高贵的感受，以地中海微风为设计核心的新品牌标志，表达了潘婷品牌不仅要致力于健康秀发的科技研究，更代表了美与高贵的风尚。

You Can Shine 是潘婷在泰国的商业广告，在短短四分钟内，广告为观众呈现了一个非常完整的故事。开场的悲剧化色彩浓烈，聋哑的小女孩和落魄的流浪艺人同样都是悲剧的代表人物；高潮运用了很多意象化的景物：旷野、蝶化、朝阳，都预示了一个新的方向；此时出现最后一幕——潘婷"You Can Shine"。它以"You Can Shine"的主题，从巩固发根到闪亮秀发，再到耀眼人生的主题变化。

2. 中 / 高端品牌传播

中 / 高端品牌的传播内容包括品牌形象以及品牌文化，在宣传产品的同时更注重产品的情感价值。中 / 高端品牌传播介于大众品牌与奢侈品品牌之间，这类品牌传播内容跨度大，要兼顾品牌形象表层和深层的内涵，在传播产品、品牌标志的同时，也需要将大量精力花在品牌文化、社会责任、品牌信誉等传播上，以此突出品牌的核心竞争力，吸引目标消费群体的关注与认可。

中/高端品牌的传播对象为消费水平较高的人群,但相比于奢侈品品牌传播,涉及人群范围更加广泛。随着经济高速发展,越来越多的消费者具备了比较强大的消费实力,因此这类消费群成为了各大品牌锁定的目标。中/高端品牌在社会影响力大,深为大众所知。同时,这类品牌的定位也并非遥不可及,因此传播对象类型多,群体规模较大。

喜力(Heineken)是一家荷兰酿酒公司,于1863年由杰拉德·阿德里安·海尼根(Gerard Adriaan Heineken)于阿姆斯特丹创立。喜力公司标志的核心是红色五星"烟花"置于"HEINEKEN"的左上角,象征公司全球超过7万名员工的精神和活力。

喜力的品牌活力能够从其广告宣传中得到完美的体现,在"Open Your World"全球活动中推出了全新2013年宣传短片 *The Switch*。在广告中,一个落寞且看似沉寂已久的酒吧,没有灯红酒绿,没有歌舞升平,神秘的酒保启动了一个玄秘装置,一切瞬间大变身。喜力的广告总会巧妙地运用音乐来体现幽默诙谐,而且充满爵士韵味的愉快气氛。

中端品牌的传播方式主要依靠名人效应、在线广告以及新闻播放,而高端则主要是广告与公关活动。针对这些受众人群,品牌传播并非易事,它对媒体选择、广告传播方式等方面要求更高。需要一提的是,高端品牌的广告投放集中在高端时尚杂志,力求代表品牌形象,传输品牌价值,或创意无限,或动人心弦;同时,高端品牌传播利用公关活动,与消费者建立更加密切的个人关系,满足消费者独特的个性化需求。

哈根达斯提倡"尽情尽享,尽善尽美"的生活方式,鼓励人们追求高品质的生活享受。正如哈根达斯广告语"爱她,就带她去哈根达斯",在提供冰激凌的同时,哈根达斯非常注重营造一种氛围,使品尝哈根达斯冰激凌成为一种难忘的体验。这也就是"哈根达斯一刻"。

3. 奢侈品品牌传播

奢侈品品牌与大众品牌传播的区别在于:大众品牌需要通过迎合消费者的需求与品位来进行品牌传播,而奢侈品则是引领消费的热点与时尚的潮流。英国散文家沃尔特·白芝霍特曾说过:"对于文人雅士来说,在日常生活中,细微而无意识的奢侈是不可或缺的;它就像宜人气候的一阵和风,能给人带来持久的愉悦。"奢侈品的传播是以一种"润物细无声"的方式,让人们渐渐将品牌文化融入生活的。

奢侈品品牌的传播对象主要集中在高端消费人群与社会精英，为了保持奢侈品的独特性，奢侈品品牌传播应该保持在合适的范围，如果品牌曝光率过高，则会降低奢侈品自身的价值。低调的奢华远比大肆宣传更适合奢侈品，"犹抱琵琶半遮面"的效果表达了非凡的价值，而这正是奢侈品消费者所追求的。

爱马仕是世界著名的奢侈品品牌，1837年由蒂埃里·爱马仕（Thierry Hermès）创立于法国巴黎，早年以制造高级马具起家，迄今已有170多年的悠久历史。爱马仕一直秉承着超凡卓越、极致绚烂的设计理念，造就优雅之极的传统典范。爱马仕世代相袭深藏在品牌之中的工艺和历史传承决定了一贯"拒绝"的作风——当标志产品Kelly包断货时，它仍然坚定不变地拒绝增产，而翘首等待的消费者们反而带动了更大的需求量。

奢侈品品牌的传播内容一般以更高层面的品牌文化为主。高价位、高品质、高品位是奢侈品本身的特点，奢侈品品牌传播的重点不应仅限于产品本身，提高消费者对品牌忠诚度的关键是品牌文化。随着越发激烈的市场竞争以及顾客消费心理的成熟，人们开始更加关注品牌背后的历史、文化与故事，寻求一种独特的、通往内心的深层探索。奢侈品品牌传播，通过对品牌价值观、品牌文化、历史传承以及品牌故事的传播，能够深入人心，以情动人，满足消费者的预期，帮助消费者认识自我、发现自我。

来自德国的世界顶级厨房电器品牌嘉格纳（Gaggenau）创立于1681年，有别于同类的大众品牌三星或是高端品牌美诺（Miele），嘉格纳拥有更悠久的历史。这种历史文化的传承使嘉格纳一直致力于宣传全新的烹饪文化——将餐厅与厨房被并置于同一个空间内，将烹调美食的过程与生活的其他部分有机地结合在一起，把厨房空间逐渐演变为融合厨房工作、团聚就餐、生活起居的家庭交流中心，表达着一种更高层次的厨房形式。它帮助消费者不断交融西方的生活方式，改变消费者对厨房设备的形象以及在厨房的工作方式。

5.2.3 传统品牌传播方式

在考虑品牌传播方式的时候，我们应该思考在哪里品牌可以融入消费者；在哪些时间，品牌的消费者对媒体最投入（时间、地点、行为、态度）；是否存在自然的媒介，让品牌和消费者的生活相联系；本品牌消费者消费媒体的行为是否有所改变；哪些方式可以让媒体量身定做以加强消费者与品牌的关系（不同的信息、不同的目标对象）；在选择和运用媒体上，是否存在自然的顺序，加强消费者对品牌的投入度。品牌传播方式的选择，也是品牌与消费者接触点的选择，而这些接触点，有明显的，也有不明显，如何选择好这些接触点，非常关键。品牌的一般传播方式分为广告传播、公共关系传播、销售方式传播以及人际传播，其中广告作为最主要的品牌传播手段，在本节中会详细阐述。

1. 公共关系传播

公共关系（Public Relations），即公关是品牌通过传播沟通、塑造形象、平衡利益、协调关系从而影响消费者的艺术。品牌公关有三个要素：品牌、传达和大众。企业通过公关与大众进行双向的交流，塑造企业形象与品牌知名度。作为品牌传播的一种手段，公关能利用第三方的认证，为品牌提供有利信息，从而教育和引导消费者。

公共关系可为企业解决以下问题：首先为企业塑造品牌知名度，巧妙创新运用新闻点，塑造组织的形象和知名度。其次，公关树立了美誉度和信任感，帮助企业在公众心目中取得心理上的认同，这一点是其他传播方式无法做到的。有些企业通过体验营销的方式，让难以衡量的公关效果具体化，普及一种消费文化或推行一种购买思想哲学，促进品牌资产与社会责任增值。企业通过危机公关或标准营销，也能化解组织和营销的压力。

新品发布会是品牌公关的重要途径，每年的四大时装周是全球瞩目的时尚盛宴。巴黎时装周的梦想与奢华，米兰时装周的无穷创意，伦敦时装周的前卫尖锐以及纽约时装周的浓厚商业气息，四大国际时装周成为多元时尚风格交相辉映的完美时刻。而在每一个时装周中，各位顶级设计师的成衣发布会也同
样风格各异，无论是迪奥的华丽高雅，香奈儿的简洁精美，或是浪漫主义、朋克摇滚，还是法式优雅，设计师们用自己的作品来向世界诠释自己对于时尚的独特理解。

2. 销售方式传播

销售方式传播是指通过鼓励对产品和服务进行尝试或促进销售等活动而进行品牌传播的一种方式。尽管销售方式传播有着很长的历史，但是长期以来，它并没有被人们重视，直到近20年，许多品牌才开始采用这种手段进行品牌传播。

（1）**促销传播**。促销（Sales Promotion）活动是为了促进某种商品或服务的销售而进行降价或是赠送礼品等的行为活动，能在短期内达到促进销售，提升业绩，增加收益。

我们常见的促销活动包括非直接产品的促销（免费客房、折扣优惠券、商店代金券等）、联合促销（样品促销、转移优惠券促销、慈善促销等）、价格促销（分类定价、现场折扣、优惠券等）、赠品促销（购物赠品、免费邮寄、商业礼品等）、有奖促销（竞赛、免费抽奖、可能性促销等）以及国际促销等类型。

促销传播能在短期内产生较好的销售反应，因此对于相对弱势或是处于起步阶段的品牌而言，虽然它们负担不起与市场领导者相匹配的大笔广告费，但可以通过促销这种方式吸引消费者的眼球，以价格优势促使消费者尝试本品牌。不过这种传播方式较难有长久的效益和好处，尤其对品牌形象而言，大量使用促销会降低品牌忠诚度，增加消费者对价格的敏感，淡化品牌的质量概念。这对于品牌而言，显然不是一件好事。

（2）**营销传播**（Marketing Communication）是指利用公共关系的手段和技巧为一个组织的市场营销提供支持。它针对客户的产品或服务，利用调研、策划、传播等公共关系手段，为客户的营销目标实现提供咨询意见和执行服务，帮助组织保持或提升市场的竞争优势，取得更高的销售利润。营销传播包括市场定位、研发、生产、上市、销售、渠道、售后等各个营销环节。

营销传播着眼于将企业的品牌和产品发布纳入战略传播方案的整体背景下，创造出有重点、一贯性的品牌和产品认知，从而实现高报道率、高影响力的最佳传播效果。同时，品牌管理者根据市场和利益相关方的特征和需求，为当前消费者和潜在消费者创造精彩难忘的体验，达到短期内的强力宣传冲击、可持续的传播效果和长期传播主题的平衡。

3. 人际传播

人际传播（Interpersonal Communication）是人与人之间的直接沟通，主要是通过企业人员的讲解咨询、示范操作、服务等，使公众了解和认识企业，并形成对企业的印象和评价，这种评价将直接影响企业形象。

基于人际传播媒体形式的差异，我们还可以进一步把人际传播划分为直接传播和间接传播两种形式。所谓直接传播，指的是古来已有的传播者和受众之间无须经过传播媒体而面对面地直接进行信息交流的过程。直接传播主要是通过口头语言、类语言、体态语的传递进行的信息交流。间接传播是指在现代社会里的各种传播媒体出现后，人际传播不再受到距离的限制，可以通过这些传播媒体进行远距离交流。这就大大拓展了人际传播的范围。

在面对面的品牌传播中，企业处于主动地位，有目的、有针对性的信息传递容易以情感打动对方，可以迅速获悉对方的信息反馈，随时修正传播的偏差。传播对象也会主动提供反馈意见，建立起企业与消费者相互信任与合作的关系。

安利（Amway）在人际传播中，非常讲究与消费者见面时的着装、礼仪礼节、眼睛接触等细节。通过邀请顾客参加家庭聚会、培训、一对一的面谈等形式，安利传播者向消费者传播关于安利及产品信息，向消费者"自我暴露"，肯定和激励消费者，引导他们形成积极的"个人自我观"，并在此基础上使对方逐步接受安利的文化和价值观，以达到认可安利及产品的目的。

相比其他传统的品牌传播方式，人际传播具备了无可比拟的丰富性与灵活性，是形成品牌美誉度的重要途径之一。但是，人际传播需要企业拥有高素质的员工，只有这样才能起到最好的效果。

4. 广告传播

广告传播是指品牌所有者以付费的方式，委托广告经营部门通过传播媒介，以策划为主体，以创意为中心，对目标受众进行的以品牌名称、品牌标志、品牌定位、品牌个性等为主要内容的宣传活动。

在美国排名前20位的品牌，每个品牌平均每年的广告投入费用是3亿美元；排名前50位的品牌，平均每年花在广告上的费用是1.58亿美元；而一些顶级品牌如AT&T，每年花在广告上的费用达4亿美元。消费者了解到一个品牌或产品的信息，绝大多数都是通过广告获得的。广告也是提高品牌知名度、信任度、忠诚度以及塑造品牌形象和个性的强有力的工具。

按传播载体划分，广告有电视、杂志、报纸、广播、户外、互联网等主要形式。

（1）电视广告。电视广告是信息高度集中、高度浓缩的节目。电视广告兼有报纸、广播和电影的视听特色，以声、像、色兼备，听、视、读并举，生动活泼的特点成为最现代化也最引人注目的广告形式。电视广告的发展速度极快，并具有惊人的发展潜力。

电视广告具有创造性和冲击力，使产品具有个性和趣味。电视广告也具有高覆盖面和诉求力强的特点。虽然如今，电视广告受许多因素影响，收视率呈下降趋势，但在中国，电视广告仍是大多数企业的首选。服装、快速消费品、家电、医药保健品和电子产品等行业，仍依赖电视广告来大量接触消费者。

品牌也经常借助层出不穷的明星代言广告来提升曝光率和知名度。美特斯·邦威（Meters/bonwe）就是极好的例子。明星广告代言这种战略从2001年美特斯·邦威重金签下"天王"郭富城作为自己的形象代言人开始，就一直坚持下来。美特斯·邦威的广告主题曲《不寻常》，也是郭富城的主打歌曲，两者紧密联系在一起，随着《不寻常》打入中央电视台音乐频道的排行榜，美特斯·邦威品牌本身也得到了强有力的传播。

2003年，美特斯·邦威将目光转向年纪轻轻又才华横溢的亚洲小天王周杰伦，他在年轻人中具有很高的号召力，这种兼具内涵与个性的年轻形象正符合美特斯·邦威品牌的要求。2003年3～5月，美特斯·邦威在全国推出"猜猜他（她）是谁——谁是美特斯·邦威新一任形象代言人"竞猜活动，结果周杰伦的得票数遥遥领先于其他候选人，此次聘请他为形象代言人实为众望所归。而周杰伦也感召于美特斯·邦威青春活力、自由个性的品牌风格和企业蒸蒸日上的发展势头，应邀出任形象代言人，首次为休闲服品牌做形象代言人。随后几年，各路巨星如张韶涵、潘玮柏也加入了代言美特斯·邦威的行列。

但是，随着中国"90"后年轻消费者在加速奔向ZARA、H&M等快时尚品牌的怀抱，美特斯·邦威决定反击。周杰伦作为代言人的第8年，美特斯·邦威终于决定做出改变。2011年，亮相的六位代言人出人意料：除了周杰伦、张韶涵，周成建、台湾创意设计师包益民、造型师陈星如也成为了品牌的代言人。

从1957年奥黛丽·赫本（Audrey Hepburn）接手纪梵希（Givenchy）香水开始，名人就开始频繁在香水广告中出现。如今，越来越多的名人出现在杂志上、电视中，他们成为香水的代言人。

品牌应选择那些与品牌内涵相一致的名人作为香水的广告载体，而并非是那些在娱乐新闻上头条的人物，否则会适当其反。恰当的名人选择会给品牌带来极大的效益，名人效应会为品牌传播锦上添花。这些名人不仅仅是代言那么简单了，当他们出现在各大活动中时，他们的一举一动，他们身上所散发的气息，都会令人联想到品牌。那么品牌就不是被动地去做宣传，而是通过名人效应，品牌能够得到足够的社会媒体和公众的关注。

（2）杂志广告。杂志能满足消费者市场和企业市场教育、信息和娱乐的要求。在所有的媒体中，杂志的专门化程度最高。多数杂志是为了某个特殊兴趣的群体而印刷的，满足了广告主接触特定目标受众的需要。杂志广告具有创作的灵活性，可根据品牌传播者的需要，创立立体广告、香味广告等，还可随广告赠送样品、优惠券。并且，杂志广告具有持久性，消费者多会将杂志保存一定的时期，这样就可以仔细阅读广告内容，并可以根据需要寻找广告。

随着全球化的不断深入，杂志的市场向世界各地拓展，读者的视野也越来越广阔。世界知名杂志不仅见证了政治经济的风云变幻，而且影响着人们生活的各个方面。世界著名的新闻财经类杂志有《时代》《新闻周刊》《经济学人》《财富》《福布斯》等；科学类杂志有《自然》《科学》《国家地理》《探索》；文体类杂志有《滚石》《帝国》《高尔夫文摘》；时尚类杂志有 *ELLE*、*Bazaar*、*Vogue* 等。

但是，杂志广告也有自己的缺陷。杂志需要较长的预留期，广告主需要提前30~90天做好准备，这样就使得杂志广告的时效性略差，不能及时反映突发事件和市场变化状况；杂志发行量有限，寻求广泛影响的广告主需要购买各种杂志广告；杂志的发行范围较广，受众的分布较分散。

（3）报纸广告。报纸的作用是传递及时、详细的新闻，并提供读者关注的其他信息。报纸中最大的一类是为特定地区服务的日报和晚报。但是，周报及全国性或针对特殊读者的报纸可能具有特别的意义。

报纸最大的优势是地域选择力，广告主可以通过报纸或报纸组合来实现各种覆盖面；其次，报纸具有高度的市场覆盖率或渗透力；报纸具有灵活性，大部分广告在报纸出版前1~2天交递即可，所以它能对突发事件做出及时的反应，可以及时地刊登地方促销信息。

尽管报纸有许多优势，但与其他媒体一样，也存在一些缺陷，例如，印刷质量较差，表现产品的精美度略差；虽具有较强的地理选择力，但对人口特征或生活方式特征而言它并不是一种定向媒体，广告的生命周期较短。

在新媒体发展日益迅速的现代社会，报纸仍然是大众传播的重要载体，具有反映和引导社会舆论的功能，有着不可动摇的影响力与持久的生命力。无论是经济、政治、文化还是社会发展，报纸始终为人们提供最具权威性与公信力的报道。世界著名报纸有《纽约时报》(*New York Times*)、《华盛顿邮报》(*the Washington Post*)、《华尔街日报》(*the Wall Street Journal*)、《今日美国》(*U. S. A Today*)、《泰晤士报》(*the Times*)、《太阳报》(*The Sun*)、《每日邮报》(*Daily Mail*)、《卫报》(*The Guardian*) 以及《金融时报》(*Financial Times*) 等。

（4）广播广告。一个企业可能选择在无线电广播中插入广告来起到传播的作用。广播广告的优点在于成本低，无论是制作成本还是播出成本都相对较低，并且广播具有较强的地理选择力及特定人口和生活方式群体的选择力。同时，广告具有灵活性，可以随时根据当地市场形势及时进行广告内容调整。

当然，广播广告也存在它的局限。缺乏视觉影响、受众分散、覆盖率低、广播听众注意力不集中是阻碍广播广告成为企业首选传播方式的因素。

（5）户外广告。户外广告涵盖多种广告形式，如广告牌、充气广告、候车厅广告、车身广告、报刊亭广告等，现在户外媒体形式正在日益丰富。户外广告无处不在，无论是机场推车、公交汽车，还是飞机机身、廊桥、手推车上，我们都能看到户外广告的身影。

户外广告的优点是尺寸大、色彩丰富，有较大的创作空间，也能形成强大的视觉冲击力；可以广泛覆盖地方市场，并且获得较高接触频度；户外广告的信息可以保持长久。

但是户外广告也有许多局限：到达率浪费，虽然户外广告的受众较多，但可能多数并不是目标消费者，造成媒体浪费；户外广告可传递的信息有限，因为它面对的是走动的人群，所以信息必须简短概括、易于理解；户外广告的另一个局限是消费者对于它的关注度比较低。

（6）互联网广告。随着互联网时代的到来，更多的人实现上网学习、娱乐的梦想，互联网广告也应运而生。互联网广告是形式最多样、最具有互动性的广告。现在互联网的广告形式有弹出窗口式、按钮式、横幅式、互动式、网络直播和视频、文字链接、网上论坛、电子邮件等形式，企业可以通过综合网站上发布的广告告知产品和促销信息，或让受众通过链接登录企业网站，阅读更详细的信息。

互联网广告的主要优点是能够针对特点的受众群体，如音乐爱好者、旅游爱好者，甚至可以做到一对一地定向投放；网络广告具有交互能力，可以提高消费者的参与度，可以通过调查问卷、专题论坛，随时了解受众的反应；可以通过游戏的方式让消费者阅读和传播广告；网络的搜索引擎、文字链接，可以使消费者根据自己的兴趣检索产品信息；网络广告的信息传递量大、信息更新速度快；网络广告的可创造性强，设计者可以不断推出新的形式；多媒体技术的发展，使网络广告的视听效果更具冲击力。

互联网广告的缺点是：网络广告激增，广告引起的注意力明显下降；在中国现阶段，网民多为城市中青年，广告的受众范围相对狭窄。

网络已经成为城市中青年的主流媒体，他们的特点是年轻、时尚、受过良好的教育、收入比较高，是许多企业的潜在消费者，电脑、手机、视听设备的厂商都在积极投入互联网广告。目前电脑拥有者的数量和上网人数正在快速增长，网络广告的形式在不断创新，相信未来互联网广告将有更大的发展。

5.3 品牌传播新方式

随着新媒体与技术的不断发展与进步，品牌在传统传播方式的基础上，又探索出新的创新方式，这些新传播方式集传统方式的优点，更加富有时代特色，并朝着更广的范围、更深的层次的趋势发展。

这是一个媒体环境快速变革的时代，新媒体进入传播领域对传统媒体形成了一股强大的冲击波。

根据 Editor & Publisher 的一项研究：大约 1/3 阅读在线电子新闻的用户对传统媒体失去了兴趣，电视收视率下降了 35%，广播收听率下降了 25%，报纸购买率下降了 18%。新媒体咄咄逼人的发展态势给传统媒体带来巨大的压力和挑战。电视、报刊、广播等传统媒体，在新媒体环境下如何实现媒介品牌增值是一个备受关注的问题。

新媒体是以数字信息技术为基础，以互动传播为特点、具有创新形态的媒体，如互联网、微博、微视频、触摸媒体等。新媒体能及时、广泛地传播信息，并具有交互性和开放性等诸多优势，广播问世 30 年之后才拥有 5 000 万听众，电视用了 13 年拥有了同样的用户，而网络只用了 4 年时间。新媒体覆盖巨量听众的时间越来越短，仅几年时间中国的微博用户就突破了 3 亿。

随着新媒体的发展，新的媒体形式不断出现和变化，媒体内容、渠道、功能逐渐融合，使得人们在使用媒体的概念时需要意义涵盖更广泛的词语，"**全媒体**"（Omni-media）这个新词汇开始出现在新闻传播学界，但是这个概念还没有在学界被正式提出。但是，"全媒体"已经引起了越来越多的重视，并开始在新闻传播、远程教育等领域广泛应用。

"全媒体"是人类现在掌握的信息流手段最大化的集成者。从传播载体工具上分可分为传统传播工具（如报纸、杂志、广播、电视等）以及新媒体传播工具（网络、艺术展览、电影歌剧等），从传播内容所依赖的各类技术支持平台来看，除了传统的纸质、声像外，还有诸如基于互联网和电信通信的 WAP、GSM、CDMA、GPRS、3G、4G 及流媒体技术（见表 5-1）。

表 5-1 传统媒体与全媒体对比

传统媒体	全媒体
单一媒体简单连接	全方位融合传统媒体、网络媒体以及通信
单向传播模式	多向传播模式
线性传播模式	循环传播模式
"请求—满足—拒绝"的宣传模式	"叙事—挑战—反馈—说服"的对话模式
	更符合社交媒体的需求

需要一提的是,"全媒体"并不排斥传统媒体的单一表现形式,而且在整合运用各媒体表现形式的同时仍然很看重传统媒体的单一表现形式,视单一形式为"全媒体"中"全"的重要组成。并且,"全媒体"体现的不是"跨媒体"时代的媒体间的简单连接,而是全方位融合——网络媒体与传统媒体乃至通信的全面互动、网络媒体之间的全面互补、网络媒体自身的全面互融,总之"全媒体"的覆盖面最全、技术手段最全、媒介载体最全、受众传播面最全。全媒体传播是将传统传播中"单向、线性的传播模式"向"多向、循环的传播模式"转变,从"请求—满足—拒绝"的宣传模式向"叙事—挑战—反馈—说服"的对话模式过渡。全媒体传播更符合社交媒体的需求。

新媒体发展对传统媒体形成巨大冲击已是不争的事实,互联网发展 40 多年来,特别是微博等"自媒体"的发展,大大削弱了人们对传统媒体的依赖。并且,全媒体的"三屏融合"(电视、电脑、移动设备)和互联网使消费者的信息获取和分享更加随时、随地、随意,给传统媒体的发展带来更大的挑战。

5.3.1 Web 时代网络传播

在 Web 系统带来巨大革新的年代,品牌传播思维也带来巨大的改变。网络杂志、社交网络传播等是 Web 2.0 下诞生的新媒体代表。当我们已经熟悉了这些 Web 2.0 概念或者名词时,人们已经开始对 Web 3.0 做起了规划,Web 3.0 稳固了互联网在人们生活中的地位,以人们所需、数字化、多维化、更加开放的形式展现互联网。IT 企业界也开始对 Web 3.0 加足了重视,比如 Windows Live 和 Office Live 就是 Web 3.0 时代的领航产品,用户将可以定制自己的互联网内容世界。以 Web 2.0 和 Web 3.0 为平台基础的新媒体传播已经走出了商业化的步伐,它们所独具的传播模式,已经显露出无限商机。

1. 网络杂志传播

网络杂志在经过多年的沉浮后,无论在技术上还是表现形式上均趋于成熟。尤其当 Web 2.0 和 Web 3.0 时代技术愈发成熟之时,网络杂志吸引了更多企业的眼球。企业会通过在热门杂志中加入企业广告的形式,实现广告信息在杂志用户中的传播。除此之外,目前各个网络杂志平台仍然在不断地对网络杂志进行挖掘,如 DIY 杂志、社区服务等,力求挖掘网络杂志更大的传播价值。

以 VIKA 平台的《豹之舞》杂志,便是为高端汽车品牌捷豹量身定制的一本企业品牌专刊,刊名表现捷豹汽车灵动高贵的身姿，内容涵盖企业背景介绍、捷豹最新车型推荐、企业动态报道、时尚车迷生活方式等方面，寓企业产品资讯于时尚感性笔触，结合多媒体手段，更显炫目迷人。对于企业专刊，许多平台都建立了专门的部门或小组，力求通过从策划、编辑到发行一站式的精心制作，为企业提供最具效果的品牌传播方式。

2. 社交网络传播

经过多年的推广，博客在 Web 新时代到来后也迅速升温，包括新浪、搜狐、网易、雅虎、和讯、Blogbus、Donews 等众多门户、专业网站都提供各具特色的服务系统，由此诞生了聚集了不少人气的个人博客 / 微博网站，也引出了新的网络传播方式——博客 / 微博传播。

博客 / 微博是新一代网络传播方式，依托于浏览量和人气指数。而博客 / 微博作为用户自身主动的行为，在讨论一个话题时会吸引其他博客的参与，信息会得到更加广泛的传播。另一方面，这种讨论更容易形成强大的影响力，使传播效果得到极大的提升。博客 / 微博的发展状况显示，大众化、平民化和极高的人气带来的商机已经显露，博客 / 微博走出了商业化的第一步。

与此同时，微信逐渐风行，成为新型网络传播的又一把利剑。腾讯团队对微信进行了持续改进，很符合当下年轻人的网络心理需求，逐渐抓住了年轻人"求新求异"的网络胃口。微信朋友圈已经成为很多企业传播品牌产品的重要载体。

分别创立于 2004 年与 2006 年的 Facebook 与 Twitter 是国际上最大的社交网络。几乎有一半的美国成年人经常使用社交网络，而大小企业也都把 Twitter 和 Facebook 当成企业与用户对话的主阵地，通过这些社会化平台与用户互动，吸引新的用户。

在国内，许多品牌为了更好地进行社交网络传播，开通了微信平台和粉丝微博。如凡客诚品（VANCL），消费者可以通过体验凡客诚品的产品，然后在微信朋友圈或微博分享给其他朋友的方式，获得凡客诚品提供的礼品或优惠券等。凡客诚品把微博当成一个与客户互动、提供有价值信息、传递企业文化的平台。而这些沟通互动能够更好地让凡客诚品的消费者进行更为广泛的口碑传播，从而更好地培育消费的品牌忠诚度和美誉度。

 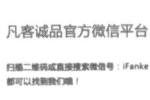 

3. 应用程序平台

当网络发展到后 Web2.0 时代进入社会化传播阶段时，传播的整体环境存在着信息碎片化的特点。全世界的消费者都在逐渐接受新的传播概念、方向，开始实行以自我为中心的偏好选择，而受众消费者对于商业信息、品牌信息的解读，更多地愿意从"感性立面"切入——单向的、教条式、简单枯燥的内容传播早已为人们所诟病和抛弃。

人们更愿意看到品牌的两面，一面是高感性的，通过品牌聚集各种信息，让消费者建立对品牌的感性认知。另一面是高体验的，通过品牌在传播中的微妙互动，让消费者形成对品牌的深度体验。应用程序可以帮助品牌完美地呈现这两面。

2013年，星巴克推出了移动平台应用程序，为消费者提供更加便捷有效的消费指导和体验服务。消费者可以用手机通过扫描二维码或发送手机短信到指定号码下载应用程序，安装后便可以查询所在地附近的星巴克门店，管理个人的"星享卡"账户，分享个人独特的星巴克体验并同步到个人社交网页，以及获取关于星巴克咖啡最新促销活动的信息等。

5.3.2 艺术展览传播

对于强势品牌，尤其是高端品牌、奢侈品品牌而言，艺术展览越来越受到品牌管理者的热捧。艺术展览是品牌传播中的一种全新、重要的方式。从品牌传播角度来看，艺术展览是品牌对自己文化层次的一种说明，它本身并不是为了宣传某些产品，而是为品牌做一种整体的提升。博物馆是保存与展示珍贵艺术品的殿堂，将产品置于博物馆中，能够证明产品较高的艺术审美价值，以博物馆的沉静以及浓厚的艺术氛围来烘托现代产品设计的独特魅力，将传统与革新巧妙结合，是对艺术的完美献礼。一次在博物馆的集中展示，足以说明品牌的深厚底蕴、至臻品质以及无尽的艺术创造力。

1. 传播品牌文化

将产品与艺术相结合，能够延续品牌文化。博物馆具有文化传播的功能，将产品用艺术展览的形式呈现在人们的眼前，人们会以一种艺术审美的态度来解读产品、品牌背后的文化内涵，试图从精美的产品中看出设计师的巧妙构思与工匠的精湛技艺，探寻品牌悠久的发展历史，这会是一种令人身心愉悦的艺术旅程，而不是在店中以消费者的身份仅仅去购买商品。对于奢侈品，博物馆不仅起到传播奢侈品品牌文化的作用，更将奢侈品从商品拉入艺术品的范畴，以一种更加平和、更有感染力的方式，引领人们进入真正的奢侈品世界。这也印证了艺术大师香奈儿的一句话："奢侈的对立面并不是贫穷，而是庸俗。"

我们再以美特斯·邦威为例。2005年，美特斯·邦威成立了中国企业当中规模最大的服装博物馆。各大媒体竞相报道，普遍认同"其目标是建设一座以人为本、多媒体传播的服饰类博物馆，将博物馆打造成为服饰文化的展示中心，服装设计师创作灵感的源泉及企业员工和社会上广大青少年科普素质教育、爱国主义教育的场所"。有媒体评论道："如果说企业的经营是一种'炼金'，那么建设作为企业文化载体的博物馆就是一种'修道'。"由此可见，媒体的积极报道，也是品牌维护和巩固中的品牌传播的重要体现之一。

2. 深化品牌认知

一些强势品牌、高端品牌会借助一些知名的时尚或艺术展览平台，营销一个特有的品牌体验氛围，使消费者深化对这个品牌概念与形象的认知。

如创立于1990年的10 Corso Como时尚设计概念商店起源于意大利米兰，黑白相间的品牌标志由美国传奇艺术家克里斯·鲁斯（Kris Ruhs）设计。原先，这个商店想作为画廊，取名"Galleria Carla Sozzani"，后来逐渐发展为宣扬独特生活方式，结合咖啡厅、书店、各式创新时尚设计品的时尚场所，提倡"悠闲购物"（Slow Shopping）的理念。经过20余年的发展，10 Corso Como已经发展成为独树一帜

的全球知名品牌。如可口可乐、迪赛（Diesel）、蒙克莱（Moncler）、保罗·史密斯（Paul Smith）、施华洛世奇（Swarovski）、川久保玲（Comme des Garçons）等品牌都与10 Corso Como合作，在展览区内展示，这些品牌希望消费者能在这个独特的氛围内，享受一种独一无二、充满设计时尚感的品牌认知与体验。而10 Corso Como在中国的首家门店也于2013年9月落户上海南京西路，毗邻静安寺。这座占地2 500平方米的独栋玻璃建筑成为中国首家概念商店。

深化品牌认知对于奢侈品品牌而言更具意义。购买奢侈品的动机有"商品驱动型"和"体验驱动型"两种。"商品驱动型"的消费者的品牌认知较浅，并没有接触到奢侈品的本质与核心，如中国消费者对奢侈品的消费动机往往出于社会地位、身份认同、炫耀的目的。而"体验驱动型"的消费者对奢侈品品牌的认知较深，将奢侈品精神理念融入日常生活，强调奢侈品所带来的体验。引导消费者从"商品驱动型"转变为"体验驱动型"需要品牌文化支撑。博物馆向消费者传输奢侈品艺术价值以及品牌文化，能够深化人们对于奢侈品品牌的认知程度。

2011年，香奈儿在北京中国美术馆举办了名为"法国设计先锋与艺术大师们的对话"的展览，这项展览由当代艺术界知名策展人尚·路易·弗蒙（Jean-Louis Froment）精心策划，围绕五大主题来诠释香奈儿独有的元素和符号，包括传奇的源起、抽象的精粹、隐藏的奢华、自由的追求和幻境的灵感。香奈儿举办这次展览，让奢侈品消费者更加深入地了解创始人香奈儿的"现代精髓"，亲身参与这次绝美的香奈尔文化之旅。

5.3.3 电影及剧目传播

现在广告传播中有许多所谓的"灰色地带"，电影中的广告植入、综艺节目的冠名等。我们生活中的许多事物，如电影、综艺节目、舞台剧等都具有承载广告内容的能力。电影中的传播让品牌形象更加生活化、更加深入人心，能够更加直观地体现品牌的核心价值，表达品牌的情感内涵，述说品牌故事，通过影响人们的生活方式，从意识形态上进行品牌传播。

1. 电影

很早之前就存在品牌广告内容加入电影的行为，最著名的当属《蒂凡尼的早餐》《穿普拉达的女魔头》以及《埃及艳后》(见图 5-6)。

电影中奥黛丽·赫本趴在蒂凡尼（Tiffany）的橱窗前痴痴地望着那些美丽珠宝的一幕，让人们对这个品牌心生向往。再比如电影《穿普拉达的女魔头》，在观众为安妮·海瑟薇（Anne Hathaway）的迷人演出着迷时，同时也为打造这个"时尚女魔头"的品牌普拉达疯狂。

通过这些巧妙的剧情安排，电影将不再是一部单纯的电影，而是成为一场珠宝展示秀或是高级服装定制，就像缪斯女神索菲亚·科波拉（Sofia Coppola），她让《绝代艳后》成为了一件高级定制服时装秀。

图 5-6　从左至由分别为：《蒂凡尼的早餐》《穿普拉达的女魔头》《绝代艳后》

在《非诚勿扰》不长的剧情中陆续出现了清华同方、摩托罗拉、温莎威士忌、招商银行、斯巴鲁汽车、杭州西溪湿地、歌诗达油轮、海南航空等大量直白浅显的广告，通过镜头特写、角色口述等方式一再引起观众的注意。如图 5-7 中，左图葛优给舒淇多次倒"剑南春"酒，右图的电脑清晰地呈现了"清华同方"的标志。

图 5-7　电影《非诚勿扰》中的品牌传播

《007》作为一部历经了 50 年仍旧经久不衰的系列电影，像是陈酒佳酿一般，其越显独特的口味能够满足各个观众群体。《007》中的名车数量众多，不仅吸引了观众的眼球，丰富了电影的视觉感

受，而且成为了各大名车有效的传播方式。下面，我们就来总结一下近 10 年来 "007" 系列电影中出现的名车（见表 5-2）。

表 5-2 《007》系列电影中出现的名车品牌

品牌标志	品牌名称	车型	007 系列
ASTON MARTIN	阿斯顿·马丁	DBS	《明日帝国》《皇家赌场》《大破天幕杀机》《金手指》《黄金眼》
		DB5	《明日帝国》《大破天幕杀机》
		Vanquish V12	《择日而亡》
BMW	宝马	Z8	《黑日危机》
		Z3	《黄金眼》
		750iL	《女王密使》《皇家赌场》《量子危机》
LOTUS	莲花	Esprit S1	《海底城》
BENTLEY	宾利	Mark 2	《霹雳弹》
TOYOTA	丰田	2000GT	《雷霆谷》
Ford	福特	野马 Mach 1	《金刚钻》
LINCOLN	林肯	Mark 7 LSC	《杀人执照》
CHEVROLET	雪佛兰	Bel Air Convertible	《诺博士》

- 《择日而亡》(*Die Another Day*，2002 年)——阿斯顿·马丁 Vanquish V12

阿斯顿·马丁 Vanquish V12 出自大师伊恩·卡伦之手。从诞生至今，它一直扮演着阿斯顿·马丁家族中王者的角色。作为詹姆斯·邦德的坐骑，Vanquish 更是出色地完成了各种不可能完成的任务，从而一举成为广大车迷们心中完美的车型。

- 《皇家赌场》(*Casino Royale*，2006 年)——阿斯顿·马丁 DBS

在《皇家赌场》中出现了福特 Defender110、福特蒙迪欧 5 门以及阿斯顿·马丁 DBS。但是，片中的大多镜头依然给了阿斯顿·马丁 DBS。

- 《量子危机》(*Quantum of Solace*，2008 年)——阿斯顿·马丁 DBS

《量子危机》中出现了阿斯顿·马丁 DBS、阿尔法罗密欧 159、福特 Ka、福特爱虎、路虎揽胜运动版、路虎卫士、福特 F100、大众甲壳虫等车型。但是，阿斯顿·马丁始终是邦德的专用座驾。一流的设计、创新的生产流程、源自赛车的原材料和组件，以及阿斯顿·马丁无可匹敌的手工制作工艺，使阿斯顿·马丁 DBS 成为一款无与伦比的豪华跑车。

- 《大破天幕杀机》(*Skyfall*，2012 年)——阿斯顿·马丁 DB5

在《大破天幕杀机》中出现了阿斯顿·马丁 DB5、捷豹 XJ、路虎卫士 110 皮卡、奥迪 A5

Coupe、路虎揽胜、奔驰 S 级轿车等座驾。其中,与此片联系最为紧密的还是阿斯顿·马丁。阿斯顿·马丁 DB5 在人们心中树立了优雅、稳重而不失力量感的形象,前格栅采用阿斯顿·马丁经典的"大嘴"设计,车身则依然沿用了 DB4 车型的管状框架结构车身,整车侧面线条优雅流畅,尾部采用溜背造型,并在两侧保留了类似"火箭车"的设计风格。

2. 微电影

这种将电视广告排成微电影的形式,不失为一种品牌传播的好方式,不仅能够消除消费者对传统电视广告的审美疲劳,更能够增加消费者对品牌的期待。

说起将电视广告变成微电影,箭牌旗下品牌益达(Extra)算是首开先河,它的《不管酸甜苦辣总有益达》微电影广告系列让人印象深刻,甚至会有人专门在视频网站去搜索全套的广告来看,它的品牌传播效应可见一斑。

3. 电视节目

对节目冠名的品牌传播方式并不为所有观众所接受,有些人觉得这样的赞助商跟节目本身没有特别大的关系,它的总是出现反而会增加观众的抵触情绪,如边看《中国好声音》边喝"加多宝"还勉强能够联系,但是"立白洗衣液"和《我是歌手》完全搭不上边。对于这种品牌传播方式仁者见仁、智者见智,总之这种略倾向于"暴力传播"的品牌传播方式,还是值得考虑。

关于综艺节目的冠名,大家对于"加多宝"这个牌子再熟悉不过了,红遍中国大江南北的《中国好声音》也让"加多宝"这个凉茶品牌的知名度得到了进一步提高。当观众对华少飞快地报赞助商的信息会心一笑时,也对"加多宝"这个品牌留下了深深的印象。

4. 戏剧、舞台剧

这种所谓的植入广告模式,需要很大的技巧性,一个品牌值得在这种方式上冒险,于潜移默化、无声无息中向消费者传达品牌内涵。

这些品牌传播方式(接触点)需要共同作用、相互影响,强化提升最终结果。品牌世界是一个感觉的世界,它通过选择不同有相互影响的接触点,加强消费者对品牌的投入度。

品牌传播最重要的一点就是创造趋势。无论是名流、广告、公关……任何手法,最后的目的都是要在社会中创造趋势。

2010 年，耐克御用的广告公司 Wieden+Kennedy 建议耐克可以安排一出百老汇剧。这听起来似乎不可思议，但从另一个角度来看，Wieden+Kennedy 知道从文化内容这种角度产生的影响力是巨大的，毕竟广告具有很强的时间性和怀疑性，观众对于广告的接受度会有不同的偏好，但如果是观赏戏剧，观众预期的可能是看到一个比较有娱乐效果的内容，而不管里面是否具有暗示性的信息。

就如耐克的做法，他们同时会请一个趋势总监（Trend Director）去告诉他们这个世界正在发生什么，从而指导品牌传播，最终让品牌在社会中创造出趋势并且引领它。如果不能创造趋势，那么品牌所做的一切传播都是徒劳、流于表面的，无法真正击中人心。

一个成功的品牌传播，必须是能够产生共鸣的，形式化的传播一定不会再奏效，只有那些精准的构思、缜密的逻辑才能产生微妙的结果。我们期待更多成功的品牌传播诞生。

5.3.4 赞助与事件传播

品牌通过赞助赛事及活动来进行传播的方式也相当常见。赞助赛事及事件不仅能够增加品牌曝光率，而且能够与品牌的文化与精神内涵形成呼应，从而更好地树立品牌形象，提高品牌的知名度，使品牌更加融入日常生活。赞助体育赛事，传播体育精神；赞助文化活动，提升品牌内涵。

品牌活动和赞助作为一种以增进消费者品牌体验为核心的传播手段，被越来越多的品牌采用，以达成一系列的营销目标，如建立品牌知名度、促进销售、提高品牌形象以及增进品牌和消费者之间的情感联系。

1. 体育赛事

体育赛事的观众参与度高、影响力大的特点使得众多品牌通过赞助赛事来达到品牌传播的效果。体育赛事体现的是追求卓越、勇于挑战的运动精神，与诸多品牌的核心价值与文化紧密联系。因此，无论是在高尔夫球赛，还是在足球、篮球的赛场上，都少不了品牌的赞助。品牌赞助高尔夫球赛的事例有很多：汇丰高尔夫冠军赛、巴克莱精英赛、宝马杯国际高尔夫球赛、奥迪 quattro 杯高尔夫锦标赛以及登喜路锦标赛等。

品牌赞助高尔夫球赛的事例很多：汇丰高尔夫冠军赛、巴克莱精英赛、宝马杯国际高尔夫球赛、奥迪 quattro 杯高尔夫锦标赛以及登喜路锦标赛等。

足球及篮球赛事的赞助品牌也相当多：阿迪达斯（Adidas）、耐克（Nike）、彪马（Puma）、乐途（Lotto）以及李宁等运动品牌都有赞助的国家级球队与世界级足球、篮球赛事。还有一些汽车品牌也赞助过足球赛事，例如，丰田汽车是西班牙足球甲级联赛的赞助商。

2. 文化活动

品牌借助文化活动为载体，进行品牌传播，有利于以夺人眼球的方式宣传品牌的形象。赞助和举办相关文化活动，能够丰富品牌的文化内涵，引领一种独一无二的生活态度与生活方式，更为深刻地传播品牌价值观。

MaxMara"未来之星"奖亮相于2006年度的Crystal Lucy Awards颁奖典礼，旨在表彰凭借自己在电影和电视行业的出色成就以及为社会做出的突出贡献、正经历职业转折点的女性电影人，历届获奖者包括艾米莉·布朗特（Emily Blunt）、玛丽亚·贝罗（Maria Bello）、珍妮佛·古德温（Ginnifer Goodwin）、伊丽莎白·班克斯（Eeizabeth Banks）和佐伊·索尔达娜（Zoë Saldana），以表彰她们的杰出成就及其展现的个性风采和优雅气质。

5.4 品牌体验与构建

5.4.1 品牌体验类型

品牌体验（Brand Experience）是消费者对品牌的某些经历与感受。"体验"的内涵要远远超出品牌旗帜下的产品和服务，它包含了消费者与品牌之间的每一次互动——从最初的认知，通过选择、购买、使用，到坚持重复购买。

一般地，品牌体验可以分为两类：一种是消费者在其心理和生理上独自的体验，即个人体验，如感官、情感、思考；另一种是必须有相关群体的互动才会产生的体验，即共享体验，如行动、关联。实施品牌体验，即按照消费者心理认知过程，从感官、情感、思考、行动、关联以及混合六个层面来提供体验。

1. 感官体验

感官品牌体验的诉求目标是创造知觉体验的感觉，它经由视觉、听觉、触觉、味觉与嗅觉。感官品牌体验可区分为公司与产品识别、引发消费者购买动机与增加产品的附加价值等。感官体验与美学和审美心理息息相关。

理查特（Richart）公司制作的巧克力被英国版《时尚》（Vogue）杂志称为"世界上最漂亮的巧克力"。理查特首先把自己定位为一家设计公司，接着才是巧克力公司。其商标是以艺术装饰字体表现的，上头特别将"A"作成斜体，用来区隔"富有"（Rich）与"艺术"（Art）这两个字。理查特巧克力是在一个类似精致的珠宝商展示厅销售，巧克力装在一个玻璃盒子中，陈列于一个广阔、明亮的销售店。对视觉感而言，巧克力本身就是个盛宴。它们有漂亮的形状，并且以不同的花样与彩饰装饰,其中的个别特殊产品系列展示着一组迷人的儿童绘画。可以根据消费者的要求制造特别的巧克力徽章。这些巧克力是如此贵重,因此理查特甚至还销售附有温度与湿度表的薄板巧克力储藏柜,这个柜子如同雪茄保湿器,售价650美元。

另一个例子是希尔顿酒店。希尔顿酒店的一个小做法是在浴室内放置一只造型极可爱的小鸭子,客人大多爱不释手,并带回家给家人作纪念,于是这个不在市面销售的赠品便成了消费者特别喜爱希尔顿饭店的动力(当然希尔顿酒店的其他设施、服务等方面也是一流的),这样便造成了很好的口碑,这就是"体验式营销"的应用(视觉和触觉)。另外,在超市中购物经常会闻到超市特地生成的烘焙面包的香味,这也是一种通过嗅觉进行品牌体验的营销方式。

2. 情感体验

情感体验诉求消费者内在的感情与情绪,目标是创造情感体验,范围可以是一个温和、柔情的正面心情到欢乐、自豪甚至是激情的强烈的激动情绪。情感体验的运作需要真正了解什么刺激可以引起某种情绪,以及能使消费者自然地受到感染,并融入这种情景中。

以航空公司为例(见图5-8和附录B),无论是高端航空公司达美航空(Delta)、阿联酋航空、德国汉莎航空,抑或中端、大众低成本航空公司,如柏林航空(Air Berlin)、中国东方航空(China Eastern)、春秋航空为了争夺市场,不断推出新服务为旅客提供更为全面、卓越的空中旅客服务和舱位产品。北欧地区最大的航空公司北欧航空(Scandinavian Airlines System,SAS)正采取一系列革新措施,力求为旅客提供更为全面、卓越的服务。新加坡航空以带给乘客快乐为主题,营造一个全新的起飞体验,该公司制定严格的标准,要求空姐如何微笑并制作快乐手册,要求以什么样的音乐、什么样的情境来"创造"快乐。通过提供出色的消费者服务,使得新加坡航空公司成为世界十大航空公司以及获利最多的航空公司之一。

图5-8 部分航空公司一览

再观国内,一句"孔府家酒让人想家",引起在外游子对父母、家乡无限的思念之情。使得消费者在消费中,也感受了"想家"的体验。俗话说,朋友多了路好走,友谊地久天长,"喝杯青酒,交个朋友"陈酿贵州青酒的这句广告语,让消费者在宴请宾朋的时候多了一份"友情"的体验。

3. 思考体验

思考体验（Thinking Experience）诉求的是智力，以创意的方式引起消费者的惊奇、兴趣、对问题集中或分散的思考，为消费者创造认知和解决问题的体验。对于高科技产品而言，思考活动的方案是被普遍使用的。在许多其他产业中，思考体验也已经使用于品牌设计、产品促销以及消费者沟通之中。

1998年，苹果计算机公司的 iMac 计算机上市仅6个星期，就销售了27.8万台，以至《商业周刊》把 iMac 评为当年最佳产品。乔布斯那时说过："苹果已回到它的根源，并再度开始创新。"iMac 的设计师伊维（Jonathan Ive）也指出："与众不同是这个公司的基因。"iMac 的创新紧随着一个引人沉思的思考营销的体验活动方案。

这个方案由广告人克劳（Lee Clow）构思，将"与众不同的思考"（Think Different）的标语，结合许多在不同领域的"创意天才"，包括爱因斯坦、甘地、拳王阿里、理查德·布兰森（Richard Branson）、约翰·列侬和小野洋子等人的黑白照片。在各种大型的广告路牌、墙体广告、公交车车身、苹果体验店中随处可见这样互动式的平面广告。当这个广告刺激消费者去思考苹果计算机的与众不同时，也同时促使人们思考自己的与众不同，以及通过使用苹果电脑，而使得他们成为创意天才。乔布斯生前说过："与众不同的思考代表着苹果的精神，充满热情创意的人们可以让这个世界变得更美好。苹果决定为处处可见的创意人制造世界上最好的工具。"

4. 行动体验

行动体验（Mobile Experience）是通过行动传播工具为媒介进行营销的一种方式。行动营销的目标是影响身体的有形体验、生活形态与互动。行动体验通过增加消费者的自身体验，指出做事的替代方法、替代的生活形态与互动，丰富消费者生活。而消费者生活形态的改变是被激发或自发的，也有可能是由偶像角色引起的（例如，影星、歌星或是著名的运动员等）。

每年在柏林的马克思—恩格斯广场，阿迪达斯会开展一项独创的赞助活动的尝试——在城市里的露天场所进行一种3人篮球联赛，比赛冠以阿迪达斯街头篮球挑战赛的名称。在某天或某个周末，欧洲主要城市都会在市中心的开阔地带举行篮球赛、投篮或灌篮比赛、街舞表演、街头雕刻活动和其他特别的运动项目表演，乐队现场演奏舞曲和 Rap 等流行音乐。比赛逐渐成为阿迪达斯的品牌庆典，为消费者塑造了一个很有感染力的行动体验品牌的情境。比赛现场没有裁判，参赛的队伍戴着五颜六色的阿迪达斯的帽子，穿着阿迪达斯的运动短裤、夹克，俨然是一场阿迪达斯的派对。精心设计的街头装饰营造出欢快而又紧张的氛围。

5. 关联体验

关联体验包含感官、情感、思考与行动体验的层面，这种体验方式超越了私人感情、人格、个性，与个人对理想自我、他人或是文化的思考产生关联。关联活动的诉求是为自我改进（例如，想要与未来的"理想自己"有关联）的个人渴望，要别人（如亲戚、朋友、同事、恋人或配偶、家庭）对自己产生好感。让人和一个较广泛的社会系统（一种亚文化、一个群体等)产生关联,从而建立个人对某种品牌的偏好,同时让使用该品牌的人们形成一个群体。

如美国哈雷机车(Harley-Davidson)是个杰出的关联品牌。哈雷代表着一种生活方式,从机车本身与哈雷相关的产品到狂热者在身上文"哈雷"文身的活动,消费者就会视哈雷为身份标识的一部分。以一个瑞士名表品牌小小的附卡为例:表店在其中一款瑞士名表上附上一张小卡片,上面说明400年后要回到店里调整闰年,它的寓意是在说明该瑞士名表的寿命之长、品质之精,即便拿它当作"传家之宝"也不为过。表店以此"关联"的寓意来传达产品的价值。

6. 混合体验

感觉会吸引消费者的注意力并且激发人的感受,情感会创造情感上的联系,从而使情感变得非常个性化。思维会为体验增添一份永久感知上的趣味。行动会引发一种行为上的投入,一份对品牌的忠诚,以及对未来的一种希望。关系则跨越了个人的体验,使品牌在一个更为广泛的社会背景下具有更加丰富的内涵。五种体验在空间和时间上的结合具有随机性和促进性,因此,体验的最终结果还是由混合效果来决定的。

品牌体验从最基础的感官体验开始,随着人对品牌体验的升华,可以经过品牌情感体验、品牌成就体验、品牌精神体验进而达到品牌心灵体验。上一层体验是下一层体验的升华,而消费者对品牌的体验也是不断由低向高升级的,长期的接触会使品牌在消费者心中的体验得到提升,所以保持与消费者的良好持续的关系,是塑造品牌的重要手段。

5.4.2 品牌体验构建

品牌体验的构建对于品牌忠诚度的提升有着重要的作用。提高品牌的忠诚度,对一个企业的生存与发展,参与更高层次的竞争都有着重要的影响。品牌忠诚度的形成不完全依赖于产品的品质、知名度、品牌联想及传播,它与消费者本身的特性密切相关,更要依靠消费者的产品体验。那么,企业应该怎样构建品牌体验以打造强势品牌呢?

我们可以通过以上六种品牌体验类型来构建消费者的体验平台,在明确体验的定位和价值承诺以后,具体地实施品牌体验的主题(见图5-9 ⊖)。

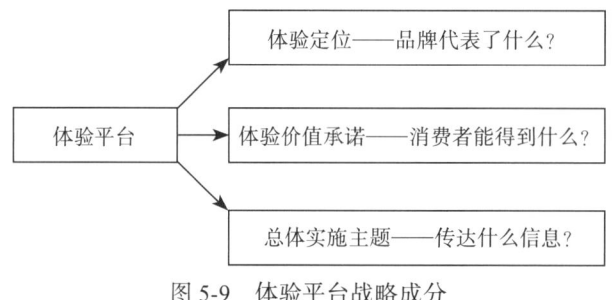

图 5-9 体验平台战略成分

⊖ 资料来源:Bernd H. Schmitt. Customer Experience Management: A Revolutionary Approach to Connecting with Your Customers[M]. Wiley Publication, 2003.

1. 体验定位

体验定位是品牌战略中一个重要的组成部分。它要向目标消费者群体提供适当的、明确而有价值的品牌体验主题，使品牌传播本身与消费者价值需求联系起来。因此，体验定位更多地涉及企业对其客户内心世界和人类文明进程的深入洞察，也是对客户丰富感性需求的理性承诺。

品牌体验定位需要根据品牌现有资源，力求达到最佳的体验效果。品牌定位可以充分发挥创意，但若是天马行空、缺乏可操作性，反而难以实施，会以失败告终。因此，切实而准确的定位是品牌体验平台构建的重要基石。

当然，品牌体验定位也要体现品牌的独特性。在如今品牌竞争激烈的市场中，差异化是品牌脱颖而出的关键。品牌体验的定位只有时刻凸显品牌的独特风格，才会在消费者的心中留下深刻的印象，才会起到强化品牌形象的作用。

我们需要记住的是，品牌体验的目的是为了满足顾客日益多样的需求，因此品牌体验始终要本着以消费者为中心的理念。"注意客户体验"为核心，决定着品牌体验的最终效果。如果对品牌的产品和服务感到满意，顾客也会将他们的消费感受通过口碑传播给其他的顾客，扩大品牌的知名度，提高品牌的形象，为品牌的长远发展不断地注入新的动力。

2. 体验的价值承诺

价值承诺是构建品牌体验的重要方面。米尔顿·科特勒（Milton Kotler）认为品牌就是价值承诺。只有当品牌承诺是可信的、具有独特的价值主张时，品牌才会成功。品牌体验中的价值承诺是顾客认知品牌、理解品牌和评价品牌的关键，购物者会对他们所购买的品牌考虑很多，他们会去了解产品，了解什么样的人购买这些产品，他们会花时间研究产品的使用和护理，他们会将所购品牌的产品与其他竞争品牌的产品和一般产品做比较。

对于知名酒店品牌，例如，如家（Home Inn）、锦江之星、七天（7 Days Inn）、洲际酒店、索菲特酒店、四季酒店（Four Seasons）、君悦酒店（Grand Hyatt）、香格里拉以及悦榕山庄（Banyan Tree）等，为消费者提供优质的服务始终是品牌的价值承诺。

丽兹卡尔顿酒店（The Ritz-Carlton）以杰出的服务闻名于世，超过90%的丽兹卡尔顿酒店的消费者仍回该酒店住宿。该酒店的著名信条是："在丽兹卡尔顿，给予客人以关怀和舒适是我们最大的使命。我们保证为客人提供最好的个人服务和设施，创造一个温暖、轻松和优美的环境。"丽兹卡尔顿酒店使客人感到快乐和幸福，甚至会实现客人没有表达出来的愿望。

3. 总体实施主题

在总体实施体验主题时，我们需要选择品牌体验的类型。每一行业都应该选择适合的品牌体验类型，只有正确选择体验类型的组合，才能更加有效地吸引消费者的参与。另一方面，我们应该从内外两方面来为消费者带来更好的品牌体验。品牌体验包含两个系统，即标识系统与内涵系统。

每个品牌都有自身的标识系统，以区别于其他品牌。而品牌情感和品牌体验是通过不断的刺激而逐渐形成的，最直接而强烈的刺激即是品牌标识系统，而品牌传播就要不断渲染这种刺激来达到一定的效果。

例如耐克，它就是不断通过在其品牌传播中展示标识系统来培养品牌情感和品牌体验。一提到耐克，人们就会想起它那"勾勾"和"Just do it"。这种通过传播品牌标志系统来培养品牌情感与体验的方式非常简单易执行，却也有一定的挑战性，因为需要做到标识系统的独特性，以避免消费者的审美疲劳。

品牌除了外在形象外，还有内涵体系。这种内涵体系对于通过品牌传播来培养品牌情感和体验是至关重要的。品牌传播该如何巧妙地将其内涵体系传达给消费者，以在一种潜移默化中培养情感，建立体验。品牌体验中心是品牌构建体验平台最重要的方式。它的功能类似于博物馆，不仅能让消费者观赏到产品系列，更让消费者深刻了解品牌的文化、历史，为消费者创造全方位、近距离接触品牌的机会，提供最真实的品牌体验。

全球首家宝马品牌体验中心于2013年4月坐落上海世博园。上海宝马品牌体验中心是宝马全球首家品牌体验中心，将融入宝马综合的、多渠道战略（宝马品牌店、4S、5S，以及宝马展厅等），为客户和车迷提供独一无二的品牌体验。宝马品牌体验中心的大展示厅并不会展示过多在售车型，而是通过宝马历史、宝马M、宝马I品牌、宝马互联驾驶、宝马企业社会责任等精选内容呈现品牌的过去和未来，让消费者在轻松惬意中体味品牌的魅力。

阅读材料

华谊兄弟（Huayi Brothers）

2013年12月7日，王中军先生画展开幕，论绘画水平，他应该不能算一线画家，却获得著名艺术家曾梵志等大家捧场。或许是他的其他身份，令人玩味：他是中国最大的民营上市娱乐公司董事长、中国电影行业的领军人物。20年前，凭借绘画的一技之长，王中军创立了华谊广告公司。画过小人书，编过Menu in Beijing的菜谱，他为中国银行设计标志赚取第一桶金，日后华谊兄弟声名鹊起，证明他是将商业与艺术才华最完美结合的画家和企业家。

华谊兄弟是中国最大的民营影视传媒集团，旗下业务囊括了电影、电视剧制作、发行及衍生，艺人经纪管理服务、音乐演出、影院经营、娱乐以及游戏业务等。可以说，华谊兄弟是中国娱乐行业中架构最合理、产业链条最成熟、发展模式最先进的公司。

国人所熟知的影视作品如《手机》《天下无贼》《集结号》《风声》《非诚勿扰》系列、《唐山大地震》《狄仁杰之通天帝国》《我的团长我的团》《最后的99天》均出自华谊兄弟，并取得口碑、票房双丰收的好成绩。华谊兄弟不仅致力于本土影视制作，近年来也积极开拓国际市场，与哥伦比亚、21世纪福克斯、迪士尼等全球著名娱乐公司都保持密切合作。凭借资本市场的跨越式发展契机，华谊兄弟正全力构建综合性娱乐媒体集团的全新形象和综合实力（见图5-10）。

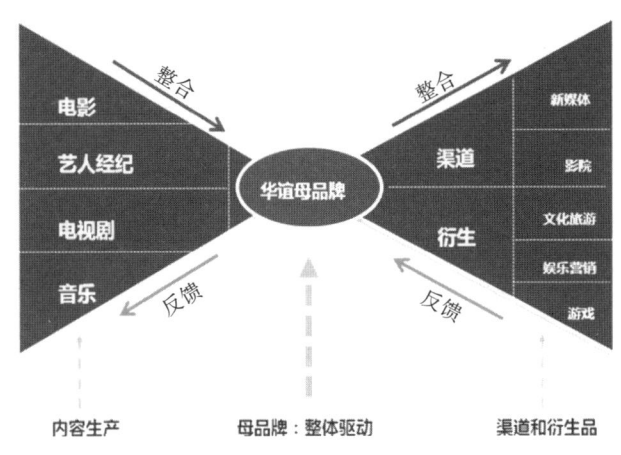

图 5-10　华谊兄弟业务结构

放眼21世纪已经过去十年，在此方面与华谊抗衡的公司不出海润、橙天、光线、天娱几家，但华谊兄弟的品牌传播载体之多、渠道之广，让诸多竞争对手只能望其项背。

建立之初，华谊兄弟以投资电影、电视剧涉足娱乐行业，在中国电影界，华谊兄弟是第一个吃螃蟹的人，电影《大腕》是中国第一部实现全球票房的影片，这种合作方式给华谊兄弟带来巨大的利益，除了票房收益外，影片发行的海外渠道是华谊兄弟得到的最大硕果，由此一条中国电影打向世界的道路展现在华谊的面前，从2005年起集团成立华谊兄弟电影国际发行公司，直接营销公司自己的电影。华谊的大部分利润来源于此，一次又一次创造了票房和收视率奇迹——《士兵突击》成为2006年文化生活最热的话题；2010年电影《唐山大地震》最终票房6.6亿元，创造中国电影票房9项新纪录；《非诚勿扰》和《非诚勿扰2》的投资均在5 000万元左右，前者票房3.3亿元，利润约为1亿元，后者利润直逼2亿元。《集结号》投资1亿元，票房2亿元，《风声》投资8 000万元，票房1.5亿元；《狄仁杰之通天帝国》投资1.3亿元，票房2.6亿元；冯小刚和葛优的组合成为内地13年贺岁片不倒的金字招牌……

华谊兄弟在影视界的成功使得华谊有实力进行收购与上市。2008年，华谊兄弟并购经纪公司中乾龙德和影视公司金泽太；2009年10月，华谊成功登陆内地A股市场，成为中国娱乐"第一股"，并创下创业板募集资金之冠，它的知名度和影响力进一步加强。华谊兄弟在此次创业板开板的事件中获得的品牌传播，至少以亿美元来计量。中国上亿股民，都知道创业板有一家企业名为"华谊兄弟"，以每个股民至少影响周围两个人计算，就有3亿中国人知道这家公司。冯小刚、李冰冰、黄晓明等明星股东，开启了A股明星持股的先河。央视财经频道、21世纪等严肃财经媒体,都争相计算李冰冰等演艺明星会赚取多少投资收益。

2013年12月8日,华谊兄弟市值达370亿元,悄然成为创业板市值最高的公司,2013年年初,由于影片《1942》票房不甚理想,市值一度跌至80亿元,但是一年内,华谊市值猛涨了4.6倍。关于华谊股票的争议,从来就没有停止过。而这些争议,却在无形之中传播着"华谊兄弟"四个字。

当然,华谊电影永远离不开"植入式广告"的话题,很多人将矛头直指冯小刚,但冯小刚也透露过:"有的时候当然是投资方的需求,其实也不难理解,部分电影里的汽车、飞机、酒店、银行是绕不开的场景,植入也就自然而然了,好莱坞的商业大片均有广告植入,只是内地的植入还稍显生硬罢了。尽管如此,华谊的电影依然吸引了不少广告商;尽管如此,还是有观众自觉走进电影院欣赏华谊的电影,在某些华谊的影片中,广告传播所获得的收入已经收回了投资成本。"

华谊兄弟同时拥有自己旗下的演员,这得益于华谊兄弟围绕影视制作投资拥有运营权成立的"华谊兄弟文化经纪公司",专门运作和推行影视经纪人制度。如今,著名影星、歌手有数十名之多,其中黄晓明、李冰冰、陈紫函、苏有朋、车晓、邓超、陆毅、张涵予、姚晨、段奕宏、沙溢、李晨、任泉、罗海琼、乔振宇、刘孜、胡可、孟广美、安以轩等都耳熟能详。同时,华谊还与著名导演冯小刚、张纪中、滕华弢、陈大明签约,合作建立四个导演(制片人)工作室。如此强大的阵容,为华谊兄弟传播品牌、制作高品质的影视作品提供了持续保证。

若有人关注电影颁奖礼,就会发现红毯上要么出现王中军,要么出现王中磊,他们几乎从未缺席过大型的颁奖盛典。很多时候,他们又会将自己的艺人带上,不管是不是入围电影里的演员,这样做的方式就是在向大众宣告,华谊是一个团队、一个公司,当很多人将导演、制片人的标签贴在某个团队上的时候,他们身上的标签只有两个字——华谊。

2007年,张靓颖出道才两年,便登上金像奖舞台当颁奖嘉宾;2009年,陈楚生献唱金鸡奖颁奖礼,李冰冰获封华表影后在台上梨花带雨,王中磊在底下含笑鼓掌,张涵予登顶金马影帝直言感谢,最要感谢的便是坐在台下的王中军……如此等等可以说明,华谊尽其所能为旗下艺人搭建平台,在为艺人打造影响力的同时,也在极力宣传公司品牌。也正是因为如此,华谊的影响力才能一点点扩大,被更多的人知道。

除了电影、电视剧以及经纪人业务,华谊兄弟将业务触角伸向了互联网。华谊兄弟旗下的巨人信息技术有限公司成立于2008年,如今已经拥有了成功上市运营的大型3D魔幻战争网络游戏《万王之王3》。此外,数款基于华谊出产电影内容的网络游戏新产品研发也正紧锣密鼓地进行。华谊与腾讯的战略合作,也力图在影视内容和游戏结合的领域内开创出无限可能。此外,在新媒体游戏方面,华谊于2010年入股掌趣科技,已成功开发数款手机电影游戏产品,并成为华谊在无线领域的有力桥梁。

有趣的是,2013年10月,阿里巴巴推出社交平台"来往",正式与腾讯的"微信"平台对决,一时硝烟四起。但华谊兄弟却坦然游走与二者之间,腾讯是其第一大机构股东,马云是其副董事长,华谊一边开淘宝店,开拓电影商品网上销售;另一边与手机QQ联合开发的社交平台产品又呼之欲出。在各行各业纷纷谋划一张移动互联网的船票时,华谊兄弟抢得先机,与最领先的两位船长都建立了血缘关系。

如今的华谊兄弟已经形成统一的体系，自己制作，自己宣传，它的品牌影响力不断扩大，就像很多人认导演、认演员、认制作人一样，许多观众开始认华谊——品牌效用开始显现，但凡是华谊出品的作品，一定有质量保证。

英国著名小说家狄更斯（Charles Dickens）当年说："这是最好的时代，也是最坏的时代。"这句话同样适用于今天。对于华谊来说，十多年的发展奠定了一定的实力基础，目前少有抗衡者，但随着时代的发展，越来越多的公司开始觉醒，从各个方面开始围追堵截，而观众的口味也是越来越挑剔，华谊面临的将是更大的机遇和挑战。

第 6 章
品牌维护：审计与组织

品牌作为企业的重要资产，它的市场竞争力以及价值来之不易。但当一个企业完成了产品设计、品牌定位、品牌传播后，不能对品牌放任不管，需要对其进行管理。

我们经常把企业品牌在竞争市场中的品牌知名度、品牌美誉度下降以及销售、市场占有率降低等品牌失落现象称为品牌老化。对于任何品牌都存在品牌老化的可能，尤其是在当今市场竞争如此激烈的情况下。因此，不断对品牌进行维护，是避免品牌老化的重要手段。

使企业决定以何种方式进行品牌维护的最常见、最重要的方法就是品牌审计。

6.1 品牌审计

品牌审计（Brand Audit）是一项立足于消费者的活动，它包含了一系列对品牌健康程度进行评估，挖掘品牌资产来源，为后续改善并增加品牌资产提供建议的基础。进行品牌审计，需要从企业和消费者两个角度理解品牌资产的来源。

从企业角度而言，需要了解现今市场提供给消费者的是何种产品和服务，这些产品和服务如何营销，品牌传播如何执行。从消费者的角度来说，需要深入了解他们的生活方式与喜好，挖掘他们的观念和信条，以明确自身产品或品牌可能存在的优势或者漏洞。

例如，远在19世纪末至20世纪初，阿尔弗雷德·登喜路（Alfred Dunhill）已经拥有了品牌审计的意识，在进行了多年审计调查后，他发现传统的"英国"风格在亚洲地区非常有社会地位，就决定将"英伦风"重新提炼，使之更加适合不断变化的国际口味。

同样的例子还有相机品牌宝丽来（Poraroid）。品牌审计的结果使宝丽来决定改变它在摄影行业的原有形象，转而更加侧重于摄影的"情趣"。宝丽来从品牌审计中发现，照相机可以作为社会生活的一种兴奋剂和刺激物，可以增添人们生活中的情趣。这一主题随后在广告设计和新的分销策略制定过程中得到贯彻。

品牌审计主要包括两大步骤：品牌盘存（Brand Inventory）**以及品牌测定**（Brand Exploratory）。前者是分析所有相关品牌要素和营销计划，并为每一种现实产品或服务编制一个清单。彻底的品牌盘存可以反映出品牌一致性的程度。后者是收集消费者详细信息，用科学的品牌研究方法了解消费者对品牌的认知。

品牌审计通常从财务角度辨认出真正能够从品牌得来的收入，并且根据目标品牌的**品牌力量**（Brand Power）对收入值进行调整，得出最后的品牌审计值。其中，品牌力量由以下六大要素组成[⊖]。

（1）领导力（25%）：评估一个品牌能否影响市场，拥有多大的市场份额，能否抵抗竞争性侵略。一个领导着市场的品牌相对于其他跟随品牌具有更稳定和更有价值的特性。

（2）稳定性（15%）：评估消费者的品牌忠诚度以及品牌在较长时间内的生存能力。历史悠久的、已经成为市场"结构"一部分的品牌具有额外的品牌资产。

（3）市场前景与发展趋势（20%）：评估一个品牌的发展前景、不稳定性以及存在的发展障碍。例如食品、饮料和出版物品牌相对高科技、服装品牌更有价值，因为后者容易受到技术或潮流转变的影响。

（4）国际化能力（25%）：评估一个品牌穿越地理和文化界限的能力。国际品牌由于规模经济，比**本土品牌**（Native Brand）在国际化能力中更具备价值。

（5）支持力（10%）：评估品牌传播、公关事件活动、接受投资的数量以及密度。那些得到始终如一支持的品牌具备得天独厚的优势。需要一提的是，在支持一个品牌的过程中资金是非常重要的，同时，支持质量也同样关键。

（6）保护程度（5%）：评估一个品牌拥有者的法定权利。一个注册商标是一个名字、设备或两者结合的法定权利。

品牌力量由以上六个元素的百分比叠加而成。这个百分比乘以品牌收入得到的相应值即是品牌资产审计值。通过对品牌资产的审计，可以更直观地了解品牌在市场或行业中的地

⊖ 资料来源：Bernd H. Schmitt. Customer Experience Management: A Revolutionary Approach to Connecting with Your Customers[M]. Wiley Publication, 2003.

位,而对品牌力量的评测可以使品牌管理者更清楚地知道在品牌建设中存在的薄弱环节。

6.2 品牌重新定位与创新

经过品牌审计后,当品牌管理者认为品牌需要维护时,会普遍地采取品牌重新定位策略以及品牌创新策略,以达到品牌仍能在竞争激烈的市场上立足的目的。

6.2.1 品牌重新定位

品牌**重新定位**(Re-positioning)由杰克·特劳特和艾·里斯提出。品牌重新定位为了使品牌获得新的增长与活力,摆脱困境。品牌重新定位与原有定位有截然不同的内涵,它不是原有定位的简单重复,而是品牌经过市场的磨炼之后,企业对自己、对市场的一次重新认识,是对自己原有品牌战略的一次扬弃。

即使品牌目前的表现极佳,在品牌审计后发现市场面临新的竞争者或者潜在的消费者偏好变化时,企业便需要重新定位品牌,以适应不断变化的环境。

1. 品牌重新定位原因

品牌必须通过不断的变革来获得永葆青春的源泉,这种变革又常体现在企业和品牌的不断重新定位之中,通过品牌审计可以找出企业自身的劣势或错误,也可以挖掘来自外部环境的变化。

(1)原有定位错误。企业的产品投放市场以后,如果市场对产品反应冷淡,销售情况与预测差距太大,这时企业就应该进行市场分析,对企业进行诊断,如果是因为品牌原有定位错误所致,就应该进行品牌的重新定位。

从之前的介绍我们已经了解到,万宝路最初定位为女士香烟,导致市场业绩极其一般。随着品牌审计的进行,万宝路品牌管理者及时改变策略,将万宝路重新定位为男士香烟,并用具有男子汉气概的西部牛仔形象作为品牌形象。通过这一重新定位,万宝路树立了自由、野性与冒险的形象,在众多的香烟品牌中脱颖而出,并一举成为全球著名的香烟品牌。

(2)原有定位过时。在企业发展过程中,原有定位可能会成为制约因素,阻碍企业开拓新的市场;或者由于外界环境的变化,企业有可能获得新的市场机会,但原来的定位与外界环境难以融合,因此企业出于发展和扩张的目的,需要调整和改变原有定位。

中国黄酒品牌有高端品牌:塔牌绍兴酒、女儿红、古越龙山;中端品牌:沙洲、白蒲;大众低端品牌:阿拉老酒、大越黄酒等。其中,古越龙山曾经的主要消费群体是中老年人,为了维持现有消费者,并获取新一代消费者的青睐,古越龙山一改以前仅仅停留在物化表面上和传统文化上的品牌诉求,将品牌重新定位为"进取的人生、优雅的人生——品味生活真情趣",塑造了一个高端黄酒品牌的形象。

（3）品牌优势丧失。随着时代的演变，企业在竞争中，品牌原有的优势可能会丧失，而建立在此优势上的定位也就会削弱品牌竞争力，这个时候你的品牌往往会成为竞争对手的攻击对象。企业如果仍死守原来定位不放，就会在竞争中处于被动挨打的地位，最终丧失市场。在这样的情况下，企业应对品牌进行重新定位。

如莲花 1-2-3 试算表在软件业获取成功后，遭遇微软 Excel 的攻击，莲花公司面临绝境。后来莲花将软件重新定位为"群组软件"，用于解决联网电脑上的同步运算。这一改变使莲花公司重获生机，并凭此赢得 IBM 的青睐，以 35 亿美元的价值投入 IBM 麾下。

（4）消费者偏好改变。这种情况也很常见。品牌原有定位是正确无误的，但由于目标消费群的偏好发生变化，随着时代的变迁，消费者生活方式及消费观念也发生改变，在这样的情况下应该进行品牌重新定位。

宝洁公司刚进入中国时，"飘柔"定位为"二合一带给人以方便"以及它具有使头发柔顺的独特功效。此后，宝洁在品牌审计深入调查中发现，消费者最迫切需要的是建立自信，因此，进入 21 世纪后，飘柔以"自信"为诉求重新定位了品牌，一举成功并保持这个定位至今。

（5）品牌形象衰老。一些产品的品牌形象历经多年不变，品牌所表现出的老形象、老广告语、老诉求方式等已经对受众心理不能形成刺激，消费者感觉没有新鲜感，品牌在市场上缺乏生命力。这时如果不对品牌形象重新定位，品牌极有可能被市场淘汰；而抓住时机对品牌重新定位，为企业注入新活力，则能让品牌重获消费者的喜爱。

品牌形象衰老通常出现在一些中国老字号品牌中，如曾经具有一定市场影响力的"南极人"棉衣就是如此，南极人一直保持维持着防寒的功能，但是由于疏于品牌审计，品牌传播内容单一，南极人品牌形象逐渐衰老，品牌也随着产品进入衰退期而老化。

（6）品牌遭遇市场变故。市场变故可能因为政策的改变、经济环境的突变或是产品本身的潜在不利因素被发现而出现，同时遭遇竞争者或持不同意见者的诋毁。这时，品牌原定位将会不同程度上遭遇不可抗力的损害。企业如果不立刻对品牌进行重新定位，品牌很有可能成为市场变故的牺牲品，被市场扼杀。因此，唯有消除消费者心中的疑虑或误会，才能让消费者重新信任品牌。通过品牌重新定位，让消费者重新接受，才能挽救品牌。我们将在第 8 章有关品牌危机及管理的内容中详细阐述这部分内容。

（7）企业的发展战略有变。企业制定发展战略时，重点考虑企业内部条件和外部环境，而这两个因素都不是静止不变的，加上战略本身是有风险的，所以，企业不可能固守一种战略。企业发展战略的调整必然也会涉及品牌定位的调整。

2. 重新定位考虑因素

企业决定重新定位品牌前，还需要考虑以下几个因素。

（1）资金，如调研费用、传播费用。企业要加强品牌传播力度，消除原有定位给消费者的印象，同时让新定位获得消费者的认同，因此，品牌重新定位的成本必定高昂，一般地，新定位离原定位越远，所需费用越高，重新定位的成本超过原有定位。是否有足够的资金，就成为企业能否执行重新定位的重要因素。

（2）重新定位后获得的净收益。目标市场上的消费者数量、消费者的平均购买率、竞争者的数量和实力等因素都是企业品牌重新定位收益大小的重要影响因素。一个企业需要进行细致的分析和研究，预测投入和产出的比例，以决定重新定位是否更有利于品牌发展。

（3）困难与风险。企业在重新定位的过程中，会面临一定的困难和风险，如企业内部难以达成共识。重新定位需要在企业内部达成共识，需要全体员工齐心协力、分工合作、共担风险来完成。有时，企业的一些部门或一些高层管理者没有意识到品牌重新定位的重要性，认为重新定位意味着扬弃过去，从而阻碍重新定位的执行。

还有一种潜在的风险，重新定位可能丧失原有的市场。重新定位的品牌往往要承担很大的风险，如果重新定位失误，可能导致失去原有的市场，甚至毁掉一个品牌。因此，只有当企业充分认识到重新定位的困难和风险，并确信有能力克服困难和承担风险时，才能进行下一步的决策和执行工作。

（4）消费者不认同新定位。若品牌原定位很成功，消费者已经喜欢并习惯，则新定位可能不被消费者接受甚至反感。

3. 品牌重新定位策略

品牌重新定位的策略有多种，企业应根据市场环境、消费者的需求、自身的情况以及产品的特点来制定定位策略。

（1）提供独特利益。独特利益包括功能型利益。产品的功能是消费者购买产品的重要前提，消费者购买产品首先是要获得产品的使用价值。如果产品有功能上的创新，或者产品本身能为消费者提供独特的功能，能从功能上吸引消费者，那么进行功能型定位不失为明智之举。从产品的功能上为消费者进行定位，也是企业常用的定位策略。

深圳太太药业集团是保健品市场的后入者，曾两次对产品进行重新定位，起初的产品诉求"治黄褐斑"，后来改变为"除斑、养颜、活血、滋阴"，最后将产品功能定位于"含有F.L.A、能够调理内分泌、令肌肤呈现真正天然美"，成功实现了独特的功能型利益定位。

独特利益也包括情感型利益。情感型利益是指消费者在购买、使用某种品牌产品的过程中获得的情感满足。情感型利益定位必须以卓越的功能型利益为支撑，情感定位的主题可以是亲情、友情或爱情，情感型利益定位的关键在于能触动消费者的内心世界。在产品同质化越来越严重的今天，越来越多的品牌依靠提供的情感型利益来与竞争品牌形成差异。

福建雪津啤酒，以前的定位从"享受生活，还是雪津"到"飞越世纪，难忘雪津"都难以明确品牌的形象，后来重新定位为"你我的雪津——真情的世界"，并用亲情、友情和爱情去演绎品牌的独特个性和内涵。重新定位后雪津啤酒跻身于全国行业十强。

独特利益当然也包括自我表现型利益。当品牌成为消费者表达个人价值观、财富、身份、地位、自我个性与生活品位的一种载体与媒介的时候，品牌就有了独特的自我表现型利益,自我表现型利益定位也必须以卓越的功能型利益为支撑。

年轻人普遍将威士忌视作祖父辈的杯中爱物,苏格兰威士忌品牌 Dewar's 的消费群体老龄化现象日益严重,为维持现有市场、扩展新的市场,兼顾新老消费者,Dewar's 被重新定位为"自信、有个性人士的佳酿"。如果 Dewar's 威士忌的口感很一般,那么这种定位就难以取得成功。

对于具体品牌而言,可以使用其中一种定位策略,也可以兼顾使用,但以哪一种为主需要按照品牌定位对目标消费群体起到最大的感染力并与竞争者形成鲜明的差异为原则。

用电器的消费者更关注产品的技术、品质和使用的便捷性,所以企业常采用功能型利益定位为主;食品、饮料品牌可以选择情感型利益或自我表现型利益来打动消费者;高端服饰、腕表、汽车则需要以自我表现型利益为主。

(2)创造全新细分市场。企业可以创造一个全新的细分市场。在很多行业,提供同一类产品的大多数企业,都会不断扩充自己产品的价值点,不断为自己的产品增加新功能。这种现象不仅存在于零售行业和服务行业,在制造行业也同样如此,我们常把这种定位称为"逆向定位"。

如手机行业,手机功能越来越丰富,从一些个人助理式的功能的增加,发展到现在已经能够听收音机、拍照、听歌,将手机变成一个综合性平台,固然是未来手机行业发展的方向和竞争的焦点,然而千军万马挤在一条技术创新的独木桥上,只有极少的品牌能够最终胜出。

如曾经席卷市场、全球市场占有率超过 70% 的诺基亚,如今已经被微软公司收购,成为大众低端手机品牌,只能望中、高端手机品牌苹果、三星、HTC 之项背,连小米、华为也将诺基亚甩到了身后。在经历惨痛的失败后,诺基亚不得已创造一个全新的细分市场,着手将产品只保留通话和短信功能,将目标群体锁定在老人和中小学生上(也可以包括农村消费者),甚至可以重新简化,对于老人这样的目标群体,只保留通话功能。

当然,实施逆向定位也不能仅仅依靠减少功能。逆向定位往往意味着目标消费者的改变,企业要围绕着新的目标市场,做相应的产品调整和非核心技术范畴的创新。

企业也可以选择改变竞争规则与对手,打破品类的传统界限,使产品脱离原有品类,与一个新产品类别建立关联,我们称其为"关联定位"。

红罐王老吉则是一个关联定位成功的经典案例。

20 世纪 50 年代,王老吉凉茶铺分成两支:一支发展为今天的王老吉药业股份有限公司,另一支由王氏家族的后人带到香港。加多宝是位于东莞的一家港资公司,经王老吉药业特许,由香港王氏后人提供配方,该公司在中国内地独家生产、经营王老吉牌罐装凉茶。

红罐王老吉虽然销售了多年,品牌也仅仅模糊地定位为凉茶,企业都不清楚消费者为什么要买它——这是红罐王老吉缺乏品牌定位所致。这个根本问题不解决,拍什么样"有创意"的广告片都无济于事。

为了了解消费者的认知,红罐王老吉研究人员一方面研究竞争者传播信息,另一方面与加多宝内部、经销商、零售商进行大量访谈,此后,聘请市场调查公司对王老吉现有用户进行调查。以此基础上,研究人员进行综合分析,厘清红罐王老吉在消费者心智中的位置,即在哪个细分市场中参与竞争。

在研究中发现,广东的消费者饮用红罐王老吉主要在烧烤、登山等场合,原因不外乎"吃烧烤容易上火,喝一罐先预防一下"、"可能会上火,但这时候没有必要吃牛黄解毒片"。

而在浙南,饮用场合主要集中在"外出就餐、聚会、家庭"。在对当地饮食文化的了解过程中,研究人员发现:该地区消费者对于"上火"的担忧比广东有过之而无不及,如消费者座谈会桌上的话梅蜜饯、可口可乐都被说成了"会上火"的危险品而无人问津。而他们对红罐王老吉的评价是"不会上火","健康,小孩老人都能喝,不会引起上火"。这些观念可能并没有科学依据,但这就是浙南消费者头脑中的观念,这是研究需要关注的"唯一的事实"。

消费者的这些认知和购买消费行为表明,消费者对红罐王老吉并无"治疗"要求,而是作为一个功能饮料购买,购买红罐王老吉的真实动机是用于"预防上火",如希望在品尝烧烤时减少上火情况的发生等,真正上火以后可能会采用药物如牛黄解毒片、传统凉茶类饮品进行治疗。

再进一步研究消费者对竞争对手的看法,则发现红罐王老吉的直接竞争对手,如菊花茶、清凉茶等由于缺乏品牌推广,仅仅是低价渗透市场,并未占据"预防上火的饮料"的定位。而可乐、茶饮料、果汁饮料、水等明显不具备"预防上火"的功能,仅仅是间接的竞争。

同时,任何一个品牌定位的成立,都必须是该品牌最有能力占据的,即有据可依。如可口可乐说"正宗的可乐",是因为它就是可乐的发明者,研究人员对于企业、产品自身在消费者心智中的认知进行了研究,结果表明,红罐王老吉的"凉茶始祖"身份、神秘中草药配方、近200年的历史等,显然是有能力占据"预防上火的饮料"这一定位的。

由于在消费者的认知中,饮食是上火的一个重要原因,特别是"辛辣"、"煎炸"的食物,因此建议在维护原有的销售渠道的基础上,加大力度开拓餐饮渠道,在酒楼打造旗舰店的形象,重点选择在湘菜馆、川菜馆、火锅店、烧烤店等。凭借在饮料市场的丰富经验和敏锐的市场直觉,加多宝决定立即根据品牌定位对红罐王老吉展开全面推广。

重新确立了红罐王老吉的品牌定位,就明确了品牌推广的方向,也确立了广告的标准,所有的传播活动就都有了评估标准,所有的努力都将遵循这一标准,从而确保每一次的推广,在促进销售的同时,都对品牌价值(定位)进行积累。

品牌重新定位在品牌维护中的地位十分重要,品牌重新定位时机的选择则成为了重新定位策略中关键的一环。在企业做出决策时,应该注意到品牌重新定位的时机同样也会随着市场环境的变化而有所不同,企业的定位决策者应据时而变,具体的问题在具体的情况中解决,这样才能真正解决问题,让品牌永具差异性,永远个性鲜明。

4. 品牌重新定位策略实施

企业进行品牌重新定位时,不能想当然地盲目进行,要按一定的程序操作。一般而言,品牌重新定位有以下五个基本步骤。

（1）确定品牌需要重新定位的原因。品牌重新定位有多方面的原因，企业应重新认识市场，从产品的销售现状、行业的竞争状况、消费者的消费观念变化、企业的发展目标上来分析市场，是什么原因要求企业对品牌进行重新定位，企业应有明确的认识。

（2）调查分析与形势评估。确定了重新定位的必要性以后，必须对品牌目前的状况进行形势评估，评估的依据来源于对消费者的调查，调查内容主要包括消费者对品牌的认知和评价、消费者选择产品时的影响元素及其序列、消费者对品牌产品的心理价位、消费者认知产品渠道及其重要性排序、消费者对同类产品的认知和评价等，并根据调研的结果对现有形势做出总体评估。

（3）细分市场，锁定目标消费群。细分市场有各种不同的细分方法和细分标准，但不管什么品牌，都会有它的目标消费群体，因而企业应根据消费者的特点，将市场划分为不同类型的消费者群体，每个消费者群体即为一个细分市场。重新定位的品牌应该针对哪个细分市场？企业应根据调研来的数据和产品的特点和优势，锁定自己的目标消费群体。

（4）分析目标消费群，制定定位策略。企业确定自己的目标消费群体以后，还必须对目标消费群进行进一步的分析，对目标消费群体的生活方式、价值观、消费观念、审美观念进行广泛的定性调查，以确定新的定位策略。新的定位策略最好制定几个不同的方案，对每个方案都进行测试，根据目标消费者的反应，来确定最好的方案。

（5）传播新的定位。企业定位策略确定以后，要制定新的营销方案，将品牌信息传递给消费者，并不断强化，使它深入人心，最终完全取代原有定位。企业制订营销方案应以新的品牌定位为核心，防止新定位与传播的脱节甚至背离。在现在的市场环境下，企业最好实施整合营销传播，让消费者通过更多的渠道接触品牌的信息，以强化对品牌的印象。

茵宝（Umbro）以及 Cole Hann 曾经是耐克旗下的品牌。Cole Hann 作为中高端休闲鞋品牌与爱步（Ecco）、其乐（Clarks）形成竞争，而茵宝作为中端运动装、运动鞋品牌与彪马、李宁、锐步（Reebok）等品牌形成"多足鼎立"之局面。

耐克入主茵宝为在足球领域业务的发展提供了充足的帮助，与最大的竞争对手阿迪达斯一比高下，收购 Cole Hann 则是为了开拓休闲鞋类市场。然而，耐克并没有给茵宝带来品牌、渠道等方面的帮助；另一方面茵宝在足球领域的业务也被耐克抢夺，其市场竞争实力明显下滑，因此耐克在 2012 年将茵宝出售。而 Cole Hann 偏休闲的风格与耐克品牌战略存在很大的冲突，不久耐克也将 Cole Hann 出售给一家私募股权公司。

6.2.2 品牌创新

曾经我们一直想象：启动汽车无须钥匙，人脸扫描即可轻松操控；登录 QQ 无须在触摸键盘输入密码，对准摄像头扫描即可自动识别；享受快餐店打折无须依赖维络城（Velo）机器，拿起手机拍下快餐店标志便可拿到电子优惠券；对着体育场扫描建筑外观，无须进场也可轻松掌握近期赛事安排；哪怕出国旅游语言不通，也无须再为看不懂的菜单、路标而尴尬，手机一拍即时翻译；用移动设备拍下名片，自动识别信息并准确无误地添加至通讯录中……这些此前只有在科幻电影中才会出现的场景，现在已经成为现实。

以腾讯（Tencent）为例，从1998年腾讯公司刚刚成立时推出的基于固网的QICQ起，发展至如今腾讯已经能够拥有和Facebook一样庞大的7亿活跃用户，利润超过10亿美元。15年间，腾讯从Facebook、Twitter、WhatsApp等企业和平台中获得灵感，打造了微信、QQ输入法、腾讯搜搜、轩辕传奇等平台、软件、服务和游戏，从模仿走向了创新超越，这些软件和服务使二维码扫描、自动识别、即时翻译等功能让消费者的生活更方便快捷（见图6-1）。

图6-1　腾讯旗下业务一览

如今，腾讯已经将触角伸向了欧美大陆，除了将移动QQ登陆欧美国家Apple Store以及欧洲应用商店GetJar外，腾讯还收购了总部位于加利福尼亚州的游戏开发商Riot Games，从而凭借对Riot Games旗下《英雄联盟》（LOL）的重塑与创新，引领了对全球网络游戏市场的侵袭。2012年，美国三大商业杂志之一*Fast Company*评选出全球互联网十大创新公司，腾讯仅次于谷歌，位列次席。

品牌创新的关键在于技术。"突破科技，启迪未来"（Vorsprung Durch Technik）来自奥迪的品牌理念，这八个字深刻地揭示了品牌生命力源于不断创新与科技进步。在21世纪的今天，现代生活已经不能再完全依靠过去"中世纪"时代的技术。不少中华老字号品牌，甚至国外著名品牌如捷豹、路虎也由于创新不足、科技落后而渐渐没落，最终被印度塔塔集团收购。我们从摩托罗拉、诺基亚的掉队以及柯达的破产可以一窥没有创新带来的残酷结局。

在美国，许多高新技术企业的无形资产都已超过总资产的60%，高新技术产业对美国的经济的贡献率已达到55%以上。因此，在进入"品牌竞争时代"后，科技已成为品牌创新的支撑点与后盾。

如美国英特尔和微软两个品牌，都是靠自身的创新能力使产品的功能不断扩展，不断提升。

英特尔公司的主导产品是计算机的中央处理器（CPU）。这个部件是电脑的核心部件，所有的其他部件都是围绕它来展开的。英特尔公司就是牢牢抓住 CPU 功能的开发和升级，不断地提高 CPU 的运算速度和功能，从普通的 PC 机所使用的中央处理器到后来的 286、386、486、586，又进一步开发出奔腾系列产品，使英特尔品牌的产品几乎垄断了计算机处理器市场。微软是在操作处理系统方面崛起的品牌，从一般的磁盘操作系统 DOS 到 Windows 视窗系统，微软一直处于技术开发的前沿，其他品牌始终望尘莫及。

因此，只有真正掌握了技术开发的主动权，不断有新技术升级换代，才能促进品牌创新，使品牌具有真正的市场领导力。

三星在移动设备领域一直被看作苹果的追随效仿者。可穿戴式设备曾被三星的竞争对手们视作是打败它的新机会。但当大多数的手机厂商们仍在这一领域的门外徘徊观望时，三星的智能手表率先走进了市场。

2013 年夏末，三星正式发布了 GALAXY Gear 智能手表，这款 1.63 英寸大小屏幕的手表自带摄像头、支持 S 语音功能，续航 25 小时以上，满足用户的日常使用。例如，消费者在双手手提购物袋时接打电话，只需对着 GALAXY Gear 讲话即可，无须触摸屏幕。此外，用户还可以利用 GALAXY Gear 的 S Voice 功能编写短信、新建日历备忘、设定闹钟、查看天气等。这款手表在全球 140 多个国家和地区开始销售。

这也意味着这家韩国电子巨头，不再是从前智能手机领域效仿苹果公司的快速追随者，而是试图在移动终端的下一个蓝海市场率先占领高地，在技术与品牌营销的双驱动下，从追随者向引领者转变。

越来越多的品牌把目光瞄向可穿戴设备市场，如图 6-2 所示。

图 6-2　越来越多的品牌把目光瞄向可穿戴设备市场

品牌创新是品牌自我发展的必然要求，是克服品牌老化、使品牌生命不断得以延长的唯一途径。这解释了为何越来越多的品牌把目光瞄向了正处于空白或几乎是空白的市场，从而出现了微信、三星 Galaxy Gear 还有谷歌眼镜。

在探讨品牌创新时，我们通常根据品牌资产价值流动的阶段性来剖析它的特征。

1. 品牌创新阶段

品牌创新阶段一般根据品牌资产流动性来决定。品牌资产流动分为三个阶段：流入期、稳定期和流出期，这三个时期的品牌创新内涵与特点也各不相同。

（1）品牌资产流入期。品牌的发展在此时是从零开始的，品牌资产价值也是在这个时期开始累计起来的。这个时期品牌的特点就是强调创造出不同于竞争对手的有鲜明个性的品牌，以求得立足于市场。因此，品牌个性的差异化是此阶段创新中最重要的因素。

从七喜的"非可乐"到安飞士租车的"第二位的宣言"，从"IBM 意味着最佳服务"到"世界上最贵的香水只有喜悦香水"，从普腾（Proten）电视的"对不起，索尼"到劳力士手表的"领导世界潮流的人都戴劳力士手表"等都属此类。它是运用战略个性的眼光细致地分析市场，找出突破口，再将此运用到品牌的创意中，使品牌具有不同于竞争对手的独创性优势而获得成功的。

这一阶段的品牌创新相对于后两个阶段而言，更容易把握。企业应该把握市场缝隙，找准品牌定位，运用相应媒体进行独创性宣传而获得消费者，区别于竞争者。

（2）品牌资产稳定期。品牌从走入稳定期开始就广为市场接受，产品大量上市，销售量剧增，品牌形象得到了消费者的认同，出现了忠诚消费群，品牌资产价值达到了良好的状态。但因利润所趋，竞争者相继进入，市场竞争增强。这是一个"既乐又忧"的时期，品牌力增强让企业感到了成功的喜悦，为未来的发展增添了信心和实力，但与此同时，品牌日趋成熟使消费者形成习惯性消费，产品销售达到了巅峰，新产品变成了普及产品，同类产品竞争更加激烈。此时，可以说品牌的发展开始处于临界点上，稍有松弛，就会前功尽弃；加紧努力，则有可能一跃成为行业的佼佼者，保持品牌发展的优势。

在这个阶段，企业一般通过广告等品牌传播手段不断更新、巩固原有市场并尝试开拓新市场。品牌传播以竞争性、强化性宣传为主，突出品牌的特性，巩固品牌的声誉，深化消费者已有的印象。

日清"开杯乐"杯面如今已经更名为"合味道"(Cupnoodles)，以方便、美味闻名于世。它的主要消费者为日夜奔波、忙于工作、无暇做饭的单身族和上班族。在成功提出品牌创意之后，"合味道"又根据消费者的特点，进行了一系列强化形象的创新宣传，以巩固它的"把最方便、最美味的食品带给大家"的品牌观念。它三个不同创新的广告画面都在原始人历经千辛万苦而不得食之际显示出了"Hungry"（饿了吗）的字幕和"日清"、"合味道"的包装。这些不同形象都使公众在感叹原始人猎食艰难，并感受到"合味道"杯面提供给

他们的方便之余，牢牢记住"合味道"这一系列能满足他们快节奏需求的产品，从而起到了保护品牌资产价值的作用。

不断创新的宣传可以给消费者带来统一的、明确的诉求点，完善品牌在消费者心目中的清晰度，对于已对品牌有一定认知的消费者起到"瞬间购买"的强化作用。

此外，企业也可以根据品牌具有引导消费者的特点，在原定位的消费层面上进行扩大创新，拓展出新的适应面。

Florida's Natural 橘汁就是采用这一创新措施来确保品牌地位的。

在美国市场上，橘汁是公众的一种早餐食品，味道好、热量低，是天然的有益于健康的饮品。但是由于美国人只把它作为早餐饮品，所以橘汁市场就变得很小，处于半停滞的状况，为了使橘汁这种产品从丑小鸭变成明星，橘汁的制造者们不断向公众灌输一套新的理念。

因此 Florida's Natural 等很多橘汁品牌采用了这样的广告口号："它不再只是在吃早餐时饮用。"它暗示传统的用法依然可行，但是在其他时间饮用橘汁同样合适。通过一系列以不同年龄段饮用者为主角的广告，它极为巧妙、有效地向消费者提供了这样的信息：喝橘汁的可以是儿童、少年、青年、中年人和有活动能力的老年人，老幼皆宜；橘汁既可在午饭时饮用，也可在吃饭之余或娱乐休息时喝一杯提神。

紧接着，在广告中又出现一句新的口号："橘汁会使你更潇洒。"强调这种产品有益于健康和天然的品质。这一浪高过一浪的广告攻势终于逐渐改变了橘汁在消费者心中的印象，使之很快作为一种天然的、健康的饮料打入了饮料市场，最后成了普及的饮料，脱颖而出，品牌空间大大拓展，维系了品牌资产价值，使品牌保持长期处于稳定期的状态。

企业也可以扩大品牌产品的种类，形成规模生产效应，以扩大消费者的购买范围，最大限度地减弱因产品的单一性而给消费者带来的厌倦感。

如美国箭牌公司生产了一系列的箭牌口香糖。薄荷香型的绿箭、玉桂香型的红箭、鲜果香型的黄箭和兰花香型的白箭，四种品牌口味各异。厂家除了在包装上加以区别外，又利用社会上流行的色彩理念，赋予各种口味颇有创意的附加功能。绿箭是"清新的箭"，清新香醇的口味令人从里到外清新舒畅；红箭是"热情的箭"，以独特的口味使你散发持续的热情；黄箭是"友谊之箭"，可以缩短距离，打开友谊的门扉；白箭则是"运动的箭"，帮助你进行脸部的运动。

箭牌产品种类的创新不仅丰富了原品牌家族，也为企业带来了规模效益。这种创新从消费者的角度出发，产品丰富，品种齐全，带来了诸多消费便利；从企业角度而言，则减少了广告投资中的消费，使广告宣传更集中有效，同时还能提高整体品牌家族的投资效益，因而是品牌资产价值稳定期的重要创新思路。

企业对品牌的经营不能仅停滞于现有市场或消费者，而应以战略的眼光去挖掘潜在的市场和消费者。因为市场的容量和区域是可以拓展的，消费群是不断改变的，明确地认识到了这一点，可以为这一阶段的品牌创新找出契机点。

施乐复印机作为世界上最大的复印机品牌在这方面就曾经失误过。当施乐欧洲分部发回警报，告知要提防日本小型复印机的进攻时，施乐决策层却认为这种能放在小桌子上的小型复印机只能当摆设用，根本没有潜在市场，结果日本夏普等公司冒出来，瓜分掉不少市场。

戴尔计算机同样做得十分出色，其"一对一定制"的模式，不只满足某一消费者特定需求的个别行为，而是在满足消费者多样化、个性化需求的基础上，借助现代最新技术的大规模定制。"戴尔制"的适用范围十分广泛，不仅可以应用于电脑、冰箱、皮鞋、自行车等有形产品，也可以用于无形产品的定制，如金融咨询信息服务等。

总之，企业需要多角度满足消费者的需求，根据市场的变化制定出品牌发展战略中的创新战略，不断提升品牌知名度、美誉度，强化品牌的定位，形成完整、系统的品牌联想，并不断地根据时势的变化修正和调整品牌创新策略。

（3）品牌资产流出期。在这一时期，品牌形象开始老化，原有产品已逐渐变成了老产品，其他新品牌则已逐步进入甚至开始替代企业的现有品牌，品牌资产价值出现了减弱。虽然品牌有成长、壮大、衰退的过程，却完全不同于产品的生命周期。现有产品因为不合时宜会被新的产品代替，而品牌则可以通过产品和品牌内涵的不断创新而不断得到延续，为品牌资产价值添枝添彩。如企业可以通过新产品的开发研究，开发新市场，使品牌重新进入增值状态。

我们都知道雅马哈（Yamaha）摩托，其实雅马哈除了摩托还有钢琴。"雅马哈"钢琴在20世纪80年代就因为音响、电子琴的普及而使原有的市场份额以每年10%的速度下降。为了走出已饱和的钢琴市场，公司决定在原有产品的基础上推出新产品"雅马哈－蒂维卡维尔"（Yamaha-Disklavier）以挽救市场。

"雅马哈－蒂维卡维尔"是一种电子控制的钢琴，它集弹奏、录音、放音、变音、调速、重放式教学、练习、娱乐等功能为一体，可供使用者边弹奏边录音或边放音。这种新产品为钢琴爱好者，特别是钢琴初学者带来了极大的方便，同时还为消费者提供多功能的使用特点，在推向市场后马上得到了消费者的积极认同，重振了下滑的钢琴市场。仅仅三年时间，"雅马哈－蒂维卡维尔"不仅成为市场上的领导品牌，而且其销量占"雅马哈"钢琴销量的20%。更有趣的是，50%的购买者在已拥有了传统钢琴后，还会购买"雅马哈－蒂维卡维尔"钢琴，其目的只是为了它良好的音质而拿来放唱片用。

由此可见，通过创新产品而重创品牌资产价值的新高并非痴人说梦，关键在于企业是否认清了品牌资产的阶段性。

并且，企业还可以通过品牌形象创新，使枯木逢春，再现品牌的优势。

上海著名的本土品牌奶糖"大白兔"，早在十年前就进入了美日市场，然后却渐渐地不受消费者欢迎，几乎从市场上消失。究其根本原因就是它十年一成不变的老配方、老味道、老包装，无法跟上市场的变化和产品换代的需要，造成品牌形象的老化，品牌资产价值进入了流出期。

"大白兔"奶糖品牌管理者发现问题并看清了形势，于是开始了新一轮的创新活动，寻找到了新的卖点：几位几十年都喜爱并购买"大白兔"奶糖的老人，因多年来一直消费"大白兔"奶糖，都快70岁了，身体仍然十分健壮，并无现代老人多患的"骨质疏松症"。经营养专家鉴定，"大白兔"奶糖比一般的奶糖要多出30%的含奶量。"大白兔"抓住这一点进行品牌形象的创新，"大白兔"奶糖多出30%的含奶量这一新的诉求点，再加上全新的"宁为一颗'大白兔'而跳蹦极"的"一跳"广告，让人们耳目一新。

新的品牌内涵及形象让大白兔又回到人们的视线之中，再次开始了品牌资产价值的回流。不过大白兔是否能彻底摆脱困境、重振雄风，还在于它是否能继续进行一系列的品牌创新活动。

在这个阶段，企业还有一种选择：开发换代产品，扭转品牌危机。品牌在经营过程中常常因为各种危机而引起品牌资产流失，使品牌资产价值过早进入了流出期。为了维护自身的品牌，可以利用创新的特点生产出新的替代产品来恢复品牌的竞争力，这是防止品牌资产价值流失一个行之有效的方法。

中美史克的"康泰克"，就是利用这一思路挽救了濒临消失的品牌。

"康泰克"自1989年上市以来，已成为中国境内知名的感冒药品牌，它与公司的另一畅销品牌"康德"曾占中国感冒药市场80%～90%的市场份额。但2000年年底，中国药监局暂停销售和使用"康泰克"和"康德"等15种含PPA复方制剂的药品，使得含PPA的"康泰克"和"康德"不仅要让出至少数亿美元的感冒药市场，还有很大的可能让这两个品牌从此消失。为此，中美史克公司不仅采取积极的产品创新活动，还推出了新的经营、服务和内部管理方式。

通过一系列管理方式的调整，使得企业内部凝聚力增加，企业外部又赢得了消费者的支持和爱戴。2001年9月，"新康泰克"以不含PPA的新配方获得通过，安全性得到了保证。就在"新康泰克"上市的第一天，仅广东、广西和上海市场就收到了高达37万盒的订单。历经近一年"PPA磨难"的"康泰克"，以产品、管理方式等创新、调整，开始再次占领市场，收回失地。

品牌资产流出期创新最能显示出品牌的特色与作用，同时也是最难完成的，如果不能把握时机，创新方向稍有偏差，都会断送品牌的生命。因为此时的品牌力已十分柔弱，不能再经历太多磨难。因此，在这一阶段品牌创新的特征多表现为品牌的技术产品创新、组织形式创新、形象创新、管理方式创新等方法的综合运用，通过一系列创新策略，激起老消费者的怀旧情怀，点燃新消费者的购买激情，让他们认同品牌的新观念，从而重新提升品牌资产。

因此，我们需要深入了解品牌创新的类型。

2. 品牌创新类型

品牌创新可以分为产品创新、品牌文化创新以及服务创新。

（1）产品创新。现代市场对品牌产品的要求越来越趋向于往多样化、个性化、审美化、多能化、微型化、简便化、舒适化、环保化、新奇化等方向发展。消费者对新产品的认识越来越精，渴望越来越强，但选择产品的条件也更为苛刻。这就要求企业的品牌产品必须具有持续的创新力，具有竞争性，才能满足消费者的需求，才能赢得市场。产品创新的内容一般包括：

1）产品品质创新：对创新产品的开发和创新、产品质量的提高、性能的改善以及产品品种的增加等多方面的创新，主要可分为后向创新和前向创新。后向创新是指在运用新工艺的基础上，对老品牌加以改进、完善，使之适应现在的市场需要，不需要调整或改变生产体系，只是通过对生产技术和工艺的改变而达到创新的目的。

"康师傅"在"绿茶"的成功之后，又推出了"低糖绿茶"、"蜂蜜绿茶"、"红茶"、"柠檬红茶"等就属于此列；向前创新是指创造一种全新的产品，更能满足和适应市场的需要，肯德基针对中国市场推出的"榨菜肉丝汤"、"老北京鸡肉卷"等都可以归于此类。

通过产品品质的创新，企业可以不断地创造出差异性，减少品牌在增值过程中的障碍，为延长品牌的生命力和塑造强势品牌奠定基础。

2）品牌名称创新：品牌名称对品牌在消费者心目中的印象影响很大。因此，在品牌设计中要求品牌名称要简洁、上口、易记、符合风俗习惯等。但若在最初的品牌设计中考虑不周，未能兼顾设计品牌名称的各种有关影响因素，致使品牌名称不利于品牌传播，那就应该更换新名。及时更新名称是品牌运营实践中非常重要的阶段性调整工作。

TRIO 曾是与山水、先锋（Pioneer）并称的三大音响之一，后因跟不上市场的脚步而一落千丈，尽管经营业绩不佳的原因是多方面的，但却与品牌设计也不无联系。TRIO 这一名称作为音响名称，虽然比较简洁，却存在着明显的缺憾，主要表现在它的发音节奏明显不强，从 TR 到 O 有头重脚轻之感，达不到朗朗上口的效果。

进入 20 世纪 80 年代，公司决定将其改成 KENWOOD（健伍）。KEN 与英文 CAN（能够）谐音，WOOD（茂盛森林）又有短促音的和谐感，两者组合起来，读音响亮、节奏感强、朗朗上口，可谓上乘之作。实际投入使用之后发现，KENWOOD 产品得到了广泛的认同，TRIO 因此在三年之后销声匿迹，KENWOOD 得以在所有产品上推广。可见，品牌名称是否更新大不一样。

3）品牌标志创新：品牌标志作为品牌的重要组成部分，直接关系到品牌传播的效果。事实上，品牌的易辨性、易记性主要体现在品牌标志上。简洁醒目的品牌标志（奔驰的三叉星圆环、麦当劳的金黄色"M"等）有利进入消费者的视线并印刻在他们的记忆中。

但是，并非所有品牌标志都能有如此的效果，若经过一段时间的使用，发现品牌标志未能达到简洁醒目、留存于消费者的记忆中程度低或者未能体现公司的经营理念，则需要及时予以更新。

百事可乐标志从 1898 年注册至今，已经进行过 9 次更新。

纵观其标志的更新过程，我们可以发现"百事可乐"从最早模仿"可口可乐"到不断修正、创新独特的个性，特别是它现在采用了蓝色标志，以饮料色彩中较少采用的蓝色来强调其个性，表现其反叛、真我、独立的特征，彻底表示出它与

红色浪潮的"可口可乐"的区别:"百事,新一代的选择。"

在冰激凌世界中,哈根达斯、酷圣石(Cold Stone)、爱茜茜里(iceason)是品牌中的佼佼者;中端品牌有:八喜(Baxy)、和路雪(Wall's)、冰雪皇后(Dairy Queen);而伊利、蒙牛、光明将目标对象锁在大众消费者。和路雪为了与竞争对手争夺市场,极其珍视自身的品牌形象,以最大限度地满足消费者需求为经营宗旨,不断创新、不断追求品牌定位与目标市场完善的结合。

和路雪对全球范围消费者的市场调查得出,尽管存活于市场几十年的和路雪旧品牌标志已享有较高的品牌知名度,为广大消费者所认识,但因其缺乏人情味、过于冷漠而显得不合时尚,不足以恰如其分地反映出企业与消费者日益紧密的关系,于是决定放弃旧品牌标志。

1999年,和路雪在全球范围内推出精心设计的、更富有内涵的红黄搭配的"双心"新品标。红黄相间的暖色调给人以温暖、亲切的感觉,使消费者感到:吃进去的冰激凌是冷的,但心里却是热的;双心则体现了企业与消费者的心心相通,体现了企业对消费者的关爱,从而为"和路雪"更好地赢得消费者奠定了宣传基础。2003年,为了使品牌标志能更加简洁,保留了双心结构,仅仅把底色和字体分别进行了微调。

4)产品包装创新:产品包装的及时更新也是品牌运营实践中提高品牌竞争力富有成效之举,因为新包装下的产品数量以及包装本身的视觉形象的改变,都是影响消费者需求的重要因素。还需补充说明的是,品牌传播的直接载体——品牌名称和标志的更新,一般都涉及品牌包装更新。可见,对品牌资产价值运营而言,品牌包装更新更具有重大的现实意义。新包装材料的运用,如真空包装、蒸煮袋包装,可以通过塑造崭新的包装形象改变品牌原有的形象;绿色包装的投入使用,会让人联想到健康、安全、无公害的品牌形象。

由此可见,品牌形象并非固定不变,它需要不断进行只有起点而没有终点、螺旋上升的创新,才能永葆品牌青春,使品牌扎根于消费者的心智中。

(2)品牌文化创新。品牌文化创新修正或挖掘品牌定位和文化价值,使之保持适合市场的需求,并不断升华。

品牌理念更新是品牌文化创新的重要组成部分。品牌理念文化是品牌资产价值的基石,品牌理念的内涵需要随着人们理念的改变而不断地调整、修正,以创造出最能体现企业精神、最能征服消费者的品牌文化。虽然对品牌理念文化内涵的丰富、补充是一个十分艰辛的过程，但理念文化的升级带给企业的巨大效益很难用数字来估量。因此，重视文化理念的丰富，是品牌理念文化更新的基础。

当 IBM 发现 PC 制造业务发展空间越来越小时，做出了"战略转型"，由制造转向 IT 服务；国内彩电大王"长虹"（Changhong）过去一直以"规模大、价格低"占有市场，其新掌门人赵勇提出"战略转型"，以打造"在两年内成为世界三大平板电视提供商"为目标的"数字长虹"新形象，实现从传统彩电制造商到信息家电、数字媒体开发商的转型。

品牌理念文化的不断丰富、发展，为品牌的创新提供了肥沃的土壤，也打下了良好的基础。只有在这种良好的条件下，品牌的创新才有保障，品牌的创新才会不断升级，才能为企业的长盛不衰提供文化的支撑。

作为国剧的京剧也非常注重文化的创新。一些京剧，如海派京剧为了吸引更多的观众，大胆改革京剧的传统模式，植入了西方文化的元素，搬用了西洋音乐的和声原理以及多声部演唱的法则，使京剧唱腔变得丰富而富有文化。

（3）服务创新。服务创新包含了品牌体验平台的创新、对产品物流配送模式的创新、客户关系维护的创新等。服务创新是有形产品的延伸，它能够给消费者带来更大的产品效益和更好、更强的产品满足，这已经越来越成为创新的一个重要组成部分。随着科学技术和企业管理水平的全面提升，消费者购买力的增强和需求趋向的变化，服务因素在国际市场竞争中，已经取代了产品质量和价格而成为竞争的新焦点。

中国是人口大国，饮用水已经成为中国需求最大的商品之一。依云（Evian）、康师傅、昆仑山、农夫山泉、雀巢、百事（Pepsi）冰纯水、西藏5100（Tibet Spring）、屈臣氏（Watsons）等都是消费者耳熟能详的矿泉水品牌。绝大多数品牌都专注于各自细分市场的竞争，更好地打造有形的产品——矿泉水本身，而常常忽略了对有形产品的延伸——服务。

西藏5100是中国高端瓶装矿泉水的领导品牌。2006年，基于全物流体系的支持，针对高端人群消费需求，西藏5100开创性地推出了预付费的水卡服务。持有5100水卡的消费者只需要拨打全国统一的免费电话，物流公司即会将水送至消费者指定的地点。

即使水源远在西藏5 100米的海拔高度，但是西藏5100仍然保证了"最快24小时、最慢72小时"的送水上门服务，包括北京、上海、广州、深圳等全国大大小小的城市。即使原本居住在上海的消费者，出差到北京，西藏5100可以免费提供水卡服务地互换。即便是在电商文化带来"免邮时代"的今天，西藏5100在7年前就推出服务创新显然走在了许多品牌之前。

此后，从2011年开始，在之前客户培育的基础上，西藏5100又率先和国内12家知名电商开展了线上销售水卡的合作，成为国内第一家尝试电商业务的高端瓶装水品牌，同时开通官网电商平台和移动 App。由此，我们可以看到，西藏 5100 正谋划着用冰川矿泉水快递上门的数字服务敲开全国更多消费者的大门。

6.3 为品牌建设进行组织及调整

我们身处品牌时代，随处可见"品牌设计"、"品牌传播"、"品牌维护"等字眼，这都给企业提出了各种各样的要求。面对这些要求，企业挑战之一是把品牌维护放到工作的首要位置，而另一个挑战就是为了品牌建设进行组织调整，"谁来负责品牌"成为了企业最棘手的问题之一。

1. 组织结构

在回答这个问题之前，我们首先来了解一下一个企业有哪些常见的组织结构。

（1）简单结构。具有简单结构的组织通常被个人控制。企业的形态也是以个人所能建立与维系的关系（企业内部和外部的关系）和做事的非正式流程为主。简单结构是小企业通常采用的结构类型：所有者往往承担大部分管理责任，可能有一个合伙人或助手，不过没有什么管理责任的分工，即使管理者不止一人，也没有谁负责干什么的明确规定（见图 6-3）。

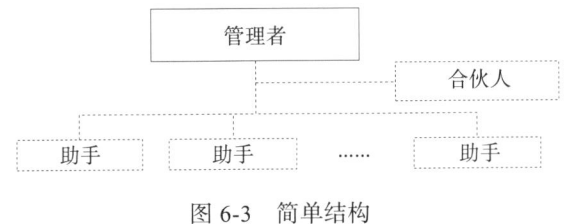

图 6-3　简单结构

（2）职能结构。职能结构根据组织开展的主要活动（如生产、财务、市场营销、人力资源和信息管理等）划分。这种结构类型通常见于那些规模较小，或是产品、品牌类别较少的企业（见图 6-4）。

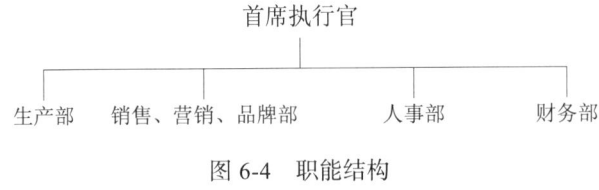

图 6-4　职能结构

（3）多分布结构。多分布结构基于产品、服务或地理区域而划分的各分支机构构成的组合。设立分支的目的为了弥补职能结构在处理差异性上的不足。这种结构多见于公关事业部门等（见图 6-5）。

（4）控股公司结构。控股公司实际是投资公司，拥有几个独立企业的股份，这些企业虽然是母公司的一部分,但是往往独立经营并保留其原有公司名称(见图6-6)。母公司与子公司间的流程和关系仅限于财务。

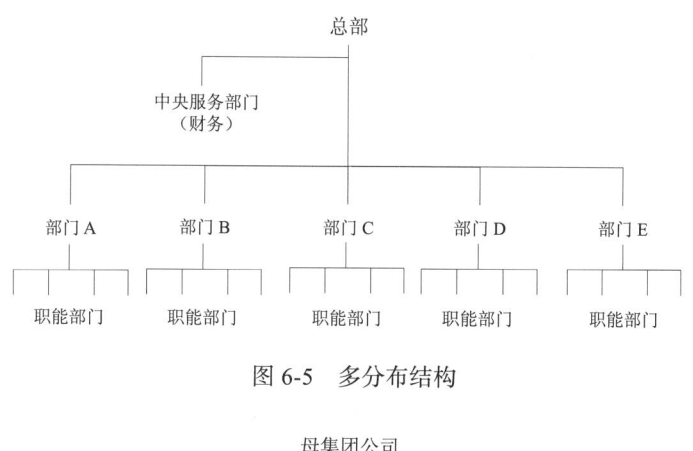

图 6-5　多分布结构

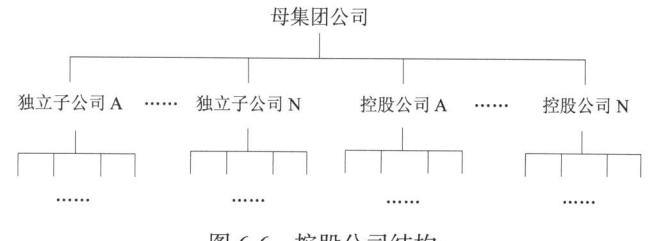

图 6-6　控股公司结构

(5)矩阵结构。矩阵结构是一个组合型结构,它可以按产品划分的同时按地理区域划分,或是既有职能结构同时又有部门结构。如学校可以按教学负责人和学生组来划分,跨国公司倾向于以产品分部和地理区域来划分业务单位(见图6-7)。

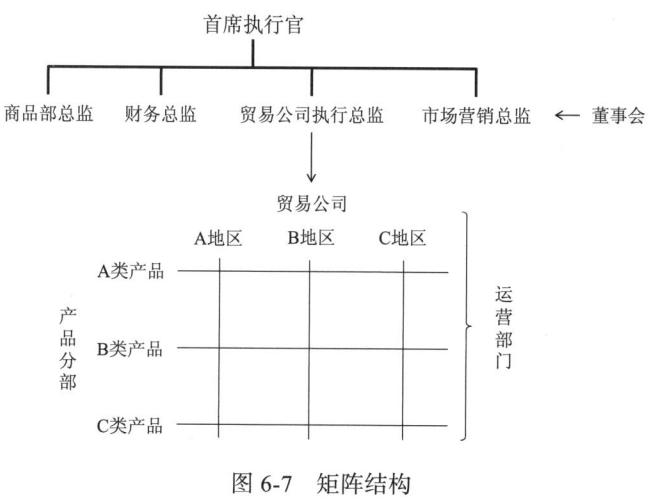

图 6-7　矩阵结构

(6)团队结构。以团队为基础的结构试图通过把员工按照业务流程编成跨职能的小组而实现横向和纵向的协调。有时，采用以团队为基础的结构是为了反映消费群的多样性。例如，一个企业的某个产品线系内可以组建多个由生产者、销售人员、营销人员、行政人员构成的小组，分别为各自的品牌服务（见图6-8）。

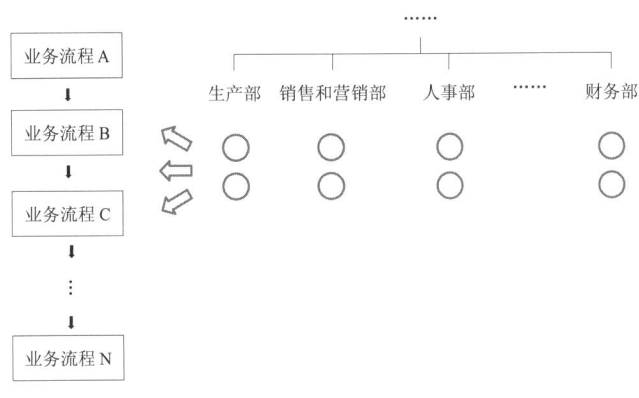

图6-8　团队结构

以上就是六种最常见的企业组织结构类型。但是，在现实中，往往没有那么简单，许多企业结构会根据业务发展、企业外部环境进行调整。不少企业对"谁在负责品牌"这一问题的回答是：没有人负责。还有一些企业由很多人在负责品牌，这些人的目标各不相同。

如在惠普，有数以百计的经理人在各自的业务领域对惠普品牌负责。同时，在不同的国家有不同的品牌战略和品牌传播手段，于是惠普又多了些品牌负责人，这给品牌增加了一层复杂性。

2. 品牌管理组织模式

一个企业必须及时调整自己的组织结构，安排人员根据当今市场状况负责品牌形象设计和定位，并确保品牌形象和定位方案能够迅速有效地实施。下面我们列举了一些已经被证明有效、适合不同企业的品牌管理组织模式。

（1）品牌经理。品牌经理又称**产品经理**（Product Manager），品牌经理的概念诞生于1931年，创始者是美国宝洁公司负责佳美（Camay）香皂销售的麦克·爱尔洛埃。他在负责佳美销售工作时发现，由几个人负责同类产品的广告和销售，不仅造成人力与广告费用的浪费，更重要的是对顾客容易造成顾此失彼。于是，他向公司的最高领导提出一种品牌一个经理的建议——一个品牌经理承担全部产品的销售责任。

这一建议一举拓开了宝洁多种产品的销售市场，而且拉长了各种产品的生命周期，宝洁也由此成为拥有38个消费品大类的大企业。"品牌经理"制度被世界范围内的众多大公司先后采用。

（2）品类经理。拥有系列品牌的企业自然是按照品牌设计组织的。如此，品牌就由背景各异、目标不同的各类人员管理。这种情况下，解决方法之一是设置一个**品类经理**（Category Manager），由他负责这个品类所有品牌的战略利益。品类经理需要确保制定一个所有人都接受的整体品牌战略，确保各个品牌负责人同时对品牌形象的支持以及避免矛盾的需求，而且保持高度敏感。

即使每一位品类经理负责多个品牌，他的全局视野对于协调相邻或相关品牌仍有裨益。与单一品牌经理相比，品类经理面临的高效率和低价格的压力（来源于零售商或其他渠道）常常更多。因此，品牌建设和维护很难自动地成为企业的首要任务。

（3）全球品牌经理。品牌经理的概念可以扩展到全球范围。在每个国家设立一个**全国品牌经理**（National Brand Manager），他们在各自国家维护品牌。企业还会设立一个全球品牌经理，他负责在全球建立品牌形象，确保每一个国家的子公司都忠实于整体品牌战略，负责沟通并采取最佳的品牌维护策略。这个模式已经被许多跨国公司使用，如哈根达斯等。

（4）首席执行官。在一些企业，首席执行官（CEO）就是品牌负责人，所有品牌决策都需要经过最高层的首肯。一般地，CEO具备较长期的战略视角，也具有跨各个业务单位的权力，他能够阻止风险方案的执行，并能够在品牌需要的时间与地点提供相应的资源支持。但是，CEO也面临着一系列企业运营指标（如销售额、成本、利润等）和考核指标，并要兼顾很多企业相关利益体（如股东、员工、消费者、零售商等）的感受。如此肩负重任，CEO们很难专注一致地进行品牌建设与维护。

（5）首席品牌官。在实际操作中，品牌管理工作一般由企业最高层负责，这就是各种形式的"CEO负责制"。通常情况下，品牌经理提出建议或方案，由企业高层管理团队进行审核。这个团队是品牌的"守护人"，会剔除有危险或包含巨大风险的品牌策略，同时提出提升品牌资产的方案。尽管这个团队具有战略视角，但是，尤其在大型企业，他们的精力难以顾及数量众多的品牌，无法深入了解品牌的处境，难免会造成不同程度的疏忽。

于是雀巢提出了"**首席品牌官**"（Brand Champion）这个模式，首席品牌官只负责单一品牌的高级主管。他们的职责其实与品牌经理相似，只不过首席品牌官处于组织的最高层。此外，由于高级主管的介入，品牌监督的范围自然而然地囊括了所有国家以及所有业务领域。

除了以上五种最为常见的组织模式外，成立品牌委员会、增加品牌沟通协调者也是一小部分企业可能做出的举措。企业为了建设品牌而进行组织调整时，需要因人而异、因时而异、因企业而异，每种模式都有最核心的优势，但也不可避免地会出现种种弊端。

阅读材料

巴宝莉（Burberry）⊖

巴宝莉（Burberry）是极具英国传统风格的奢侈品品牌，多层次的产品系列满足了不同年龄和性别消费者的需求。众多奢侈品品牌、高端品品牌如葆蝶

⊖ 资料来源：Christopher M. Moore, Grete Birtwistle. The Burberry Business Model: Creating An International Luxury Fashion Brand[J]. International Journal Of Retail & Distribution Management, 2004. 8(32).

家、香奈儿（Chanel）、华伦天奴（Valentino）等将其视为劲敌。

巴宝莉采用零售、批发和授权许可等方式享誉全球。过去的几十年，巴宝莉主要以生产雨衣、伞具及丝巾为主，而今巴宝莉强调英国传统高贵的设计，赢取无数人的欢心，成为一个永恒的品牌。

1998年3月，巴宝莉销售额从6 200万英镑掉到2 500万英镑，被评为"一个一无是处的企业"。在1997年上任的首席执行官Rose Marie Bravo的带领下，巴宝莉奇迹般地重整它的商业模式，而且有十分杰出的获利表现。

1. 巴宝莉的历史沿革

1856年，Thomas Burberry在英国Basomgstoke开设了一家男性户外服装店，从而创造了巴宝莉这个品牌。由巴宝莉开发的"gabardine"布料，可抗撕裂、防水且透气性强，由此名声大震，演变成英国军官的标准配备。第一次世界大战期间，巴宝莉继续开发军用雨衣，并且开发相关功能性的配件如扣袋、D型环扣等。

1897年，巴宝莉在伦敦开设了第一家店，1910年在巴黎开设了第一家国际性专卖店。为扩展英国和美国的市场，巴宝莉加速了在亚洲、欧洲的授权，尤其依赖日本市场的发展，但在20世纪90年代中期，日本的泡沫经济严重影响了巴宝莉的销售成绩。策略的失败，完全反映在公司1997年的年报中，销售额从6 200万英镑掉至2 500万英镑。

1997年开始，新的管理团队开始想办法重新将这个公司再定位。早前的经营策略过分依赖狭小的客户群，品质控制和产品设计的缺陷，以及无差别的授权使巴宝莉公司的品牌印象受到破坏，管理团队决定对巴宝莉重新再定位。在此之前，它的名称是Berburrys，转型后更名为Burberry。1999年巴宝莉的创意总监Roberto Menichetti将品牌原名Burberrys去掉"S"，成为今日的Burberry，除了奠定转型根基外（年轻化），更是为了纪念巴宝莉的创始人Thomas Burberry。

2. 巴宝莉商业模式

巴宝莉商业模式由4个新的相互关联的要素组成，即产品、生产和货源、发布的渠道及行销的散播点。

（1）产品。巴宝莉将产品清楚地定位为英国生活风格，产品范围从男士、女士、儿童的服装延伸到配件，例如，围巾、披肩、领带和坚固性的配件，包括手提包、小型提制品、女鞋、行李箱、雨伞、眼镜类、表类。

巴宝莉将产品类别分为季节性和持续性商品。持续性商品（例如经典的大衣）可以有较长久的销售周期；季节性商品则是主要反映出当季的流行风格走向。

Burberry Prorsum系列较为时尚、流行，用途是在时装秀和时尚评论中能获得更多的焦点，以限定的数量去生产产品来满足极为富裕的消费者对于独特性的需求。

Burberry London系列则是公司的主要核心系列，在春夏和秋冬分别会展示男装与女装两大系列。男装和女装都偏向秋冬装。但是为了迎合较温暖的气候，女装春夏系列也推出了泳装和其他商品，例如，沙滩用的鞋子、毛巾、手包。相对的男装系列也延伸到运动服装、泳装、滑雪系列。巴宝莉从西班牙的合作关系买回经营权后，也保留了Burberry London在西班牙市场存在的地位。

Thomas Burberry 系列则将目标对象锁定在 15~25 岁较年轻的消费群，强调休闲风格，与 Burberry London 系列在设计感、营销手段、分布地方、价格的辨识上都有很大的区别。

Burberry Blue 和 Burberry Black 是日本独有的。在 1996 年推出的 Burberry Blue 定位为年轻的女性；Burberry Black 则是定位为年轻、职业化的男性。

从属于巴宝莉金字塔最顶端 Burberry Prorsum 系列到最底端的 Burberry Accessories 系列，巴宝莉在产品样式上确保了三种重要的因素。

- 多品牌的尝试，使市场覆盖率最大化、满足更广大的顾客需求层次。
- Burberry 蓝标、黑标的独特产品样式，证明其延伸性和市场反应能力。
- 产品多样化和不同定价，可以让消费者接触到巴宝莉旗下不同层次的特色产品。

（2）生产和货源。设计总裁 Christopher Bailey 负责 Burberry Prorsum 系列的设计，为巴宝莉旗下其他品牌设计团队的设计灵感及风格走向提供依据。伦敦为主的设计团队负责 Burberry London 系列设计，同时也统筹其他巴宝莉的设计路线。Burberry Prorsum 和 Burberry London 所需的织品，以有限的欧洲供应者为主要来源。

首次采购是根据销售预测来确保产品供应量，其后的购买是根据实际销售情况，予以调整推断。内部的生产设备建立在英国、威尔士和美国新泽西州。

1997 年，巴宝莉与 Safilo SPA 合作推出 Burberry Eyewear Collection。

2001 年，巴宝莉与手表制造商 Fossil 合作推出 Burberry Timepieces Collection。在日本，巴宝莉产品的设计、制造和批发，主要由 Mitsui 以及 Sanyo 的授权商共同负责 Burberry London Collection、童装以及 Burberry Golf Collection 的设计和制造。巴宝莉主要的仓储和物流管理活动是由内部来管理。巴宝莉的批发设置于英国诺森伯兰郡，还有其他三个分别设于美国新泽西州、中国香港和西班牙巴塞罗那。为减少物流成本并缩短传输时间，公司直接控制到美国及亚洲仓库的产品运输。巴宝莉采用外部的物流管理公司来分配和递送货物。

（3）销售方式。巴宝莉零售连锁店包括四种不同的形式（见图 6-9）。旗舰店位于巴塞罗那、东京、纽约、伦敦。这些旗舰店，最少要有 10 000 平方英尺，主要以 Burberry Prorsum 和 Burberry London 的产品为主。一般的零售店，在欧洲、美国和亚洲的 30 多家门市，通常是位于首都城市，并且是在富裕的地点。这些商店除了提供一些基本的款式外，同时也提供较适合当地风俗和气候变化的商品。例如，在纽约和芝加哥的巴宝莉商店有许多种雨衣，而在比佛利山商店比较注重轻薄的产品。百货公司专柜，如在韩国、日本和西班牙，这些专柜可以避免经营直营店的费用和风险，主要经营 Burberry London 或 Thomas Burberry 系列的产品。巴宝莉也在英国、美国和西班牙等地设有折扣店，以折扣价格出售零售店和批发场的剩余存货。另外，他们也出售有细小瑕疵的产品。

2002 年，巴宝莉批发商超过了 3 100 家，17% 在美国，40% 在西班牙和葡萄牙，37% 在欧洲，其余的则在亚洲等地。批发对象包括有名的百货公司、特色时装零售商和免税零售商。为了服务它们，巴宝莉在伦敦、纽约、米兰、巴塞罗那和香港设有货品陈列室。"店中店的形式"已经在百货公司呈现。

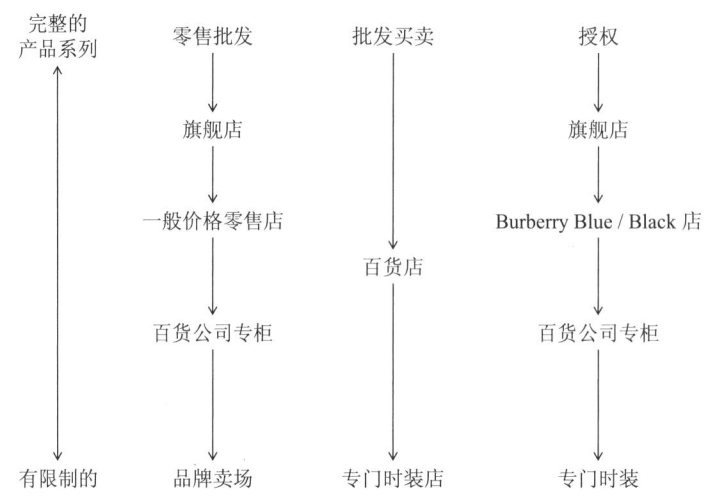

图6-9 巴宝莉的配销方式

（4）推广。巴宝莉清楚了解市场宣传活动的重要性。为了保持品牌的独特，全部巴宝莉销售活动都由伦敦管理。任何当地的市场宣传活动皆须经过伦敦销售团队的确定。巴宝莉销售通信法有三个核心要点：

- 广告。每年两次，这些广告多数来自公司的文化和历史。由于重点在于关键产品和品牌，广告不同于其他产品。在日本广告市场，Mitsui和Sanyo也都使用伦敦销售团队提供的广告活动。全部在日本的广告活动都需经过总部的市场开发部的批准。
- 时装秀。对巴宝莉而言，时装秀在他们的市场营销计划里是重要的因素，因为时装秀可以建立和加强品牌的可信性及知名度。男性和女性的巴宝莉订货会一年两次在米兰举办。Burberry London每个季节的时装秀都在伦敦时尚周举办。
- 新闻报道策略。巴宝莉重新定位和随后的复兴策略，为其他企业提供了宝贵的商业参考价值。

第7章
品牌发展：新产品导入与品牌延伸

中国古代的管仲学派曾经说过：事者生于虑，成于务，失于傲。不虑则不生，不务则不成，不傲则不失。这句话的意思即是，事情总是产生于缜密的谋虑，成功于务实的努力，失败于骄傲轻心。不谋虑则不能产生，不努力则不能成功，不骄傲轻心则不致失败。对于品牌发展也是如此，在新产品的导入与品牌延伸过程中，更要有长远的规划和谋略，脚踏实地地安排各个环节的工作，切忌贪婪自大，否则会毁了自身原有的根基。

要了解品牌发展策略，首先要重温理清一下一些品牌与产品的概念，在此基础上，我们就能够更进一步地了解新产品导入与品牌延伸。

1. 品牌与产品

企业发展的初始阶段，最关键的是要有一个好产品推向市场，能迅速打开市场赚取利益。产品是品牌的基础，没有产品实体作为根基，品牌就是虚化的。在这个阶段，企业要做的就是踏踏实实把产品做好，把产品的市场力做到位。具体地说，企业需要在选好产品的基础上进行产品的有效策划，给产品本身赋予强大的市场力。

接下来企业需要打造产品品牌，构建一个有市场力的好产品，而且在产品有了一定的销量之后，适时将产品品牌化，打造一个强势的产品品牌。塑造产品品牌的关键是要提炼出品牌的核心价值，赋予品牌价值感。

任何一个企业、任何一个品牌都有其起家产品，而这个产品对于企业、品牌的意义非同一般，而日后当产品销量达到一定规模，形成品牌后，企业再扩张其产品，就会有品牌"反哺"产品的效果（见图7-1）。

图 7-1　产品与品牌的关系

2. 企业品牌与产品品牌

形象地说，企业品牌是"母"，产品品牌是"子"，以企业品牌统领、助力产品品牌的发展与建设，将企业资源、企业品牌资产传递到每一个产品品牌，为产品品牌的发展提供保障。而产品品牌在企业经营战略之下，是企业经营战略实现的重要载体，同时也是实现消费者与企业链接的载体。企业品牌也明白无误地代表着由公司主导的帮助建设品牌的一组特征和一系列计划。

英特尔的"Intel Inside Plan"是有史以来最为成功的公司品牌建设计划之一，通过在最终用户当中建立强大的公司形象，英特尔不仅将自己的产品和竞争对手的产品强有力地区分开来，而且有效地限制了IBM、惠普、戴尔等计算机制造商在消费者中的品牌影响力，并在某种意义上使其成为自己的附庸。更有利的是，英特尔的公司品牌作为一个强大的品牌平台使得陆续推出的奔腾、Celeron、Xeon、Core、Atom等产品品牌都获得了巨大的胜利，从定量的角度可能能够更好地反映出"Intel Inside Plan"的成效，这个计划从1991年开始累计投入70亿美元，同期却为英特尔积累了400多亿美元的品牌资产。

3. 单一品牌战略与多品牌战略

单一品牌战略和多品牌战略是企业搭建品牌架构时两种不同的品牌战略模式。单一品牌战略是指食品企业多个品种、品类的产品使用同一个主品牌或同一个主品牌加不同副品牌的品牌战略模式。

一个单一品牌战略的例子是康师傅。康师傅不同品类的产品使用的都是"康师傅"这个主品牌加上产品品类或康师傅主品牌加产品副品牌的单一品牌战略。如康师傅3+2饼干、康师傅鲜的每日C果汁、康师傅"食面八方"方便面、康师傅冰红茶等。

多品牌战略是指以公司品牌为背书，企业不同品类的产品分别使用不同品牌运作的品牌战略模式。

实行多品牌战略的企业我们就以可口可乐为例。面对碳酸饮料市场的逐步萎缩，可口可乐进入了果汁饮料和茶饮料市场。但果汁饮料和茶饮料并未使用"可口可乐"这个品牌，而是采用了多品牌战略。如可口可乐的碳酸饮料主要使用"可口可乐"品牌、其茶饮料使用的是"原叶"品牌、果汁饮料使用的是"美汁源"品牌等。多品牌战略既不易伤害可口可乐这个主品牌，又为企业拓展了新的市场空间。

4. 新产品、产品线延伸与品牌延伸

在学术领域中，关于新产品、产品线延伸与品牌延伸不同的专家和学者对这些概念的理解有所不同，我们在本书中统一用戴维·阿克《管理品牌资产》与《建立强势品牌》中对三者的区分：**品牌延伸**（Brand Extension）是基于品牌的角度出发，将原有品牌的触角伸至不同行业、不同品类或者不同产品线，如乔治·阿玛尼将品牌延伸至 Armani 酒店、Armani Dolci，服装延伸至面向中高端消费者的 Armani Jeans 和 Armani Exchange 等。而**新产品开发**（New Product Development）是基于产品线的角度而考虑的，如建立新的产品线、原产品线中加入新的产品或是推出新规格的产品，如 Armani Jeans 新打造了秋季系列、Armani Junior 有了七分裤款、Armani Dolci 有了新的水果口味巧克力等。**产品线延伸**（Line Stretching）是指品牌延伸到了一个不同的系列。

新产品、产品线延伸与品牌延伸的关系，如图 7-2 所示。

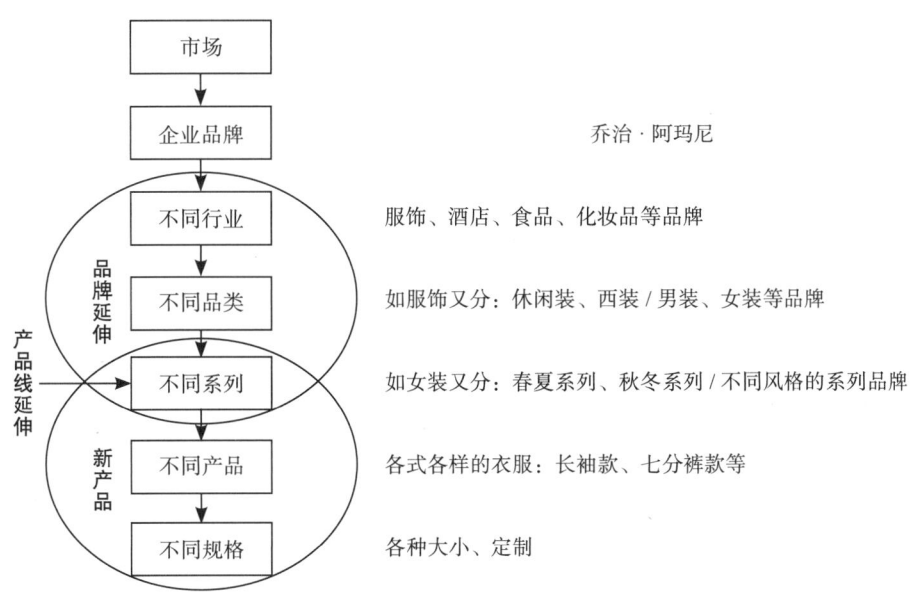

图 7-2 新产品、产品线延伸与品牌延伸

我们回过头思考这样一个问题：一个品牌想成为强势品牌，就是创造并综合利用现有的品牌资产。品牌具有品牌知名度、品牌美誉、品牌偏好、品牌联想、品牌满意以及品牌忠诚

度，它们是企业和品牌拥有的最强大的资产。那么，在品牌成为强势品牌后如何利用品牌发展成为更大、更成功的品牌？

在一个市场中，当产品集中度很高时，各大"巨头"势均力敌，各霸一方，已成僵持状态。此时企业若想再提高市场占有率，就有很大的困难。常见的市场吞食方法——广告战、价格战等不仅耗损巨大，而且收效甚微，弄不好还会"两败俱伤"。国外的大企业还深恐违反反垄断法。于是，企业就转而进入一些发展潜力大的行业。

有许多小企业甚至是大一些的企业在进入一个新的行业时，往往采取低价渗透策略，以比主导品牌低许多的价格，去抢占领导品牌的市场份额。这时，处于领导地位的主导品牌便会对应地推出抵挡品捍卫主品牌，让对手占不到丝毫便宜。

虽然柯达已经破产，但是作为20世纪最杰出的品牌之一，我们还是把它作为成功的案例。20世纪末，日本富士胶卷在进入美国市场时，为了尽快获取市场份额，采取了低价渗透的策略。而柯达为了应对富士的蚕食，在原来目标市场上推出了柯达金品牌，同时在低价位市场上推出了"柯达快乐一刻"品牌。"快乐一刻"作为保护性品牌，与富士进行较量。经过多年"鏖战"，柯达的市场占有率在美国稳居80%以上，最终有效地保护了柯达在美国的市场份额，成功地捍卫了主品牌。

同样，科技进步也使产品的生命周期缩短，更新换代加快，市场产品淘汰率增加，这一切都使生产和需求具有极大的不稳定性。如果只经营一种产品，企业的成长必然为市场需求所左右，要冒较大的经营风险，于是世界各大企业纷纷寻找新出路，果断地走向多样化经营。实施品牌延伸使企业左右逢源，保证了企业的平稳发展并提高了经济效益。

日本三菱重工（Mitsubishi）拥有5个机械厂，机械产品多达73种，小至收音机，大至核电站成套设备，有"机械产品的百货商店"之称。人们对韩国现代集团的评语是"From Chips to Ships"（从计算机芯片到轮船），勾勒出其产品范围之大。

法国著名的时装名牌皮尔·卡丹（Pierre Cardin）超出了时装本行，涉足环境装饰品、玻璃饮具、厨房用品、生活用品、自行车、地毯乃至飞机行业，还插手高级餐厅、高级旅馆和高端写字楼等。

因此，通常地，我们把企业这些品牌发展方式称为**新产品导入**（New Product Introduction）或**开发新产品**（Develop a New Product）。对于这些新产品来说，企业可以选择为其建立一个全新的品牌或者进行品牌延伸，此外，品牌合作也是企业经常考虑的策略。下面我们一一介绍新产品策略、品牌延伸以及品牌合作。

7.1 新产品策略

当一个企业采用新技术原理和新设计构思研制、生产全新的产品，或在结构、材质、工艺等某一方面改进原有产品时，我们都称为新产品开发。只要是产品整体概念中的任何一部分的变革或创新，并且给消费者带来新的利益、新的满足的产品，都可以认为是一种新产品。

7.1.1 开发新产品的优势

新产品是企业对产品的更新换代，新品牌、新味道、新包装、新功能、新尺寸都属于开发新产品。开发新产品可以有效地利用企业资源、扩大目标消费群体、便于品牌联想、更容易树立形象、为品牌注入活力、抑制竞争对手等优势。

1. 有效地利用企业资源

拥有强势品牌的企业一般具有较大的规模和较强的经济实力，这为开发新产品提供了可能。通过新产品开发，企业从事多样化经营可以补充某环节能力的不足，或可以充分利用企业内部闲置的资源，从而使企业规模结构更趋合理。

杜邦公司在 20 世纪 70 年代面对石油价格的暴涨，一时无法应付，产品营销与价格都处于混乱状态，仅仅两年间，利润就下降 2.7 亿美元。鉴于公司 80% 产品的原料是石油，70% 的收益来自石油制品，在权衡利弊之后，杜邦决定兼并美国第九大石油公司，并开发新产品。此举实现了原料的自给自足，不但降低了成本，而且摆脱了国际市场的控制，使公司在化学工业市场立于不败之地。

2. 扩大目标消费群体

品牌的忠诚消费者会认为一个品牌能够满足他们个性化的需求。例如，佳得乐的品牌个性和口味特别适合那些打球的消费者。然而，没有这些偏好或者个性化需求的消费者可能会觉得这个品牌并不适合他们。因此，一个具有针对性产品的品牌可以提高某一类消费者的专一度，但是也放弃了其他消费人群。开发新产品可以扩大潜在的消费群体，从而克服了目标消费群体不足的障碍。这一类新产品方式的推出有以下几种方式。

（1）满足消费者的新需求。

例如，维他奶（Vitasoy）被视为一种豆奶饮料，维他奶将产品线延伸到了那些更喜欢健康的茶饮品和纯鲜奶的消费群体，同时推出了低脂和无脂的品牌产品，这样为许多关注健康的消费者去除了饮用障碍。

（2）增加产品包装。

如汰渍（Tide）洗衣粉推出特大号的家庭装、小袋装和专门针对洗衣机用户的专用包装；德芙巧克力推出的不同包装和重量的巧克力；喜之郎推出散装和精装的果冻等也说明了同样的道理。

（3）增加原产品功能。

如三菱水笔（UNI）改进了笔芯，增加了可擦写的功能并相应生产了橡皮，运用这些附加的功能性利益，使三菱水笔处于一个吸引新消费者的位置。正确的新产品可以使企业进入一个崭新但高度忠诚的细分市场，还能起到抑制竞争对手产品的作用。

3. 便于品牌联想

当重新定位的品牌中有消费者已经熟悉的成分时，他们对新传输的信息有一种熟悉的感觉，这种感觉是通过对原有品牌的认知和品牌延伸的联系而获得的。

对一种新产品的接受的第一步是对该品牌名称的认知，并将它与产品相联系。品牌名称提供了一种能够影响低介入产品的购买，有助于消费者选择其他产品的熟悉感。由于这一原因，被目标市场熟悉的品牌容易被消费者接受，一个被接受的品牌能够直接为经营者赢得竞争优势。

例如，海尔推出品牌延伸的系列产品如小容量洗衣机、空调、电视机等，就没有进行大规模的广告宣传，但很快获得了消费者的认可，产品就打开了销路。

4. 更容易树立形象

新产品有自己的形象和个性，这一形象是和产品的独特性能、产品的特征以及产品的超群品质有联系的。新产品形象的塑造是非常困难的，如果企业原有的成名品牌，能够准确地传达新产品定位所需要的信息，这个形象的塑造过程就不是一朝一夕可以达到的，需要时间的积累和大量的财力、物力投入。而利用企业原有的品牌资源打造新产品，就能够准确地传达新产品定位所需要的信息，形象很容易塑造出来。

5. 为品牌注入活力

开发新产品能为品牌注入活力，让它更有意义、更有趣、更引人注目。通过这种方法，它可以为差异化创造基础，使品牌传播更有效。

可口可乐在推出"可口可乐"后的第一个新产品就是"健怡可口可乐"，获得了极大的成功。"健怡可口可乐"迅速成为美国第三畅销的不含酒精饮料，以及美国销量第一的低糖含量饮料。受此鼓舞，可口可乐公司随后开展了一系列新产品计划："不含咖啡因的可口可乐"、"不含咖啡因健怡可口可乐"、"樱桃可口可乐"等。这些新产品的推出极大地丰富了消费者的选择对象，同时也为可口可乐家族注入了新的活力，提高了品牌竞争力。

6. 抑制竞争对手

企业开发新产品并非完全为了在财务指标上一鸣惊人，尤其对于处于市场领先地位的强势品牌，新产品的开发没有实现高回报也可以是值得的。就如通用汽车、施乐以及其他品牌放任了它们在各自领域低端市场的发展，虽然只取得了一小块立足之地，但是在战略上是成功的。先发制人使得这些企业杜绝了竞争对手对市场份额的蚕食，因此，我们就很容易理解汰渍和佳洁士为何一直开发各种新产品了。

7.1.2 开发新产品的风险

有优势自然也会存在风险,开发新产品会带来额外的成本,并会产生品牌个性被稀释、品牌形象逐渐淡化、不兼容、企业顾此失彼等负面影响。定位之父艾·里斯曾忠告:"品牌延伸是橡皮筋,你愈伸展一个名称,它就会变得愈脆弱。"

1. 透支品牌力

一个强势品牌在社会大众心目中实际上已成为某一类产品的代名词,如"劳力士"就是高端手表,"健力宝"就是运动饮料,"麦当劳"就是快餐,"雀巢"就是咖啡。如果用一个名称同时代表数种有差异的商品,必然会导致公众认知的混乱,于是在消费者心目中将失去类似条件反射般的必然联想。这种过程虽然可能比较缓慢,但确实存在。

为了最大限度地发挥品牌效应,无节制地进行品牌延伸,这是对品牌力的一种透支。品牌权力的基础是消费者的品牌忠诚。如果品牌延伸是以降低原品牌的消费者忠诚度为代价,延伸品牌所获得的销售额是以原品牌的衰退为代价而得来的,那么,这种品牌延伸就得不偿失。

娃哈哈最初是儿童营养液的代表,随着娃哈哈一步步延伸到纯净水、可乐、八宝粥,娃哈哈儿童饮品的品牌形象已淡化了许多,以至于它进军童装市场时并不成功。最主要的原因之一就是与娃哈哈品牌的初始形象已淡化有很大关系。五粮液集团开始将品牌延伸到日化行业,随着延伸跨度加大,也会稀释中国白酒领先品牌的形象。一些家电企业也会尝试把新产品触角伸向保险、电脑等行业,家电品牌的形象也相应淡化。

2. 不兼容

有些企业在进行跨行业品牌延伸的过程中,不顾核心品牌的定位和"兼容性",把同一品牌用在两种不同的产品中,当两种品牌在用途上存在矛盾时,消费者通过联想就会产生心理冲突。或者品牌如果延伸到一个与主品牌对应下的原产品相对立或易引起消费者反感的产品、行业上,也会使消费者产生心理冲突。

美国 Scott 公司生产一种名为舒洁(Kleenex)的卫生纸。舒洁本来是卫生纸市场上的头号品牌,但随着舒洁餐巾纸的出现,消费者的心理发生了微妙的变化。正如艾·里斯在介绍这一案例时所做的幽默评论:"舒洁餐巾纸与舒洁卫生纸,究竟哪个品牌才是为鼻子策划的?"结果舒洁卫生纸的头牌位置很快被宝洁公司的 Chairmin 牌卫生纸取代。

3. 跷跷板效应

一个名称代表两种甚至两种以上的有差异的商品,必然会导致消费者认知的游离和模糊化。当新产品在市场上处于绝对优势时,消费者就会把品牌的类别定位默认在新产品上。随着新产品的崛起,无形之中就削弱了原有产品的竞争优势。这种原有产品与新产品竞争态势的交替升降变化,我们一般称为"**跷跷板效应**"(Cogging Effect)。

产生"跷跷板效应"的原因主要在于新产品削弱了产品本身的魅力。拥有强势产品的企业通常会认为产品的魅力来自公司自身。然而,事实可能恰恰相反。

很多情况下,企业的魅力来自产品的魅力。产品的魅力是由消费者认可的,企业需要思考把自己强势品牌的魅力展现出来。有时,企业盲目开发新产品,使得原有占优势的产品不仅得不到发展,反而可能会有所萎缩。

亨氏是美国著名的食品品牌,主要生产腌菜和番茄酱。后来,随着番茄酱一系列新产品的推出,使亨氏成为了番茄酱的代表。然而,与此同时,亨氏丧失了腌菜产品的领先地位,被 Vlasic 取代。这就是典型的跷跷板效应。

7.1.3 新产品开发战略

新产品开发战略的类型根据新产品战略的维度组合而不同,产品的竞争领域、新产品开发的目标及实现目标的方式三者构成了各种新产品开发战略。一般地,以下四种是最常见的新产品开发战略类型。

1. 冒险战略

冒险战略是具有高风险性的新产品战略,通常,企业在面临巨大的市场压力时为之。企业会孤注一掷地调动所有资源投入新产品开发,期望风险越大,回报越大。这类企业希望在技术上有发展,甚至有一种技术突破。而新产品开发的目标是迅速提高市场占有率,成为新产品市场的领先者。创新度希望是首创,甚至是首创中的艺术性突破,以率先进入市场为投放契机。

一般地,实施这种战略的企业具备领先的技术、巨大的资金实力、强有力的品牌营销能力,很显然,实力弱小的企业很难承担这种战略带来的风险。如苹果 iPhone 4、谷歌眼镜就是典型的冒险战略成功的案例。

谷歌眼镜是一款"拓展现实"眼镜,它具有和智能手机一样的功能,可以通过声音控制拍照、视频通话、辨明方向、上网冲浪、处理文字信息和电子邮件等。谷歌眼镜的重量只有几盎司,尽管如此,它仍然内置了一个微型摄像头,还配备了头戴式显示系统,可以将数据投射到用户右眼上方的小屏幕上,而电池也被植入眼镜架里。

2. 改进战略

改进新产品的创意可以来源于对现有产品用途、功能、工艺、品牌战略等的改进,改进型新产品、降低成本型新产品、形成系列型新产品、重新定位型新产品都可以成为企业的选择,当然,也不排除具有较大技术创新的新产品开发。相对而言,采用这种改进战略的企业承担的风险要小得多。索尼、三星是采用改进战略代表性的品牌。

自 1993 年开始，索尼旗下的"日本索尼音乐"成立索尼电脑娱乐（SCE），并计划代号"PS-X"开发新一代的 CD-ROM 游戏主机，全力对抗任天堂主导的游戏市场。此后的 20 年间，索尼相继推出了 PlayStation、PlayStation 2、PlayStation Portable（PSP）、PlayStation 3、PlayStation Vita（PSVITA）以及 PlayStation 4（见图 7-3）。

图 7-3　索尼 PlayStation 系列产品

3. 紧跟战略

有时，企业会紧跟自己行业内实力强大的竞争者，作为模仿者，迅速仿制竞争者已成功上市的新产品，来维持企业的生存和发展。许多中小企业在发展之初常采用这种新产品开发方式。紧跟战略的研究开发费用小，但市场营销的风险却很大。这种战略需要企业快速、准确地获得竞争者新产品开发的信息，此外，对竞争者新产品模仿式的改进会使这样的新产品更具竞争力，同时，强有力的品牌传播也是这种战略成功的关键。

例如，华为 Ascend P 系列手机，在模仿苹果和三星的同时，增加了自己独特的设计与性价比优势，从而一举成功。

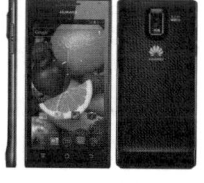

华为在 CES 2012 展会发布了全球最薄的智能手机华为 Ascend P1S。不久之后，又发布了第一款搭载自研的四核移动中央处理器 K3V2 的手机"Ascend D quad"，该处理器由华为旗下子公司海思研发，也是至今封装最小的四核处理器。同时，华为也成为国内第一家推出自研手机移动中央处理器的手机厂商，该举对于打破高通、德州仪器（TI）以及 NVIDIA 对手机 CPU 的垄断，具有重要意义。

4. 防御战略

为保持或维持企业现有的市场地位，有这种战略目标的企业会选择新产品开发的防御战略。这通常被成熟产业或者夕阳产业中的企业采用。

中国汽车正处于高速发展时期，国外厂家为了占有中国市场不断加大投资力度，中国民族汽车产业面临严峻挑战。面对国外众多汽车品牌的围追堵截，还是有一些国产汽车生产厂家站住了脚跟。比如，QQ 和吉利生产低价、高性价比的产品，避开与国外强势品牌在高端产品上的竞争，还有一些企业专注于生产冷冻车或油罐车等此类特殊用途的汽车。

7.2 品牌延伸

品牌延伸是企业将某一品牌扩展至不同行业、不同品类或不同产品线的过程。品牌延伸并非简单地借用表面上已经存在的品牌，而是利用原品牌的品牌资产进行发展。

如维珍（Virgin）集团从最初维珍唱片开始，利用集团强大的品牌资产开发了维珍旅游、维珍航空、维珍百货、维珍饮料、维珍服装等，都获得了不小的成功（见图7-4）。

图 7-4　维珍的品牌延伸

7.2.1 品牌延伸类型

一些教材引用了品牌学者陶布（Taube）等人提出的"**品牌横向延伸**"（Brand Horizontal Extension）和"**品牌纵向延伸**"（Brand Vertical Extension）的说法。其中，前者是指品牌延伸进入了不同品类或不同系列，后者则指品牌延伸进入了不同行业。

一般地，品牌延伸以延伸方向分类，分为向下延伸（在产品线中增加较低端的产品）、向上延伸（在产品线上增加高端产品生产线）以及双向延伸（品牌将产品线同时往上、下两个方向延伸）。

1. 品牌向下延伸

从轮胎到服饰，从电脑到汽车，今天的市场正变得越来越以价值为中心。许多理性的消费者正从知名的、奢华的产品转向高性价比、质量优良的品牌。为了应对这种现象和趋势，品牌管理者也在尝试将他们的品牌向低端市场延伸。因此，产生了品牌向下延伸这种方式。

2006年，当时中国最奢华的度假酒店——丽江悦榕庄建成开业，悦榕庄和新加坡悦榕集团开始被更多的人关注。短短七年多时间，悦榕集团旗下酒店在中国已开设六家。曾不被人看好，认为在中国没有市场的高端度假酒店集团在中国运作成功了。

如今悦榕集团旗下拥有两大品牌：悦榕、悦椿（ANGSANA）。其中，悦榕庄是核心品牌，在悦榕的基础上针对不同的目标市场，延伸至悦椿。悦榕的品牌理念是，给消费者提供一个放松身体和心灵的精神避难所，针对高端度假型消费者。悦椿是悦榕庄的姐妹品牌，是专为现代感十足及充满活力的年轻族群而设计的中端生活品牌。

悦榕集团通过多品牌战略占领了几大目标市场的领导地位，也扩宽了自己的产品范围和市场覆盖面。同时，集团还采取了横向延伸战略，创立悦榕 SPA、悦榕高尔夫球场、悦榕轩产权式酒店、悦榕秘境旅游目的地俱乐部等，满足了不同层次的消费者需求，也吸引了更多不同消费层次的消费者。

2. 品牌向上延伸

当一个品牌在规模和市场方面成为行业的领导者，拥有令人羡慕的市场份额与销售影响力时，这一领导品牌就占据了商店货架、餐厅以及消费者的心智。但是，它的价格也会受到零售商、竞争对手和消费者的挤压，尤其受到那些价格更低、性价比更高产品的影响。

在这种情况下，常常会出现一个诱人的、处于增长期的高端市场。在这个市场，**边际利润**（Marginal Revenue，也就是多售出一个产品获得的利润）相比高得多，一些品牌管理者决定进入这个市场，摆脱原本已经显出疲态的细分市场。由此，品牌向上延伸这个概念就出现了。

上海家化（Jawha）自建立已有百余年历史，经历了市场变革的风风雨雨，打造了消费者广为熟知的美加净（Maxam）、六神（Liu Shen）以及佰草集（Herborist）。2011 年，平安信托旗下子公司平浦收购了上海家化的所有股权，也为此后获得长期资金支持、品牌延伸、完善体系奠定了良好的基础。随后，2013 年夏季，上海家化全新推出"恒妍"（Soft Sense）、"启初"（Giving）、"茶颜"（T-beauty）三个延伸品牌，分别定位于专营店渠道、婴幼儿市场和电商渠道三个方兴未艾的潜力市场（见图 7-5）。上海家化的十大股东如表 7-1 所示。

图 7-5　上海家化的品牌延伸

表 7-1　上海家化的十大股东

家化股东组成	持股比例
上海家化（集团）有限公司	26.78%
易方达价值成长混合型证券投资	2.66%
全国社保基金——七组合	2.47%
上海久事公司	2.39%
汇添富成长焦点股票型证券投资基金	2.30%

(续)

家化股东组成	持股比例
中银持续增长股票型证券投资基金	2.03%
华商盛世成长股票型证券投资基金	1.97%
嘉实研究精选股票型证券投资基金	1.92%
华商领先企业混合型证券投资基金	1.80%
嘉实策略增长混合型证券投资基金	1.79%

其中,恒妍在上海家化战略发布会上隆重推出。恒妍是专门针对化妆品专营店这一具有重要地位、还在蓬勃发展的化妆品销售渠道的全新延伸品牌,希望通过真正有效的杰出产品和正规严谨的营销模式后来居上。

启初作为全新的高端产品,旨在满足中国0~3岁婴幼儿个人护理需求。而茶颜则是颠覆传统提倡"肤食茶"的保养理念,将"茶"与保养护理产品相结合。上海家化打造"茶颜"这个高端品牌为了引导消费者随时随地以更加安全有效的方式保养自己,带给消费者新鲜的肌体、新鲜的心态以及新鲜的生活方式。

在上海家化推出这三个延伸品牌后,股价一路飙升(见图7-6),说明了消费者对上海家化发展的乐观态度。同时,上海家化旗下盈利能力最强的三个品牌"佰草集"、"六神"与"美加净",也在延伸品牌推出之时上升为"超级品牌"。从上海家化"超级品牌为主、细分品牌支持"的多品牌战略角度,让消费者看到了上海家化更大的野心。

在奢侈品行业中,无论是向上或者向下延伸,不管是同一品类中不同价格定位的纵向延伸,还是不同品类间的横向延伸,品牌延伸对奢侈品品牌的好处不言而喻。

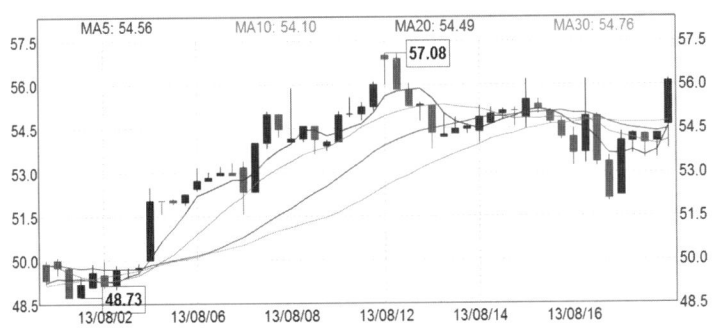

图7-6 品牌延伸后,上海家化股价一路飙升

自1981年乔治·阿玛尼首度提出延伸副线的概念并推出Emporio Armani后,诸多奢侈品品牌纷纷"效仿"。如今,一个奢侈品品牌旗下有六七个产品线品牌再正常不过,更有甚者,就像普拉达和乔治·阿玛尼,产品线覆盖至眼镜、内衣、袜子、泳衣、糖果、家具甚至是酒店,全品类的产品线可以多达十几条(见图7-7)。

	男装	女装	内衣	箱包	皮件	配件	手机	香水	眼镜	鞋履
Prada	○	○	○	○	○	○	○	○	○	
MiuMiu		○		○						
Church's										○
Car Shoe										○
Jil Sander										○

图 7-7　普拉达的品牌延伸

但并不是所有奢侈品品牌的品牌延伸都能大获成功，在正式推出市场之前如果没有很好地规划，奢侈品品牌就会面临产品线重塑的问题，这不仅会给消费者带来困扰，同时也会影响品牌在消费者心目中的形象，毕竟重塑的原因很容易被与市场反应不佳联系在一起。

如 Calvin Klein 启动了产品线重塑计划。其中，Calvin Klein Collection 依然作为最高端的品牌，但原先定位高级成衣的 ck Calvin Klein 将改名 Calvin Klein platinum label（白金标），定位为较 Calvin Klein Collection 低档的运动服装和配饰品牌，另外 Calvin Klein white label（白标）将包括原先 Calvin Klein Jeans 牛仔服和 Calvin Klein Underwear 内衣这两个品牌组合中最基础的品牌。

在面临巨大竞争的环境之下，要保持自己的利润，奢侈品品牌必须要向高处提升。而原先目标顾客人群定位稍有重叠的不同产品线划分，无疑会导致高端产品线的顾客被定位稍为低端的产品线消化。为了保住主线品牌，杜嘉班纳也不得不做出关闭副线 D&G 产品线的决定也是基于这个原因。

我们最后看一下宾利的案例。宾利在 2013 年夏推出了全新宾利家居系列产品。这一系列产品将在现代风格中融入传统元素，提升当前居家、商务、高级办公场所的品质。宾利手工制造汽车内饰一直全球最首屈一指，在品牌建立近百年后，终于将这种奢华延伸到居家和办公产品中。宾利的家居系列产品覆盖了家庭、会议室、公寓、酒店、游艇、私人飞机等领域，它将忠实地把宾利高雅鲜明的风格以细致入微的精神与高度的审美品位反映到家居产品之中（见图 7-8）。

图 7-8　宾利家居产品系列

宾利的家居产品将是传统的英国车手精神与全新的当代英格兰风格的结合，这在纽约圣雷吉斯酒店（St. Regis Hotel）的宾利套房的装修上得到了最好的体现。在那里，传统与现代的结合在皮革、珍贵装饰用板、钢铁、羊毛、丝绸、玻璃的大量应用中达到了新的高度。而所用的每样材料就如同宾利汽车的性能和奢侈的核心元素一样，品质之高显而易见。

7.2.2 品牌延伸风险

若品牌延伸策略运用得当，自然能为企业营销活动带来许多方便和利益；若非如此，会给企业带来诸多方面的危害。品牌延伸与新产品开发类似，也会出现"不兼容"以及"跷跷板效应"这些现象，同时还可能额外地产生"损害原有品牌形象"、"株连效应"等影响。

1. 损害原有品牌形象

当某一类产品在市场上取得领导地位后，这一品牌就成为强势品牌，它在消费者心目中就有了特殊的形象定位，甚至成为该类产品的代名词。将这一强势品牌进行延伸后，由于近因效应（即最近的印象对人们认知的影响具有较深刻的作用）的存在，就有可能对强势品牌的形象起到巩固或减弱的作用。如果品牌延伸运用不当，原有强势品牌所代表的形象信息就会被弱化。

例如，施乐收购了一家电脑公司，把它改名为"施乐资料系统"。然而"施乐"在顾客心中意味着高端复印机，他们不接受低端的、不能复印的"施乐"电脑，由此，施乐为此损失了整整8 400万美元。

2. 有悖消费心理

一个品牌取得成功的过程，就是消费者对企业所塑造的这一品牌的特定功用、质量等特性产生的特定心理定位的过程。尤其，当一个企业把高端的强势品牌延伸到低端不相干的产品上时，就违背了消费者的心理定位。这类不当的品牌延伸，不但没有什么成效，而且还会影响原有强势品牌在消费者心目中的特定心理定位。

3. 株连效应

将强势品牌名冠于别的产品上，如果不同产品在产品质量、品牌等级上相差悬殊，这就使原强势品牌产品和延伸品牌产品产生冲击，不仅损害了延伸产品，还会株连到原来的强势品牌。当把高端品牌用于低端产品上时，就有可能产生灾难性后果。

最好的例子莫过于派克钢笔。派克以质优价昂闻名于世，被誉为"钢笔之王"。然而，在1992年，一次失败的品牌延伸几乎让派克跌入深渊。新上任的总经理为扩大销售额，决定进军低端钢笔市场，将"派克"品牌用于仅售3美元的低端笔上，结果形象声誉大受影响，非但未在低端市场上站稳脚跟，并且原本的高端市场也被竞争对手夺去很大一块份额。

4. 顾此失彼

很多实行品牌延伸的企业都想获得规模经济，即扩大规模，降低成本，增加收益。而事实上，一个企业将新产品投入市场后，忙于应付各个类型的市场，力不从心，顾此失彼，更甚者一种产品在市场经营中失败，就可能波及其他产品的信誉，影响其他产品在消费者心目中的地位，导致全线溃败，正所谓"一着不慎，全局皆输"。可能结果不但没有"鸡犬升天"，更有可能造成"殃及九族"的"株连效应"。

珠海巨人集团曾在电脑行业声名赫赫，"巨人"品牌在电脑业享有较高的声誉，但是在最初经营的电脑行业没有取得绝对优势的情况下，迫不及待地进军刚刚兴起的生物保健市场和房地产市场，推出巨人脑黄金、巨人减肥药、巨人儿童营养食品和巨人大厦，致使人、财、物等资源过度分散，使本来很有希望的企业陷入重重危机之中。

7.2.3 品牌延伸原则

一个成功的品牌有独特的核心价值，若这一核心价值与基本识别能包容延伸产品，企业就可以尝试品牌延伸。从品牌延伸的风险中，我们已经知道，品牌延伸对企业而言，既可能是一本万利的好事，也可能是前进中万劫不复的深渊，未经理性决策和操作不够科学稳健的品牌延伸非常危险。因此，我们需要了解品牌延伸的原则，把这类风险降到最低。

1. 品牌核心价值相关

在众多品牌延伸的论述中，我们常见的词语之一就是"相关"，即关联度较高的产品可共用同一个品牌，如娃哈哈与雀巢品牌延伸成功可以从"品牌旗下的产品都是关联度较高的食品与饮料"这个角度来解释。

其实，关联度高导致消费者会因为同样或类似的理由而认可同一个品牌才是实质。如消费者选择奶粉、柠檬茶、咖啡时都希望品牌能给人一种"口感好、有安全感、温馨"的感觉，于是具备这种感觉的雀巢旗下的奶粉、咖啡、柠檬茶都很畅销。

关联度高就可以延伸的理论一遇到完全不相关的产品成功共用同一个品牌的事实就显得苍白无力。

如万宝路从香烟延伸到牛仔服、牛仔裤、鸭舌帽、腰带获得了很大的成功。许多关联度较低、身处不同细分市场的产品共用一个品牌也获得了空前的成功。这正是因为品牌核心价值能包容表面上看上去相去甚远的系列产品。

登喜路、都彭（S. T. Dupont）、华伦天奴等奢侈品品牌旗下产品一般都有西装、衬衫、领带、T恤、皮鞋、皮包、皮带等，有的甚至还有眼镜、手表、打火机、钢笔、香烟等跨度很大、关联度很低的产品。因为这些产品虽然物理属性、原始用途相差甚远，但都能提供一种共同的效用，即身份的象征、达官贵人的标志，能让人获得高度的自尊和满足感。购买都彭打火机者所追求的不是点火的效用，而是感受顶级品牌带来的无尚荣耀，买都彭皮包、领带也是为了这份"感觉"，而不是追求皮包、领带的原始功能。

2. 强势品牌与非强势品牌

强势品牌的延伸比非强势品牌的延伸更容易成功。企业刚刚推出延伸产品之时，如果产品品牌属于强势品牌，那么消费者会更注意到它的存在，并积极地反馈。对于强势品牌而言，即是滞后进入新细分市场，市场中已经存在竞争者，但凭借强大的品牌力量，如技术、财力通常可以击败竞争者。但是对于弱势品牌来讲，即使首先延伸产品至新细分市场，也往往很快地被后来进入的强势品牌击溃。

3. 由企业能力而定

一般地，市场容量较小、品牌传播能力处于劣势的企业应该尽量考虑品牌延伸。

企业所处的市场环境与企业产品的市场容量也会影响品牌决策，有时甚至会起决定性作用。同一个品牌用于各种产品与企业成长的市场环境有关，任何一个行业的市场容量都十分有限。因为财力的限制，企业偏向于采用"一牌多品"的策略。

联合利华则较少进行品牌延伸，原因之一是快速消费品行业与产品易于细分，可以通过性格迥异的多个品牌来增加对不同消费群的吸引力，另一原因则是联合利华拥有雄厚的财力和很强的品牌传播能力。

品牌延伸应该是一项循序渐进、有章可循的系统化战略经营模式。广种薄收、不讲成活率的粗放式延伸是品牌延伸的大忌。品牌延伸应该是生一个，活一个，而不是生一片，活几个。

品牌延伸是品牌战略的关键环节，无规则延伸产品是对品牌价值的毁灭。但是，市场实践表明：单一品牌、单一产品的品牌架构，比如红牛、红罐王老吉等，是一个"小概率、过渡性"的成功品牌架构；而且随着时间的推移，单一产品起家的品牌，一定会进行产品线的深度延伸，这比起大跨度地横向延伸，风险要小得多。而单一品牌、多品类的情况，如果品类本身的关联性较高、消费者驱动力定位一致、渠道关联性大等，这样的品牌延伸是正确而必要的，否则，就是错误的品牌战略。

7.3 品牌合作

在品牌发展过程中，很多企业还会选择与具有相似意向的伙伴形成联盟或建立合资企业，为品牌发展铺平道路，这就是**品牌合作**（Co-Branding）。品牌合作的概念不仅仅包括了两个品牌之间的合作，从广义上讲，品牌合作包含了赞助、零售促销以及生产联合等。

如万宝路的名字出现在法拉利赛车上，英国石油公司（BP Amoco）与迪士尼合作，奔驰与斯沃琪联合生产了汽车，米拉麦克斯公司（Miramax）与博伟影业（Buena Vista）发行电影等，这些都属于品牌合作。

因此，我们可以给品牌合作下一个广义的定义：两个或两个以上的消费者高度认可的品牌进行商业联合的一种方式，所参与的品牌名称都被保留，它的合作期限通常是中期到远期。

7.3.1 品牌合作层次

在品牌合作中，多个品牌或者企业创造共有价值的机会种类可以分为四个层次，分别是：接触认知型品牌合作、价值认可型品牌合作、元素组合型品牌合作以及能力互补型品牌合作。下面将对四种类型进行阐述。

1. 接触认知型

通过在广泛合作伙伴的客户群中进行宣传，商业合作可以使双方迅速提高公众对他们品牌的认知，这是共同参与和价值创造的最低水平。在这个基础上，很多基于直接市场推广的商业合作是合理的。信用卡供应商和其他企业的品牌合作关系就很好地说明了这个原则。

例如，建设银行对中国南方航空（China Southern Airlines）的飞行里程计划表示支持，发行了建设银行南航明珠信用卡。会员使用这种信用卡消费的金额可以获得飞行里程积分（可换取免费机票）。建行通过合作信用卡赢得了客户和交易，南航则丰富了为飞行里程俱乐部会员提供的好处，这种合作提高了会员对这个计划的忠诚度和乘坐南航航班的可能性。

在品牌合作最低层次上，合作伙伴都可以从品牌合作关系中获得利益和收入机会，其中包括但不局限于在更广泛的客户群中提高对它们的品牌认知度。对于消费者来说，也需要确认有可以增加的利益，这样才会激发他们和品牌合作的积极关系。同时，对合作伙伴的选择可以是非常广泛的，而且没有太多共同特点（战略、价值、定位）的不相关公司之间的联系也完全可行。

2. 价值认可型

价值创造的第二个层次和第一个层次的主要区别在于：第二个层次为次认可品牌价值、认可品牌布局或两者都认可的消费者设计。价值认可型品牌合作的参与企业具备或者想取得在客户心目中品牌价值的一致性。和第一个层次上品牌合作中品牌认识的目标相比，虽然减少了品牌合作的潜在伙伴，但是提高了价值的创造潜力。

法国蓝带烹饪学院（Le Cordon Bleu）和特福（Tefal）的品牌合作是更为传统的价值认可型的品牌合作实例。法国蓝带是一家法国烹饪学院，它的品牌已成为最高水平烹饪的代名词。特福是法国一家领军的烹饪用具制造商，正在推出新的"整体"牌系列高质量炊具，得到蓝带的认可后与蓝带一起进行市场营销活动。

人们熟悉的蓝带品牌加深了人们对"整体"这个新产品的记忆，从而帮助特福建立人们对"整体"炊具品牌的认识，这满足了第一个层次品牌合作的价值创造标准。这也使特福"整体"

品牌和烹饪质量紧密地联系起来，尤其是当蓝带学院的大厨们展示使用"整体"牌炊具并认可它的质量时，就满足了第二个层次的价值创造标准。

这则案例强调了在品牌合作更高层次选择适当的合作伙伴的重要性。特福是一个很强大并有着良好声誉的炊具品牌，是蓝带的理想合作伙伴。合作双方能够通过这种紧密的价值联系提高它们的品牌声誉，刺激产品的销售收入。

3. 元素组合型

元素组合型品牌合作的基本原理是一个在市场领先的品牌把它提供给另外一个知名品牌共享，作为后者的组成元素之一，从而产生强强联合的效应。

典型案例是内置英特尔芯片的个人电脑制造商和带有纽特健康糖（Nutrasweet）的健怡可乐。IBM、惠普或其他个人电脑制造商和英特尔进行品牌合作的重要价值，是英特尔微处理器的生产质量和功能、性能在个人电脑市场上享有很高的声誉。质量和性能是英特尔品牌的核心价值，而且它能被移植到个人电脑产品上去。

汽车也很好地诠释了元素组合型品牌合作的好处。汽车是大多数消费者购买的最昂贵的产品之一，所以制造商们想要在汽车的理性利益和价值上附加强烈的情感和直觉价值。很多汽车公司，尤其是全球市场供应者，已经发现品牌合作的交易可以使它们增加品牌形象，并改装它们的产品。

在美国，福特公司使用蔻驰（Coach）皮革作为林肯（Lincoln）轿车的内饰，还有很多制造商，如雷克萨斯使用 Bose 音响产品。在这两个情况中，汽车制造商使用了在消费者心目中有着高质量信誉的著名品牌作部件，就在汽车广告中极度强调了汽车的特优级定位。同样，捷豹在英国使用康纳利（Connolly）皮革作汽车内饰，也是因为它高质量的品牌形象。

特别地，品牌可以借助于知名的企业品牌或平台，两者合作从而实现双赢，如众多品牌与商业地产进行合作，进驻购物中心或在购物中心内举行品牌活动。

在大多数市场中，元素组合型品牌合作企业的潜在合作伙伴范围非常小。产品或者服务必须屈从于一个高级和初级的结合，而且必须是两个已经存在并具有知名度的品牌才能同意品牌合作。另外，还必须有一个像英特尔或者纽特健康糖这样的初级合作伙伴，在即将完成的产品或服务中成为主要元素，具有独特的产品特征来保持另一方品牌愿意为加强品牌力量进行投资。

华谊启明东方是由华谊兄弟（Huayi Brothers）与启明东方暖（Warm）合作而打造的品牌，是价值认可中元素组合的极佳展现。华谊兄弟是中国最杰出、最知名的娱乐集团之一，涉及电影运营、电视剧、艺人经纪、唱片、娱乐营销等领域，在这些领域都取得了骄人的业绩。启明东方暖被誉为"中国领先的活动品牌"，专为大型政府活动、城市活动、赛事活动、房地产活动、影视活动、企业活动、节日活动、时尚活动、会展活动、财经活动提供策划、资源整合和活动承办。华谊兄弟与启明东方暖融合两者 20 余年的品牌优势倾力打造了中国第一个为企业和政府提供从前期策略到资源整合、再到活动呈现的全产业链战略机构——华谊启明东方。如此强强联合，使华谊启明东方整合了近百家世界知名品牌及"世界杯"、"奢侈品博览会"等几十个独有事件传播资源以及高端生活方式平台，也为合作双方提供了全方位核心资源引入的专业支持。

4. 能力互补型

在品牌合作第四个也是最高的层次上，两个强大的互补品牌结合在一起来生产一个产品，不仅仅是零部件的相加，而且是每个合作伙伴都不断地选择将各自的核心技术和核心竞争力投入到这个产品上。

元素组合的品牌合作要求初级合作伙伴为高级合作伙伴的产品贡献一个特定的可分离组件，能力互补型品牌合作涉及了一系列的元素，可能是有形的，也可能是无形的。

埃索（Esso）石油和特易购（Tesco Express）便利店合作在加油站建立了 24 小时营业的迷你超市就是极佳的案例。它套用了 7-11 公司率先实践的在美国与美孚（Mobil）石油和在澳大利亚与壳牌（Shell）石油之间的合作方式，并通过使用英国第一超市连锁品牌对这个方式进行了拓展。

埃索公司为这个联合行为带来了作为全国三大石油零售商之一的品牌力量、一系列优越的地理位置以及具有竞争力的加油站经营管理专长。合作的预期利益在不断地增长，和埃索自己经营加油站和超市相比，与特易购合作的迷你超市的销售额在不断地上升，再加上加油站增加了它能够提供的服务，因此换来了客户反复光顾的品牌忠诚度。

特易购便利店则带来了特易购超市集团的品牌力量、顾客购买模式和生活方式的信息，采购专长和市场力量、分销组织系统以及在经营超市能力方面的管理专长。

对于特易购便利店来说，它和埃索的联合使它能够快速地、大张旗鼓地扩大在黄金地段的经验地点，提高客户对特易购便利店的理念和价值认识。这还使特易购能够比在单一的地点开店更迅速地争取到挑剔的消费者，充分利用它的分销、采购和售货专长及成本优势。

埃索和特易购便利店品牌合作的成功依赖于双方都持续地贡献了它们大部分的核心竞争力和经营优势，并不只局限于在设计和推出这个计划的时候。但它们的合作服务可以通过埃索的黄金位置占据极大的市场份额，而且通过特易购的零售效率达到极具竞争力的经营成本时，价值创造的潜力就非常高。

最后，我们再来看一则品牌合作的案例：匡威（Converse）与米索尼（Missoni）的品牌合作。

匡威是休闲鞋世界顶级运动品牌之一，1908 年创始于美国。匡威是所有帆布休闲鞋的潮流领导，一直采用质地最佳的帆布、双边条、原生橡胶加细网布，经久耐用。在推陈出新的同时强调自然材质和环保理念，被誉为鞋中的"劳斯莱斯"。早年匡威曾是 NBA 的指定用鞋，后来一直演变。随着科技的发展，篮球鞋已经发展到了高科技，匡威于是渐渐地淡出了 NBA 的历史舞台。但帆布鞋成为了时尚潮流人士喜欢的品牌。

以针织著称的米索尼品牌有着典型的意大利风格，几何抽象图案及多彩线条是米索尼的特色、优良制作、有着强烈艺术感染力的设计、鲜亮的充满想象的色彩搭配使米索尼更像一件艺术品，因而受到全球时装界的广泛关注。

匡威和米索尼共同发布联名典藏系列，以匡威最经典的两款运动鞋款 Pro Leather 和 Auckland Racer 为原型，以米索尼珍藏留存下来的经典布料加以融合重现，共同打造出 20 款每款仅限一双的特别系列，每一双都如艺术品一般，具有自己独特的个性。因此，也特邀了伦敦知名艺术家加里·卡德（Gary Card）为这个系列打造了一个独具匠心的装置艺术，身为布景设计师和插画家的卡德以匡威 Pro Leather 鞋款的经典星箭标志为灵感，通过结构的方式立体化，创造出有着星状基底、向上延升的类塔形装置雕塑艺术。他以星角为主要设计元素，通过解构布料的方式凸出其延伸的特性，同时以米索尼最为人所熟知的"之"字形针织布料覆于整个装置艺术的表面。这样一款杰出的运动鞋使众多休闲运动鞋爱好者迷恋疯狂。

7.3.2 品牌合作风险

品牌合作具有很强的利益相关性，这些利益的相互联系传递了一个信息：如果品牌运用得当，可以达到双赢的效果；但如果运用不当，合作伙伴的一方或双方就可能遭受恶果。此外，如果联合经营的一方落后于另外一方，那么另一方也会受到影响。品牌合作有时还会存在以下风险。

1. 光晕效应

任何商业合作上的关系都要承担一定的风险，有时会产生**光晕效应**（Halo Effect）——强势品牌与弱势品牌合作时，后者消失在前者的光晕中。对于弱势品牌，如果与大公司合作，虽然可以增加销售收入，但是由于缺乏自己品牌的独特性，品牌建设将会停滞不前。

2. 退化效应

在某些情况下，品牌合作会导致品牌所有者失去商标的专有权。品牌合作把不同品牌的符号和商标进行组合，可能会危及双方品牌的独特性，造成**退化效应**（Degradation Effect）。因为商标在定义上和一个业主独占的商品或服务有关，并指明了同一个贸易来源。当这个标志不再具有"出处标志"的功能时，它可能会变成不受商标注册保护的通用名词。这时竞争者就可能会趁机而入，申请取消已经注册的商标或者将其据为己有。

3. 雪崩效应

在品牌合作过程中，合作双方都需要考虑：同自己合作的企业的商业领域是否适合自己，合作后能否让消费者对新的产品或服务做出正面的反应，能否给他们带来一些有价值的利益。然而，很多企业过度神话合作品牌的力量，过度延伸品牌，导致本已成功的品牌遭受重创，造成**雪崩效应**（Avalanche Effect）。

创立于台湾的明基以电脑外设产品为业务重心，逐渐扩展至光电、通信以及数字多媒体领域，2004年，明基投影仪销售量排名欧洲第一、全球第二，笔记本销量也位于世界前茅。但子公司明基通信（BenQ Mobile）的手机市场占有率不到全球1%，因此急切地希望提高市场份额。西门子手机业务当时排名全球第四，但已经出现了比较严重的财务危机。明基将西门子作为强力进军手机市场的跳板，与西门子进行品牌合作，明基通信以3.5亿欧元的价格收购西门子手机业务，获得了西门子品牌五年的使用权，并预估第一年亏损2.3亿欧元，以后将扭亏为盈。然而事实上，第一年手机业务便亏损4.5亿欧元，影响了明基投影仪和笔记本市场，两者业绩随之一落千丈，短短几个月，整个明基集团市值蒸发近40%。在手机业务持续亏损了约8亿欧元后，明基通信于2006年年底宣布破产。

阅读材料

乔治·阿玛尼（Giorgio Armani）品牌发展

1975年，乔治·阿玛尼先生用他的名字创立了公司。作为一名设计师，他凭着对美学、奢侈品的直觉，吸引了当今社会的精英们。乔治·阿玛尼不仅仅是一个在时尚和奢侈品领域最受尊敬、最具知名度的品牌，它也是当今最有价值的时尚公司之一。

1. 乔治·阿玛尼的品牌架构

乔治·阿玛尼在社会精英群体及时尚的细分市场里也运用类似的方式延伸品牌。如今乔治·阿玛尼已经将品牌延伸至童装、酒店、家具、食品等，这些延伸品牌有各自的品牌定位满足不同的目标消费者（见图7-9）。

	男装	女装	牛仔	皮件	眼镜	配件	手机	香水	化妆品	手表	家具	食品	酒店
Armani Prive	○	○											
Giorgio Armani	○	○	○	○	○	○		○	○	○			
Armani Collezioni	○	○				○							
Emporio Armani	○	○	○		○	○		○		○			
Armani Casa											○		
Armani Jeans			○										
Armani Exchange	○	○	○	○									
Armani Junior	○	○	○										
Armani Dolci												○	
Armani Hotels													○

图7-9 乔治·阿玛尼的品牌延伸

（1）署名乔治·阿玛尼的产品线：这是由阿玛尼成衣和奥斯卡礼服等组成的衣饰系列。该系列售价极高，主要目标消费群在35～50岁左右。

Armani Collezioni：阿玛尼大胆地进入这个消费能力稍低的市场区域。基本上，这个品牌满足了两类人，一类是那些热衷穿着阿玛尼品牌的衣服但负担不起乔治·阿玛尼高价的消费者，另一类是渴望为自己的衣橱增加新衣裳的人群。售价比乔治·阿玛尼低20%的Armani Collezioni品牌向消费者提供了一条极好的，并且消费得起的时尚产品线。

（2）Emporio Armani：该品牌特别瞄准了25~35岁的专业人士群体，并提供与目标人群相关的具有时代感的设计。

（3）Armani Jeans：这是阿玛尼衣饰最低等级的品牌，它面向大众市场，而乔治·阿玛尼则针对高端市场。Armani Jeans充分满足18～30岁的年轻人的需要，它提供具有时尚和奢华倾向的衣饰。

（4）A/X Armani Exchange：这是阿玛尼产品链上特许外包零售的品牌。它向消费者提供一些尽显品牌魅力的服务。Armani Exchange通过向消费者提供全套衣饰和附属品来尽显乔治·阿玛尼全部的奢华时尚感。

乔治·阿玛尼旗下服装品牌在2009年的收入分布，如图7-10所示。

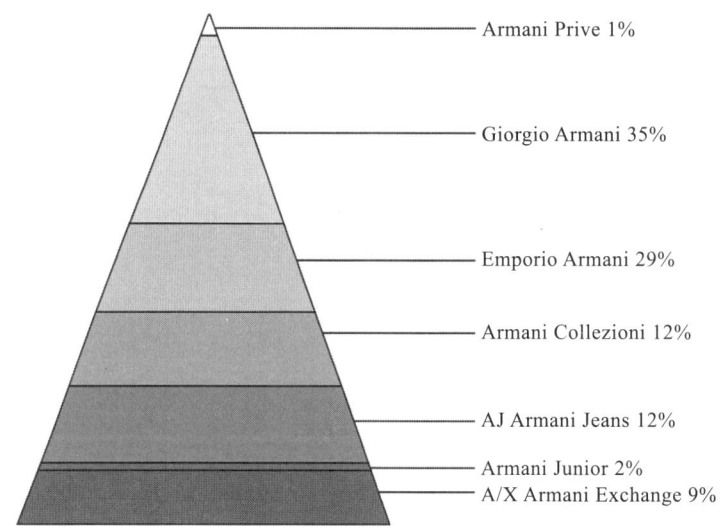

图7-10 乔治·阿玛尼旗下服装品牌收入分布（2009年）

2. 延伸尝试

在时尚服饰领域增加品牌资产后，乔治·阿玛尼尝试着投资其他相关品类，如眼镜、手表和化妆品。阿玛尼之所以这样做是为了确保以上品类能够满足不同的细分市场。乔治·阿玛尼的品牌管理者们认为眼镜、香水、手表和化妆品与时尚和奢侈品是高度相关的。因此，时尚品牌自然把品牌延伸到这些品类。在这方面乔治·阿玛尼是强有力的证明，它运用其在时尚和奢侈品产业的专业经验，乔治·阿玛尼在化妆品、手表、珠宝和眼镜领域的产品线方面成功赢得了概念胜利。

3. 极致延伸

但是，阿玛尼没有在这些品类上止步：他将品牌延伸到其他品类，比如阿玛尼之家（家具）和 Dolci（糖果）。2011 年，阿玛尼和 Emaar 集团达成一项地产投资协议，再建立 14 家以阿玛尼为品牌的连锁酒店——GIORGIO ARMANI Hotels，此举又为乔治·阿玛尼扩充了品牌部门。

4. 新产品开发的挑战

乔治·阿玛尼是缔造者面临两难局面的经典案例。公司的拥有者和 CEO——乔治·阿玛尼先生已经年过古稀。然而，公司似乎并未对阿玛尼离去后的事宜做出计划。阿玛尼说过：寻找商业伙伴和继任者不是替今天、明天着想，而可能是为将来做打算。虽然一些公司通过种种努力，在缔造者故去后依然存活下来，但这种例子很罕见。阿玛尼应当和重要的管理人员一起建立某种结构来确定和培养一些在缔造者故去后能够继续开展生意的接班人。

对于投资者和管理者，他们最根本的目的是追求更高的利润，并通过最大化投资回报率来增加股东的收益。投资建立和管理品牌的主要原因之一是相同的，正如我们所了解的那样，强势品牌能够让公司有能力利用有限的投资去开拓新市场。这为公司提供了丰富的收入来源。清楚了如此简单而有力的事实，世界上多数强势品牌增加其品牌资产并且将品牌延伸到新品类、新市场甚至是更新的细分市场，也就不足为奇了。

然而，品牌延伸会有风险。有不少专家提出了反面的观点：虽然阿玛尼的核心生意是时尚服饰，但是它将品牌延伸到了诸如豪华酒店和糖果等相差甚远的品类。一个很重要的事实是，时尚品牌的排他性造就了时尚品牌及其产品的价值。由于这些品牌涉足众多产品，因而丧失了强势品牌资产重要的一部分。因此他们认为，阿玛尼的这种延伸并不算成功。

5. 品牌管理体系

乔治·阿玛尼的身影不但出现在时尚领域，而且还出现在其他市场上，在将来，有效管理这些不同的品牌部门将是最重大的挑战。因为乔治·阿玛尼品牌延伸到了不同的领域，与不同类型的消费者互动，体现出不同的品牌个性，所以需要保持营销沟通和其他行为的一致性。虽然乔治·阿玛尼在不同的子品牌上运用同一的品牌名称，但这确实是一把双刃剑。一方面，这令乔治·阿玛尼有绝佳的机会去建立一个强势的统一品牌；另一方面，这又为冲淡品牌资产埋下隐患。乔治·阿玛尼面临这样的战略困境，将来要小心行走每一步。乔治·阿玛尼还要意识到品牌主要是依靠它在时尚服饰方面的生意才存在的。因为乔治·阿玛尼品牌延伸到了不同领域，应该关注在开发资源方面的新压力。

6. 保持财务独立

从乔治·阿玛尼建立之初到现在，乔治·阿玛尼是唯一的股东。另外他也没有动用任何银行贷款。乔治·阿玛尼也是少数几家成功获得如此良好的运营收益的公司之一。并且从 1999 年起，阿玛尼花费差不多 7 亿欧元进行再投资。财务独立极大帮助了乔治·阿玛尼进军不同的领域，而无须承担股东的压力，也无须为面对季度性目标而烦恼。在时尚产业中，有一个不变的定律：一个概念或一个产品想要在市场上站稳脚跟需要花费相当长的时间。在酝酿期的时候，公司需在不必每天面对财务压力的环境下运营。拥有这样的财务独立性，是乔治·阿玛尼成功的关键因素。

但是，在将来乔治·阿玛尼还想继续"一个人公司"是有困难的。许多产业都发生了合并，而对于时尚产业来说，合并只是个早晚问题。一旦发生合并，这对阿玛尼先生的行事风格和持续成功是一大挑战。

7. 维持一致的品牌个性

一个时尚品牌最重要的方面是它的个性和特征。建立和维持一致的品牌个性，并且始终能够在目标消费者心中产生共鸣是建立强势品牌面临的最严峻的挑战。乔治·阿玛尼涉足不同的市场，拥有众多产品组合，要协调与不同类型消费者的关系。因此对于它来说，树立一脉相承且能引发消费者共鸣的品牌个性是一个巨大的挑战。在将来，乔治·阿玛尼还要面临时尚产业生生不息的竞争、不断发展的品牌部门，因而建立和培养品牌个性是一个相当巨大的挑战。

第 8 章
品牌危机：根源与应对

生活中处处都有危机，品牌也一样面临种种危机。当威胁到品牌价值的突发事件发生时，这类事件会产生一连锁的不良反应，对企业内部所有人员的心理会造成极大的震撼，这要求管理者必须在尽量短的时间内迅速、明智地解决问题，而且处理的结果绝对会对品牌的生存和发展产生极大的影响。

其实，每个行业都会有形形色色的危机，如质量危机、风险危机、信誉危机等，无论在银行业、食品业还是汽车业、医疗业，我们都可以经常耳闻危机的发生。

1. 银行业

面临日益动荡的金融市场，不少银行出现了巨额亏损。更严重的是，银行业存在的信誉危机也变得越发严重，泄露用户信息、发行高风险金融衍生品以及资金安全性等问题频发，给消费者造成巨大的损失与影响，不断挑战着银行业的信誉。

雷曼兄弟公司自 1850 年创立以来，已在全球范围内建立起了创造新颖产品、探索最新融资方式、提供最佳优质服务的良好声誉。作为全球性多元化的投资银行，雷曼兄弟在 2000 年《商业周刊》中被评为最佳投资银行，整体调研实力高居《机构投资者》排名榜首，在《国际融资评论》中也被授予"2002 年度最佳投资银行"的头衔。但在 2008 年，在次贷危机加剧的形势下，美国第四大投行雷曼兄弟最终丢盔弃甲，宣布申请破产保护。

如成立于1870年、驰名全球的德意志银行（Deutsche Bank AG），它与在美国的附属公司Mortgage IT 因在贷款人资格问题上撒了谎，以美国联邦住房管理局（FHA）的保险金为抵押获得了50亿美元的业务收入。而由于不合格贷款人无力偿还房贷，住房管理局蒙受了本应由Mortgage IT 公司承担的损失。2011年5月，美国司法部为此起诉德意志银行。

又如2011年的光大银行，银监会发现了光大银行网上银行和网站系统存在内部信息泄露风险、钓鱼网站攻击风险以及信息安全防护措施不严密等问题。网络黑客可以了解网站所属网络的结构情况、收集有关应用程序的敏感信息，并且养老金管理中心页面和基金咨询页面存在钓鱼漏洞风险，从而致使用户敏感信息可能被窃取。

2. 食品业

在全球范围内，尤其在中国，食品问题一直成为社会大众热议的话题。食品业存在品牌危机，无论是原材料问题、非正常提价、生产流程的失误以及食品添加剂过量的问题，如月饼、矿泉水、蔬果、猪肉等，这些问题都使各种食品行业品牌处在风口浪尖上，这种质量信誉危机如今出现在越来越多的世界知名品牌上。

如2012年年初的可口可乐。可口可乐对产品自我检测时发现有巴西种植户在橙子树上喷洒了美国禁止使用的杀菌剂"多菌灵"，并将检测结果通报给了美国食品与药物管理局。虽然公关发言人表示含有极其微量的"多菌灵"的橙汁不会导致健康安全问题，请广大中国消费者放心，但是造成的消费者流失也显而易见。

又如广受消费者喜爱的费雷罗巧克力。2012年1月，有中国的消费者反映费雷罗巧克力在保质期内爬出活虫。这已经不是第一起在国内发生的费雷罗巧克力吃出"活虫"事件，曾有多位消费者因此问题向消费者协会、媒体以及费雷罗公司投诉过。此后，新闻媒体经常爆料费雷罗的质量问题：有一位消费者买了一盒费雷罗榛果威化巧克力准备送给一位孕妇朋友，其中一部分出现了类似发霉的灰白色斑点。

3. 汽车业

随着国际汽车品牌纷纷入驻中国，在疾呼"中国最重要"的同时，在面临质量或服务方面的危机公关时，处理方式却不那么尽如人意，或简单粗暴，或过于强势。处理危机公关的目的是解决问题，挽回形象，这就要求能够正视自身的问题。

2013年以来，保时捷在中国国内销售的车型遭到了一些消费者的质疑与抱怨，最主要的投诉集中于变速箱异响。有一位保时捷车主多次维修变速箱未果，车主随即把前因后果告知了新闻媒体。但是，在事件报道一周后，保时捷给予了答复，对车主的陈述进行质疑，不认同专家和部门出具的鉴定报告。于是，车主将卡宴置于保时捷4S店门口，并为其举办了一场另类的"葬礼"。

无独有偶，大众汽车自2012年开始，有关大众车主对于DSG双离合变速器顿挫、异响等问题的投诉就一直存在，然而面对消费者的维权与媒体的声讨，大众早期并不承认DSG变速器存在缺陷，反将矛头指向中国市场的路况。这样的处理方式显然难平众怨。继北美、中国台湾地区大众DSG的大面积召回后，大众区别性地召回更是在国内引起公愤，然而大众方面仍没有显示出召回的意愿。2013年"3·15"晚会上，大众因DSG缺陷问题遭到曝光，此刻大众才从真正意义上重视DSG问题，宣布陆续召回存在问题的汽车。

同样的问题还出现在奔驰。2013年上半年，奔驰在华始终负面新闻缠身。尤以"毒气门"事件为最，奔驰在中国的形象遭遇前所未有的考验。在奔驰被爆车内存有异味、甲醛含量超标以后，奔驰及时做出反馈，声明称已经开始着手调查与处理。在2013年上海车展期间，仍有部分消费者在奔驰展台掀起维权运动，报怨"问题仍然没有得到妥善解决"。

宝马在2013年也深陷危机。2013年春，宝马"黑名单"事件的发生引起了较大的关注。一位车主声称被宝马经销商纳入黑名单，在日后的维修中进行恶意报复，并且提供了录音证据。此后，舆论哗然，宝马经销商人格歧视措施成为了舆论焦点。此后，宝马对于"黑名单"事件采取了冷处理的方式。

危机也发生在超级跑车品牌上。2011年3月15日下午3点15分，在消费者权益保护日当天，一位青岛的兰博基尼车主由于不满兰博基尼4S店提供的服务，在青岛街头砸毁购买不到半年的兰博基尼跑车。此事一经发生引起了各方面的强烈反响，事主、兰博基尼公司及经销商方面各执一词，并没有达成共识，不少汽车专家和网友也通过微博关注此事。

4. 医疗业

康泰克PPA事件、巨能钙双氧水事件、王老吉"中药门"事件、霸王洗发水二恶烷事件、云南白药配方泄密事件、"尼美舒利"事件……随着全球化信息时代的来临，国内医药市场竞争的加剧，品牌危机的起因也变得越来越"多元"。互联网推动了信息的迅猛传播，也给药企带来了前所未有的危机隐患。

百年老店同仁堂在2013年麻烦不断。继同仁堂"健体五补丸"被检测出水银（汞）含量超标，遭香港卫生署发布公告召回后，又被曝旗下另外两款产品牛黄千金散及小儿至宝丸的朱砂成分含量分别是17.3%及0.72%，前者超内地标准，后者则远超香港标准。事实上，陷入重金属超标漩涡的远不止同仁堂一家。此前，"六味地黄丸"、云南白药、汉森四磨汤等均被卷入重金属超标的争议风波。

葛兰素史克（GSK）是世界领先的、以研发为基础的药品和保健品公司，公司的愿景是"致力于让人们能够做到更多、感觉更舒适、生活更长久，从而提高人类的生活质

量"，并且它凭借自身的技术潜力和资源优势，建立了制药行业中最大的研发体系之一，年产药品40亿盒，产品遍及全球市场。

然而，一则微博将2013年6月发生的葛兰素史克上海被调查一事公之于众，随后北京与长沙的办事处也皆被证实接受调查。葛兰素史克在华经营期间，为达到打开药品销售渠道、提高药品售价等目的，利用旅行社等渠道，采取直接行贿或赞助项目等形式，向个别政府部门官员、少数医药行业协会和基金会、医院、医生等大肆行贿。同时，该公司还存在采用虚开增值税专用发票、通过旅行社开具假发票或虚开普通发票套取现金等方式实施违法犯罪活动。该案涉及人员多，持续时间长，涉案数额巨大，犯罪情节恶劣。现有证据充分证明，葛兰素史克在中国的部分高管和相关旅行社的部分高层已涉嫌严重商业贿赂和涉税犯罪。

对此，葛兰素史克公关部在最大程度上接受一切媒体采访的同时，也最大限度地拒绝透露更多的信息。一时间，业内的猜测、同行的回避，使外界对此事的关注度有增无减。

这次危机给葛兰素史克带来了诸多不利影响：一方面，据英国《金融时报》报道，自葛兰素史克公司涉嫌从事商业贿赂被调查以来，这家公司在华药品销售额已下降了近三成；另一方面，中国政府或对深陷贿赂门事件中的葛兰素史克罚款200亿元人民币。

5. 数码业

面对当今高速发展的信息社会，数码行业的竞争越发激烈，但是与此同时，数码产品的质量问题以及品牌应对危机的态度都对数码品牌产生了重要的影响，性能与安全性的保证是品牌成功的基石，而处理危机的方法可能使危机变为转机，但也有可能对品牌的信誉产生负面影响。

2009年，华硕与惠普和戴尔等笔记本电脑厂商一样，经历了一次因配套厂商的配件质量而引起的售后问题，这就是由希捷（Seagate）硬盘固件问题而引发的华硕笔记本电脑"硬盘门"。尽管希捷针对问题的硬盘发布了新的固件进行升级，但是部分用户反映即使升级之后也效果不佳，只有更换其他品牌的硬盘才能彻底解决。最终，为用户提供售后的任务则落在了华硕的头上。但是，在彻底解决方式是采用固件升级还是更换硬盘这个问题上，华硕与客户之间产生了较大的意见分歧。并且，在硬盘固件问题曝光的同时，装配了有问题硬盘的华硕笔记本依然在市场上销售。而继续有热衷于华硕品牌的消费者在不知情的情况下购买到这些存在瑕疵的产品。

2009年，国内某个知名中文摄影爱好者论坛的一篇牢骚帖引起了广大尼康（Nikon）用户的强烈关注。发帖人以图文并茂的内容讲述了自己心爱的尼康相机机身胶皮脱胶和相机镜头变焦环松动打滑的问题，没想到一个平淡无奇的帖子却在尼康用户中引起了不小的骚动。大家都纷纷反映自己的尼康相机也有同样的问题。

由于出现这些现象的尼康相机都是价格高达万元的高端产品，而镜头也是价格不菲的金圈镜头，所以对于脱胶现象，尼康用户们实在难以理解。而尼康售后方面则认为，造成胶皮脱胶的原因有很多，比如湿度、温度、气候和使用环境都会不同程度地减少外观寿命。只要用户的相机还在质保期，就可以进行免费维修。若超过了质保期，则收取相应的手工费。不过，对于尼康售后的解释，消费者并不赞同。

苹果虽是如今市值最高的企业，但是关于售后服务产生的危机仍然频频出现，如"更换强制留旧件"、"擅自更换好部件"、"不负责因为手机原因产生的数据损失"、"履行义务不充分"、"从不提供消费者检测报告"以及"修理拖延时间过长",是苹果消费者最多投诉的六大问题。

6. 家具业

家具质量问题也逐渐成为消费者的投诉热点之一,并且投诉范围已不仅限于甲醛超标这个老问题,现在市场上质量家具、质量卫浴问题层出不穷,产品变形、坍塌、起皮、开裂、缩水、掉色、开胶、结构松动等,广大消费者对家具品牌产生了深度的信任危机。

2013年,有报道称皇朝家私(Royal Furniture)广州店和深圳店同款产品差价巨大,高则近万元,这一消息曝光后,皇朝家私开始受到更多业内人士的关注,也受到了更多消费者的质疑。近年来皇朝家私一直在走下坡路,在北京的市场缩水更为严重,从之前20家到如今只剩7家,多家店面关门让皇朝家私离北京市场越来越远。

同样是2013年,国家质检总局发布了针对陶瓷坐便器产品的质量抽检结果,美标、冠珠、和成、益高、中陶等品牌坐便器被抽检出不合格产品。在此次抽检中,"便器用水量"、"坐便器水封回复"、"吸水率"、"安装相对位置"是出现频率最高的几个关键字。广东华美洁具生产的一款美标(American Standard)坐便器"便器用水量"不达标;福建和成卫浴和广东益高卫浴的两款坐便器"坐便器水封回复"不达标。佛山冠珠陶瓷生产的一款坐便器"便器用水量"和"坐便器水封回复"两项指标不达标,也成为了"黑榜有名"的品牌。

国际品牌包括科勒(Kohler)等在内的不少卫浴大牌频频陷入尴尬,也不能逃脱危机的困扰。"新买的洗脸盆,商家竟然说尽量别沾水"、"刚买两个月的花洒出现生锈了"、"本以为花了高价,会有高质量的产品和享受,我大错特错了"……"抽检不合格"、"代工贴牌质量难保"、"价格虚高"等诸如此类的投诉纠纷,导致产品质量与价格饱受消费者质疑。

7. 酒店业

如今出门旅游的市民越来越多,衣食住行全在外,酒店成为出行的必要选择。然而,酒店业危机也随即显现。从卫生不合格、服务质量危机到信息管理危机都给酒店业造成了种种负面的影响。

即使是一些星级酒店也曝光不少负面新闻,如消费者无意中看到酒店清理卫生间时,员工大多不用清理箱,而是直接拿起客人用过的脏毛巾清洁。也有一些记者暗访中发现了酒店保洁人员用浴巾洗完马桶后,直接清洁洗脸池、洗漱杯。

一些知名的经济型酒店也常常成为舆论的焦点。我们经常在微博、微信平台上看到网友曝料,登记进入房间后,地上总散落几张特殊服务的卡片,上面印着的图像暧昧挑逗,并留有"服务电话",显然,卡片是外来人员塞进门缝的。按照规定,进入酒店的旅客必须登记身份证,起码应该询问对方的身份。但是事实上,几乎包括所有酒店,客人都随意进出,极少有人询问身份。

除了服务质量外,酒店的信息管理漏洞如今登上了报刊头条。2013年夏,国内安全漏洞监测平台乌云发布报告,称大批酒店全部或者部分使用了浙江慧达驿站网络有限公司开发的酒店Wi-Fi管理、认证管理系统,而慧达驿站在服务器上实时存储了这些酒店客户的记录,包括客户名、身份证号、开房日期、房间号等大量敏感、隐私的信息。但是，由于系统存在的巨大漏洞，这些信息是可以被黑客轻易拿到的（见图8-1）。

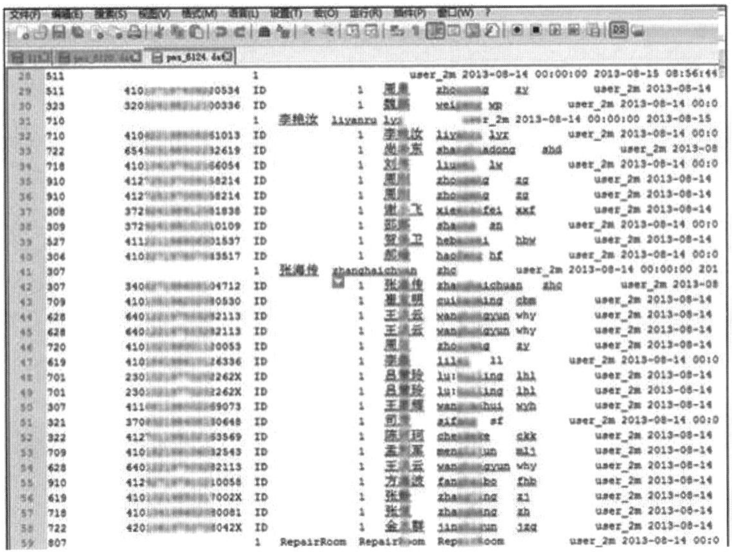

图 8-1 被泄露的酒店客户信息

此后，所涉及的酒店纷纷表态，已经第一时间进行检查和修复，并没有造成信息外泄的不良影响，同时也声明了酒店方会承担一切后果。

8. 民航业

在中国，每年超过1 000万人次以上的旅客遭遇航班延误，每年因为航空服务问题的投诉激增。"飞机误点"、"赔偿太难"、"服务态度差"、"行李丢失延误"等消费者投诉最多的问题给航空公司品牌形象造成了或多或少的损失。

乘过飞机的人都有这样的经历：在机场候机厅、在机场餐厅、在机舱里总能听到乘客抱着手机满脸焦虑地对电话另一端解释"飞机晚点"。国内某大型网站曾经以"你有过航班延误的经历吗？"为主题做过一次问卷调查，有高达99.24%的被调查者选择了"有"，其中82.05%的人选择了"经常有"。还有一些误点严重的例子，如曾经有一架上海飞往北京的航班在延误了7个多小时的情况下突然宣布取消，没有任何乘务员申明或者道歉。更严重的是，当旅客怒气冲冲地被迫换乘次日凌晨另一航空公司的另外一个航班，却又被告知将再次误点两个小时，于是激起了众怒，引发了候机楼不小的骚动。

在前面提到的调查中，"遭遇航班延误后，您有没有获得过赔偿？"87.13%选择了"从来没有"。然而，即使航空公司答应赔偿，但是赔偿款迟迟未到账也并非偶然的情形。

关于航空公司的服务态度生硬甚至野蛮的报道，多年来一直不绝于耳。曾经有一则报道让整个民航业的服务推到了风口浪尖。一位署名LIYUAN的乘客因机票问题请前台的工作人员帮忙查询，被拒绝，后询问原因，服务人员不理不睬。几经追问下，服务人员竟拍案大声说道："再问送你去派出所。"吓得 LIYUAN 的随同小孩直哭。此后,这位乘客打投诉电话,但一直不给予任何回复。LIYUAN 在记者采访中留言:"本人从现在开始绝对不再乘坐这家航空公司的飞机,并且也不会让家人和周围的朋友乘坐,以免被送往派出所。"

上述例子让我们看到一个变化莫测的品牌世界,上述种种的质量危机、风险危机、信誉危机、管理危机就是我们这一章的主题——品牌危机。

8.1 品牌危机的概念、特征与影响

在瞬息万变的产品竞技场上,品牌是否强势决定着一个产品甚至是一家企业的兴衰成败。在老百姓眼里,强势品牌的产品必定名至实归。因此,在市场经济的现在,企业从来没有像今天这样注重品牌效应,千方百计地打造强势、实施强势品牌战略。然而,市场的变幻莫测又决定了任何一个品牌都有可能遇到意想不到的事情,就如同前面的诸多例子,一个正在走俏的品牌突然被市场吞噬、毁掉已不是一件新闻;有百年历史的老字号一下子跌入谷地甚至销声匿迹也已不再是耸人听闻的新鲜事……市场就是这样的残酷。

品牌危机(Brand Crisis)是指在企业发展过程中,由于企业自身的失职、失误,或者内部管理工作中出现缺漏等,从而引发的突发性品牌被市场吞噬、毁掉直至销声匿迹,公众对该品牌的不信任感增加,销售量急剧下降,品牌美誉度遭受严重打击等现象。

我们再来看一个关于汽车的案例。

2011年,国家质检总局缺陷产品管理中心随机抽取调查了200位凯美瑞车主,超过15%的消费者因刹车失灵、变硬、卡滞、有异响等原因发生过危险状况和交通事故。

凯美瑞轿车的刹车失灵主要因真空助力器内皮膜出现破裂所致,而出问题的车辆于2006年5月到2008年3月之间生产。

一位来自美国的汽车设计专家指出:"如果拐弯R角比较小,经常使用后,真空助力泵的皮膜容易破裂,将导致漏油、空行程,刹车失灵最终难以避免。在美国,高速公路交通安全委员一旦发现这种涉及制动、安全等一类问题概率达到一定程度时,就会要求企业召回相关车辆。"但广汽丰田和日本汽车业人士并不认为是设计问题。一位日本汽车业人士表示:"凯美瑞在日本并未陷入刹车失灵事件。"广汽丰田高层表示:"国产凯美瑞和日本及全球其他地区生产的凯美瑞,在设计上是一样的。出现刹车失灵问题,是因中国的道路状况、温度、制动力度大等原因造成的。"

广汽丰田的管理者表示,无论结果如何,广汽丰田都会全力召回2006年5月到2008年3月之间生产的凯美瑞,免费更换这批凯美瑞的真空助力泵。有设计专家指出:"一个真空助力泵的成本预计为2 000元,加上维修费,每辆车的维修总成本预计为4 000元左右。"涉及"刹车门"的凯美瑞约为26万辆,以此计算,广汽丰田为此的支付将超过10亿元人民币。

品牌危机造成的影响是巨大的,一个小小的刹车质量问题,就使广汽丰田支出超过10

亿元的代价，而一条微博报道就给葛兰素史克造成了200多亿元的损失。品牌危机不仅会造成成本大大增加，更可能影响品牌形象、消费者的信任感甚至是企业的人才。下面我们阐述品牌危机可能造成的种种不利影响。

1. 品牌危机影响

（1）品牌形象受损。所谓品牌形象是指由于不利事件的发生致使品牌形象和增值效应受到破坏，品牌的经济和战略优势大大降低。而对品牌形象受损处理不当，就会进一步激化品牌危机。

（2）消费者信任度下降。品牌危机如果是由产品危机导致的，一般会让消费者对品牌的信任度下降。产品危机事件的发生总会使消费者对产品产生一定的物质和非物质的联想，物质联想导致消费者对品牌或品牌商品功效失去信心，而非物质联想导致消费者对品牌接受度的降低，这些都可能使品牌危机事件升级。

（3）销售利润率下降。由于品牌危机的发生，消费者对公司品牌的信任度下降，必然导致产品销量下降，从而使销售利润下降。

（4）企业内部人员流失。当企业品牌危机发生时，企业内部员工是最直接的感受者，员工的情绪会受到影响。如果企业管理层对危机管理不当，往往会导致危机影响程度加深，品牌的负面报道增多，公众对品牌的信任度下降，员工对企业管理层失去信心，对企业忠诚度下降，从而造成企业内部人员流失。

（5）媒体的负面报道。媒体是连接企业和公众的桥梁。当企业的品牌发生危机，消费者对品牌的信任度产生怀疑时，媒体总是同情弱者，这时它们就会首先站在公众的角度，发表一些对企业不利的报道。如果这时企业不能与媒体进行有效的沟通，就会激化品牌危机。

2. 品牌危机特征

根据品牌危机发生的五大表现，我们可以发现无论是哪种品牌危机的表现形式，都具有以下四个特征。

（1）突发性。品牌危机的发生都是突然的，是难以预测的，发生之前，虽然有时可以预见其发生的可能性，但通常无法确定其一定会发生，更无法确定其发生的具体时间、形式、强度和规模等。

例如，"泰莱诺尔"危机是因为美国芝加哥地区连续发生了7人因服用强生公司生产的"泰莱诺尔"胶囊而中毒的事件；又如，"帕杰罗"事件起源于国家出入境检验检疫局的一纸进口禁令，这些危机事件事出突然、时间急、影响大，往往置企业于仓促应战的境地。

（2）严重危害性。由于品牌的脆弱性，危机一旦发生，就会对品牌形象造成巨大的破坏，并引发由于品牌价值的降低而带来的多方面损失，使组织陷入困难窘迫的境地，严重时可使一个组织消亡。

比如2000年11月国家医药管理局的一个通知使中美史克的康泰克一夜之间销售额由6亿元锐减到零。同样的例子还有蒙牛，从2008年的三聚氰胺事件开始，这家乳业巨头几乎每年出现一次"事故"，已经透支了市场的信任。2008年的三聚氰胺事件，2009年蒙牛特仑苏OMP牛奶添加IGF-1争议，2010年蒙牛、伊利的"公关战"，再到2011～2012年持续曝光的"毒奶门"，消费者对蒙牛逐渐失去信任。

（3）强烈的冲击性。品牌危机来势凶猛、发展迅速，往往呈排山倒海之势。不论是不期而至的天灾，还是长期酝酿、一朝爆发的人祸，一旦爆发，其来势之猛、发展之快、涉及面之广、影响之深，往往使企业无法招架、无能为力。

同样也是奶粉品牌危机，2013年6月发生的新西兰奶粉染"毒"事件令新西兰各界备受震动，甚至国家的荣誉也受到了强烈的冲击。为了挽救新西兰企业和品牌的形象，新西兰总理约翰·基（John Phillip Key）甚至公开对媒体表示，已经做好准备，可以在需要的时候前往中国，以开展恒天然乳清蛋白粉污染事件的危机公关。

（4）舆论关注性。品牌危机爆发时，品牌原来的知名度必然引起广泛的舆论关注，媒体大张旗鼓地报道，常常成为危机处理中最棘手的问题，舆论的偏向直接影响到品牌的存亡。

品牌危机的发生是一个从品牌事件到品牌危机的演化过程。品牌危机总是开始于某个事件，该事件可能会被相关利益群体关注并有一定的影响。如果企业在这个时候没有积极地应付，品牌事件就有可能抬头。一些因素可能会使品牌事件转化为品牌危机。品牌危机管理贯穿于从品牌事件到品牌危机的始终。

8.2 为何出现品牌危机

在瞬息万变的产品竞技场上，品牌决定着一个产品甚至是一家企业的兴衰成败。

出现品牌危机的原因有许多，缺少品牌发展战略、企业盲目乐观、品牌意识薄弱都是重要的产生因素。我们根据品牌危机产生的形态分类，分为突发型和渐进型两大类危机。

1. 突发型品牌危机

突发型品牌危机是因为企业内部、外部因素突变，触发了危机因子从而引发的品牌危机，一般说来包括品牌形象危机、质量危机、技术危机以及品牌权益危机。

（1）品牌形象危机。这种危机是指品牌形象减弱，它往往由反宣传事件引发，如对品牌不利情况的新闻报道或者歪曲事实的谣传，从而导致品牌知名度、联想度下降。这些报道与新闻若不加以及时处理，对品牌形象、产品信誉十分有害，并导致公众对品牌丧失信心。

（2）质量危机。产品或服务自身出现了质量问题是品牌危机产生的重要原因之一。质量原因的主要因素就是品牌管理者和员工缺乏责任感，不重视产品和服务的质量。以次充好、缺斤少两、偷梁换柱、销售过时变质的产品、服务意识薄弱等是引发质量危机的导火索。

（3）技术危机。当一个已经进入市场的产品，由于设计或制造技术局限而造成产品存在缺陷，不符合法规或标准，从而引发品牌危机。如中美史克"康泰克"PPA风波，三菱"帕杰罗"刹车油管风波等。这类危机与技术有关，它发生在人们认为本应万无一失的尖端科技出现偏差之时。

（4）品牌权益危机。在第1章我们曾经提到过，中国国内2 000多万个企业注册商标仅80多万个，商标注册率不到20%。品牌商标一旦被假冒和盗用，就会出现严重的品牌危机，甚至被假冒盗用者拖垮品牌。在被国内或国际抢注的商标中，有包括"红塔山"、"金华火腿"、"熊猫"、"伊利"等在内的一批中国的著名品牌。

2. 渐进型品牌危机

渐进型品牌危机的发展是循序渐进的，非常容易被忽视，相比突发型品牌危机而言，一旦爆发更具有毁灭性。

（1）缺少品牌发展战略。如何制定完善的整体发展战略是品牌与企业更好发展的重要元素之一。"品牌如何发展"、"产品如何定位"、"价格怎样确定"、"以何种品牌传播方式为主"等许多问题都需企业思考。不同地区的不同消费者对产品的需求和要求不同，因此，企业制定品牌战略时不能一概而论，许多产生品牌危机的原因即是缺少整体发展战略而造成的。

（2）企业盲目乐观。一些品牌管理者将自己的品牌打造为强势品牌后，对危机丧失了警惕，销售产品、传播品牌时盲目地认为自身优势巨大，为了追逐更大的经济利润，不再进行品牌审计以及危机预警，全然忘记了"凡事预则立，不预则废"的道理。当危机悄然降临，企业猛醒时，危机已经发生。企业过于乐观的心态和对危机的掉以轻心使得它们一接触到危机或闻到危机的血腥味就显得弱不禁风。

（3）延伸失误。品牌延伸是一把双刃剑，一旦进入延伸误区，则非常容易出现品牌危机。例如，品牌本身还未被广泛认知就急于推出新产品，结果新、老产品一起死亡；又如品牌延伸后出现新产品形象与原产品的品牌形象定位相互矛盾，使消费者产生心理冲突和障碍，从而导致两个品牌一损俱损。

（4）品牌内、外部环境恶化。品牌的内部环境是指品牌持有公司的内部情况，而品牌外部环境包括了消费者、竞争对手、市场秩序、舆论与宏观环境等因素。企业内部环境状况是对品牌未来发展具有重要影响的一个因素，如果没有一个良好的组织环境，品牌就不可能健康地成长和发展。

8.3 品牌危机应对及方式

品牌危机需要企业及时处理，包括对可能发生的危机和已经发生的危机采取的管理行为，包括为了预防品牌危机的发生，或者在危机发生后能有效减轻危机所造成的损害，使品牌能尽早从危机中恢复过来，或者为了某种目的而让危机在有控制的情况下发生等情况。在了解如何应对品牌危机之前，我们必须知道面对来势汹汹的品牌危机，我们应该有哪些处理原则。

8.3.1 危机处理原则

在面对危机事件时，一个企业需要打破常规的思维方法和工作方式。当机立断，不能拖延犹豫，要依靠集体智慧做出判断和决策。当然，在必要时，可以引入有权威的第三方人士参与有关决策，增强决策的科学性和针对性。通常，危机处理有五大基本原则。

1. 快速

在最短的时间里介入危机，尽可能地争取媒体甚至是政府部门的声音，帮助自己说话，避免事态的无谓扩大。无论对受害者、消费者、社会公众，还是对新闻媒介，企业都应该尽可能首先到位，以便快捷地消除公众对品牌的疑虑。

需要一提的是，品牌事件发生的第一个 24 小时至关重要，如果危机处理失去最佳时机，即使事后再努力，也往往于事无补，因此，一旦出现突发性品牌危机，就应迅速对外界做出积极反应。

2. 统一

品牌危机处理必须冷静、有序、果断，指挥协调统一、宣传解释统一、行动步骤统一，而不可失控、失真、失序。同时，企业需要统一发言，明确怎么说、谁来说、跟谁说，内部要确定统一的发言人，做出反应需当机立断、灵活处理，才能化险为夷，扭转公众对企业包括对品牌的误解、怀疑甚至反感。

3. 全员

企业全体员工都是企业信誉、品牌的创建者、保护者、巩固者，当危机来临时，他们是参与者。而在对外处理品牌危机前，企业需要获得自己员工的理解，提高危机透明度，让员工了解品牌危机处理过程并参与品牌危机处理，不仅可以发挥整体宣传作用，还可减轻企业内、外的压力，重新树立公众对企业及品牌的信心。

4. 真诚

品牌危机发生后，企业应及时向消费者、受害者表示歉意，必要时还得通过新闻媒介向社会公众发表致歉公告，主动承担应负的责任，以显示企业对消费者、受害者的真诚，从而赢得消费者、受害者以及社会公众和舆论的理解和同情。

通常情况下，任何危机的发生都会使公众和媒体产生种种猜测和怀疑，为此，企业一定要采取真诚、坦率的态度。沉默和回避只会更大程度地使事实扭曲变形，使自己陷入被动，使危机不断升级，加大损失和解决的难度。

5. 主动

企业首先要阻断、控制品牌危机蔓延扩散的速度与范围，不能因急于追究责任而任凭事态发展。此后企业需要主动与新闻媒体沟通，开辟高效的信息传播渠道，充分集合公司各方面的资源，在公司内部与外界之间架好沟通的桥梁。

同时，企业需要有公关负责人时刻监控媒体舆论。随时根据新的状况发出自己的声音，企业单方面的逃避并不能避免公众对危机了解的渴望。

8.3.2 危机应对方式

企业在面对品牌危机时，通常采用"否认"、"大事化小，小事化了"、"改变事件在消费者心目中造成的印象"以及"产品召回"的方式。

1. 否认

否认，即企业认为发生品牌危机是由于造谣而产生的，但是单纯地否认很容易使简单的品牌形象危机变成品牌信誉危机。即使企业确实认为否认是企业的最佳选择，也必须认识到否认带来的负面效果。很有可能的一种情况是，大多数消费者选择相信企业，但出于谨慎，他们还是不愿意购买企业的产品。

2. 大事化小，小事化了

现实中，最常见的应对危机的反应方式是"大事化小，小事化了"。将事件大事化小，或为自己的观点寻找证据，短期内可能会奏效，这种回应表现出企业对顾客的关爱程度不够，甚至长期地，这种处理方式会激化消费者、媒体对品牌的负面宣传。

通常，品牌危机事件发生后，企业可以采用"广而告之"策略，在披露有关品牌负面宣传的同时，还可以对报道中的不实之词加以驳斥。广而告之必须目标明确，倘若某些消费者还不知道有关品牌的负面宣传，那么企业就必须慎重考虑是否在目标受众为这些消费者的媒体中刊登这一广告。在广而告之中，企业不能仅仅强调自己认为正确的观点。广而告之的最终目的是要驳斥负面宣传中的内容，重新赢得消费者对品牌的信心。

3. 改变事件在消费者心目中造成的印象

与否认和大事化小相比，这是企业对品牌危机事件可以采取的一个更为有效的回应方式。比如企业可以试图影响消费者对负面因素的评价，可以揭露负面宣传中的不真实性和不合理性，可以在品牌传播中更强调品牌带给消费者的利益，向消费者说明事件形成的背景。

4. 产品召回

召回（Recall）是危机处理的一个方式，如果能够管理得合适，也能够处理得比较好。召回未必会引起一场危机，但是，产品召回的成本却是真实存在的。

2013年，日本明治（Meiji）检测出大量产品内混有微小胶质碎片，虽然这几款被召回的酸奶饮料还未发现对健康有损的情况，但明治全面回收了"明治酸奶R-1"与"明治Probio酸奶LG21"的三款饮料，并向公众道歉。这次产品的回收量超过了100万瓶，而成本也达到了数千万元。

相对地，食品、药品、玩具、日用品和汽车等消费品行业会经常发生召回事件。在一些产品召回事件中，企业虽然也做了很多努力来防止召回事件的发生，但仍然会防不胜防。当然，在没有造成任何品牌危机之前主动说明产品的潜在不足，甚至可以赢得更多消费者，为品牌增加美誉度。

2004年10月15日，宜家向外界宣布：从即日起，在全球范围内召回法格拉德儿童椅。宜家在解释召回原因时表示，该产品的塑料脚垫可能会脱落，从而存在会被孩子吞食，导致发生梗塞窒息的事故的危险。

作为世界最大的家具巨头，宜家在产品还没有造成任何事故的情况下，积极与公众进行沟通，保证召回的主动性，体现了一个跨国公司管理的规范性和责任感，进一步赢得了消费者的信任。在整个产品召回的信息发布中，宜家在与公众进行信息沟通的过程中保证了信息准确、及时、完整的传递和表达，使得整个媒体的舆论导向是朝着对宜家有利的方向发展。

实际上，在产品召回的危机处理过程中，企业和消费者都是产品召回的受害者。如著名的强生泰诺胶囊危机，并非强生产品质量出现问题，但为了这个产品召回，强生也花费了数百万美元来重建消费者信心。对于现在或者将来，产品哪怕存在一点点召回风险的企业来说，学习和培养危机管理能力至关重要。

8.3.3 危机处理组织架构

当一个企业在对品牌危机事态有充分的认知与判断后，就会进行决策以面对复杂的情境，而决策的下一个步骤就是执行。执行则需要企业建立一个负责处理危机的团队，这个团队需要充分领会决策的意图，并考虑各种可能出现的情况，以避免执行出现偏差。

事态是不断发展的，事件在发生后并不是等在那里直到企业的执行，决策和执行之间的时间差可能使事态发生了微妙的变化，如果变化巨大那就相当可怕。因此执行的过程也是一个决策的过程，在这个过程中，需要微调。

如果危机在执行过程中有了更好的效果，那么品牌在一定程度上得到了挽救，在危机消退的过程中，企业仍然不可以掉以轻心，一着不慎，全盘皆输，危机管理团队的人员减少或解散，只有等到危机事件彻底得到解决以后。

危机管理学家米切尔·莱吉斯特（Michael Regester）把危机管理的过程归纳为六个阶段，分别是认知阶段、勘查阶段、决策阶段、执行阶段、微调阶段和结束阶段，如图8-2所示。

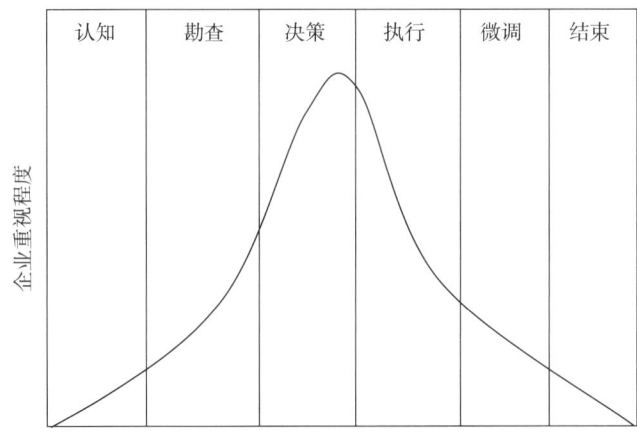

图8-2　危机管理过程

在品牌危机管理中，仅仅对危机处理的过程有所了解是不够的。事实上，有无正式的危机管理计划已成为一个企业管理水平的标准，缺少危机管理计划的企业通常被认为其发展不稳定，风险也比其他制订了危机管理计划的企业大。

以往，人们总是在危机发生时建立一个危机管理小组来协调和控制危机及产生的影响，但是这种小组是临时建立的，不具备开展一些特定任务所必备的各种技能，同时挑选小组成员也要花费很多时间。因此，我们需要在危机发生前，至少在事件发生之时就尝试建立危机管理组织结构框架，它主要由三部分组成。

（1）信息系统：负责对外工作，由信息整合部、信息对外交流部和咨询管理部组成。

（2）决策系统：由危机管理者统帅，负责处理危机的全面工作，一般由公司决策层担任。

（3）运作系统：由部门联络部和实战部组成，其中部门联络部负责联络公司内部受危机影响的部门和不受影响的部门，是正常经营地区和受危机影响地区的联系纽带；而实战部则负责将危机管理者的策略计划转变成实战的反应策略和计划，并通过专业知识来实施这些计划。

应对品牌危机时，企业需要有统一、有力的组织指挥系统。而通常，处理品牌危机事件一般都有三个团队，分别是核心领导小组、危机控制小组以及联络沟通小组（见图8-3）。

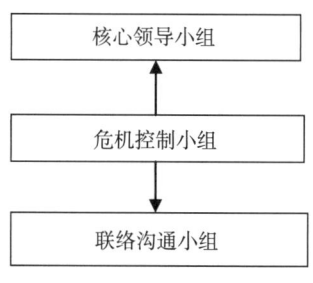

图 8-3　品牌危机组织架构

1. 核心领导小组

位于最高一层的核心领导小组一般由董事会成员和总裁组成，他们从战略层面把握危机的动向，对危机处理中的重大问题进行决策，并指挥各部门密切配合危机控制小组。

核心领导小组的具体职能通常包括：

- 保证企业业务的正常运转、原料来源和产品供应；
- 紧急情况下的预算审核；
- 与政府和特别利益团体进行高层沟通；
- 对机构投资者、媒体、消费者、员工以及其他受到影响的群体传送信息；
- 明确保险政策，与法律顾问沟通，决定特别抚恤金的支付；
- 跟踪公众的动向，准备好到相关现场探视；
- 保证公司董事长或总裁了解事件的总体进展，并且尽快在公关人员的陪同下赶往事故现场，启动媒体沟通程序。

核心领导小组的成员需要在一个类似指挥中心的室内集体行动，对事件的处理宏观调控。为此，相应的设备应及时到位，如电话、传真、网络、电脑、电视、收音机等。另外，一块黑板是必要的，它可以用来记录最新的信息，以及最近的决策。

2. 危机控制小组

危机控制小组负责危机处理的实际运转，向联络沟通小组下达核心领导小组决策信息的同时，也向核心领导小组及时通报事态的进展。危机控制小组要时刻保证核心领导小组清楚地知道危机情况，同时从核心领导小组那里接收战略建议，并制定危机处理的预算。

3. 联络沟通小组

联络沟通小组负责与公众、媒体、受害者、公司成员进行沟通，应确保企业用一种声音说话。任命两三个公司发言人负责与媒体的沟通工作是至关重要的。尽管在一个国际化和高度去中心化的组织结构中做到用一个声音说话有时会很困难，但制定一个政策方针并且一以贯之，从而保证对某个问题做出统一且前后一致的判断和解释，并且由获得授权任命的发言人来完成信息沟通任务，对于一个组织而言，是至关重要的。

大量研究表明，在危机管理中，尤其是在危机企业与众多关联利益人的沟通中，**危机管理团队**（Crisis Management Team, CMT）起着重要作用。

要想使危机公关发挥最大的效应，势必要加强危机公关的协调指挥工作，其中发挥作用最大的是危机公关的核心领导机构——核心领导小组，它的决策水平和预见能力的高低将直接决定着危机处理的进程和结果。

对于一个具有高度危机意识的企业，在日常的运营过程中，首要的一点就是应该由一名具有足够权威的高级官员专门负责危机，而且这一官员需要有足够的协调能力和智慧能力，并且获得足够的授权。然而在具体分工中，许多组织习惯于按照原有的组织机构来分配危机管理的职责。这虽然可以和各部门原先所具有的管理职能相配合，但是，由于各部门往往从各自部门利益出发，并因为想法不同、经验差异而造成扯皮现象的发生。当负责人将几个部门的领导找来一起开会讨论时，本意是想对危机进行评估，结果却往往是各部门的领导在会上争论谁的部门最有能力或者是最有责任来管理危机。这显然无助于危机的管理。有效的团队应当在一个人的领导下由一个声音说话。

在选择团队成员时，企业也需要考察他们的人品和才能——视野开阔、遇事冷静、对企业和业务熟悉、对局势把握到位，能够迅速做出措辞清晰的决定。

阅读材料

从"达芬奇"到"农夫山泉"

2010年9月，一则"200万达芬奇家具有异味裂痕"的新闻被各大媒体转载，在业内闹得沸沸扬扬，由此拉开了长达一年半之久的达芬奇（Da Vinci）"质量门"序幕。

北京的一位张姓消费者声称收到的达芬奇家具不仅比送货时间延误，并且书柜、床头柜等都有极大的异味，其他家具也有不同程度的裂痕。随即，达芬奇就提出给予消费者相应折扣，甚至退货，但均遭对方拒绝，表示只希望借用一套全新家具试用满意后再付款。由于双方难以达成一致意见，业主又不愿意付余款，这个事件就陷入了僵局。

一波未平一波又起，2011年，央视《每周质量报告》报道，北京一位唐姓女士花费了280多万元从达芬奇专卖店购买的40多件天价家具竟然散发出强烈的刺鼻气味。经家具及室内环境质量监督检验中心检测，这套达芬奇被判定为不合格产品。媒体于是借此向全国消费者披露了"100%源自意大利生产"的高端家具品牌达芬奇涉嫌产地造假的内幕。

此后，2011年7月，达芬奇家具在北京面向媒体召开记者会。达芬奇CEO、总经理承认了品牌确实与包括东莞长丰在内的国内工厂合作过。十多位外籍供货商一同出席为达芬奇家具作证原材料未有造假。

但是，此后《新世纪》的新闻报道使事态愈加复杂：这位唐姓消费者其实认识央视《每周质量报告》的记者，合谋把达芬奇家具搞垮。事后，当达芬奇得知此层内幕后，通过中间人传话，付给唐女士450万元作为"和解金"，并支付了央视记者开出的100万元"摆平"条款。

此后，达芬奇一直深受舆论媒体的谴责，出于一些原因，达芬奇决定在微博平台抖出了达芬奇与中间人、神秘记者的电话录音，把勒索行为公之于众，箭头直指央视新闻记者。但是，此后央视一样保持沉默，涉及这个案件的记者也无法联系。

时隔半年，逐渐被大众遗忘的"质量门"事件调查结果最终公之于众：央视报道内容基本属实，达芬奇部分家具的确存在质量不合格问题。对于"勒索"的解释：这个央视记者并不是持证的新闻记者，违规独立从事新闻采访，节目播出后多次私下会见达芬奇负责人，但是并未发现央视记者有索取或收受钱物的行为，所谓的100万元"勒索费"为公关公司的服务费，与记者无关。

这个事件无疑极大地影响了达芬奇的品牌美誉度，从逐月降低的市场份额可以看出达芬奇面临着巨大的困境，即使最后中国区CEO、总经理当面出来澄清，甚至痛哭流涕，并且赔礼道歉，在短时间内还是很难挽回达芬奇曾经高端典雅的形象。从中我们可以看到，媒体舆论对品牌的巨大影响，而农夫山泉"质量门"事件再一次让我们看到了公众舆论的威力。

农夫山泉是成立于1996年的一家饮用水生产企业，以"农夫山泉有点甜"的广告语而闻名于全国各地。如此知名的品牌也免不了面对各种各样的品牌危机，从虫卵事件、抄袭事件到2013年3月发生的质量事件，农夫山泉也经常面临巨大的品牌危机。

2013年3月，在不到20天的时间里，农夫山泉先后被曝出喝出黑色不明物、棕色漂浮物以及"水源地垃圾围城"等消息。号称"大自然的搬运工"的农夫山泉接二连三地陷入"质量门"。2013年3·15前期，有女性消费者投诉多瓶未开封的农夫山泉水中出现很多黑色的不明物，但农夫山泉坚称产品合格的做法让消费者气愤。

对此，农夫山泉2013年3月15日通过官方微博发表声明：有消费者反应农夫山泉丹江口工厂生产的部分瓶装水中有细小沉淀物。获悉后，农夫山泉将产品送至第三方权威检测机构，检测结果显示，符合国家标准的各项安全指标。农夫山泉还称，若消费者仍对此有疑虑，将予以免费更换。

2013年3·15过后，媒体又曝出农夫山泉一起"质量门"。宁夏消费者王先生2013年3月11日购买了一瓶550ml装的农夫山泉，第二天正要打开喝时，突然发现瓶中有不少棕红色的漂浮物，水看着还有些浑浊。而经过实地调查发现，在风景秀丽的丹江口水库背后，掩藏的是农夫山泉水源惊人的污染。在农夫山泉取水点周边水域岸上，让人产生误入垃圾掩埋场的感觉。而农夫山泉用焚烧的方式来处理这些垃圾，焚化后渗入水中对水质的影响令人担忧。然而，农夫山泉厂区表示，生活垃圾对水质影响不大，犹如"米饭中的沙粒"。对此，农夫山泉2013年3月25日晚通过官方微博发表了"关于丹江口岸边杂物的说明"。

针对农夫山泉标准之争,浙江省卫生厅相关负责人接受记者采访时表示,浙江《瓶装饮用天然水地方标准》(DB33/383—2005),确实有5项指标低于国家《瓶(桶)装饮用水卫生标准》。但浙江省一直按照"国标地标并行、就高标准执行"的原则,严格执行国家强制性标准(见表8-1)。

表 8-1 各地方天然水标准比较

检测项目	浙江省天然水标准	瓶装水国家标准	自来水国家标准	杭州千岛湖青山工厂	吉林长白山靖宇工厂	广东万绿湖河源工厂	湖北丹江口工厂	备 注
总砷 mg/L	≤0.05	≤0.01	≤0.01	<0.001	<0.001	0.0002	<0.000 1	优于国标10倍以上
镉 mg/L	≤0.01	≤0.005	≤0.005	<0.001	<0.000 1	<0.002	<0.002	优于国标2.5倍
硒 mg/L	≤0.05	无此项目	≤0.01	<0.001	<0.001	<0.0001	<0.0001	优于国标10倍以上
硝酸盐 mg/L	≤45	无此项目	≤44	3.36	4	2.15	2.81	优于国标11倍以上
溴酸盐 mg/L	无此项目	≤10	≤10	<5	<5	<5	<5	优于国标2倍以上

在陷入"标准门"之后,农夫山泉一直保持沉默。2013年4月11日终于在官方微博做出郑重声明:农夫山泉饮用天然水的产品品质始终高于国家现有的任何饮用水标准,远远优于现行的自来水标准。农夫山泉产品的砷、镉含量低于检测限值,含量低至无法检出,霉菌和酵母菌也均无法检出。

此后,农夫山泉打破沉默,利用各大报刊报纸发表多次声明(见图8-4)。但是,农夫山泉在标准问题上多处违规行为还是已引起行业协会的关注。2013年5月2日,北京市桶装饮用水销售行业协会下发《关于建议北京市桶装饮用水行业销售企业对"农夫山泉"品牌桶装水进行下架处理的通知》,要求北京市桶装饮用水行业各销售企业即刻对农夫山泉桶装饮用水产品做下架处理。

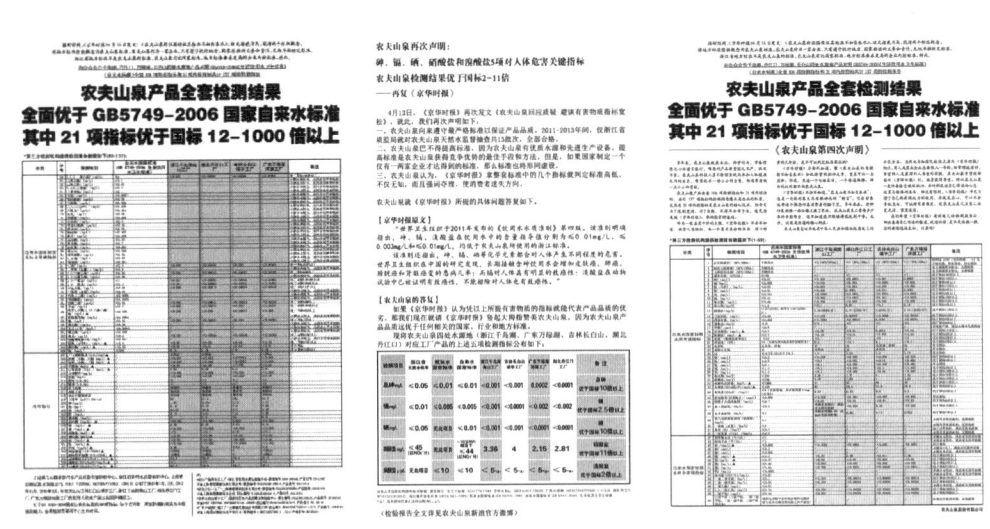

图 8-4 农夫山泉在各大报纸上发表了多次声明

戏剧性的一幕是，四天后，在北京，农夫山泉就饮用水标准及《京华时报》报道等问题召开新闻发布会。当农夫山泉董事长钟睒睒谈及与《京华时报》的报道冲突，从4月10日到5月6日连续27天，《京华时报》用了67个版面，反反复复地报道时，《京华时报》记者打断钟睒睒的讲话，冲上台前反驳钟睒睒，发布会一时无法正常进行。

2013年5月7日，新闻发布会上农夫山泉董事长钟睒睒宣布，因为北京水业竞争环境恶劣，农夫山泉宣布退出北京市场，会用3个月的过渡期来退出北京市场。因此，农夫山泉不会在北京再开设工厂生产，不得不放弃北京10万消费者，危机公关处理最终未见成效。对于农夫山泉在"标准门"事件中的危机处理，有许多地方值得借鉴和反思。

反思一：对于"产品执行标准为浙江地方标准而非更严格的国家标准"这一最核心的问题，农夫山泉始终没有明确的解释。

回顾农夫山泉整个的应对过程，对于"产品执行标准为浙江地方标准而非更严格的国家标准"这一最核心的问题，农夫山泉始终没有给出明确的解释，反倒是顾左右而言他，大谈阴谋论，大谈实际执行标准，大谈出厂水质。

直到5月6日发布会上，面对多家媒体追问"为何在国家已经出台比地标更严格的标准后，农夫山泉仍然要执行落后、宽松的浙江地方标准时"，农夫山泉官方才表示，浙江地方标准DB3833是目前天然水标准中相对完善、相对要求比较高的标准，而且是行政级别最高的天然水饮用水标准。

其实，在整个行业产品标准比较混乱的大背景下，在产品质量没有问题的情况下，农夫山泉承诺今后用国标替代地方标准是顺水推舟的事情。农夫山泉甚至可以借此机会推出更为严格的企业标准。但是，农夫山泉一直避而不谈，这是引发媒体一系列跟进报道的触点之一。

反思二：危机公关的首要目的是及时止损和最大限度降低损失，而不是探求所谓的"真相"。

农夫山泉或是指责怡宝是负面报道的幕后黑手，或是指责个别媒体和记者报道不严谨、用心不端，或是指责某些行业协会不够权威，或是声称自己被黑，给舆论制造了一个又一个话题，不断刺激舆论。但是，农夫山泉提出的这些问题，有些拿不出有力的证据，反倒涉嫌诽谤，授人以柄；有些只是口水仗，无法评定；有些给自己树立了新敌，孤立了自己。一系列行为的后果是，"标准门"事件被不断反复炒作，眼花缭乱，如果真要有"套"的话，那恰恰是农夫山泉自己不断往里钻。

媒体操守、竞争对手攻击、各种利益角力这些肯定都不同程度地存在，但是在没有有力证据可以打倒对手的情况下，隐忍然后专注于问题本身的解决才是最好的选择。

反思三：前期不理不睬，后期用力过猛。

这是知名网络评论人五岳散人对农夫山泉在此次事件中表现的点评。在品牌危机中，第一时间给予准确回应几乎是铁律。而农夫山泉在前期的反应实在是乏善可陈，联想到最近几年，农夫山泉对各种"水源门"的冷淡处理，似乎不理不睬是其一贯传统。

在后期，农夫山泉态度大变，各种指责、质疑、广告以致天价诉讼、宣布永久退出北京桶装水市场等举动明显缺少章法，乱打一通。

反思四：政府关系欠缺，行会、同业等利益相关者关系不佳。

这种涉及"标准"问题的事件，最好的处理办法就是农夫山泉向上寻求权威主管部门的处理建议，进一步统一和明确行业标准。但在整个事件过程中，几十天中，一直缺少政府相关主管部门的声音，连模棱两可但影响力巨大的"下架"新闻，源头竟然是一个协会给出的"建议"，农夫山泉处处被动。

还有一个值得注意的现象是，真正帮农夫山泉说话的协会或者专家比较少。或者说农夫山泉也不太看得上很多协会，甚至公开指责某些协会的权威性，并被对外开除。当然不排除协会内部存在利益博弈，但是如此一边倒的情况，也多少说明农夫山泉在这些重要利益相关者的关系处理上不够注意。

而十多年前的一起事件也耐人寻味。2000年4月下旬，农夫山泉以"长期饮用纯净水无益人体健康"为由宣称：基于对消费者负责的考虑，决定就此退出纯净水市场。此举引发娃哈哈发起的69家主要纯净水生产企业及行业协会的声讨。

企业的发展不是孤立的，除了要重视市场，重视消费者，重视本区域的政府关系，所在区域的政府关系、行业协会关系、同行关系等同样重要。同行之间沆瀣一气，大搞行业潜规则固然可恨，但同行间恶意揭短、互相攻击，万不得取。

同行尽管是竞争关系，但本质上还是一荣俱荣、一损俱损，处在同一条利益线上，维系好同行关系至关重要。

就在"标准门"爆发前不久，农夫山泉就已经因为各种问题频频曝出负面消息，农夫山泉的回应基本上都是否定或者轻描淡写地解释过去，并没有真正重视问题，和打消各种疑虑。所以直至此次事件爆发，是冰冻三尺非一日之寒。

品牌社群对品牌延伸评价的影响研究

李 杰　张 毅

（上海交通大学安泰经济与管理学院，上海 200030）

摘　要　国内目前为止几乎没有将品牌社群与品牌延伸领域相结合的研究文章。本文在这两个领域中，选择了既有很强理论价值又有被品牌企业十分看重的品牌社群认同度、感知契合度和品牌延伸评价三个构念，通过对来自互动娱乐行业品牌社群的社群成员样本进行基于结构方程模型的数据分析，探讨了品牌社群认同度对品牌延伸评价的作用机理。研究结果证实了研究假设：品牌社群认同度对品牌延伸评价有正向作用，并且通过感知契合度这个中介变量对品牌延伸评价有间接的正向影响。这个结论不仅为品牌社群作用的机理理论提供了较为有效的补充，还为品牌企业建设、培育品牌社群、发展延伸品牌提供了较为有力的指导。

关键词　品牌社群认同度；感知契合度；品牌延伸评价

中图分类号：C93　　文献标识码：A

一　引言

品牌社群作为西方和国内品牌理论研究的前沿，不仅有它重要的理论意义，更有它丰富的实践意义。2001年，Muniz 和 O'Guinn[1]首先提出了品牌社群（Brand Community）的概念，他们认为品牌社群就是"建立在使用某一品牌的消费者之间一整套社会关系基础上的一种非地理意义上的专门化社群"。由此他们开创了品牌社群的研究领域。之后，在短短十几年时间里，出现了大量相关文献，这些文献研究了品牌社群的特征、形成和作用机理等方面，为品牌社群研究领域的理论发展构建了坚固的基础。

同时，品牌社群的建设和培育正越来越趋向成熟，如国外 H. O. G.、Apple Macintosh 以及国内一些汽车品牌社区和万科"万客会"等，这些品牌的成功在一定程度上来源于品牌社群经营的成功。品牌的管理影响着品牌社群的建设和培育，相反，品牌社群的建设和培育也能对品牌管理产生非常大的影响。这两者相辅相成，共同构成了"品牌管理"硬币的两个面。

⊖　本文为作者与所带全日制研究生张毅的研究成果之一。

品牌延伸相比品牌社群而言是一个十分成熟的研究领域，相关的理论研究成果相当丰富，很多结论在学术界有相当程度的共识。同时，品牌延伸评价，即对品牌延伸进行评价，不仅是学术领域的重要构念之一，也是企业实践的重要参考之一。

国内极少有将品牌社群和品牌延伸两者结合起来的研究。成熟的品牌社群会在很大程度上代表这个品牌的目标消费群体的情况，所以企业进行品牌延伸战略前的市场调查和分析，可以依托自己培养的品牌社群来进行。同时，两者结合的研究将丰富品牌社群的作用机理理论，为市场人员充分利用品牌社群建设品牌提供更有力的理论指导。

二 理论综述和理论模型

2.1 理论综述和研究假设

1. 品牌社群认同和感知契合度

品牌社群认同的概念来源于社会认同。Ellemers & Kortekaas 等（1999）[2]学者认为社会认同有三个组成部分：①认知，对属于某个社群的感知，即自我分类；②情感，对所属群体的情感投入，即情感承诺；③评价，对社群成员身份的正面或负面的评价，即群体自尊。Muniz & O'Guinn（2001）认为社群最重要的特征是社群认同。社群认同主要有两个方面的特征：一是社群认同具有归属的感觉，二是社群认同与自我概念有关。Algesheimer 等（2005）[3]将品牌社群认同定义为消费者与社群关系的强度，是消费者把他们自己视为社群成员的标志。消费者认同品牌社群意味着他们赞同社群的规范、传统、仪式和目标等。正如公司职员对他们所属公司的认同会增加他们的组织承诺一样，对品牌社群的认同也会正向影响对品牌社群的承诺。

Tauber（1988）[4]首次提出契合度这个概念，他认为契合度是消费者对延伸产品的认知与原品牌的一致性或相似性程度。Aaker & Keller（1990）[5]则认为感知契合度是消费者认为延伸产品与原品牌间相容的程度。Park、Milberg & Lawson（1991）[6]扩大了契合度的定义：引入了品牌概念，他们认为对品牌延伸的评价与产品特征相似性和品牌概念一致性有关。Broniarczyk & Alba（1994）[7]认为品牌延伸相似度包括产品种类相似度与品牌特性联想。Bhat & Reddy（2001）[8]也认为感知契合度是由延伸产品与原产品间产品类别的相似度和延伸后的品牌形象与原品牌形象的相似度两者组成。

本文认为，消费者对品牌社群的认同度越高，他们对品牌延伸的感知契合度也越高。因为消费者越认同某个品牌社群，他们对这个社群的忠诚度就越高，就如同公司职员越认同所属公司，对公司的忠诚度就会越高。Hickman（2005）[9]指出这种忠诚度又会转化为对品牌的忠诚度。消费者越忠于某个品牌，他们就会因为"晕轮效应"的影响而对品牌延伸契合度有更高的感知度。所以，本文提出如下假设：

H_1：品牌社群认同度正向影响感知契合度。

2. 品牌社群认同和品牌延伸评价

Aaker & Keller（1990）最早提出对品牌延伸进行评价这个概念，他们认为延伸评价的定义是消费者对延伸产品的情感和态度。Boush & Loken（1991）[10]认为衡量品牌延伸应该同时考虑消费者对延伸产品和延伸策略的态度。之后的学者也大都认同这样的定义。当然也会有一些偏离主流认识的定义出现，比如 Ruyter & Wetzels（2000）[11]提出把消费者对公司的信任程度加入到品牌延伸评价的标准中去。

总之，消费者对于品牌延伸的评价大体上可以分为三种：一是对延伸产品的评价，一般用知觉质量、购买意愿等来衡量；二是对延伸策略的评价，一般用喜欢与否、满意与否来衡量；三是对公司整体的评价，用对公司的信任度来衡量。本文采用第一种分类，即用知觉品质和购买意愿来表示消费者对品牌延伸的评价标准。

本文认为，消费者对品牌社群的认同度越高，他们对品牌延伸的评价就越高，表现为对延伸产品的质量感知越高和越可能尝试进行购买。Bagozzi & Dholakia (2006)[12]认为消费者的社群认同度越高，参与社群的意图就越明显。并且根据自我知觉理论，行为能够影响态度，即参与社群的行为能够影响消费者对品牌延伸的态度。所以，本文提出如下假设：

H_2：品牌社群认同度正向影响品牌延伸评价。

3. 感知契合度和品牌延伸评价

关于感知契合度对品牌延伸评价的结论并没有达成一致的结果。比如 Aaker & Keller（1990）[5]、Boush & Loken（1991）[10]大部分学者都证实了延伸契合度对延伸评价的正面影响。近年来也有一些研究证实了这种正面作用，比如 Gierl & Huettl（2011）[13]指出，如果进行品牌延伸的是消费者偏好的品牌，则感知契合度越高，消费者的品牌延伸评价越好，品牌延伸越可能取得成功。

但也有部分学者却得出了不同的结论。Meyers-Levy & Tybout（1989）[14]把饮料分成相似延伸、适度的不相似延伸、极度不相似延伸三种类型，结果显示适度的不相似的品牌延伸比其他两种情形的品牌延伸评价更有利。Bhat & Reddy（2001）[8]的研究结果甚至否定了这种正向影响。于是，本文提出如下假设：

H_3：感知契合度正向影响品牌延伸评价。

2.2 理论假设模型

根据前文的理论综述和提出的研究假设，本文提出如附图 1-1 所示的包含 3 个潜变量的理论模型。

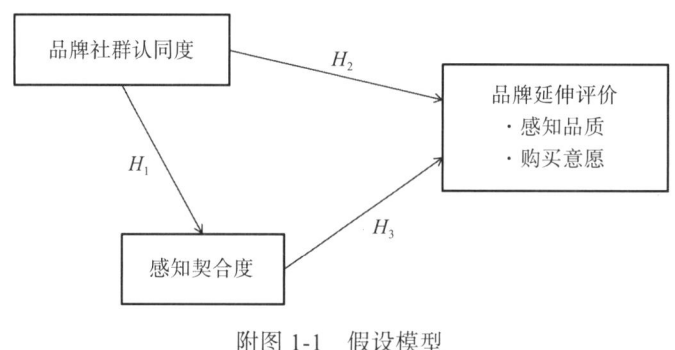

附图 1-1　假设模型

三　研究方法和数据收集

3.1　研究方法

本文采用文献研究、问卷调查、结构方程模型等方法对本文提出的模型进行了研究。其中，结构方程模型方法可以处理不可直接观测的变量（即潜变量），同时允许自变量和因变量含有测量误差，因此是实证研究检验本研究假设比较合适的统计分析方法。

3.2　量表内容设计和问卷设计

为保证量表的可靠性和有效性，本文模型中的潜变量的测项主要来自已有的研究。其中，品牌社群认同度借鉴了 Naomi Ellemers、Paulien Kortekaas 等（1999）[2]的研究，使用"我喜欢这个社群"等 6 个测项；感知契合度主要采用了 Sheri Bridges、Kevin Lane Keller 等（2000）[15]的研究，使用"公司进行这样的品牌延伸很合适"等 5 个测项；品牌延伸评价借鉴了 David A. Aaker & Kevin Lane Keller（1990）[5]的研究，使用"我很可能尝试购买这个延伸品牌的产品"等 2 个测项。量表使用李克特 7 分量表，"1"表示非常不同意，"7"表示非常同意。

其中，"植物大战僵尸"品牌的延伸产品选取为"植物大战僵尸"系列背包。因为一方面，研究对象——品牌社群的注册成员大多是在校学生，所以背包这个产品对于他们来说非常熟悉；另一方面，鉴于互动娱乐产业内的品牌公司很清楚它们的目标消费群体大多是学生，所以在进行品牌延伸时更多考虑针对这部分人群，而不是另外选择别的不同的消费群体进行品牌延伸。在测量感知契合度的分量表前，加入品牌延伸的描述："如果现在'植物大战僵尸'品牌公司打算生产'植物大战僵尸'系列背包，您觉得？"

在量表的基础上，在最开始部分加入感谢语，在最后部分加入人口统计特征：性别、学历、成为该品牌社群注册成员的时间等，设计出最终的调查问卷。

3.3 样本选择和数据收集

最近几年，国内互动娱乐产业发展十分迅速，并且随着百度贴吧的影响力日益增强，很多玩家主动聚集起来，创立了很多游戏品牌的社群。本研究打算选择游戏"植物大战僵尸"贴吧的注册会员作为研究对象。一方面，根据品牌社群的定义，这是一个十分典型的品牌社群，同时在中国也极具影响力，具有相当程度的活跃度（帖子总数达到200多万，注册会员有70 000多人，每日签到3 000人左右）；另一方面，由于以往无论西方还是国内的研究所采用的研究对象大都是摩托车、汽车、手机和手表等，无一涉及正在迅速崛起的互动娱乐产业，本研究填补了这方面相关研究的空白。

为方便收集数据，首先注册成这个社群的会员，然后采取网上填写调查问卷的方式收集数据。主要采用以下两种方法发放问卷：①首先联系"吧主"，说明来意，把问卷以帖子的形式发送出去，然后请求加精置顶。②在社群成员的百度个人主页上，通过私信的方式把问卷发给他。问卷调查历时1个月，最终获取了442份问卷。其中，通过第一种方式总共获取了395份问卷；通过第二种方式总共联系了244位会员，最终收到47份问卷，回收率19.3%。删除32份无效问卷，最后有效问卷为410份。其中，男性共268人，占比65.4%；15～35岁的占92.7%；本科学历占到63.4%；会员历史分布较为平均，大部分为2年左右，占95.1%。

四 数据分析和假设检验

4.1 信度和效度检验

采用Cronbach's α系数作为检验标准来观察问卷中各个项目的内部一致性。经过SPSS 17.0软件的计算，结果显示：品牌社群认同度、感知契合度和品牌延伸评价的各个分量表的Cronbach's α数值分别是0.81、0.85和0.74，整个问卷Cronbach's α数值是0.87，所有系数都大于0.6的标准，这说明了问卷测项的信度理想。

对量表的结构效度，通过探索性因子分析方法来进行分析。考虑到还要对数据进行验证性因子分析，因而先将原始数据随机分成两组，分别用来做探索性因子分析和验证性因子分析。经过计算，第一组数据的KMO值为0.91，同时Bartlett半球体检验的显著性概率值为0.00，支持因子分析。用AMOS 17.0对第二组数据进行验证性因子分析，结果如附表1-1所示，从表中可以看出，所有标准化的因子载荷都大于0.60，且达到显著水平（t值大于2）；各变量的平均方差提取值（AVE）大于0.50，说明该量表具有良好的聚合效度；还有复合信度（CR）均大于0.70，表明模型的内部一致性良好。

综上，该问卷具有较好的收敛效度和信度。

附表 1-1 验证性因子分析结果

因　子	测项	标准荷重	AVE	CR
品牌社群认同度	Q_1	0.76	0.61	0.86
	Q_2	0.83		
	Q_3	0.86		
	Q_4	0.74		
	Q_5	0.68		
	Q_6	0.79		
感知契合度	Q_7	0.77	0.53	0.82
	Q_8	0.65		
	Q_9	0.68		
	Q_{10}	0.71		
	Q_{11}	0.81		
品牌延伸评价	Q_{12}	0.90	0.77	0.94
	Q_{13}	0.85		

接着，分析测量模型的区别效度。由附表 1-2 知，测量建构中的项目因子本身平均方差提取值的根号值（AVE）大于其他任何两个建构的项目因子之间的相关系数，所以各个因子之间具有足够的区别效度。

附表 1-2 区别效度分析（相关系数矩阵）

变　量	1	2	3
品牌社群认同度	0.78		
感知契合度	0.59	0.73	
品牌延伸评价	0.49	0.43	0.88

1. 路径分析和假设检验

本研究利用 LISREL 8.70 软件，基于最大似然估计的方法计算模型拟合指标和各路径系数的估计值。结果显示，结构方程模型的各项拟合指标为，χ^2/df 值为 1.34（χ^2=83.2，df=62），NFI=0.93，CFI=0.95，GFI=0.86，$RMSEA$=0.05，$GGFI$=0.93，各路径系数显著（t 值大于 2）。

由表可知，结构方程模型对应的假设全部成立。路径系数如附图 1-2 所示。

由于品牌社群是通过中介变量对品牌延伸评价产生影响，因而可以计算出结构方程模型的间接效应。侯杰泰、温忠麟等学者[16]指出间接效应是从原因变量到结果变量的各条路径的路径系数乘积之和。经过计算，可以得出品牌社群认同通过感知契合度对品牌延伸评价的间接效应为 0.34（=0.52×0.65）。

根据前面的检验结果，把假设检验结果汇总如附表 1-3 所示。

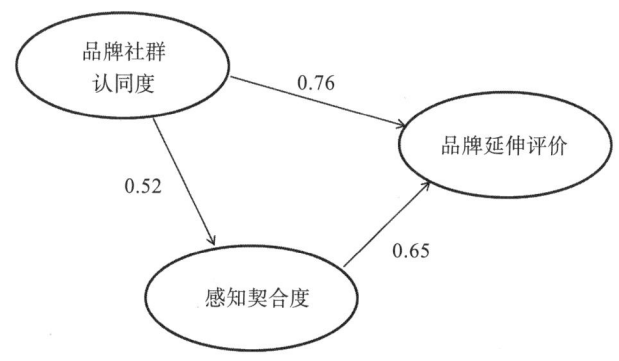

附图 1-2 路径分析模型

附表 1-3 假设检验结果

序号	假设	标准化系数	t 值	验证结果
H_1	品牌社群认同 → 感知契合度	0.52	7.45	支持
H_2	品牌社群认同 → 品牌延伸评价	0.76	8.13	支持
H_3	感知契合度 → 品牌延伸评价	0.65	5.76	支持

五 研究结论与管理启示

5.1 研究结论

在互动娱乐产业品牌社群逐渐兴起的背景下，本研究构建了一个概念模型，探讨了品牌社群认同度影响品牌延伸评价的作用机理，并且验证了感知契合度的中介效应。本文通过实证分析证实了研究假设，得出如下结论：①品牌社群认同度正向影响品牌延伸评价。②品牌社群认同度通过品牌社群参与度这个中介变量对品牌延伸评价产生影响。

5.2 管理启示

基于以上的研究结论，对于互动娱乐产业公司在培育品牌社群和进行品牌延伸的时候有如下的参考价值：

（1）品牌社群是一个特殊的、不受地域限制的消费群体，它建立在使用某一品牌的消费者形成的一系列社会关系之上[1]。换句话说，品牌社群是由这个品牌的现实消费者和潜在消费者共同组成的一个小社会。这个小社会有它特有的规范、传统、仪式和目标。当这个品牌社群逐渐走向成熟的时候，它能很大程度上代表这个品牌的目标消费群体。品牌公司在进行评估品牌延伸可行性的市场调查时，可以将品牌社群的成员作为调查对象，这样既能减少不必要的开支，也能保证调查结果的准确性。

（2）因为品牌社群认同度对品牌延伸评价有正向的作用，所以品牌公司培育品牌社群不止局限于对母品牌有积极影响，还能对品牌延伸的成功与否（以消费者的购买意愿等来衡量）有显著的影响。这一点对互动娱乐产业内的品牌公司很有借鉴意义。因为这些公司会像迪士尼公司一样，开发出很多"周边产品"（延伸品牌），以期延续母品牌的生命周期和最高程度地利用母品牌有时限的影响力。而如果这些公司能够提高消费者对它们品牌社群的认同度，那么这种"周边产品"的成功性也就能大大提高了。

（3）高水平的感知契合度可以通过提高消费者对品牌社群的认同度来实现。这是品牌公司提高延伸契合度时可以考虑的方法之一。从以往的经验来看，品牌公司在进行品牌延伸时想要提高感知契合度的方法仅仅是提高产品特征和品牌概念的相似性，而本文提供了一种新的方法，即通过提高品牌社群认同度来提高感知契合度。

5.3　局限性和今后研究方向

本研究有一定的局限性。第一，研究对象为互动娱乐行业社群，这就不可避免地存在研究结论的普适性问题，未来的研究可以研究其他行业的品牌社群（比如足球俱乐部品牌社群等），以检验和修正本文中的模型。第二，本文仅仅是提出了一个将品牌社群领域和品牌延伸领域结合起来的简单模型，未来的研究可以加入适当的调节变量和中介变量来完善品牌社群对品牌延伸的作用机理。

参考文献

[1] Albert M. Muniz, Jr. and Thomas C. O'Guinn. Brand community[J]. Journal of Consumer Research ,2001,27 (Mar.):412-432.

[2] Naomi Ellemers, Paulien Kortekaas. Self-categorisation, commitment to the group and group self-esteem as related but distinct aspects of social identity[J]. European Journal of Social Psychology,1999:371-389.

[3] R. Algesheimer, U. M. Dholakia, and A. Herrmann. The social influence of brand community: Evidence from European car clubs [J] . Journal of Marketing ,2005 ,69 (Jul.):19-34.

[4] Tauber, E. M. Brand leverage: strategy for growth in a cost-controlled world[J]. Journal of Advertising Research,1988,28(4):26-31.

[5] David A. Aaker, Kevin Lane Keller. Consumer evaluations of brand extensions[J]. Journal of Marketing, 1990,54(1):27-41.

[6] Park, C. W., Milberg, S. & Lawson,R. Evaluation of brand extensions [J]. Journal of Consumer Reasearch,1991,18(2):185-193.

[7] Broniarczyk, S. M & Alba, J. W. The importance of the brand in brand extension[J]. Journal of Marketing Research,1994,31(2):214-228.

[8] Bhat, S. & Reddy, S. K. The impact of parent brand attribute associations and affect on

brand extension evaluation[J]. Journal of Business Research,2001,53(1):111-122.
[9] Hickman, T. M. Intergroup rivalry in brand communities: A social identity theory perspective [D]. Arizona State University,2005:1-164.
[10] Boush, D. M & Loken, B. A process-tracing study of brand extension evaluation[J]. Journal of Marketing Research,1991,28(1):16-28.
[11] Ruyter, K.& Wetzels, M. The role of corporate image and extension similarity in service brand extensions[J]. Journal of Economic Psychology,2000,21(6):639-659.
[12] Bagozzi, R. P, and Dholakia,U. M. Antecedents and purchase consequences of customer participation in small group brand communities[J]. International Journal of Research in Marketing,2006,23(1):45-61.
[13] Gierl H, Huettl V. A Closer Look at Similarity: The Effects of Perceived Similarity and Conjunctive Cues on Brand Extension Evaluation[J]. International Journal of Research in Marketing,2011,28(2):120-133.
[14] Joan Meyers-Levy, and Alice M. Tybout. Schema congruity as a basis for product evaluation. Journal of Consumer Research,1989,16(1):39-54.
[15] Sheri Bridges , Kevin Lane Keller. Communication strategies for brand extensions: Enhancing perceived fit by establishing explanatory Links. Journal of Advertising, 2000,29(4),1-11.
[16] 侯杰泰，温忠麟，成子娟. 结构方程模型及其应用 [M] . 北京：教育科学出版社，2004.

中国自主品牌的国际化路径探索——
破解中国自主品牌"国内化陷阱"的方法与建议

李 杰　陆雄杰　孙立本

（上海交通大学安泰经济与管理学院，上海 200030）

摘要 本文旨在探索分析中国自主品牌未能实现国际化的原因并寻找相应合适的对策。首先通过阐述中国自主品牌的起源，从渊源、雏形、波折、发展直到成熟的整个过程进行剖析，接着探索了中国品牌发展的现状，从品牌发展的区域特点到品牌发展中的问题着手，寻找存在自主品牌"国内化陷阱"的原因。最后，本文从品牌生态环境、品牌差异化、电商潮流、文化品牌、生产基地国际化等分析中国自主品牌的未来之路。

关键词 中国自主品牌；国际化路径；国内化陷阱；方法与建议

中图分类号：C93　　文献标识码：A

2012年11月，中共"十八大"奠定了新的经济发展基调——立足实际、实事求是地加强企业创新与品牌建设，从投资主导向消费主导转型，从工业化主导向城市化主导转型，从私人产品供给向公共产品供给转型以及低碳经济转型。中国企业转型升级、推动低端品牌走向中、高端的大幕真正由此拉开。附表2-1、附表2-2[1]揭示了中国以及主要省市的经济数据变化。

附表2-1　改革开放30多年来中国经济数据变化

	1978年	1985年	1995年	2005年	2007年	2010年	2012年
国内GDP（亿元）	3 645	9 016	6 0794	184 937	265 810	401 513	518 942
人均GDP（元）	381	858	5 046	14 185	20 169	30 015	38 420
国民总收入（亿元）	3 645	9 040	59 811	183 617	266 422	399 760	516 282
外汇储备（亿美元）	1.67	26.44	736	8 189	15 282	28 473	33 116

㊀　本文为作者与所带全日制研究生陆雄杰、奢侈品品牌研究助理孙立本的研究成果之一。

附表 2-2　2012 年中国内地主要省市人均 GDP 排名前十

排名	1	2	3	4	5	6	7	8	9	10
省/直辖市	天津	北京	上海	江苏	内蒙古	浙江	辽宁	广东	福建	山东
人均（万元）	9.31	8.75	8.54	6.83	6.39	6.33	5.66	5.41	5.28	5.18

附表 2-1、附表 2-2 折射出改革开放 30 多年以来，中国消费者随着收入上涨，生活水平逐年提高，中国国民的生活方式发生重大变迁。中国消费者从"只对产品重视"到"注重品质"，从"漠视品牌"到"重视品牌"，对中、高端品牌的需求趋势越来越明显。越来越多的情况下，他们不再愿意购买仿冒品、A 货和便宜商品。中国处于重大的结构性调整时期，正在从过去粗放型经济增长方式向精细化、品牌化方向转变。从 OEM 到 ODM 再到 OBM 转变的过程中，不断追寻向中、高端品牌为主体的发展模式正在形成，中国自主品牌抛弃"国内单一市场化陷阱"，面向国际舞台成为中国企业和自主品牌发展的未来之道。

早在 2011 年美国有线电视新闻网传播的一则"携手中国制造"为主题的广告中出现的"法国设计"、"硅谷技术"等字样就已引发国人关注——中国事实上还处于产业链低端，仍被定义为"世界工厂"，大多数全球消费者依旧认为中国只是产品的制造商。十八届三中全会改革创新的基调无疑为"中国制造"向"中国智造"再向"中国创造"发展提供了坚强保证。

反观中国自主品牌在国内消费者（更不用说国外消费者）认知程度低下的背景下，如何建立起国际范围认可的自主品牌，如何破解中国自主品牌"国内化陷阱"就成为了我们的主要任务。本文从分析中国自主品牌的起源开始，通过系统剖析中国自主品牌的发展历程和尴尬现状，提出了跳出"国内化陷阱"，走向国际舞台的方法与建议。

一　中国品牌的起源[2]

中国经历了长达三千多年的封建社会，生产力水平低下，商品经济发展缓慢。虽然近代在一定程度上瓦解了中国自给自足的封建经济，但帝国主义侵略国家是对中国资源的掠夺和民族工业的压制，严重阻碍了经济发展。在如此艰难的条件下，中华民族还是产生了一些名扬海内外的"老字号"企业和品牌。具体地，近代中国品牌历史的产生与发展可分为四个阶段。

1. 渊源与雏形——远古、封建时代

中国品牌历史源头可追溯到远古时代，器物刻有标记符号以示区别。如在一些产品上刻上铭文、年号等。早在伏羲氏、神农氏时期，人们就已经在陶器上绘图作画，使用各种标记符号。例如，在陶器底部印着精致的席纹、麻布纹或同心圆线条的割痕，这些标记符号可看作是品牌的历史源头。

原始社会后期，畜牧业和农业分离，这种分离提高了原始社会的劳动生产率，从而引起了部落之间的商品交换。随着商品生产和交换的出现与发展，产品上逐渐出现了带有商品性的标记。标记的式样很简单，一般是把制造者的姓名刻在产品上，为了区别不同的生产者。

进入春秋战国时期，商品交换发展出现了一些比较固定的市场。商人为了使人们对商品有所了解和区分，采用了招牌和幌子进行宣传。

汉代以后，手工业高度发展，商品种类逐渐增多，出现了一定范围的市场竞争。商人为了保住市场，获得稳定利润，开始以生产产品的能工巧匠的姓名或与商品有关的故事情节、历史背景为商品名称。

唐朝时期，由于商品交换的进一步发展，先后出现了行铺和作坊。商品上的各种标志也逐渐由简单变得复杂，并且使用行铺、作坊名称作为商品标记。生产力发展使同一行业商品品种也逐渐增多，为了使自己的产品尽快卖出去，商人开始对产品进行宣传推广，消费者也养成了"认牌购货"的习惯。

宋代开始允许大街小巷等临街开设店铺，形成了居民住宅与商业店铺混杂交错的局面，各行各业也能在市场中自由买卖、自由竞争。招牌、广告到了宋代已经遍及城乡，都市商店几乎每家都有自己的招牌名称。

宋末至元时期的商品宣传手段和表现手法都比过去有了很大的发展，这种演变过程不仅反映了当时商业活动、贸易往来的广泛性，体现了社会文化的进步，同时再一次验证了品牌的发展与一定历史时期的生产力和科学文化技术水平密切相关。

明朝到清朝中期，品牌雏形有了很大的发展，主要体现在名称和内涵的变化上。宋代以前的招牌仅仅是作为店铺的标志而已，而明清时代的商人建立招牌时，通常赋予招牌文字言简意赅的内容，将儒家思想融入经营中，在商业活动中也极为讲究商业道德与信誉。中国现在保存下来的很多百年老店，基本是从明清朝延续下来，流传至今，成为知名品牌，如同仁堂、六必居、茅台、张小泉等。

2. 形成与发展——新文化运动时期

随着鸦片战争爆发，中国市场被打开，帝国主义开始了资本输出，在客观上对中国商品生产和交换的发展起到了一定的推动作用。外国商人在大量倾销洋货的同时，也带来了报纸、杂志、路牌、霓虹灯以及橱窗陈列等新型宣传方式。在国外商品的冲击下，一些国内商人开始重视自己的商品宣传，积极仿效和使用新式广告媒介。近代品牌在外来因素的刺激下有了很大发展，不但商品宣传范围扩大，内容也更加丰富。

近代品牌发展最显著的标志是报刊品牌宣传方式的出现。鸦片战争前后，西方商品主要以香烟和药品输入中国，多采用路牌广告和招贴广告进行宣传。在海外商品不断涌入中国市场的同时，为了解决宣传范围、信息量和传播速度的问题，海外商人开始引入以报纸杂志为代表的宣传手段。辛亥革命前后，各类报刊纷纷创办，全国报刊达500多种，大量刊登广告，促进了工商业的发展。

1926年，上海首次出现了霓虹灯，宣传的是"皇家"打字机，陈列在南京东路伊文思图书公司橱窗内。20 世纪 30 年代同时出现了车身广告、小册子广告、样品广告等品牌宣传手段，极大地推动了中国品牌事业的发展。

抗战前夕是旧中国品牌发展的鼎盛时期。社会人士和工商业界逐渐开始重视品牌和广告宣传，为了提高企业和产品知名度，他们更积极地以品牌来拓宽销售渠道。商家已经注意研究消费者心理，追求品牌艺术性和实用性的结合。

抗战胜利后，一些因抗战停刊的报纸相继复刊，各种宣传媒介也再次活跃。品牌宣传从城市发展到农村，夜晚霓虹灯广告竞相闪耀，车船内外都挂上了宣传企业品牌和商品的广告牌。

3. 变迁与波折——新中国前期

新中国成立后，中国进入国民经济恢复时期。由于经济比较落后，生产力水平低，物质极度匮乏，产品严重供不应求，在这种经济条件下，中国实行了计划经济体制，实施配给制度。这个时期商品交换非但没有进一步发展，反而由于各种原因有所弱化。消费者的品牌认知度逐渐降低，买到商品是唯一的目的，企业不担心需求不足。

社会主义改造基本完成后，品牌随着中国工农业生产进步得到了发展。在原有媒介的基础上发展了传单、票板、海报、招贴、标签、包装盒、日历、火柴盒等广告形式，并允许在火车站内陈设广告，在车厢的图书、棋盘、壁挂以及售货员的提箱上都可以做广告。

文化大革命期间，在高度集中统一的计划经济体制下，企业完全失去了经营自主权，生产长期停滞不前。商品严重紧缺，人民生活水平下降，广告被视为"资本主义腐朽和浪费的表现"，失去存在的意义，品牌事业阻力重重。许多传统老字号、牌匾被当作"封、资、修的黑货"砸烂。在这个时期，无数名牌商标、老字号被迫改成了毫无特色的新名称，如"红卫"、"工农"、"人民"等，品牌失去存在的价值和意义。

4. 觉醒与突破——改革开放 [3]

改革开放后，随着社会主义市场经济体制逐步确立，企业渐渐成为参与市场竞争的主体，竞争意识贯穿于企业整个经营决策过程中，品牌进入了自由发展时期。

1982 年，江苏盐城燕舞公司进京展销，首先在《人民日报》、《北京日报》和北京电视台投放广告，继而在中央电视台也连续播出广告，拉开了品牌传播营销的序幕。

1990 年，第十一届亚运会在北京举行，广东健力宝集团花巨资购买了此次运动饮料的专卖权，并出资 1 600 万元赞助第十一届亚运会，成为国内最大的广告赞助商。健力宝公关赞助活动具有里程碑意义，推动了中国品牌传播的发展，增强了国民的品牌意识。

进入 21 世纪后，从中外企业合资潮、贴牌生产再到自创品牌的热潮阶段，在政府品牌战略的引导下，出现了老字号崛起与新品牌企业形象热的新阶段，企业对知名度与品牌的竞争进入一个新台阶。

二 中国自主品牌发展现状

1. 中国本品牌发展总体表现

（1）更多企业与品牌进入百强。2012年，BrandZ最具价值全球百强企业中，中国企业占据13席，其中品牌价值上升最快的是百度与腾讯，品牌价值分别劲升8%和19%，排名分别上升至第25和第37。中国移动蝉联中国品牌首位，尽管它在全球百强排名较2011年下降1位，至第10位。中国酒类企业茅台首次进入百强榜，以118亿美元排名第69。

世界品牌实验室评选的2012年度世界品牌500强，谷歌（Google）重返榜首，亚军微软（Microsoft），季军可口可乐（Coca-Cola），苹果（Apple）列第四。500强中美国占据231席、法国44席、日本43席。中国中信集团、中国建筑和中国农业银行首次上榜，中国品牌入选数达23个，同德国并列第五。中央电视台、中国移动、工商银行和国家电网入围品牌百强。而由世界品牌实验室和世界经理人集团共同编制和发布的2013年《亚洲品牌500强》报告中，中国（包含港澳台）入选的品牌共计204个，占整个亚洲品牌500强的40.80%，超越日本，位居第一，其中中国大陆入榜品牌有118个。

（2）区域品牌蓬勃发展[4]。进入21世纪，中国各地争创强势品牌的热情日益高涨，地区品牌呈现蓬勃发展的态势。如今已形成一系列以强势品牌为旗帜的省级、市级和县级品牌集群。在省级名牌区中，出现了以广东、浙江、山东、江苏为代表的省级品牌强区，如好太太、金科、嘉俊陶瓷来自广东，娃哈哈、雅戈尔、美特斯邦威就源于浙江；在市级名牌区中，出现了以青岛、深圳、佛山、宁波为代表的市级品牌强区，如青岛啤酒、双星、海信、海尔、澳柯玛均来自青岛，深圳则有Only女装、艾格等著名的服装品牌；在县级名牌区中，也出现了以"家电之都"顺德（如美的、万家乐、万和、容声）、"信息化示范城市"江阴（如海澜之家、双良锅炉）、"鱼米之乡，丝绸之府"的吴江（如震泽黑豆腐干、德尔家居）为代表的县级品牌强区。

（3）行业品牌"争奇斗艳"。与地区品牌发展一样，行业品牌发展亦逐年提升。在机电产品、纺织服装、轻工工艺、食品、五矿化工等制造业和商业、金融、保险、餐饮、旅游、交通、医院等服务业中涌现出了一些中国名牌、出口名牌和中国驰名商标。但在行业品牌快速发展的同时，许多企业仍然采用"以销量为主导"的营销方式，品牌定位模糊，一味追求"奇"、"艳"，而没有正确的品牌战略。这给中国行业品牌带来了弊病，中国行业品牌量多，但品牌根基仍然虚弱。

（4）世界级品牌仍缺[5]。在美国《商业周刊》与世界著名的品牌评估机构英国Brand Finance公司联合发布的《全球最有价值100品牌》评估报告中，至今为止，只有来自中国台湾的HTC名列其中。而中国评定的2 000多家涉及餐饮、医药、食品、零售、烟酒、服装等行业的"中华老字号"，如今发展比较成功的仅占不到10%，绝大多数老字号品牌都面临着巨大的生存危机。

2. 中国自主品牌发展主要问题

中国很长一段时间内缺少世界级品牌，突出表现在中国品牌很难走出去，很难突破"国内化陷阱"，即产品在国内强调民族品牌，主要以满足"短缺市场"的消费者为主，很少关注世界范围中、高端消费者，中国企业太享受"市场短缺、双轨制、法制不健全、消费者不成熟以及竞争对手不强大"这样一个新兴市场所赐的巨大机会，长期以来仅靠代工、贴牌生产、不须创新即可获得不错的利润。如此周而复始，无形中中国自主品牌创新乏力，在国际舞台难以具备真正的竞争力。随着WTO开放政策，国外品牌全面涌进国内市场。2012年，中国乘用车产、销量分别约为1 927万辆和1 931万辆，第一次超过了全欧洲1 830万辆。中国乘用车注册量约为1 320万辆，全球排名第一[6]，而其中中国自主品牌的乘用车比例少得可怜；2012年，单欧莱雅（L'Oreal）一个公司的化妆品就在中国大陆销售120.5亿元人民币[7]，而拥有海飞丝（Head & Shoulders）、飘柔（Rejoice）、潘婷（Pantene）等全人群护理产品的宝洁（P&G）公司在中国市场的收入逾60亿美元[8]。至此，中国自主品牌发展的危机感全线显现。

市场经济作为一个整体文明演进过程，要为推动国家能力的进化与民族精神的进化服务。企业竞争力的本质是在契约精神或者信用的前提下，通过创新推进方式、效率提升途径，为消费者不断创造价值的能力。只有企业及时地满足不断上升的消费需求，在创新中持续发展，才能赢得消费者，才能获得真正的收益，这是任何一个国家的任何一个企业唯一、正确的发展道路。反思过去30多年的发展，我们逐渐意识到中国企业整体缺少内涵与深度，缺乏创新能力与精神，缺少在有序的环境中持久发展的心态。

美国作为一个近200年来飞速发展的国家，之所以一直能够在世界范围称雄，傲视全球，主要的原因就在于其有永不满足、不断创新的发展驱动力。20世纪以来，汽车制造、化学制造、航空航天、新能源、信用卡、通信、物流、快递、计算机软硬件、互联网、云工程所有这些产业均由美国催生。在最近一个世纪内，全世界在行业、技术、产品、原料、技术模式、经济制度这些方面前50项创新成果，美国占据了超过60%；近20年，世界上最具有创新能力的50家企业，美国总是占有30～35席[9]。而如今中国除了制度创新比20世纪明显进步外，在其他创新领域与美国的差距并没有缩小，甚至正不断拉大。

中国企业缺乏创新带来中国自主品牌的疲软，在以下八个方面有突出表现，急需解决。

（1）难以创造较高的消费者剩余。一个企业或品牌的竞争本质在于如何为消费者创造更多的消费者剩余（Consumer Surplus）。所谓消费者剩余，就是消费者对一个产品或服务的评价和定价的差额。中国品牌虽然相对成本较低，但是由于多数消费者对其产品或感知质量较低，很难创造出较高的消费者剩余（见附图2-1）。

中国自主品牌难以创造较高消费者剩余的主要原因在于中国本土品牌企业忽略了有思想、有品格的消费者的情感需求这一关键要素，经常将产品局限于其功能性这一低端品牌最关注的要素。美国黑人民权领袖马丁·路德·金（Martin Luther King）曾经说过："一个国家的繁荣，不取决于它的国库之殷实，不取决于它的城堡之坚固，也不取决于它的公共设施之华丽；而在于它的公民的文明素养，也就是所有人民的教育、人们的远见卓识和品格的高尚。"一个具有极高品牌资产的品牌往往具有让消费者十分心动的情感性与自我表现型利益，尤其在经济发达地区，品牌是否具有触动消费者内心世界的情感性与自我表现型利益已成为一个高端品牌能否在市场站稳脚跟的重要因素之一。中国企业过去的成功经验之一就是"产品打天下"，片面地认为市场是否成功、品牌是否溢价完全取决于产品自身价值。事实上，产品品牌本身并不是打动消费者的唯一因素，高品质服务以及产品背后的企业品牌能够创造更大的消费者剩余。许多品牌的高附加值来源于消费者对品牌的独特感受，这种感受是全方位的，优质的产品、无可挑剔的服务或者值得信赖的企业都是消费者想要的，而中国本土品牌企业往往忽略了这一要素。

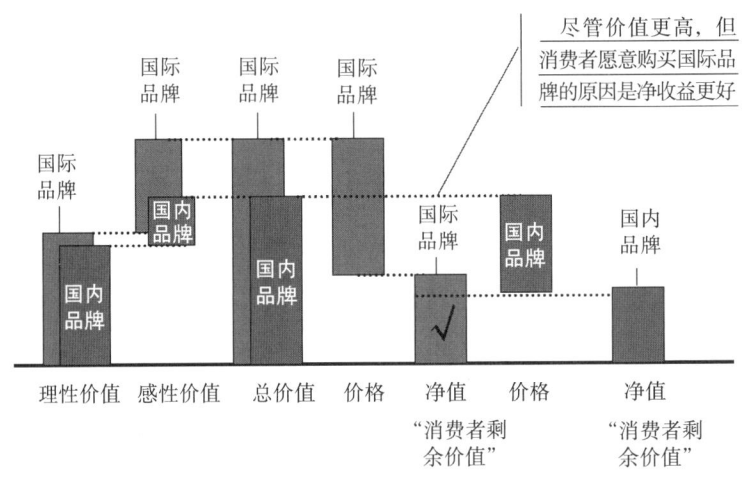

附图 2-1　中国品牌无法提供较高的消费者剩余

（2）品牌定位模糊。美国著名作家比尔·科斯比（Bill Cosby）曾经说过："我不知道成功的秘密，但是失败的原因往往是企图取悦每一个人。"一个成功的品牌也不能企图把目标对象瞄准每一个消费者，需要有准确的品牌定位。定位点不仅要独特，能体现企业的核心价值，还要与消费者的利益密切结合，满足他们的物质需求（如产品安全、耐用等）和心理需求（如出众的品位、内心的愉悦等）。每一个品牌都有不同的核心价值，但有时企业没有把它们提炼成明确的产品定位，寻找它们在消费者心中的位置。

（3）品牌形象不突出。中国很多品牌形象或个性不突出，受到儒家文化和历史的影响，强调"仁和"、"历史"等特点。"仁和"就是中国传统文化的特点，给人以和谐、亲切、温馨、平易近人的感觉，如此就缺乏了独有的个性。无论是产品品牌（如服装、电器）、服务品牌抑或旅游品牌，外显的品牌标志、品牌名称、品牌口号等常常雷同，较少能突出品牌形象或个性，并且品牌与竞争对手之间差异性也较弱，不利于消费者的识别与记忆。

（4）品牌传播手段单一。虽然有些品牌可以凭借良好的商业信誉在市场中取得较高的知名度以及美誉度，但是，品牌传播不足成为了放在许多中国自主品牌面前最重要的问题。很多品牌管理者或企业经营者理念陈旧，有部分老字号经营者过分依赖品牌美誉度，拒绝广告传播和营销策略，有的经营者甚至认为和别的产品一起竞争可能会降低品牌的身价。有很多品牌由于经营困难，降低广告费用自然成为缩减预算的途径之一。

除此以外，许多品牌广告没有找到产品和当代人们喜好的结合点，只是"就事论事"，难以取得很好的宣传效果[10]。若广告主不能有效地整合营销，不注重企业与员工、消费者、潜在消费者、媒体等方面良好关系的建立，只单纯重视扩大品牌知名度，就难以达到理想的品牌美誉度、品牌忠诚度和品牌联想，也就难以创造更多的品牌资产，造成恶性循环，阻碍品牌的发展步伐。

（5）缺乏"大品牌"意识。根据联合国开发计划署（United Nations Development Programme, UNDP）最新一期统计，国际知名品牌在全球品牌中所占比例不到3%，但市场占有率却高达40%，销售额超过50%。而与此对应的是，参与国际市场的中国企业中，拥有自主品牌的不到20%，自主品牌出口额在出口总额中的比重不足10%，在全球100个最有价值品牌企业中，大部分企业在国际市场的销售额占全年销售额超过50%。在中国，即使一些知名度很高的企业，在海外销售额也不到10亿美元，也只占总销售额的10%左右。这些数据充分说明了中国的自主品牌国际化很低，处于起步阶段，企业品牌全球化的"大品牌"意识比较缺乏，急需培育[11]。

（6）品牌区域性局限。中国较多品牌具有一定的文化特征，它们是企业一张性格鲜明的名片。但是在全球化的市场背景下，过分强调地域特征就会限制目标顾客群，阻碍品牌的跨区域发展。在长期发展过程中，这些品牌依靠特色产品和信誉赢得特定区域的顾客，这些特定市场的文化和生活习惯成为了品牌的文化内涵。但是，其他区域的人们就很难了解它的含义，销售范围和品牌发展受到限制。

（7）传统品牌管理不足[12]。中华传统品牌的产生和发展过程中，形成了众多具有浓郁传统文化特色的老字号品牌，不仅涵盖了独特的生产技术、经营思想、民俗风情，更是博大精深的中华文化的体现。老字号品牌有着灿烂辉煌的历史，是一笔值得我们挖掘整理、开拓创新的宝贵财富。目前，中国共有"中华老字号"2 000余家，分布在全国各地，它们在新兴市场竞争中一路坎坷。"同仁堂告别加盟店欲转型升级"、"归真堂活熊取胆惹争议，品牌利益遭质疑"等事件表明：作为存世的老字号、老品牌现在面临着招牌维护、打击侵权、质量监督等现代管理等新的问题与挑战。

传统品牌如何应对现代市场，长葆品牌的生机与活力，在社会上引起了广泛的讨论。同仁堂、归真堂等老字号在当下的市场环境中都不同程度地遇到了各种问题。自主宣传不到位、丧失在品牌战略上的主动权；品牌所有者缺位；传统品牌保护存在法律盲点，相关法律制度有待完善。

（8）急于求成，盲目国际化。"民族的，才是世界的"。当今时代，国际市场进入品牌竞争时代，在国际竞争中仍然受到自身薄弱条件限制的中国企业一定要全面理解国际化的深刻含义，国际标准的专业化，服务体系的职业化，生产条件与供应链系统的现代化，一定要基于独具特色的产品功能性之外,将民族的文化元素与传统巧妙地承载其中,否则难以在众多的世界同行中脱颖而出。国际化需要企业决策者根据企业的实际情况理清思路,明确在不同国际化经营阶段、不同的资源条件下,实施什么样不同的品牌整合策略。同时,还需要企业能够坦然面对可能由此带来的新挑战,如由于品牌新的拥有者对品牌内涵的改变而导致消费者的困惑或不信任,或者消费者对新使用者技术及管理整合能力的怀疑导致的品牌价值变动等。如何在国内、国际两个市场善用国外企业的品牌资源,成为中国自主品牌国际拓展进程中急需解决的问题。企业品牌国际化是促进企业在国际市场上获得一席之地的好方法,但却是一个较为长期的任务。这一点要有清醒的认知。

三 中国自主品牌战略飞跃——未来之道

随着中国经济体逐步成熟,人均GDP达到了一个新的高度(见附图2-2),人民的生活水平有了可喜的提高,中国逐渐进入了品牌发展的第五阶段:复兴与成熟。诺贝尔经济学奖得主加里·贝克尔(Gary S. Becker)认为:"一个国家是否生产高技术、高质量的产品这不仅仅是财富积累问题,也是一个民族素质问题,是一个民族能否真正发展的问题。中国和其他国家一样,如果只专门从事低质量产品的生产,那中国就不可能拥有有知识的人才,就不可能拥有生产知识密集型产品的机械,也就不可能提高劳动生产率。"生产什么样的产品,创建什么样的品牌,就代表了什么样的人,为了提高民族素质,提高国际竞争力,中国需要提升中国自主品牌档次,只有这样才能使中国自主品牌攀升到更高的国际地位。

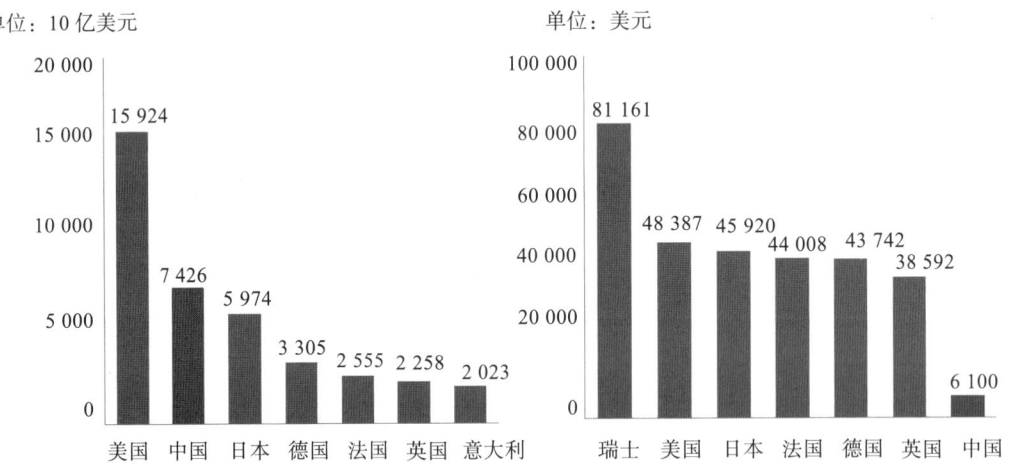

附图2-2 2012年中国GDP总量与人均GDP[13]

面对中国廉价劳动力优势一去不返,国内大量以低端市场为主的品牌企业陷入了"进,缺乏系统创新能力;退,马上出局;不进不退,利润日薄,淘汰只是时间问题"的困境。

破解这一困境的根本之道在于通过政府和企业自身的双重努力,实现产业的艰难调整和企业在被动中求主动的转型升级,使企业从原先粗放、低端、低附加值、制造加工为主,转到从设计开始,做高品质、更加符合人性化需求的产品,有文化故事的中、高端品牌升级道路上。这不仅是社会经济水平不断提升,消费水平持续升级,低端市场日渐萎缩,中、高端市场不断扩大的客观需要,也是中国企业启动品牌提升战略,真正迈向国际舞台的大趋势。

从低端到高端,市场性质发生了根本性改变,仅依靠修补和完善原有的低端运作平台无法应对高端市场,企业运作平台必须随着市场变化进行根本性转变,必须彻底改变原有低端思维,以高端品牌思维来开展品牌升级战略,从而促进中国企业再次飞跃。

1.品牌本质认知与品牌战略

(1)消费者大脑印象集成。消费者大脑印象集成是品牌驱动力的来源(见附图2-3)。美国市场营销协会(American Marketing Association, AMA)定义品牌:品牌是世界上最伟大的商业资产——因为一个品牌率先在消费者大脑中占位的认知最难以被复制。从这个品牌定义出发,可以显而易见地推导出品牌战略的核心是——管理好消费者大脑中的联想,在消费者的大脑中建立起清晰的、个性化的、有感染力的品牌印象。

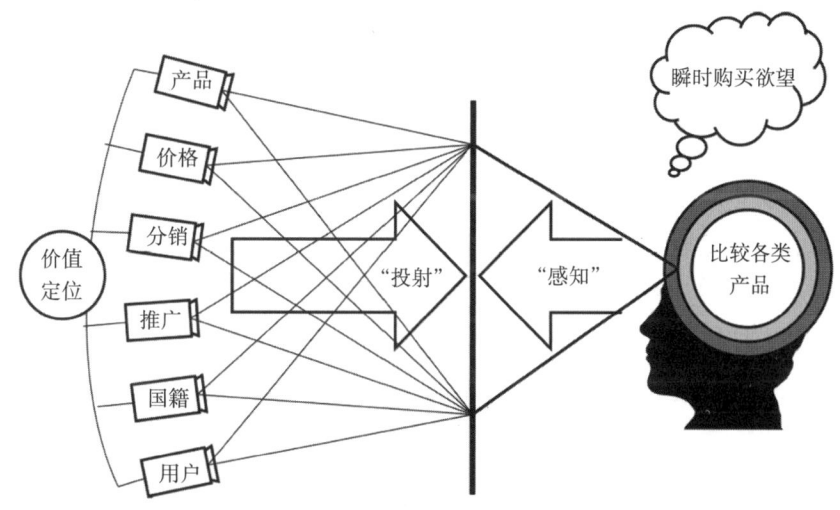

附图2-3 管理消费者的大脑

具体而言,就是在深入研究消费者内心世界、购买此类产品时的主要驱动力、行业特征、竞争品牌的品牌联想的基础上,定位好以核心价值为中心的品牌识别系统,然后以品牌识别系统统帅企业的一切价值活动(展现在消费者面前的是营销传播活动),这样,品牌印象就能不断深入消费者大脑,成为刻骨铭心的记忆。

(2)个性鲜明的品牌联想[14]。个性鲜明的品牌联想是品牌满足客户需求、创造价值的源泉。其实,品牌能为企业带来更多的可持续盈利,主要是因为消费者愿意购买、更多地购买、花更多的钱购买这个品牌。消费者购买的主要原因是由于品牌联想所决定的。

消费者对一个品牌所能联想到的所有信息能深深触动消费者的内心世界，并产生积极、美好、愉悦的心理体验，消费者就会认同、喜欢乃至爱上这个品牌。品牌核心价值即是触动消费者内心世界最有力的信息。可见，品牌有能够触动消费者内心的联想后，强势品牌与消费者就具有深厚的情感联系、很高的品牌忠诚度与抗风险能力，使消费者不对价格敏感，降低对促销与价格战的依赖，并提升溢价能力。

上海家化旗下品牌六神（Liu Shen）与美加净（Maxam）很好地说明了品牌联想的重要性。六神因为品牌联想丰富，而成为上海家化盈利能力最强大的品牌。并且，六神品牌定位非常清晰——秉承传统医药理论，采天然中草药精华，结合现代工艺而成，具有中国特色的夏季个人护理专业品牌。从品牌建立起，六神品牌传播策略始终没有发生变化，如包装色彩折射清爽、清凉的意境，影视广告以夏夜场景为主，把使用含有中草药精华的清爽感觉淋漓尽致地演绎出来。但家化原来盈利能力最强的美加净却因为品牌没有明确的定位，传播策略始终变更，使得美加净很难进入消费者的心智。

可见，消费者大脑中的清晰、独特的品牌联想是品牌一切价值与资产的源泉，它对品牌的盈利能力有着重大影响。所以，衡量一个强势品牌最重要的标准之一即是品牌联想是否清晰，是否与竞争品牌形成区隔，是否能感染消费者并带来积极、美好、愉悦的心理体验。

（3）完善的供应链系统。完善的供应链系统是品牌质量的可靠保证。供应链是企业通过对信息流、物流、资金流的控制，从采购原材料开始，制成中间产品以及最终产品，最后由销售网络把产品送到消费者手中，将供应商、制造商、分销商、零售商等，直到最终消费者终端连成一个整体的功能网链结构。完善的供应链系统不仅提供了一条连接供应商到用户的物流链、信息链、资金链，并且能保证产品或服务的质量，产生一条增值链，物料在供应链上因加工、包装、运输等过程而溢价，增加了品牌资产，给企业带来更大的收益。

（4）不依靠单纯的营销任务。单纯完成营销任务会对打造强势品牌存在潜在危害。在中国市场，曾经有一种观点占了主导——"销量上来了，品牌自然就做出来了"、"做销量，不做品牌"、"终端为王、渠道制胜"。其实这正是企业家或品牌管理者常见的误区之一。单纯的营销任务更多地以提升当前的销量为目标，所用的营销策略无非是增加产品吸引力、重视广告公关诉求、加强销售队伍、构建广泛的分销网络、终端生动化等。当品牌意识没有融入这些营销任务时，企业只能短暂提升销售，不能起到促进消费者加深对品牌的记忆与认同，很难打造强势品牌（见附图2-4）。

可以发现无数的营销广告策略，从营销标准的角度是一流的，但由于一些企业仅仅局限于单纯的营销任务，没有考虑品牌定位、品牌资产维护，这些营销方式对提升品牌毫无益处，甚至是有损品牌。

（5）技术进步与设计创新。消费者（尤其中国消费者）已逐步从基础的物质需求转向高层次的精神需求，根据消费者逐渐提升的需求层次，企业就需要有突破性的技术进步与不断变化的"以人为本"的设计新款，这两者是品牌保持常新的重要基础。设计新款可以凭借一种高于消费者预期甚至是出乎消费者预料的形式去满足消费者不断提升的需求，从而使消费者与产品产生共鸣，进而感到欣慰，产生对品牌的依赖感，从而树立品牌忠诚。

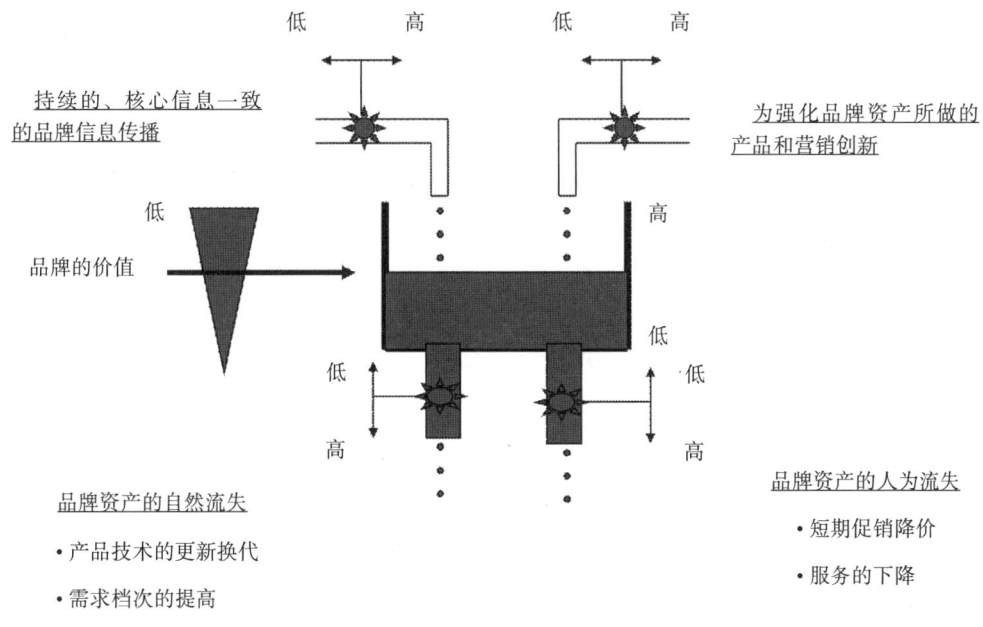

附图 2-4　单纯营销任务对品牌造成危害

（6）从产品品牌到系列品牌、企业品牌。过去几十年，消费者认产品而不认企业，充其量会识别产品品牌，而如今消费者不仅仅关注产品和产品品牌的层次，更会关注产品线下的整个系列品牌。企业不能一直陷入消费者只认产品品牌的误区。对于走向国际化的品牌，企业品牌恰恰是成为支撑产品品牌的关键力量。产品品牌局限在单一或者系列的产品内，是企业品牌的有机构成。而企业品牌则涵盖了以企业的历史传统、资产和能力、人员、价值观和道德取向、本土或全球导向、企业公民行为活动以及过往业绩，代表了整个企业的形象。

例如，宝洁的企业形象成为宝洁旗下众多产品品牌的重要支撑，消费者对诸如潘婷、海飞丝、沙宣（Vidal Sassoon）等产品的青睐与他们对宝洁这个企业品牌或旗下系列品牌的信赖密切相关。企业品牌的消费驱动是强势品牌区别于其他品牌建设的关键要素。一个企业要打造强势品牌，在实施正确的产品品牌战略的同时，也要重视系列品牌与整体企业品牌的升级。

2. 常见的中国自主品牌发展模式[15]

（1）海尔安营扎寨模式。海尔是国内较早走出去的企业，这种模式是中国企业在海外建立自己的生产基地，直接建立和推广自己的品牌，树立当地的企业形象，以便更好更多地销售自己在当地和中国所生产的产品，避免更多的关税壁垒等，如海尔在美国、巴基斯坦等国所建立的生产基地。这种模式的优点是容易获得所在国消费者的信任和欢迎，提高销量，可以回避关税，但挑战是成本较高。

（2）TCL 品牌共享模式。TCL 模式是一种品牌共享模式，将自己在国际上不知名的品牌和国际上知名的品牌结合，带动国内产品走出去，如 TCL 和德国施耐德（Schneider）、法国汤姆逊（Thomson）及阿尔卡特（Alcatel）等品牌联合，带动了 TCL 产品的出口，也带动了 TCL 品牌的提升。这种模式的优点是品牌长期的共享，但也有很大的风险，从长远来看，还是需要最终推出自己的品牌。

（3）联想借船出海模式。联想模式是一个以小博大的赌注，核心是借船出海。收购 IBM 个人电脑部门使联想一跃跨入世界 500 强行列，虽然借 IBM 品牌只有五年使用期，但联想获得了 IBM 在国际上成熟的团队和销售渠道。不过，借船出海能否成功最关键的还在于双方企业文化的融合和联想国际化团队的整合能力。联想国际化的进程准备已有一段时间，从联想英文更名、成为奥运的顶级赞助商，联想为出海做了大量的铺垫。这种"蛇吞象"的模式最大的挑战是两家公司文化的融合和国际人才的使用。

（4）复星"中国式巴菲特"模式。复星集团与所有的中国民营企业一样，战略中对资金的渴求是一个永恒的时态。可以说，对资金的需要在很大程度上塑造了复星投资的逻辑和发展战略。围绕资金的安全和稳定，复星在投资领域强调企业内在价值和正现金流。复星"中国式巴菲特"模式在投资后管理上强调经营改善和分红，在对接资本上强调资产的证券化，也积极学习凯雷（The Carlyle Group）开展资产管理业务，并借鉴巴菲特伯克希尔－哈撒韦公司（Berkshire Hathaway Cooperation）的保险投资经验，寻找长期稳定的可投资金。

（5）华为技术领先模式。华为的摸索是一个中国企业注重建立和开发自己的技术体系，有明确的国家市场目标，先占领发展中国家市场，后大力出击发达国家市场，形成了自己品牌的拳头产品和优势，国际销售已超过公司销售的 50%，是中国企业品牌国际化较为成功的技术导向模式。这个模式的挑战是如何更进一步地技术创新而又避免知识产权纠纷。

（6）阿里巴巴电子商务服务模式。阿里巴巴集团成立之初旨在为中小型制造商提供一个销售产品的 B2B 贸易平台。经过十年发展，整合了既有资源后，把集团旗下所有事业群重新清晰地划分——C2C 以淘宝集市店为核心、B2B 以阿里巴巴（Alibaba）为出发点、B2C 以天猫商城（TMALL）、当当（DangDang）、麦包包（Mbaobao）为主，加以中国领先的第三方支付平台支付宝（Alipay）与门户网站中国雅虎（Yahoo）等，构建了一种全新的电子商务服务模式 CBBS（消费者—渠道商—制造商—服务），进行业务间资源互补。在这个新的电子商务链条中，所有企业参与者均平等，企业盈利能力缘于其产品质量、服务水平的区别，而不是缘于对资源、关系的占有。同样，消费者与企业之间也是平等的，消费者可以有效监督企业，并决定产品的类别或者服务的方式。这种模式正逐渐成为中国典型的自主品牌发展模式之一。

3. 中国市场环境下的未来品牌战略

中国正从 OEM、ODM 走向 OBM 的过程中，三者的品牌战略、企业文化、管理方式程度都完全不同。未来 30 年，中国欲从 OEM、ODM 向 OBM 转化，需要原代工者拥有更强的学习、组织能力以及更强大的品牌意识。OBM 是企业升级为国际性集团的基本象征，也是中国品牌时代真正来临的象征，同时也是品牌从低端走向高端的必然。对于一个企业来说，需要从企业生态环境、品牌差异化、电子商务传播、品牌文化以及全球生产基地等方面入手。

（1）打造健全的企业生态环境。在品牌与环境联系的催化循环中，每一个品牌都是通过自身的产品群、企业资源、消费者、人力资源的更新，主宰着自己的自催化循环，同时，它又与环境进行物质与能量、信息交换。因此，某一个品牌对环境的作用会影响到同类的其他品牌，这样，这一品牌自身和商务生态环境的相互作用意味着在整个商务生态环境系统中发生交叉催化循环。

这种交叉催化循环的生成将会波及到系统中所有企业及企业所有周边环境，甚至邻近的其他品牌生态系统，最终又会反馈到自身的品牌与企业。

在全球一体化的今天，绝大多数世界级品牌通过相关行业公司、上下游的供应商或销售商以及行业内竞争等关系，使整个商务系统构成了一个"生态环境"体系（见附图2-5）。在这个生态环境中，任何一家企业的生存和发展都是必须依靠其他企业。

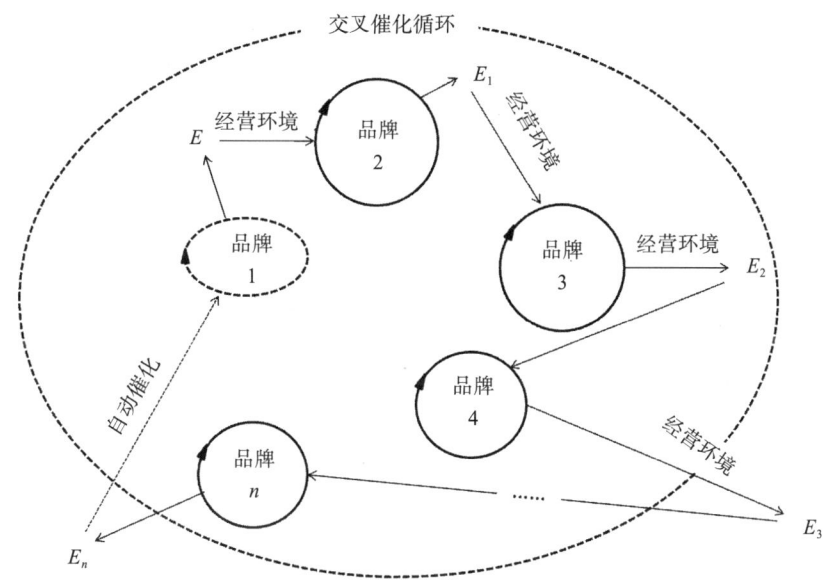

附图2-5　企业生态环境的协调进化 [16]

中国大多企业眼中的品牌仍然只是印在包装上的名称和商标，而没有把品牌看作一种无形资产进行悉心经营，在品牌培育过程中急功近利。尽管国内有些企业在国际上有了一定的知名度，但是具有国际竞争力的国际知名品牌仍然很少。利于周围生态环境的品牌，特别是适应未来的商业生态环境变化的品牌，才能长盛不衰。

品牌生态环境是一个复杂的有机体，它是在品牌生态系统理论的基础上从动态的角度阐述如何建立品牌关系的。一般来说，品牌生态环境是品牌的"第三方"拥有者或者影响者，即利益相关者。除了消费者，品牌还需要同"第三方"包括策略伙伴、企业内部员工、股东、分销渠道、金融机构，甚至包括竞争者或整个社会进行沟通，提高品牌在社会环境、市场环境、营销环境、科技环境等经济意义上的各种环境的影响力、协调能力，可能实现经济效益、社会效益甚至人力共同利益的协调与平衡，提高品牌根植性。

（2）从同质化走向差异化。中国品牌多以价格为吸引市场的着力点，大批量、同质化成为主要特征，从产品到品牌，与竞争对手差别不大。若要使中国品牌走向国际化，尤其在全球新兴市场或成熟市场，走向高端、打造品牌差异性要素成为最需要关注的要点（见附图2-6）。

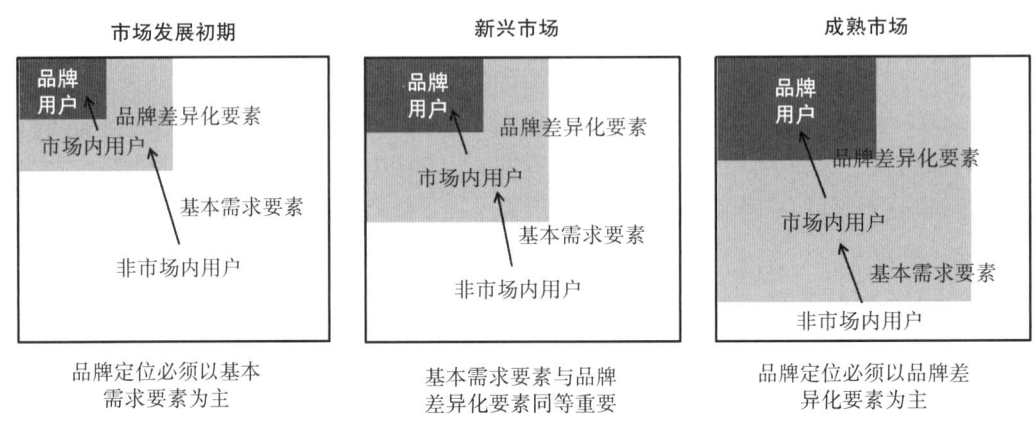

附图2-6　品牌差异化是品牌建设关键

品牌本义是识别，是区隔竞争对手的关键。同质化品牌识别度比较低，因此很难产生剩余价值，而差异化具有较高的识别度，增加的附加值的来源就在于具有更大的差异化优势。中国品牌要建立差异化优势，首先要对市场进行精准细分，针对特定目标顾客群进行定位，树立专属的差异化形象。其次可从产品、服务和形象等方面去寻找差异化的来源，选择其中突出并能与竞争对手相区隔的要素来建立差异化优势。如此，品牌在市场上具有"不完全替代性"的某方面差异，这些特性能够满足高端消费者个性化、精英身份的认同感。

（3）电子商务促进品牌传播。在当今社会，电子商务已是大势所趋，快速增长创造了一个又一个商业奇迹。占领网络市场、提高互联网中的品牌影响力，无论是对于新兴的电商企业还是对于传统企业都迫在眉睫。未来电子商务市场是一个多元化、给消费者带来更大价值的市场。无论电商企业还是传统企业在面对电子商务市场在全球范围内快速崛起之时，都需要考虑如何融入互联网环境之中。2012年"电商事件"或许可以提供较多的启示。无论是国外圣诞节、万圣节网络消费热潮，还是天猫"双11"大手笔，都证明了全球电子商务市场大繁荣生态已经来临，因此电商企业和传统企业都希望能够树立强大的网络品牌传播影响力。但同时，也暴露出电子商务品牌传播过程中的一系列问题，互联网品牌生命周期在缩短，网络品牌的树立和市场份额的争夺不能靠价格战，价格战损害了供应商、消费者、投资者，包括电商企业自身的利益，失去了品牌诚信和稳定的供应链。传统企业或产品品牌初入电商市场，就将迎接激烈的市场竞争，所以在入市前应做好长期发展战略，利用互联网特点和自身优势迅速树立互联网品牌影响力。

（4）塑造文化品牌[17]。随着社会的进步，抽象的文化、价值观和生活方式正深刻地影响着消费者，消费者对于文化产品和服务的需求日益强烈。文化品牌正是在这样的背景下而日益受到人们的关注。它是文化特质在品牌中的沉淀，包括品牌经营活动中的一切文化现象。它能增强品牌溢价能力、市场竞争力和品牌忠诚度。最具代表性的例子之一就是电影《泰囧》和电视节目《中国好声音》。品牌文化通过赋予品牌深刻的文化内涵，建立鲜明的品牌定位，利用各种强有效的内外部传播途径形成消费者对品牌在精神上的高度认同，创造品牌信仰，最终形成强烈的品牌忠诚。文化品牌塑造的工作可以概括为文化品牌定位、文化品牌外化和文化品牌传播三个主要工作阶段。为此，可以有三种塑造强势品牌、对品牌进行价值创新的对策——为品牌塑造一种恰当的文化、品牌文化与时尚文化相结合、品牌文化与民族文化相结合。对于企业来说，拥有品牌忠诚就可以赢得消费者的忠诚，赢得稳定的市场，大大增强企业的竞争能力，为品牌战略的成功实施提供强有力的保障。

（5）生产基地无国界。生产基地无国界化、人才本土化以及社会贡献当地化是中国自主品牌走向全球的重要措施之一。国外一些著名的奢侈级品牌或跨国企业，如可口可乐、宝洁公司等在中国的投资经营中，不仅拥有当地较高的市场份额，建立了品牌忠诚度和美誉度，而且十分注重使用当地资源，积极为社会做出贡献。它们聘用中国人才，提高中国原材料的本地化程度，为中国带来税收收入、解决就业、提高经营管理水平和造就人才方面都做出了很大的成绩，它们已成为中国经济发展中的重要力量。

"生产无国界"这种战略方式正是中国本土品牌企业和自主品牌走向国际化的重要参考。中国本土品牌企业可以效仿在海外建厂，不仅能在海外寻求国内稀缺资源，如金属、油气资源、煤矿等，更能通过对价值链各环节的全球最优配置实现经济效率最大化，并增强自身竞争优势。与此同时，企业能在海外生产基地与国外供应商、竞争者、服务提供商和知识中介机构同处一个区位，更容易取得战略资本，包括技术能力以及分配渠道的控制[18]。

根据世界银行标准，中国人均GDP目前已达到6 000美元左右，属于"中上等收入国家"。国际经验表明，此时一个国家极易滑入"中等收入陷阱"——经济增长停滞不前，长期无法跨入"高收入国家"行列。但值得欣喜的是，中国本土品牌企业已开始逐步认识完整的品牌战略体系，逐步具备打造高端品牌的创新意识。我们有理由相信，随着中国企业逐渐摆脱过去对廉价劳动力、自然资源以及人口红利的过度依赖，越来越多的中国自主品牌能够跳出"国内化陷阱"而出现并长期活跃在国际舞台上。

参考文献

[1] 中华人民共和国国家统计局. 中国统计年鉴2013年版[R]. 2013.
[2] 赵丹丹. 我国品牌发展历程及思考[J]. 商业经济，2008（16）.
[3] 汝信. 改革开放20年的理论与实践[M]. 北京：中国大百科全书出版社，1987.
[4] 祝合良，王平. 中国品牌发展的现状、问题与对策[J]. 经济与管理研究，2007（8）.
[5] 许敏玉，王小蕊. 中华老字号品牌发展瓶颈及对策[J]. 企业经济，2012（3）.
[6] 中国汽车工业协会. 中国汽车工业协会2012年度报告[R]. 2013.

[7] 欧莱雅. 欧莱雅 2012 年度财报 [R]. 2013.

[8] 宝洁. 宝洁 2012 财年报告 [R]. 2013.

[9] 孟宪忠. 中国经济创新的差距、误区与突破 [J]. 上海管理科学，2013（2）.

[10] 杨海军. 中外广告史 [M]. 武汉：武汉大学出版社，2006.

[11] 董常亮. 中国本土化品牌成长机理研究 [J]. 黑龙江对外经贸，2009（3）.

[12] 翁向东. 自主品牌战略 [M]. 南京：南京大学出版社，2008.

[13] 国际货币基金组织. 2012 年全球经济年度报告 [R]. 2013.

[14] 关辉，董大海. 中国自主品牌形象对感知质量—顾客满意—品牌忠诚影响机制的实证研究——基于消费者视角 [J]. 管理学报，2008（4）.

[15] 李杰. 战略性品牌管理与控制 [M]. 北京：机械工业出版社，2012.

[16] 王仕卿，韩福荣. 中外品牌比较及其对本土品品牌培育的启示 [J]. 工业技术经济，2006（12）.

[17] 解艾兰. 中国品牌发展现状、问题及对策 [J]. 品牌建设，2010（1）.

[18] 杨波. 中国企业海外建厂攻略 [N]. 上海金融报，2011-02-22（B13）.

延伸阅读 3 | Brand Aesthetics and Management

城区发展要有长远的品牌战略规划[⊖]

目前,国内经济发展趋势向结构转型与能级提升转变,大家日益重视经济增长的高品质、稳定性及可持续。那么,对于一个城区的经济发展而言,是否有一定的路径来寻求这种高品质、稳定可持续的增长呢?一个偶然的机会,编者有幸结识了著名品牌战略专家李杰教授,向他请教了这方面的问题。

编者:李教授您好。品牌是大家都非常熟悉的名字,人们对它有多种理解和诠释,对于品牌的含义您怎么看?作为理论原点,您认为品牌这一概念的核心意义是什么?

李杰:"品质"+"牌子"是对品牌最简洁的诠释。品牌是某种商品或服务的个性(张显)、价值(集聚)、身份(认同)、竞争优势(自我保护)的载体,是抽象与具象的结合。品牌最原始的目的是用作标识,标识起到了差异化的作用。你问品牌的核心意义,我理解为差异化,这种差异化体现在世界众多产品中"是我不是你,是你不是他,是他不是我"。品牌有好几个层面的意思,第一个层面是标识,标识表明该企业商品的与众不同,所以品牌不能重名,有优先注册权之说;第二个层面是客户对商家(企业)的信任,这种信任来自承诺的一直兑现,来自企业长期对品质的坚持以及对品牌宣传的一以贯之,讲究质与量、内与外、形与神的一致性,英文叫 Consistency,客户所感知的与品牌所展示的(包括客户合理想象的)是一致的,也就是说"说到做到"甚至超出期望;第三个层面是代表消费者的某种成功,是一种成功的标志——成功的人群都喜欢用这种品牌,我也喜欢,我也要……这种品牌成为了成功人士的外在标示,我用这种品牌,我也是成功人士……第四个层面的含义就是商家(企业)最关注的"品牌溢价功能",商家(企业)做前面部分工作的所有目的是为了让消费者愿意为它的品牌(以产品和服务形式表现)以高于竞争对手的价格来买单。

编者:我们地方政府部门也非常重视品牌推进工作,比如奖励区域内获得中国驰名商标、上海市著名商标、中华老字号等认定称号的企业,鼓励企业自主创新、增强核心

⊖ 本文摘自2013年9月上海市徐汇区政府《徐汇商务》刊物访谈。

竞争力、推进管理品牌输出、在商业业态调整中引进高端品牌等。但是，我们对品牌的概念还是比较模糊、零碎的。在拜读了您的大作后，我发现品牌可以上升到管理学中"战略"的高度，它所涉及的领域与内容非常深远、丰富。那么，用品牌战略的维度来统筹城区（比如像我们徐汇区这样一个上海市的中心城区）经济一体发展，这个立题是否可行？有没有这方面的实践案例？

李杰：城区发展要有品牌战略规划这个立题不仅是可行的，并且刻不容缓。我前面讲了品牌的含义分四个层面，它所涉及的范围也有三个领域：一是产品品牌、企业品牌，二是非营利性组织品牌，三是城市品牌及其区域品牌。我们讲品牌时大多以企业为背景，其实企业也好，城区也好，拓展开来都是一种集合体，也可以叫作机构或组织，即所谓的Organization，它涉及品牌管理的基本原理是一样的，所以用品牌战略管理的维度来考量城区经济一体发展是可行的。从这个角度说，一切都是可以品牌化的，这在我新近出版的《战略性品牌管理与控制》专著中有过具体论述。我可以举两个最直接、最典型的案例。一个是中国的景德镇，一个是新加坡。如果从一般城市指标来考量，景德镇并不显眼；但是，景德镇依据其独特的高岭土资源以及千年陶瓷高温烧烤工艺大打瓷器牌，苦心精营，把自己塑造成一个海内外闻名的"中国瓷都"、"世界瓷都"，"景德镇"三个字在某种程度上成了瓷器的代名词。当然，作为城市品牌的塑造，景德镇还有许多提升的空间。再有一个例子就是新加坡，这是一个弹丸岛国，一个城市国家，除天然的海洋交通便利之外，其他的资源禀赋平平，但是现在新加坡成为了当今世界上集聚资本、技术、人才的热土之一，原因就在于新加坡政府向世人营造了一个"新加坡"品牌，它的核心内容有三个：一是完备的体制机制，可以用新加坡精神来描述——法德并重、忍让宽容、多元共生、和谐繁荣；二是高度的国际化开放平台；三是高效的管理。

编者：现在全国上上下下，包括我们徐汇区在内，都在讲产业结构转型与能级提升，都开始重视经济增长的高品质、稳定性及可持续。那么，在当前的背景下用品牌管理思维来统筹发展有什么现实的意义？

李杰：中国过去30年的发展与小康，基本上是建立在OEM（贴牌代工），顶多是ODM（定牌生产）上。现在我们为什么要讲"创新驱动，转型发展"？最直接的原因就是我们再靠OEM、ODM已经不具备可持续发展的能力了，OBM（自有品牌制造）才是未来之道，即自主创新、掌握具备自有知识产权的核心技术的生产方式，它最终凝结在民族品牌上体现出来。所以从某种程度上讲，"创新驱动，转型发展"也是一个没有办法的选择。今后的工作不得不由品牌的战略观来统筹，品牌战略具有现实与未来的双重意义！中国没有经过工业革命，改革开放以后中国开始追赶西方的发展脚步，在经济发展上基本上走着一条以市场换技术的中外合资、合作道路，引进了一大批洋品牌，这在短期内改善了居民生活，促进了国内经济发展。但是，和近邻日本、韩国相比，我们通过引进来消化、吸收并进一步创新的步伐太慢,可持续发展的后劲不足——不能形成自己的品牌,或者说有自己的品牌却不具备竞争力,中国大多消费者逐渐沦为洋品牌的奴隶,而中国企业则成为了众多洋品牌的极力模仿者,永远跨越不了"从抄袭到超越"的喜马拉雅。

  再来看上海。自20世纪二三十年代以来直到改革开放前,上海地区,包括江浙一带受西方工业文明的影响,其发轫于相对发达的手工业、纺织业的工业技术一直在全国领先。计划经济时期的上海品牌,包括"三转一响"(又称四大件,指收音机、自行车、缝纫机及手表)成了品质与身份的象征,上海牌手表,永久牌、凤凰牌自行车,蜜蜂牌缝纫机,红灯牌收音机,大白兔奶糖等,许多上海牌商品成了市场的抢手货。但是从改革开放开始,尤其是80年代末以后,上海曾经领先的经济地位受到了包括广东在内的许多挑战。如果说上海在文化观念方面始终跟得上世界进程的话,很可惜上海在独立自主的民族品牌发展方面就明显落后了,除了所谓的中外合资洋品牌外,其他上海品牌受到了洋品牌的打压与国内品牌竞争的双重压力,结果就是市场上立得住脚的已寥寥无几。目前的情况是,完全用别人的牌子、别人的技术、别人的生产线不行,硬是用自己的牌子,但是没有持续的创新、技术含量低了也不行。这方面问题的严峻性从上到下现在都强烈地意识到了,所以说发展的品牌战略思维可以看作是一种民族独立意识在经济领域的觉醒。从这一点上讲,反思上海文化中的某种缺陷似乎非常有必要了。引进之,驾驭之,这样才能变成一个更加强壮的自我,而不是变成一个更加依附的自我。

编者: 外人听说过上海市徐汇区的可能并不多,但一提起徐家汇很多人耳熟能详,的确可见城区内品牌对城区起着相当大的集聚与辐射效应;我们近期还在大力推进徐汇滨江、徐家汇中心、新鸿基环贸广场、南站商务区等高端项目,这些项目建成后将成为徐汇城区的名片级品牌。但是,打造"徐汇"这一城区品牌要难得多,这两者的关系如何构建?城区品牌如何才能真正得以确立?

李杰: 简单来说,城区品牌与其区域内其他品牌的关系表现为共性与个性的关系,前者统摄后者,使后者具有某种统一的品性;后者是前者一种形式的展示、具化与丰富,使前者在统一之中显示出具有活力的差异化。我们可以用丽江印象、桂林山水、九寨风情、婺源乡村分别映射出云南、广西、四川和皖赣的鲜明特点。德国汽车的国家印象与其奔驰、宝马、奥迪、保时捷四大品牌的关系也可以来说明这一点。一说起德系车,人们往往会想到它们有如下基本特点:引领潮流、技术先进、工艺精湛、安全坚固、快速舒适;一说起四大名车,人们马上就会想到它们彰显的个性、矫健的车姿、澎湃的动力——彼此间的关系是相互印证、相映成趣、相得益彰。

  而城区这样一个更大区域的品牌则往往需要从巧妙构思的前瞻性规划开始,既考虑商业模式的短期效益,又要考量人文的长期效应。政府部门在规划设计上要善于挖掘历史积淀,要与当地文化传统相呼应,要与现代人群生活方式相呼应，要将经典与时尚审美合理嫁接。现在讲品牌战略就意味着我们可以主动作为，可以通过将短期盈利与长期发展融合，实现多方利益共享来加速品牌化这一进程。当你建立了清晰的城区品牌战略，当城区品牌文化得到大家的共同推崇，当环境营造基本成型，当人们真实地、频繁地感受到生活在"徐汇"的种种属性利益时，可以说你的城区品牌已经确立起来了。

编者： 品牌的愿景当然很美，但是我们都知道品牌的培育绝不是朝发夕至的，它有一个漫长艰辛的过程，需要坚持。在残酷的竞争生存压力面前，各行各业在提供产品与服务方面大多显得急功近利，往往无暇顾及"把工作做成品牌"。那么，对于营造城区这个特殊"产品"的品牌，您有什么忠告？

李杰： 我前面讲了品牌的含义有标识、信任、成功、溢价四个层面的内容，它们在特定的群体、特定的市场、特定的阶段综合起来就会产生溢价效应，这也是很多企业要做品牌的直接目的。城区形成品牌后，它也会产生溢价效应。那么，如何打造城区品牌呢？我们首先要严格区分"品牌营销"与"品牌建设"这两个概念，品牌概念源于营销手段，但是它高于营销、大于营销，很多人在这一点上理解反了——品牌建设是根据需求来整合产品生产或服务提供的整条价值链，而营销只不过处在这条价值链前端的一个重要环节。营销当然可以用，但是你要树立一个国际范围认可的综合城区品牌，这一定是一个持续时间较长的浩大工程，你就不能局限于单纯的营销手段，没有好的战略规划，没有沉下心来5～10年以上扎实地工作，你的牌子在国内外是叫不响的。具有前瞻性的城区品牌战略规划，有效的执行力，专注的精神与平和的心态，辅之以文化的沉淀，这些就是我的忠告。

编者： 您在专著中对本土品牌的发展战略有过精彩的论述，听说您本人就居住在徐汇区，您对于有志于成为"发展水平领先的现代化国际大都市一流中心城区"的徐汇区这样一个特殊区域培育自己的品牌有什么建议？

李杰： 回答这个问题之前，我先讲讲我对"现代化国际大都市中心城区"的理解。"现代化国际大都市"指一个城市科技、经贸、金融高度集中，体制机制完备，办事规范高效，第三产业高度发达，城市综合性功能强大，总部经济集聚，基础配套设施完善，资产存量巨大，中介组织茂盛，公用事业发达，商住楼群质优量广，城市外围延展性好等，这就是所谓的 Metropolis；而它的中心城区不仅集约了上述资源品质，其所展示出来的城市综合体以及类似于 CBD 的核心商业区使其更具集聚与辐射功效。所以，我认为徐汇城区品牌应该是现代化国际大都市的基础，加上中心城区的品质，再加上徐汇的个性。对于培育这一品牌，我有如下五方面的建议：一是确立大徐汇战略，要将徐家汇商圈、漕开发、衡复风貌区、枫林生命园等这些已有品牌和徐家汇中心项目、徐汇滨江项目、南站商贸区项目、慢生活项目等这些未来的品牌纳入到大徐汇的旗下，企业品牌、总部品牌、机构品牌、地标品牌形成价值链高端集聚，从而彰显出徐汇的精神特质；二是主攻现代服务业发展不能放松，大都市第二、第三产业比例通常保持在2:8的水平，这种发展方式最能释放出大都市复合资源的优势，产业结构要向服务经济为主转型，房地产开发与资本推动的增长方式并不可持续；三是要围绕历史传承做文章，将历史传承以文化的形式融入现实的品质发展中，硬件与软件一定要交叉配套，强化人文气息，放大文化的助推效应，营造大都市中心城区独特的人文品质环境；四是努力建设低碳、绿色、宜居的城区生态环境，现在这已经变成一个非常重要的衡量指标；五是当你的城区品牌逐步确立、品牌溢价效益逐渐显现的时候，你不能止步不前、坐吃山空，你更要坚持一以贯之、与时俱进的创新以及不断的价值注入，这样才能源源不断地保持甚至做大你的溢价，因为这个溢价Premium并不是价值本体，它就像奶酪上面最丰富的一层泡沫，有赖于奶酪本体内容的挥发。

编者： 接下去想和您探讨一些具体的问题。我们目前正在大力推进徐家汇商圈业态调整及能级提升工作，商圈各大商家正在引进新兴业态和高端品牌商品。那么，这类高端商品市场是如何划分的，市场的现实需求与市场的培育两者关系如何？

李杰： 你一定听说过马斯洛需求层次理论，人们有不同层次的需求，市场也有不同需求层次的客户群体。简单说来，市场是由需求来划分的。在经济学上，我们将人们必须满足的基本需求称为刚性需求，刚性需求所对应的是一般品牌甚至无牌商品市场，剩下的市场则留给了高端品牌商品。市场也可以从消费能力来界定。中国有句古话"仓廪实而知礼节"，当人们的消费能力提升后其需求层次以及需求个性会发生变化，商家开始花尽心思努力提高其提供的商品与消费者需求的吻合度，这样品牌学便产生了，因为品牌就是这个吻合度的产物——商家与消费者形成了一种需求互动关系：消费者告诉商家他的需求是什么，而商家会挖掘、点亮消费者尚未意识到或懵懵懂懂感觉到却说不清、道不明的他所需求的东西，会撩拨消费者心灵中感知到的东西，这些需求往往会通过高端品牌商品的形式来实现。所以，市场需求与消费能力二者大致领域一致，但是边界并不完全重合，这就为市场划分提供了一定的机动性，从事高端品牌商品经营的商家完全可以从消费者需求培育、市场开拓、市场占领上主动作为，争取获得更大的市场利益。

编者： 在您的关于奢侈品的论著中，有句开篇引言令我印象深刻："奢侈的对立面从来不是贫穷，而是庸俗！"随着中国社会经济的高速发展，现在国人的消费能力、消费水平有了较大程度的提高，消费观念也发生了相当大的变化，在这种情况下，您认为普通百姓面对高端商品乃至奢侈品消费时应该具备什么样的理性价值观念以及健康的消费心态呢？

李杰： 奢侈品是站在商品世界的最高端的。我极力认同"奢侈的对立面不是贫穷，而是庸俗！"这个观点，所以极不赞同中国市场过度而畸形的奢侈品消费，否则这就成为了与中国文化精华中内敛、浑厚、深远相冲突的21世纪中国形式的粗俗。

目前，上海人均 GDP 已经超过了 8 万元人民币，徐汇区可能更高，这已经达到了国际大都市的水平以及高端品牌商品消费水平，在这一前提下讨论高端商品消费文化就有了现实意义。另一个理性观念是，在发展市场经济的今天，较发达经济地区也有必要培育一种积极的、健康的高端商品消费文化，这对活跃市场也有促进意义。从价值观念来讲，许多奢侈品品牌历经百年走到今天，它的内在动力源自于人类精神层面的追求，朝着"真、善、美"的方向进步，而在这个过程中对品质的要求毫无疑问地没有任何丝毫妥协，在这个意义上说我们应该拥抱而不是抗拒奢侈品，从而来丰富我们的精神生活与内心世界。

编者：谢谢李教授，您的观点与思想令人振奋，期待着以后有机会再能采访您。

延伸阅读 4 | Brand Aesthetics and Management

传承与创新——「上下」的审美观

蒋琼耳[一]

蒋琼耳出生于艺术家庭，外祖父是最早把西方油画艺术引入中国的贡献者之一，父亲是建造上海博物馆的著名建筑师。她毕业于同济大学，留学法国，是新锐艺术品设计师，多次在上海举办个人艺术展，并在巴黎举办了琼耳艺术设计展。蒋琼耳与爱马仕合作多年，2008年创立「上下」品牌后，成为爱马仕的合伙人，借助爱马仕的品牌优势，将体现中国和东方风格的工艺设计品带到法国，继上海、北京之后开设了第三家「上下」品牌的门店。她被法国媒体称为"简单又出彩生命的宣扬者"。在她的审美历程中，清代画家石涛（本名朱若极、自称苦瓜和尚）的作品对她影响较为深远。

审美思想的源起

石涛画中所洋溢的源源生命力，最为吸引我。经年累月，笔墨之间，出乎本心的思悟诞生了美，真实的力量使它得以延续，才能在几百年后的今天，再度感染与打动我们的心。

石涛的画，就是他一生的写照。

历史上难得见到这般全能的艺术家，工诗画、精书篆，还叠得一手园林假山，留下片石山房，以示后人。每隔一段时间重看他的画或翻开《苦瓜和尚画语录》，总会收获一些新的感触。

历朝历代的艺术家皆在寻找如何从传统中走出一条新路，所谓"法古而不泥古"。在清代画坛，石涛并非主流，在王原祁等人为代表的"正统派"大肆宣扬摹古风之时，石涛却通过《搜尽奇峰打草稿图卷》提出了截然不同的主张：借古开今。而这恰是他所认为传统与创新的最佳结合点——"借古"，归根结底还是为了"开今"。在我看来，

[一] 蒋琼耳：「上下」品牌的创始人、设计师。2013年获得法兰西文学艺术骑士勋章。

正是这般突破陈法的大胆直言，确立了石涛在中国画史上独一无二的地位，不受传统精神的束缚，直接影响启示了近现代许多杰出画家：黄宾虹、齐白石、吴冠中……

此外，"师法自然，张扬自我"亦是石涛绘画思想中不可忽视之处，譬如他说："画松一似真画松，予更以不似之似似之，真在气，不在姿也。"这里的"气"是对自然性灵的一种提炼与归纳，借笔墨而写胸中山水，即是在深层次地处理人与自然的关系，绝不是照本宣科、全然摹写。技法上，石涛通过总结归纳与融会贯通前人的笔墨皴法，灵活勾勒出石涛式的山水气境。同样，在《苦瓜和尚画语录》中，他渴望解读揭示眼中的自然——大自然本身寓意无穷，唯有抽丝剥茧，翻寻到本质，或者说是一种精神内核，才能真正接近美、获得美、传续美、创造美。

这个本质，就是他通篇而论的基本概念"一画"。一画，原本的意思是一笔一画，石涛则赋予了它哲学与美学层面上的意义，成为像老子《道德经》中所说的"道"，统领、包含了一切内涵。他在《絪缊章》中这样论"一画"的重要性："辟混沌者，舍一画而谁耶？画于山则灵之，画于水则动之，画于林则生之，画于人则逸之。"将"一画"置于艺术创作的核心之位，因其能使画面得"活"，气韵生动。

为了强调与深化这个观点，他更引入了"受与识"的概念，进一步探讨中国美学问题中"形与神"之辩。石涛深深感到画家不能障于对"形"的单一法度追求，而应首先感受到"无法则于世无限焉"的"神"之境界。基于"形"之上的"识"（理性认识），必须在"受"（感性认识）之后，此乃"尊受"，我觉得这是石涛非常高明的主张，的确，一旦被现有法规约束框住思维，就会妨碍切入的角度，无法做到超然自由、心无旁骛地感受，而唯有这种不经任何干扰的感受，最接近于"神"的艺术境界。

石涛画中所洋溢的源源生命力，最为吸引我，它来自于"我用我法"的自成一家，是他生命的化身。"画受墨、墨受笔、笔受腕、腕受心"，经年累月，笔墨之间，这种出乎本心的思悟诞生了美，真实的力量使它得以延续，才能在几百年后的今天，再度感染与打动我们的心。

关于「上下」

「上下」寻找传统手工艺，希望能保存、珍惜并复兴它们。因为传统，才是安置心灵之道。素朴的生活传统，正是流行与时尚的原点。那些流淌着生活美学的泉源，就隐藏在人们最深层的记忆里。

2008年，「上下」这个旨在将中国及亚洲其他国家传统手工艺变成今天高尚生活一部分的品牌，在中国自己的设计师带领下诞生了。它的作品包括家具、家居用品、服装、首饰，及与茶有关的物品。试图以"家"为原点，演绎"绚烂而平淡"的生活方式。

「上下」这个完全建立在中国文化基础之上的品牌，其价值观有三点：对品质的秉承；对创意的追求；对文化的传承。

「上下」关注什么？

「上下」关注"传承"与"创新"。

「上下」"传承"什么？

「上下」传承传统手工艺；传承传统美学：简凝、灵动、诗意；传承中国生命哲学和生活艺术。

「上下」"创新"什么？

·创新实用的功能性；

·创新传统美学的当代化演绎；

·国家与博物馆的保护方式：收藏、保护历史美学。

而「上下」的方式：用自己的创造，不是纯粹的拿来主义，在文化、历史、手工艺的基础上，学习、研究、发展。

「上下」对创新的重新演绎，不是追逐时尚潮流，而是代表鲜明时代性，是适应当代生活需求的。

「上下」明白，珍惜历史是多么必要。所谓珍惜，是把历史累积的长处加以总结和发扬，让历史更好地进步。

传统手工艺的历史品质，源于这样一种精神：专注做好每一件产品，做到极致之美。

时间从手工艺人的手上流过，慢而认真。经手绽放的无言之美，值得俯下身细细凝视，直抵内心质感。这更是一笔无形遗产。

然而，所谓传统，也是动态的传统。

复古，本质上仍是模仿；

手工艺，如果只是秉承技艺，又怎能在当代留住？

静能生慧，动能生智。在保留精湛技艺的同时，「上下」追求的是中国文化观里最为经典、隽永、历久弥新的精、气、神。因为不知道根本，就无法把握真正的中国。

在道家"物我和谐"理念中，看到东方人对自然宇宙的整体关怀；

在《诗经》"言念君子，温其如玉"的描述中，看到对优雅自制人格的解析；

在老子"无为"思想中，看到艺术和生活需要留白的"空纳万境"……

我们的祖先经过长年累月，通过各种各样经验累积起来的文化命脉，有思想、有智慧、有技术、有语言，它们凝成传统力量，形成泱泱中华文化。认识传统的价值并珍惜，传承传统工艺，在此基础上，将其放在现代生活中重新设置，不断创新设计，让其更加发扬光大，才会发现更多的可能。

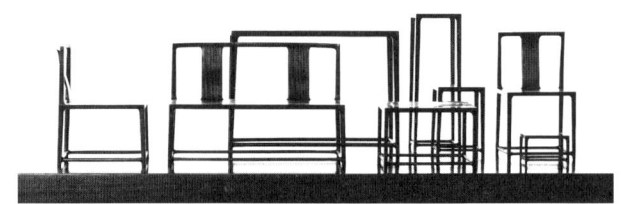

一静一动，承前启后；联系传统，延伸未来。

「上下」创造不同材料的相遇与邂逅——

连接文化与生活，

连接自然与世界，

连接过去与未来，

让过去活在当今。

最终，「上下」想复兴的，不仅是能表现浓郁中国特色的手工艺，更是文化与历史、理念与精神。因为每一件雅致物品所反映出的，正是道德之美。只有在恪守道德的世界里，才能重拾对于人类本身和自然万物应有的尊敬，才不会存在粗制滥造的产品。

物品之美，恰是信用之美。

秉道德之心，抒风雅之情。

好的物品能纯化周围的一切，面对它们，人会心平气和；亲近它们，会有居家感受。没有物品之美的世界，是一个难以居住的世界。

在追逐效率和效益的工业化时代，保持自己的质量与品格；

融合艺术的美于实用的功能之中，在日常生活中发挥作用；

呈现人类的高尚情操与心灵气质，静默、虔诚、纯粹才能得道。

「上下」做的不是艺术品，而是普通的日常生活用品。

因为日常生活，无不蕴含文化的根源，物品是最直接的载体。它们每一件，都洋溢着素朴真诚之美，平易、谦和。在每日的使用中，沉默而自然之美，缓缓流露。通过使用，也能达成人与人之间的交流。

「上下」做的不是奢侈品，却胜似奢侈品。

因为奢侈品之所以奢侈，是带有珍贵的时间及深挚的情感。它们每一件，都因令人惊叹的毅力、耐心、细致而成就，有温度，有情怀，能在长久的岁月里相依。

中国文化，面向全世界；中国工艺之美，理应被全世界分享。

「上下」属于中国、中国人和中国文化，属于全世界。

教育品牌是一个民族的重要基础[一]

俞敏洪

2010年8月7日，新东方教育科技集团荣膺2010品牌中国华谱奖。获奖理由是："她告诉莘莘学子'多一门语言，多一个世界，多一种选择，多一次机遇'，并帮助他们在成就梦想的同时，架起了一座东西方交流的桥梁；她成为中国第一家海外上市的教育机构，一举触发了海外资本投资中国教育行业的热潮。新世界，新东方！"

各位领导、各位来宾：大家好！

一个国家的实力，抛开政治形态，从两个方面可以看出来，第一个是企业品牌、经济品牌，第二个就是教育品牌，一个民族的教育质量。

如果提任何一个国家，两个方面都有不错的品牌，那么这个国家就是一个非常有实力的国家。比如我们想美国能够想到美国的很多企业品牌，苹果、微软等，还有各种各样的其他品牌，我们同时也能想到哈佛大学、耶鲁大学、普林斯顿大学、斯坦福大学等。我们想英国、想德国，想任何一个比较先进发达的有经济实力的国家，我们基本上都会想到经济品牌和教育品牌。我们有时候会用一个商品的名称或是一个大学来代替这个国家，比如说我们想到三星的时候，其实三星已经代表了韩国形象；我们想到索尼的时候，索尼也代表了日本形象，同时我们想日本的时候还可以想到日本的东京大学、早稻田大学。那么目前在中国怎样呢？刚才品牌中国产业联盟主席艾丰也说了，中国的企业品牌其实还没有树立起来，中国制造了很多很多年。因为我出国比较多，所以这个体会极其深刻，在国外走到什么商店都是中国制造（Made in China）。但是，几乎没有一样东西是真正有品牌、有质量的东西。

我曾经在国外见到一个老外买老虎钳，日本产的老虎钳是20美元一把，中国产的老虎钳是1.5美元一把，那个老外买的是中国产的老虎钳。我问他为什么要买中国产的，回答不是品牌的原因，而是说反正很便宜，用坏了再买一把都合算，所以就买中国产的。也就是说，他并不知道质量是否同等，但是，即使在质量同等的前提下，中国制造的东西，一把老

[一] 此文为新东方教育科技集团董事长兼首席执行官俞敏洪在2010品牌中国开幕式上的演讲实录。

虎钳也只能卖出别人1/10不到的价钱。原因就是中国过去这么多年一直都在制造,却很少去讲究品牌的建立,这是一个非常可怕的事实。

我们讲中国创造讲了很多年,但是中国创造的东西很难在国际上有影响力。我们有很多自己的牌子,比如联想、海尔等,但在世界级别的电器商场和电脑商店中,看到这些厂家制造的产品的机会依然非常少,而更多看到的是日本电器商的产品。也就是说中国整体在世界经济竞争实力方面还非常落后。中国已经有不少企业晋升于世界500强,但以2009年入围世界500强的中国民营企业来看也只有联想集团。那么,国有企业跻身到世界500强不是靠技术,也不是靠市场,靠的是什么呢?靠的是垄断、靠的是资源集中。垄断把所有的东西集中到一起来,集中到一起就做大了,但是并不一定做强了,所以跟品牌几乎没有关系。当然,这种资源集中并不一定不好,但集中并不等于品牌的提升。比如说中国移动,原则上不应该算是一个品牌,它只是一个大公司而已。

从教育方面来说,大家马上可以想到我们有北大、清华、复旦大学等。北大是我的母校,所以我很为这些大学感到骄傲,它们是中国最优秀的大学。但是放到世界上去,除了极个别的排名,比如说《泰晤士报》与英国著名高等教育研究机构Quacquarelli Symonds联合进行的"世界大学排名2009",清华总排名为世界第49名;2009年《美国新闻与世界报道》公布的世界大学排行榜,北大总排名为世界第50名,其他就很难进入前100名。当然我是反对大学排名的,那不能说明什么问题,但既然有人在排,我们就应该争取到前面去。

这意味着什么呢?意味着中国教育在世界上还没有真正叫得响的品牌。很有意思的是,中国教育提了无数次要做一流大学,并且中国大学的入学人数已经超过了世界上任何一个国家。非常可惜的是,我们只是数量的增长,中国大学生只有量,还没有质,也就是说没有真正的质量上的提高。中国大学在过去几年有了很多的扩招和合并,目的是为了创造世界一流的大学。新校园的建设带来的好处是更多的人能够上大学,但也直接导致了中国大学的品牌模糊化,中国大学的同质化非常严重。首先是外表的同质,外表的同质是现在大学新造的校园,几乎分辨不出来这是哪一所大学。我去过中国400多所大学,每个大学的建筑物外表几乎都是一样的,内在质量是不是一样我不知道,但好像都不是为了几百年之后还存在而造的。另外一个同质就是品牌的模糊化,所有的大学都变成了综合性大学,既非研究性大学,也非教学性大学,更非技术性大学,而是模糊大学。最后的结果是,中国的大学大而无当这种现象非常明显。

还有一个最明显的特征是,中国大学在地理上和思想上的中断。大家可以看到中国大学在搬家的同时,把校园的传统一锅全部端掉了,以至于现在你想起南京大学的时候,已经不太敢去想南京大学就是在南京城中鼓楼那个地方的老校园了,那只是南京大学的一小部分了,南京大学分布在长江北面和南面,以至于哪个校园是南京大学都很难看出来。北大、清华没有把主校园给搬走,算是学生的一种幸福吧。中国大量的大学从形象上来说,都把历史给割断了,比如百年大学里的树只有几年之大,大家都知道一个校园有百年的老树,也是教育的根基之一。校园没有大树,这是非常可惜的一件事情,学生没有办法体会十年树木、百年树人这种感觉了。

中国的教育要有品牌、要可持续发展，绝对不是一两天的事情。就像做人一样，一个人要让别人相信你，绝对不是做一两件事情别人就能相信你的。你要取得别人的信任，有的时候要用半辈子或是用一辈子，它是循序渐进的过程，一定是从信任开始，慢慢地对你这个人的人品、人格产生信心。如果有一天有人对你产生了充分的信心，你就完成了个人品牌的建设。刚才艾丰主席用了三个"信"，从信任、信心到信仰。对于大学来说，几十年、上百年才能让人们产生三个"信"。教育背后提供的质量和品质，绝对不是一天能够完成的事情。

未来中国要有可持续教育发展和教育品牌的话，中国教育目前的现状必须改变。中国的教育现在太单一了，其目的不是为了教育，是为了升学。所有的家长和学校只有一个目的，就是孩子上小学的目的是为了上最好的初中，上最好的初中的目的是为了上最好的高中，上最好的高中的目的是为了上最好的大学。至于说最好的初中、高中和大学定义到底是什么，大家都不管，也没有人去定义。大学到底培养什么人才？上完了大学到底干什么？也没有人去定义。所以就出现了一代又一代人，上完了大学却不知道要干什么，为人处世的原则是什么，技术用在什么地方都不知道。

中国的教育从小学到大学的行政化，直接导致了各级教育领导不再对教育本身负责，而是对自己的官位负责，对自己的上级负责，直接导致了教育不需要用终生的责任和使命去承担，也直接导致了中国教育的功利化。至于教育的精华所在，独立之个性、自由之思想、精神之昂扬的教育，在中国几乎没有了立足之地，培养学生对于科学的探索和研究的热情也基本上在小学、中学和大学教育中不复存在。原则上对科学的研究应该从小学开始一直延伸到大学，对于好奇心和想象力的激励和发展也必须这样，但是中国的教育除了死记硬背就没有了别的东西。中国教育要开始改革，必须首先从教育的目的开始。

在教育的发展中有两个字要同时进行，一个叫变，一个叫不变。变的是什么？这个世界永远在变，这个世界的知识、信息永远在变，所以教育必须跟上世界的变化、形势的变化和信息的变化，教育甚至必须超前于时代，才能够进一步发展。大家知道很多变革，都是由教育引起的，包括现代的信息革命，都是由教育开始的，是从大学校园开始的。中国的教育常常是落后于时代的，比如说清朝的科举制度。在康熙的时候，实际上西方的知识和学术已经过来了，康熙大帝本身对科学研究就富有热情，但非常可惜的是却始终保持了僵化的科举制度。科举制度太片面，对现代化的知识无动于衷，最后直接导致的结果是清朝的毁灭，清朝的毁灭不仅仅来自于统治的落后，也来自于知识更新的落后。所以，在这个方面我们可以感到教育必须不断地改变。但是，教育有一些东西是永远不能改变的东西，在教育的发展上哪些东西不能变呢？就是我刚才提到的独立个性的培养、自由思想的培养、创新精神的培养、创造力、想象力和人的品格的培养，都应该是教育中永恒不变的内容。如果有任何的一个教育机构能够把这变与不变的真正内涵结合起来，百年以后中国就有希望出现世界品牌的大学、中学或是小学，就会有更多学校晋升于全世界前50位大学之内。现在教育发展的方向想要成为世界的一流大学和一流教育强国，还有很远的距离。

怎么成为一流？这要靠我们大家共同的努力。要建设中国教育品牌的话，要从两个方面来入手。

第一，从观念上要对永恒产生尊敬。中国人从来没有对永恒的敬畏，因此中国人没有真正的信仰，其实对永恒的敬畏就意味着能够保留这个民族文化中最优秀的东西。剑桥大学有800多年的历史，哈佛大学有370多年的历史，但是我们中国拥有号称上千年以上的教育机构，比如说白鹿洞书院和岳麓书院，你去看到的只不过是一个旅游景点，没有任何的教育活动延续在里面。实际上，中国历史上有最优秀的最久的教育机构，但是中国也是破坏最优秀的教育机构最多的一个民族，这是非常可惜的。我读过一个故事，讲埃及的金字塔边上原来有一个方尖碑，那个方尖碑的建造时间是450年。埃及的方尖碑是把一座山砍成了一个方尖碑。砍的时间是多少呢？是400多年，一代又一代人砍下去。有人就问为什么这么做呢？埃及人回答了这么一句话：如果我们在为永恒建造某种东西，我们有必要匆匆忙忙吗？所以现在中国人民真的到了像胡锦涛总书记所说的那样，我们不能再折腾了。我们应该到了不管哪一个方面都应该为永恒做点事情的时候了，尤其在教育方面为永恒做点事情。

第二，我想呼吁的是什么呢？中国教育的品牌建设不能从嘴巴入手，包括企业品牌的建设，应该从制度入手。首先，制度应该有一种信任，信任来源于对民间力量的信任。中国的民营企业从个体开始，刚开始也是不信任的，个体户不断地被打压，但是后来民营企业起来了，证明了这种信任对国家、对人民都是有好处的。中国的教育也是一样的，必须两条腿走路，对公立教育不断投入的同时，必须加大对民间教育的投入，也就是私立教育的投入和信任。这种信任不是嘴巴上的，而是体制上的。中国在过去也有很多著名的私立大学，现在依然是中国最著名的公立大学，比如说南开大学、厦门大学、复旦大学在解放前都是私立大学。这种信任的建立，我把它叫作制度信任而不是人的信任，人是会变的，但是制度一旦确立下来就会有所保障。中国对于教育和企业的制度信任做得还不够。做够了，中国人民的教育和企业才能真正拥有百年以上的可持续发展的实力。只要放手让人民去干，迎来的永远是人民对政府的信任和政府对人民的信任；人们对制度的信任，以及制度对人民的保护。

这样的话，在未来中国我们就能看到中国企业品牌和教育品牌的真正希望！

谢谢大家！

附录 A 品类及代表性品牌

品类	代表性品牌
服饰： 衬衫、T恤、内衣、裤袜、西服、外衣等	A&F、亚历山大·麦昆（Alexander McQueen）、亚历山德罗（Alessandro Dell'Acqua）、亚历山大·王（Alexander Wang）、爱缪斯（Amurs）、巴黎世家（Balenciaga）、贝纳通（Benetton）、波司登（Bosideng）、葆蝶家（Bottega Veneta）、巴宝莉（Burberry）、C&A、卡尔文·克莱因（Calvin Klein）、香奈儿（Chanel）、蔻依（Chloé）、克莱利亚尼（Corneliani）、迪奥（Dior）、川久保玲（Comme des Garcons）、袋鼠（Daishu）、迪赛（Diesel）、登喜路（dunhill）、杜嘉班纳（Dolce & Gabbana）、唐娜·卡伦（Donna Karan）、ELLE、艾莉·萨博（Elie Saab）、依妙（EMU）、埃斯普利特（Esprit）、艾格（Etam）、杉杉（FIRS）、Forever21、佐丹奴（Giordano）、乔治·阿玛尼（Giorgio Armani）、哥弟（Girdear）、纪梵希（Givenchy）、G2000、古驰（Gucci）、盖尔斯（Guess）、H&M、雨果·波士（Hugo Boss）、I.T、杰克琼斯（Jack Jones）、高田贤三（Kenzo）、鳄鱼（Lacoste）、浪凡（Lanvin）、芒果（Mango）、Max Mara、美特斯·邦威（Meters/bowne）、缪缪（Miu Miu）、莫斯奇诺（Moschino）、莲娜丽姿（Nina Ricci）、Only、花花公子（Playboy）、普劳瑞（Plory）、Polo、普拉达（Prada）、璞琪（Pucci）、柒牌、拉尔夫劳伦（Ralph Lauren）、罗伯特·卡沃利（Roberto Cavalli）、罗蒙（Romon）、圣罗兰（Saint Laurent）、菲拉格慕（Salvatore Ferragamo）、斯科菲德（Scofield）、森马（Semir）、七匹狼（Septwolves）、夏姿·陈（Shiatzy Chen）、添柏岚（Timberland）、汤姆福特（Tom Ford）、汤米·希尔费格（Tommy Hilfiger）、啄木鸟（Tucano）、TOPSHOP、优衣库（Uniqlo）、黛安芬（Triumph）、华伦天奴（Valentino）、范思哲（Versace）、Vero Moda、维多利亚的秘密（Victoria's Secret）、薇薇安·威斯特伍德（Vivienne Westwood）、雅戈尔（Youngor）、ZARA、杰尼亚（Ermenegildo Zegna）
办公用品： 纸类、计算机、打印机、钢笔、投影仪、激光笔等	宏碁（Acer）、外星人（Alienware）、苹果（Apple）、大行（ASiNG）、爱速客乐（ASKUL）、华硕（Asus）、奥罗拉（Aurora）、巴可（Barco）、佳能（Canon）、科密（Comet）、齐心（Comix）、高仕（Cross）、戴尔（Dell）、公爵（Duke）、爱普生（EPSON）、富士施乐（FujiXerox）、惠普（HP）、IBM、富可视（Infocus）、国誉（kokuyo）、凌美（Lamy）、联想（Lenovo）、罗技（Logitech）、Moleskine、梦特娇（Montagut）、MakerBot、万宝龙（Montblanc）、欧迪办公（OfficeDepot）、欧玛特（Omart）、松下（Panasonic）、派克（Parker）、毕加索（Picasso）、雷蛇（Razer）、理光（Ricoh）、Runco、三星（Samsung）、犀飞利（Sheaffer）、SIM2、西玛（SIMAA）、索尼（Sony）、史泰博（Staples）、三木（SUNWOOD）、未来人类（Terrans Force）、蒂巴利（Tibaldi）、思考本（ThinkPad）、维斯康提（Visconti）、威尔·永锋（Wahl Eversharp）、华特曼（Waterman）、施乐（Xerox）

（续）

品类	代表性品牌
车类：轿车、自行车、摩托车	阿尔法·罗密欧（Alfa Romeo）、阿斯顿·马丁（Aston Martin）、奥迪（Audi）、宾利（Bentley）、奔驰（Benz）、宝马（BMW）、别克（Buick）、布加迪（Bugatti）、凯迪拉克（Cadillac）、卡吉瓦（Cagiva）、雪铁龙（CITROEN）、雪佛兰（Chevrolet）、克莱斯勒（Chrysler）、Colnago、杜卡迪（Ducati）、法拉利（Farrari）、福特（Ford）、富士（FUJI）、捷安特（Giant）、哈雷戴维森（Harley Davidson）、本田（Honda）、悍马（Hummer）、现代（Hyundai）、英菲尼迪（Infiniti）、捷豹（Jaguar）、林肯（Lincoln）、兰博基尼（Lamborghini）、路虎（Land Rover）、雷克萨斯（Lexus）、莲花（Lotus）、玛莎拉蒂（Maserati）、迈巴赫（Maybach）、马自达（MAZDA）、美利达（Merida）、三菱（Mitsubishi）、尼桑（NISSAN）、诺顿（Norton）、帕加尼（Pagani）、标致（PEUGEOT）、保时捷（Porsche）、雷诺（Renault）、劳斯莱斯（Rolls-Royce）、萨博（SAAB）、斯柯达（SKODA）、Specialized、Solomo、铃木（Suzuki）、世爵（Spyker）、丰田（Toyota）、崔克（TREK）、沃尔沃（Volvo）、雅马哈（Yamaha）
厨房用品：电饭煲、咖啡机、微波炉、厨具等	北美电器（ACA）、安妮威尔（Annieware）、科罗仕路（Crossroad）、德龙（Delonghi）、伊莱克斯（Electrolux）、菲仕乐（Fissler）、方太（Fotile）、嘉格纳（Gaggenau）、格兰仕（Galanz）、豪雅姿（HomeArts）、酷彩（Le Creuset）、美诺（Miele）、美的（Midea）、欧克欧（OQO）、松下（Panasonic）、老板（Robam）、卢臣泰（Rosenthal）、皇家阿尔伯特（Royal Albert）、西曼帝克（SieMatic）、西门子（Siemens）、苏泊尔（Supor）、Synesso、虎牌（Tiger）、范思哲（Versace）、伟嘉（WIK）、WMF、象印（Zo Jirushi）、双立人（Zwilling）
卫浴用品	美标（American Standard）、阿波罗（Appollo）、箭牌（Wrigley）、当代（Dornbracht）、杜拉维特（Duravit）、法恩莎（Faenza）、高仪（Grohe）、汉莎（Hansa）、汉斯格雅（Hans Grohe）、好思普（Hotspring）、惠达（Huida）、伊奈（Inax）、卡德维（Kaldewei）、凯乐玛（Keramag）、科勒（Kohler）、劳芬（Laufen）、乐家洁具（Roca）、东陶（TOTO）、威景（Viking）、唯宝（Villeroy & Boch）
大家电：冰箱、消毒柜、洗碗机、烟机灶具、空调、洗衣机、电视机、热水器、家庭影院、酒柜等	艾格特（AGT）、爱米默（Allmilmoe）、苹果（Apple）、BEKO、博世（BOSCH）、康宝（Canbo）、柯普兰（Copland）、大金（Daikin）、意力（ELAC）、瑞士弗兰卡（Franke）、方太（Fortile）、嘉格纳（Gaggenau）、格兰仕（Galanz）、日内瓦之声（Geneva）、格力（Gree）、海尔（Haier）、哈曼卡顿（HarmanKardon）、皇明（Himin）、统帅（Leader）、乐金电子（LG）、美的（Midea）、四季沐歌（Micoe）、美诺（Miele）、三菱（Mitsubishi）、北欧欧慕（Nathome）、能率（Noritz）、松下（Panasonic）、百乐满（Paloma）、飞利浦（Philips）、芬尼（Phnix）、老板（Robam）、三洋（Sanyo）、夏普（Sharp）、SieMatic、西门子（Siemens）、斯迈格（Smeg）、索尼（Sony）
酒店	七天（7 Days Inn）、ALOFT、安达仕（ANdAZ）、悦榕山庄（Banyan Tree）、最佳西方（Best Western）、康拉德（Conrad）、丽怡（Country Inn & Suites）、万怡（Courtyard Marriott）、天天客栈（Days Inn）、双数（DoubleTree）、福朋（Four Points）、四季（Four Seasons）、花园饭店（Garden Hotel）、君悦（Grand Hyatt）、格林豪泰（GreenTree Inn）、汉庭（Hanting）、希尔顿（Hilton）、快捷假日（Holiday Inn Express）、Home 2、如家（Home Inn）、凯悦（Hyatt）、宜必思（Ibis）、锦江饭店（Jinjiang Hotel）、锦江之星（Jinjiang Inn）、JW 万豪（JW Marriott）、艾美（Le Méridien）、莫泰168（Motel 168）、柏悦（Park Hyatt）、丽柏（Park Inn）、丽婷（Park Plaza Astrid）、丽笙（Radisson）、丽晶（Regent）、万丽（Renaissance）、喜来登（Sheraton）、索菲特（Sofitel）、香格里拉（Shangri-La）、圣·瑞吉斯（St. Regis）、速8（Super 8）、丽兹卡尔顿（The Ritz-Carlton）、W饭店（W Hotels）、华道夫·阿斯多里亚（Waldorf Astoria）、威斯汀（Westin）、温达姆（Wyndham）
高尔夫球场	奥古斯塔高尔夫球场（Augusta Gulf Course）、北京北湖九号高尔夫俱乐部、北京华彬高尔夫俱乐部、成都麓山国际乡村俱乐部、海口观澜湖高尔夫度假区黑石球场、昆明春城高尔夫、上海佘山高尔夫俱乐部、上海东庄海岸高尔夫俱乐部、深圳观澜湖高尔夫球会、圣安德鲁斯老球场（St. Andrews Old Course）、三亚亚龙湾高尔夫球会、中山温泉高尔夫球会

(续)

高尔夫用具	亚当斯（Adams）、本·霍根（Ben Hogan）、比音勒芬（Biemilfdlkk）、普利司通（Bridgestone）、卡拉威（Callaway）、克利夫兰（Cleveland）、蛇王（Cobra）、邓禄普（Dunlop）、爱步（ecco）、因托尼（Etonic）、Footjoy、本间（Honma）、强鹿（John Deer）、卡斯克（KASCO）、马基高（Macgregor）、丸万（Maruman Majesty）、美津浓（Mizuno）、万星威（Mungsingwear）、耐克（Nike）、奥德赛（Odyssey）、美巡赛（PGA Tour）、PING、PRGR、PRIME、S-YARD Acroclass、斯瑞克松（Srixon）、泰勒梅（Taylor Made）、泰特利斯（Titleist）、威尔逊（Wilson）、基克修（XXIO）、雅马哈（Yamaha）
个护健康： 剃须刀、电吹风、避孕套等	博朗（Braun）、多乐士（Donless）、杜蕾斯（Durex）、飞科（Flyco）、吉列（Gillette）、杰士邦（Jissbon）、冈本（Okamoto）、Oravive、松下（Panasonic）、飞利浦（Philips）、泰勒先生（The Taylor Tradition）、超人（SID）、维莱雅（Valera）、Zafirro
牙膏	安利（Amway）、Aquafresh、倍齿健、纳爱斯（Cnice）、高露洁（Colgate）、佳洁士（Crest）、Elgydium、益达（Extra）、黑人（Darlie）、金牌（Gold）、黑妹（HEI MEI）、康齿灵、可德琳（Kettllin）、冷酸灵（Lesening）、狮王（Lion）、两面针、Oravive、舒适达（Sensodyne）、洁诺（Signal）、圣峰（Sunfeel）、天丝（Tooso）、田七、维克（Virbac）、三生（Yofoto）、云南白药（YUNNAN BAIYAO）、中华（ZHONG HUA）
护理化妆： 香水、护肤品、彩妆、洗发露等	爱特纳（Alterna）、安娜苏（Anna Sui）、雅姿（Artistry）、欧珀莱（Aupres）、雅漾（Avene）、雅芳（Avon）、贝玲妃（Benefit）、毕扬（Bijan）、碧欧泉（Biotherm）、芭比·布朗（Bobbi Brown）、卡姿兰（Carslan）、丝塔芙（Cetaphil）、香奈儿（Chanel）、克莱恩1号（CK ONE）、清扬（Clear）、娇韵诗（Clarins）、倩碧（Clinique）、大卫杜夫（Davidoff）、迪奥（Dior）、伊丽莎白·雅顿（Elizabeth Arden）、雅诗兰黛（Estée Lauder）、乔治·阿玛尼（Giorgio Armani）、纪梵希（Givenchy）、娇兰（Guerlain）、赫莲娜（Helena Rubinstein）、喜悦（Joy）、卡诗（Kerastase）、科颜氏（Kiehl's）、高丝（Kose）、欧莱雅（L'Oréal）、海蓝之谜（La Mer）、兰蔻（Lancôme）、莱珀妮（La Prairie）、娜莎迪（Lazartigue）、朗金·伯格（Lonkoom Berge）、魅可（MAC）、梦妆（Mamonde）、Philip B、露华浓（Revlon）、莱法耶（Rene Furterer）、沙宣（Vidal Sassoon）、施华蔻（Schwarzkopf）、希思黎（Sisley）、资生堂（Shiseido）、植村秀（Shu Uemura）、SK-II、雪花秀（Sulwhasoo）、美体小铺（The Body Shop）、汤姆·福特（Tom Ford）、丝蓓绮（Tsubaki）、蝶恋花（Vanessa Flora）、范思哲（Versace）、维维尼奥（Vivinevo）、威娜（Wella）
酒： 啤酒、白酒、黄酒、葡萄酒、洋酒	绝对伏特加（Absolut Vodka）、欧颂红酒（Ausone）、百加得（Bacardi）、百龄坛（Ballantine）、百威（Budweiser）、拉菲酒庄、帕图斯、芝华士（Chivas）、科罗娜啤酒（Corona）、金卡路酷威（Cuvee Keizer）、唐·培里侬（Dom Pérignon）、汾酒、古越龙山、健力士黑啤（Guinness）、国窖1573、喜力（Heineken）、轩尼诗（Hennessy）、剑南春（JNC）、尊尼获加（Johnnie Walker）、罗曼尼·康帝（La Romanee Conti）、郎酒、泸州老窖、麦卡伦（Macallan）、马爹利（Martell）、马丁南尼（Martinelli）、茅台（Moutai）、巴黎之花（Perrier Jouet）、艺术之桥（Pont Des Arts）、人头马（Remy Martin）、石库门、水井坊、塔牌绍兴酒、威尔多夫（Wellendorff）、五粮液、萨凯帕（Zacapa）

（续）

配饰： 腰带、围巾、领带、帽子等	阿迪达斯（Adidas）、亚历山大·麦昆（Alexander McQueen）、爱缪斯（Amurs）、巴宝莉（Burberry）、宝格丽（Bvlgari）、卡尔文·克莱恩（Calvin Klein）、川久保玲（CdG）、Cherry Chau、蔻驰（Coach）、迪奥（Dior）、依梵西（Efancy）、菲拉格慕（Salvatore Ferragamo）、德西（Gerkia）、乔治·阿玛尼（Giorgio Armani）、纪梵希（Givenchy）、古驰（Gucci）、H&M、赫莲娜（Helena Rubinstein）、爱马仕（Hermès）、雨果·波士（Hugo Boss）、鳄鱼（Lacoste）、浪凡（Lanvin）、路易威登（Louis Vuitton）、马克·雅可布（Marc Jacobs）、缪缪（MiuMiu）、麦格劳斯（Mogless）、耐克（Nike）、奥克利（Oakley）、皮尔·卡丹（Pierre Cardin）、普拉达（Prada）、拉尔夫·劳伦（Ralph Lauren）、圣妮·克瑞丝塔（Shiny Crystal）、丝界（SIGI）、汤姆·福特（Tom Ford）、Topshop、华伦天奴（Valentino）、范思哲（Versace）、薇薇安·威斯特伍德（Vivienne Westwood）、Zara
眼镜	艾伦米克力（Alain Mikli）、贝纳通（Benetton）、宝格丽（Bvlgari）、夏蒙（Charmant）、萧邦（Chopard）、迪思（Daks）、迪奥（Dior）、依视路（Essilor）、法兰（Fred）、古驰（Gucci）、姬龙雪（Guy Laroche）、HOYA、J.P.G、珠迪丝·雷伯（Judith Leiber）、拉风（Lafont）、兰姿（Lancel）、李维斯（Levi's）、洛克曼（Locman）、罗特斯（Lotos）、山地正伦（MA-JI MASATOMO）、MCM、万宝龙（Montblanc）、莫斯奇偌（Moschino）、奥克利（Oakley）、奥利弗·皮帕斯（Oliver Peoples）、毕加索（Picasso）、保时捷设计（Porsche Design）、宝姿（Ports）、普拉达（Prada）、雷朋（Ray-ban）、罗敦斯德（Rodenstock）、霞飞诺（Safilo）、菲拉格慕（Salvatore Ferragamo）、精工（Seiko）、诗乐（Silhouette）、资生堂（Shiseido）、苏拿（Sola）、杰尼亚（Ermenegildo Zegna）
生活电器： 除湿机、净化器、加湿器、电话机等	北美电器、爱优特（Air Quality）、AT&T、大金（Daikin）、德龙（Delonghi）、伊莱克斯（Electrolux）、方太（Fotile）、格兰仕（Galanz）、霍尼韦尔（Honeywell）、美的（Midea）、三菱（Mitsubishi）、纽曼（Newman）、百奥（Paekoo）、松下（Panasonic）、宝利通（Polycom）、森井（SENElectric）、西门子（Siemens）、垂恩（Trion）、沃拿多（Vornado）
数码器材： 相机、手机、耳机、MP3等	苹果（Apple）、铁三角（Audio-technica）、拜亚耳机（Beyerdynamic）、黑莓（Blackberry）、宾果（Bingle）、佳能（Canon）、富士胶卷（FujiFilm）、柏拉图（Goldvish）、歌德（Grado）、JSC Ancort、莱卡（Leica）、魔声（Monster）、尼康（Nikon）、Ninin、奥林巴斯（Olympus）、飞利浦（Philips）、三星（Samsung）、森海塞尔（Sennheiser）、索尼（Sony）、泰克思达（Trekstor）、威图（Vertu）
食品： 矿泉水、碳酸饮料、凉茶、牛奶、茶、咖啡、奶酪、火腿、巧克力、冰淇淋、水果、保健品	安利（Amway）、安佳（Anchor）、雅加泉（Aquadeco）、阿拉乳品（Arla）、八喜（Baxy）、汤臣倍健（By-Health）、吉百利（Cadbury）、卡萨莫迪娜（Casa Modena）、Chateldon、酷圣石（Cold Stone）、咖世家（Costa）、冰雪皇后（Diary Queen）、达乐麦耶（Dallmayr）、黛堡嘉莱（Debauve et Gallais）、Delafee、迪尔玛（Dilmah）、迪克多（Duc d'O）、依云（Evian）、费雷罗（Ferror）、斐济（Fiji）、Fillico、歌帝梵（Godiva）、哈根达斯（Häagen-Dazs）、哈尼·桑尔丝（Harney & sons）、红岁（Hongsui）、伊比利（Iberico）、意利（Illy）、应赞（Inza）、卡夫（Kraft Foods）、新西兰奇异果（Kiwi Fruit）、乐维萨（Lavazza）、瑞士莲（Lindt）、生机谷（Living Planet）、里昂（Lyons）、马斯卡彭（Mascarpone）、麦克森（McKesson）、纽麦福（Meadow Fresh）、百吉福（Milkana）、雀巢（Nestlé）、诺卡（Noka）、纽崔莱（Nutrilite）、巴黎水（Perrier）、Pierre Marcolini、帕尔马生火腿（Prosciutto Crudo）、理查特（Richart）、皇家哥本哈根（Royal Copenhagen）、Seasons Tea、史密斯菲尔德（Smithfield Foods）、卡布拉斯（Solán de Cabras）、S. Pellegrino、星巴克（Starbucks）、特舒亚（Teuscher）、铁塔（TieTa）、瑞士三角（Toblerone）、TWG、川宁（Twing）、芙丝（Voss）、和路雪（Wall's）、韦奇伍德（Wedgwood）、安薇塔（Whittard）

(续)

箱包： 手提包、行李箱、钱包等	安特丽（Antler）、阿玛尼（Armani）、巴黎世家（Balenciaga）、巴利（Bally）、葆蝶家（Bottega Veneta）、Bree、柏弗（BYfree）、古缇（C&T）、香奈儿（Chanel）、城市生活（Citylife）、蔻驰（Coach）、法国大使（Delsey）、迪奥（Dior）、外交官（Diploma）、唐娜·卡伦（Donna Karan）、登喜路（dunhill）、ELLE、雅士（Eminent）、芬迪（Fendi）、菲拉格慕（Salvatore Ferragamo）、方恩（Fion）、芙拉（Furla）、金利来（Goldlion）、古驰（Gucci）、赫莲娜（Helena Rubinstein）、爱马仕（Hermès）、吉普林（Kipling）、鳄鱼（Lacoste）、兰姿（Lancel）、罗意威（Loewe）、路易威登（Louis Vuitton）、马克·雅可布（Marc Jacobs）、马连奴·奥兰迪（Marino Orlandi）、MCM、普拉达（Prada）、日默瓦（Rimowa）、新秀丽（Samsonite）、TUMI、威戈（Wenger）
鞋履： 休闲鞋、运动鞋、皮鞋等	阿迪达斯（Adidas）、乔丹（Air Jordan）、Alden、Allen Edmonds、安踏（Anta）、亚瑟士（Asics）、阿索罗（Asolo）、埃特兰塔·维勒（Atalanta Weller）、百丽（BeLLE）、葆蝶家（Bottega Veneta）、布莱恩·艾特伍德（Brian Atwood）、凯普兰（Campline）、西萨尔·帕奇奥提（Cesare Paciott）、香奈儿（Chanel）、克里斯提·鲁布托（Christian Louboutin）、其乐（Clarks）、蔻驰（Coach）、Cole Haan、匡威（Converse）、达芙妮（Daphne）、迪奥（Dior）、登喜路（dunhill）、爱步（ecco）、芬迪（Fendi）、嘉蒙特（Garmont）、朱塞佩·萨诺第（Giuseppe Zanotti）、欢腾（Hangten）、花花公子（Playboy）、雨果·波士（Hugo Boss）、周仰杰（Jimmy Choo）、威士顿（J. M. Weston）、卡帕（kappa）、鳄鱼（Lacoste）、李宁（Li-Ning）、路易威登（Louis Vuitton）、乐徒（Lowa）、拉尼克（Manolo Blahnik）、耐克（Nike）、玖熙（Nine West）、皮尔·哈迪（Pierre Hardy）、潘比得（Pitorpan）、普拉达（Prada）、彪马（Puma）、瑞贝卡（Rebeca Sanver）、锐步（Reebok）、罗杰·维维亚（Roger Vivier）、菲拉格慕（Salvatore Ferragamo）、Stella Luna、斯卡帕（SCARPA）、塞乔·罗西（Sergio Rossi）、思加图（Staccato）、史蒂夫·马登（Steve Madden）、斯图尔特·韦茨曼（Stuart Weitzman）、他她（Tata）、Tod's、严弘吉（Treksta）、茵宝（Umbro）、华伦天奴（Valentino）、万斯（Vans）、威斯（Vasque）、伊夫·圣罗兰（Yves Saint Laurent）
钟表： 腕表、挂钟	朗格（A. Lange & Söhne）、爱彼（Audemars Piguet）、巴尔曼（Balmain）、宝珀（Blancpain）、宝玑（Breguet）、百年灵（Breitling）、宝路华（Bulova）、卡地亚（Cartier）、雪铁纳（Certina）、尚美（Chaumet）、萧邦（Chopard）、瑞宝（Chrono）、昆仑（Corum）、西马（Cyma）、时度（Doxa）、英纳格（Enicar）、依波路（Ernest Borel）、绮年华（Eterna）、弗兰克·穆勒（Franck Muller）、尊达（Gerald Genta）、芝柏（Girard-Perregaux）、格拉苏蒂（Glashütte Original）、汉米尔顿（Hamilton）、爱马仕（Hermès）、海赛珂（Hysek）、万国（IWC）、积家（Jaeger-LeCoultre）、尚维沙（Jean Richard）、浪琴（Longines）、美度（Mido）、万宝龙（Montblanc）、摩凡陀（Movado）、尼古拉·古雷（Nicholas Gray）、欧米茄（Omega）、豪利时（Oris）、沛纳海（Panerai）、帕玛强尼（Parmigiani）、百达翡丽（Patek Philippe）、伯爵（Piaget）、百浪多（Pronto）、雷达（Rado）、梭曼（Revue Thommen）、罗马（Roamer）、劳力士（Rolex）、山度士（Sandoz）、辛恩（Sinn）、司多娃（Stowa）、斯沃琪（Swatch）、豪雅（TAG Heuer）、天梭（Tissot）、梅花（Titoni）、帝舵（Tudor）、帝玛（Tutima）、雅典（Ulysse Nardin）、江诗丹顿（Vacheron Constantin）、真力时（Zenith）

(续)

珠宝： 项链、手镯等	胡茵菲（Anna Hu）、雅天妮（Artini）、爱丝普蕾（Asprey）、宝诗龙（Boucheron）、布契拉提（Buccellati）、宝格丽（Bvlgari）、卡地亚（Cartier）、西黛尔（CDE）、香奈儿（Chanel）、Chatila、尚美（Chaumet）、潮宏基（CHJ Jewellery）、萧邦（Chopard）、周生生（Chow Sang Sang）、周大福（Chow Tai Fook）、赵心绮（Cindy Chao）、大卫·莫里斯（David Morris）、大卫·雅曼（David Yurman）、戴比尔斯（De Beers）、迪奥（Dior）、恩佐（Enzo）、弗雷德（Fred）、永恒印记（Forevermark）、杰拉德（Garrard）、乔治杰生（Georg Jensen）、格拉夫（Graff）、古驰（Gucci）、海瑞温斯顿（Harry Winston）、爱马仕（Hermès）、伊泰莲娜（Italina）、羽兰（Jolée）、金伯利（Kimberlite）、卡洛伊巴特拉（Kloybateri）、老凤祥、Leysen、劳伦兹·鲍默（Lorenz Baumer）、御木本（Mikimoto）、欧克塞特（Oxette）、潘朵拉（Pandora）、伯爵（Piaget）、波米雷特（Pomellato）、麒麟珠宝（Qeelin）、雷波西（Repossi）、Sabbadini、施华洛世奇（Swarovski）、通灵珠宝（Tesiro）、蒂芙尼（Tiffany）、谢瑞麟（TSL）、梵克雅宝（Van Cleef & Arpels）、华洛芙（Wellendorff）、钻石小鸟（Zbird）
五金器具： 门、锁等	卡帕奈利（Carpanelli）、COCIF、戴乐克（Dirak）、Hafele HOPPE、海福乐（Haffle）、皇鼎、英格索兰（Ingersollrand）、Kaba、柯梅令（Koemmerling）、科勒、爱姆卡（EMKA）、FIDELID、名门门锁、三环、索斯科（Southco）、他她（Tata）、友迪斯（Udis）、威必驰（VBH）、Vingcard、雅洁五金、樱花
乐器： 钢琴、大提琴、小提琴、吉他等	阿玛蒂（Amati）、奥斯汀威特（Astin-Weight）、包德温（Baldwin）、B. C. RICH、贝茨斯坦（Bechstein,C）、布鲁斯诺（Bluthner）、贝森朵夫（Bosendorfer）、波士顿（Boston）、布罗德伍（Broadwood）、塞西利奥（Cecilio）、卡尔文托（Craviotto）、克里莫纳（Cremona）、ESP、伊斯坦尼亚（Estonia）、法奇奥里（Fazioli）、芬德（Fender）、福斯特（Forster August）、吉普森（Gibson）、Gretsch、戈特里安（Grotrian）、瓜达尼尼（Guadaguinini）、瓜纳里（Guarneri）、黑斯勒（Haessler）、霍夫曼（Hoffmann）、Ibanez、Jackson、卡尔·霍夫纳（Karl Hofner）、卡瓦伊（Kawai）、肯宝（Kemble）、梅森·翰姆林（Mason & Hamlin）、帕拉天奴（Palatino）、佩卓夫（Petrof）、罗兰（Roland）、舍米克（Samick）、萨德（Sauter）、舒密尔（Schimmel）、舒尔茨波尔曼（Schulze Pollmann）、赛乐尔（Seiler）、斯坦格列泊索纳（Steingraeber & Sohne）、斯坦威钢琴（Steinway & Sons）、斯坦伯格（Steinborgh）、斯托立克拉克（Story & Clark）、斯特拉迪瓦里（Stradivari）、沃尔特查尔斯（Walter Charles）、威伯（Weber）、沃立舍（Wurlitzer）、雅马哈-蒂维卡维尔（Yamaha-Disklavier）、英昌（Young Chang）
材料： 瓷器、木材等	伊加（AGA）、阿姆斯壮（Armstrong）、雅诗美（Azuvi）、必美（BeeMaid）、柏图（Bernardaud）、波尔嘉（Borja）、希得美思（Cerdomus）、德拉康卡（Del Conca）、德尔（Der）、东鹏、爱格（Egger）、欧罗（Euro）、加德尼亚（Gardenia）、Gien、凯莱（Gloria）、汉诺（Haro）、赫伦（Herend）、得高（Histep）、伊奈（INAX）、金舵、久盛地板、肯帝亚地板、芒果瓷砖（Keyspace）、瑞士卢森（Krono Swiss）乐迈（Lamett）、豪美思（LG Hausys）、Listone Giordano、雅致（Lladro）、楼兰（Lola）、马可波罗、麦森（Meissen）、蒙地卡罗、蒙娜丽莎、墨雅澜地板、大自然（Nature）、能强、则武（Noritake）、诺贝尔、欧神诺、普纳尼亚（Panaria）、柏丽（Pergo）、樵东、皇家哥本哈根（Royal Copenhagen）、皇家道尔顿（Royal Doulton）、升达地板、生活家、巴洛克、圣象、世友地板、斯米克、塞特维那（Stvilla）、圣·凡尔赛（S-versail）、特佳（Teka）、菲林格尔（Vohringer）、韦奇伍德（Wedgwood）、亚细亚、鹰牌

附录 B 国内外航空公司一览

ABC 航空　ABC Air
ADC 航空　ADC Airlines
阿尔及利亚航空　Air Algerie
阿根廷国家航空　Lineas Ae'reas del Estado
阿根廷航空　Aerolines Aegentinas
阿拉斯加航空　Alaska Airlines
阿莱恩斯航空　Air Alliance
阿富汗航空　Ariana Afghan Airlines
阿利萨德航空　ALISARDA-S.P.A
阿联酋航空　Emirates Airlines
阿鲁巴皇家航空　Royal Aruban Airlines
阿洛哈航空　Aloha Airlines
阿曼航空　Oman Air
阿塞拜疆航空　Azerbaijan Airlines
阿斯特拉罕航空　Astrakhan Airlines
埃及航空　Egypt Air
埃默里世界航空　Emery Worldwide Airlines
埃塞俄比亚航空　Ethiopian Airlines
爱尔兰国际航空　Aer Lingus
爱沙尼亚航空　Estonian Air
爱沙尼亚航空有限公司　EIK Airways
安大略航空　Air Ontario
安哥拉航空　Angola Airlines
奥比格鲁吉亚航空　Orbi Georian Airlines
奥地利航空　Austrian Airlines
奥格斯堡航空　Augsburg Airways

奥凯航空　Okay Airways
奥林匹克航空　Olympic Airways
澳门航空　Air Macau
澳斯拉尔航空　Austral lineas Aereas
澳亚航空　Australian Airlines
澳洲航空　Qantas Airways
澳洲北方航空　Airnorth
澳洲快递航空　Australian air Express
巴哈马航空　Bahamasair
巴基斯坦航空　Pakistan International Airlines
巴拉圭航空　Lineas Aereas Paraguayas
巴西货运 S. A. 航空　ABSA Cargo Airline
巴西约格朗德航空　Varig Brasil
白俄罗斯航空　Belavia Belarusian Airlines
柏林航空　Air Berlin
宝塔航空　Tower Air
巴尔干航空　Balkan Bulgarian Airlines
保加利亚航空　Bulgaria Air
北海道航空　Hokkaido International Airlines
北欧地区航空　Nordic Regional
北欧航空　Scandinavian Airlines
贝宁航空　Aero Benin
背风群岛航空　LIAT
比利时航空　Sobelair
比利时世界航空　SABENA
边疆航空　Frontier Airlines

别克斯航空　Vieques Air Link	法属加勒比航空　Air Caraïbes
滨海航空　Air Littoral	泛美航空　Pan American World Airways
冰岛航空　Icelandair	菲律宾航空　Philippine Airlines
波黑航空　Air Bosna	芬兰航空　Finnair
波兰航空　LOT Polish Airlines	佛得角航空　TACV Cabo Verde Airlines
波罗的海航空　Air Baltic	弗雷德·奥尔森航空　Fred Osen Flyselskap
博茨瓦纳航空　Air Botswana	伏尔加航空　Volga-Dnepr
不列特航空　Brit Air	福塞特航空　Compania de Aviacion
布拉德利航空　Bradley Air Services Limited	复兴航空　Trans-Asia Airways
常青航空　Evergreen International Airlines	富图拉航空　Futura International Airways
朝鲜高丽航空　Air Koryo	港龙航空　Hongkong Dragon Airline
穿越航空　AirTran Airways	喀里多尼亚航空　Crledonian Airways
串联航空　Tandem Aero	哥伦比亚共和航空　Aero República
春秋航空　Spring Air	哥伦比亚麦德林航空　SAM Colombia
翠鸟航空　Kingfisher Airlines	哥伦比亚中央航空　ACES Colombia
达洛航空　Daallo Airlines	哥斯达黎加塔卡航空　TACA Costa Rica
达美航空　Delta Airlines	哥特兰航空　Skyways Express
大不列颠航空　Britannia Airways	格陵兰航空　Gronlandsfly
大韩航空　Korean Airlines	格鲁吉亚航空　Air Georgian
大湖航空　Great Lakes Aviation	古巴统一航空　Cubana de Aviación
大陆航空　Continental Airlines	国家航空　National Airlines
大美利坚航空　Great American Airways	国泰航空　Cathay Pacific Aiways
大西洋东南航空　Atlantic Southeast Airlines	哈帕格劳埃德航空　H-L Fluggesellschaft
大西洋海岸航空　Atlantic Coast Airlines	海南航空　Hainan Airline
德邦航空　Debonair	海湾航空　Gulf Air
德干航空　Air Deccan	韩星航空　Hansung Airlines
德国包机航空　XL Airways Germany	韩亚航空　Asiana Airlines
地平线航空　Horizon Air	汉堡国际航空　Hamburg International
蒂罗林航空　Tyrolean Airways	汉莎航空　Lufthansa
东西航空　East-West Airlines	荷兰包机航空　Air Holland Charter
东星航空　Eaststar Air	荷兰泛航空　Transavia Holland N.V
敦豪航空　DHL Airways	荷兰皇家航空　KLM Royal Ducth Airlines
顿河航空　Aeroflot-Don	洪都拉斯航空　AeroHonduras
多洛米蒂航空　Air Dolomiti	华信航空　Mandarin Airlines
多米尼加航空　Dominicana de Aviación	环空航空　Transaero Airlines
2000航空　Air 2000	环美航空　American Trans Air
俄罗斯国际航空　Aeroflot Russian Airlines	环球航空　Trans World Airlines
厄瓜多尔航空　SAETA-Air Ecuador	皇家高棉航空　Royal Khmer Airlines
法国航空　Air France	皇家航空　Royal Airlines

惠旅航空　Valuair
基维国际航空　Kiwi International Airlines
极地货运航空　Polar Air Cargo
吉祥航空　Juneyao Airlines
几内亚航空　Air Guinee
纪元航空　Era Aviation
加勒比航空　Aerocaribe
加利福尼亚航空　Aero California
加拿大大西洋航空　Air Atlantic
加拿大航空　Air Canada
加拿大国际航空　Canadian Airlines Inter
加那利航空　Binter Canarias
加蓬航空　Air Gabon
嘉鲁达航空　Garuda Indonesia
箭航空　Arrow Air
捷特飞航空　Jetairfly
捷特航空　Jet Airways
捷星太平洋航空　Jetstar Pacific Airlines
捷运1号国际航空　Express One Interational
津巴布韦航空　Air Zimbabwi
精神航空　Spirit Airlines
静空航空　Calm Air Ltd
君主航空　Monarch Airlines
喀里多尼亚航空　Air Calédonie
喀麦隆航空　Camoroon Airlines
卡博航空　Kabo Air
卡尔航空　Kar-Air O/Y
卡利塔航空　Kalitta Air
卡姆航空　Kam Air
卡塔尔航空　Qatar Airways
康多尔航空　Condor Flugdienst
康恩航空有限公司　Connair Pty Ltd.
康特克航空　Contact Air
科威特航空　Kuwait Airways
科西嘉地中海航空　Corse Mediterranee
科西嘉国际航空　Corse Air International
克里北克航空　Air Creedec
克罗地亚航空　Croatia Airlines
肯捷航空　CanJet Airlines

肯尼亚航空　Kenya Airways
肯尼亚运输航空　Airkenya Aviation
库班航空　Kuban Airlines
魁北克航空　Quebecair Ltd.
拉布拉多航空　Air Labrador
拉德科智利航空　Ladeco Chilean Airlines
蓝天航空　Blue1
劳埃德航空　Aero Lloyd
老挝航空　Lao Aviation
立荣航空　UNI Air
立陶宛航空　Lithuanian Airlines
利比里亚航空　Air Liberia
利比亚阿拉伯航空　Libyan Arab Airlines
联邦快运　Federal Express
联合王国航空　Air UK.LTD.
联盟航空　Alliance Airlines
卢森堡航空　Cargolux Airlines International
卢森堡航空　LUXAIR
卢旺达航空　RwandAir
罗马尼亚航空　Tarom Romanian Air
罗盘航空　Compass Airlines
洛根航空　Loganair
马丁航空　Martinair
马尔航空　Aeromar
马尔斯克航空　Maersk Air
马耳他航空　Air Malta
马来西亚航空　Malaysian Airlines
马其顿航空　Palair Macedonian
曼谷航空　Bangkok Airways
曼克斯航空　Manx Airlines
毛里求斯航空　Air Mauritius
梅帕蒂航空　Merpati Nusantara Airlines
梅萨航空　Mesa Air
美国国际喷气机　Amerijet International
美国航空　American Airlines
美国联合航空　United Airlines
美国西南航空　Southwest Airlines
美国航空　Americana de Aviation
美国航空　Air America

中文名称	英文名称	中文名称	英文名称
美洲西部航空	American West Airlines	日本通勤航空	Japan Air Commuter
蒙古航空	Aero Mongolia	日本亚细亚航空	Japan Asia Airways
孟加拉航空	Bangladesh Biman	瑞典西方航空	West Air Sweden
秘鲁航空	Aeroperu	瑞士国际航空	Swiss International Airlines
秘鲁跨海空运	Aeronaves del Peru	瑞士航空	Swissair
秘鲁秃鹰航空	Aero Cóndor	萨克林航空	Sucklines Airways
缅甸国际航空	maiair	塞浦路斯航空	Cyprus Airways Ltd.
缅甸航空	Burma Airways	塞浦路斯土耳其航空	Kibris Turkish Airlines
摩尔多瓦航空	Air Moldova	森帕蒂航空	Sempati Air
摩洛哥皇家航空	RAM Royal Air Maroc	沙特阿拉伯航空	Saudi Arabian Airlines
摩托斯奇航空	Motor Sich Airlines	厦门航空	Xiamen Airlines
莫桑比克航空	LAM	山东航空	Shandong Airlines
墨西哥国际航空	Aero Mexico	闪光航空	Flash Airlines
墨西哥航空	Mexicana Airlines	上海航空	Shanghai Airlines
墨西哥空运	Aeroexo	深圳航空	Shenzhen Airlines
默洛特航空	Merlot International Aviation	圣保罗航空	VASP
纳米比亚航空	Air Namibia	胜安航空	Silk Air
南方航空	Air South Airlines	施赖纳航空	CHC Airways
南非航空	South African Airway	首都航空	Capital Airlines
南非快运航空	SA Express Airways	斯里兰卡航空	SriLankan Airlines
南斯拉夫航空	Jat Airways	斯洛伐克航空	Air Slovakia
尼泊尔航空	Nepal Airlines	斯潘航空	Spanair
尼昆航空	Necon Air	四川航空	Sichuan Airlines
尼日利亚航空	Nigeia Airways	苏丹航空	Sudan Airways
诺斯特姆航空	Air Nostrum	塔卡航空	TACA Costa Rica
诺瓦航空	Air Nova	塔斯利航空	Tassili Airlines
欧拉尔国际航空	Euralair International	太阳城航空	Sun Country Airlines
欧洲航空	Air Europe	太阳神航空	Helios Airways
欧洲洛特航空	EuroLOT	泰国东方航空	Orient Thai Airlines
欧洲中部航空	Centavia	泰国国际航空	Thai Airways
派维翼航空	Private Wings	泰国亚洲航空	Thai AirAsia
喷射航空	Aeroejecutivos	泰坦航空	Titan Airways
葡萄牙航空	TAP Air Portugal	坦桑尼亚航空	Air Tanzania
秋明航空	Tyumen Airlines	天津航空	TianJin Airline
全美航空	US Airways	通加鲁航空	Air Tungaru
全日空	All Nippon Airways	突尼斯航空	Tunisair
日本短途航空	Air Nippon	突尼斯尼韦尔航空	Nouvelair Tunisie
日本航空	Japan Airlines	图卢兹国际航空	Air Toulouse International
日本跨洋航空	Japan TransOcean Air	土库曼斯坦航空	Turkmenistan Airlines

托马斯库克航空　Thomas Cook Airlines	亚洲国际航空　Aero Asia International
万那杜航空　Air Vanuatu	亚洲航空　AirAsia
危地马拉航空　Aviateca	仰光航空　Yangon Airways
威斯康星航空　Air Wisconsin	也门航空　Yemenia
维德勒航空　Wideroe	伊比利亚航空　Iberia Airlines
维尔姆航空　VLM	伊朗阿塞曼航空　Iran Aseman Airlines
维纳斯航空　Venus airlines	伊朗航空　Iran Air
维瓦航空　Viva Air	伊努伊特航空　Air Inuit
维也纳劳达航空　Lauda Air	伊斯捷特航空　EasyJet
维珍航空　Virgin Atlantic Airways	以色列航空　EL AL Israel Airlines
汶莱皇家航空　Royal Brunei Airlines	意大利航空　Alitalia
乌干达航空　Air Uganda	意大利欧洲航空　Air Europe Italy
乌克兰国际航空　Ukraine International Airlines	银河航空　Galaxy Airlines
乌克兰航空　Air Ukraine	印度航空　Air India
乌特雷默法国航空　AOM French Airlines	印尼布拉克航空　Bouraq Indonesia Airlines
西班牙欧洲航空　Air Europa Lineas Aereas	印度撒哈拉航空　Sahara India Airlines
西北航空　Northwest Airlines	英国航空　British Airways
西伯利亚航空　Siberia Airlines	英国西印度航空　BWIA Inter Airways
夏洛特航空　CC Air	英伦航空　British Midland Airways Ltd
夏威夷航空　Hawaiian Airlines	英特拉航空　Intra Airways Ltd.
香港航空　Hong Kong Airlines	鹰联航空　United Eagle Airlines
辛伯航空　Cimber Sterling	约旦皇家航空　Royal Jordanian
新加坡航空　Singapore Airlines	越南航空　Vietnam Airlines
新加坡老虎航空　Tiger Airways	越洋航空　Air Transat
新西兰航空　Air New Zealand	扎伊尔航空　Air Zaire
新星航空　Nova Airlines	长荣航空　Eva Airways
星空飞行航空　StarFlyer	智利航空　LAN Airlines
匈牙利航空　Malév Hungarian Airlines	智能翼航空　SmartWings
雅达尤航空　Jatayu Airlines	中东航空　MEA Middle East Airlines
亚当航空　PT. Adam SkyConnection Airlines	中国东方航空　China Eastern Airlines
亚德里亚航空　Adria Airways	中国国际航空　Air China
亚马逊航空　TABA	中国南方航空　China Southern Airlines
亚速尔航空　SATA Air Acores	中华航空　China Arlines
亚特拉斯航空　Atlas Air	自由航空　Freedom Air
亚特兰大冰岛航空　Air Atlanta Icelandic	

本书所现品牌列表

A

Acco　雅高
Adidas　阿迪达斯
American Standard　美标
AMG
Amway　安利
ANGSANA　悦椿
Apple　苹果
Aston Martin　阿斯顿·马丁
AT&T
Audi　奥迪
Ausone　奥松
Avis　艾维斯

B

Banyan Tree　悦榕山庄
Baroque　巴罗克
Barq　伯克
Baxy　八喜
Beetle　甲壳虫
BeLLE　百丽
Bentley　宾利
BenQ　明基
Benz　奔驰
Biotherm　碧欧泉
BMW　宝马
Boeing　波音
Bose
Bottega Veneta　葆蝶家
Braun　博朗
Bright Dairy　光明
Budget　巴基特
Buick　别克
Burberry　巴宝莉

C

Cadillac　凯迪拉克
Calvin Klein　卡尔文·克莱因
Camay　佳美
Camry　凯美瑞
Candlewood Suites
Cartier　卡地亚
CÉLINE　思琳
Chairmin
Chanel　香奈儿
Changhong　长虹
Cheval Blanc　白马
Chloé　蔻依
Christine　克莉丝汀
Christofle　昆庭
Chrysler　克莱斯勒

Clairol 伊卡璐
Clarks 其乐
Clean & Clear 可伶可俐
Clear 清扬
Coach 蔻驰
Coca-Cola 可口可乐
COCO 都可奶茶
Cold Stone 酷圣石
Cole Hann
Colgate 高露洁
Colnago
Comme des Garçons 川久保玲
Connolly 康纳利
Conrad 康拉德
Converse 匡威
Corolla 花冠
Crest 佳洁士
Crown 皇冠
Crowne Plaza 皇冠假日酒店
Cupnoodles 合味道

D

Da Vinci 达芬奇
DAIHATSU 大发
Dairy Queen 冰雪皇后
Danone 达能
Dell 戴尔
Dewar's
Diesel 迪赛
Dior 迪奥
Disney 迪士尼
Dolce & Gabbana 杜嘉班纳
Dove 德芙
Dr. P 包大人
dunhill 登喜路
Dupont 杜邦
Durex 杜蕾斯

E

Ecco 爱步
Echo 回声
EPAX 菲仕兰
Esso 埃索
Estée Lauder 雅诗兰黛
Europcar 欧洲汽车
Evian 依云
Extra 益达

F

Fanta 芬达
Ferrari 法拉利
Ferrero 费雷罗
Fiat 菲亚特
Florida's Natural
Fonterra 恒天然
Ford 福特
Fotile 方太
Four Seasons 四季酒店
Fruitopia 水果国度
Fujiflim 富士胶卷

G

Gaggenau 嘉格纳
Gatorade 佳得乐
GANSO 元祖
GE 通用电气
Geely 吉利
Giant 捷安特
Gillette 吉列
Giorgio Armani 乔治·阿玛尼
Givenchy 纪梵希
Giving 启初
GM 通用汽车
Goldlion 金利来
Golf 高尔夫

Google　谷歌
Grand Hyatt　君悦酒店
Gree　格力
GSK　葛兰素史克

H

H&M
Häagen-Dazs　哈根达斯
Haier　海尔
Hair Song　顺爽
Hampton　汉普顿
Hanglung　恒隆
Hanting Hotel　汉庭酒店
Harley-Davidson　哈雷
Haut-Brion　奥比安
Hazeline　夏士莲
Head & Shoulders　海飞丝
Heineken　喜力
Heinz　亨氏
Herborist　佰草集
Hermès　爱马仕
Hertz　赫兹
Hi Inn　海友酒店
Hilton　希尔顿
Hino　日野
Hitachi　日立
Holiday Inn　假日酒店
Holiday Inn Express　快捷假日
Home Inn　如家
Honda　本田
Hotel Indigo
HP　惠普
HTC
Huawei　华为
Hugo Boss　雨果·波士

I

Ibis　宜必思

IBM
iceason　爱西西里
IKEA　宜家
Inoherb　相宜本草
Intel　英特尔
InterContinental　洲际酒店

J

J. Lindeberg
Jaguar　捷豹
Jawha　上海家化
Ji Hotel　全季酒店
Jinjiang Inn　锦江之星
Johnson & Johnson　强生
Joy　喜悦
JuneYao　均瑶

K

KangShiFu　康师傅
Kartell
KENWOOD　健伍
Kempinski　凯宾斯基
KFC　肯德基
Kinder　健达
KIRIN　麒麟
Kleenex　舒洁
Kodak　柯达
Kohler　科勒
Konka　康佳

L

L'Oréal　欧莱雅
La Mer　海蓝之谜
Lacoste　鳄鱼
Lactalis　拉克塔利斯
Lafite　拉斐
Lamborghini　兰博基尼
Lamy　凌美

Lancôme　兰蔻
Land Cruiser　兰德酷路泽
Land Rover　路虎
Latour　拉图
Le Cake　诺心
Le Méridien　艾美酒店
Lenovo　联想
Lexus　雷克萨斯
Lincoln　林肯
Li-Ning　李宁
Listone Giordano
Liu Shen　六神
Lladró　雅致
Longchamp　珑骧
Longines　浪琴
Lotto　乐途
Lotus　莲花
Louis Vuitton　路易威登
Lux　力士

M

M & M　玛氏
Margaux　玛歌
Marlboro　万宝路
Mary Kay　玫琳凯
Maserati　玛莎拉蒂
MaxMara
Maxam　美加净
Maybach　迈巴赫
McDonald's　麦当劳
McKinsey　麦肯锡
Mei Ling　美菱
Meiji　明治
Meng Niu　蒙牛
Merck　默克
Merida　美利达
MI　小米

Microsoft　微软
Miele　美诺
Mini　迷你
MiniNurse　小护士
Missoni　米索尼
Mitsubishi　三菱重工
Mobil　美孚
Moncler　蒙克莱
Montblanc　万宝龙
Motorola　摩托罗拉
Moutai　茅台
Mouton　武当
Movado　摩凡陀
MUJI　无印良品
My Dot Drops

N

Nestlé　雀巢
New Balance　新百伦
NHH　立天唐人
Nike　耐克
Nikon　尼康
Nokia　诺基亚
Nongfu Spring　农夫山泉
Nutrasweet　纽特健康糖
NVC　雷士

O

OREO　奥利奥
Opple　欧普
Osram　欧司朗

P

P&G　宝洁
Pampers　帮宝适
Panasonic　松下电器
Pantene　潘婷
Papa John's　棒约翰

Parker 派克
Paul Smith 保罗·史密斯
Pentium 奔腾
Pepsi 百事
Perrier 巴黎水
Pétrus 翠柏
PEUGEOT 标致
Phoenix 凤凰
Pierre Cardin 皮尔·卡丹
Pioneer 先锋
Philips 飞利浦
Poison 百爱神
Pont des Art 艺术之桥
Poraroid 宝丽来
Porsche 保时捷
Prada 普拉达
PRESIDENT 统一
Proten 普腾
Puma 彪马

R

RedBul 红牛
Reebok 锐步
Rejoice 飘柔
Richart 理查特
Rimowa 日默瓦
Rolls-Royce 劳斯莱斯
Royal Copenhagen 皇家哥本哈根
Royal Doulton 皇家道尔顿
Royal Furniture 皇朝家私

S

S. T. Dupont 都彭
Salem 沙龙
Samsonite 新秀丽
Samsung 三星
Schwarzkopf 施华蔻
Scion 塞恩

Seagate 希捷
Shang Xia 上下
Shangri-La 香格里拉
Shell 壳牌
Siemens 西门子
SKAP 圣伽步
Slek 舒蕾
Smart
Sofitel 索菲特
Soft Sense 恒妍
SOLOMO
Sony 索尼
Specialized
Sprite 雪碧
St. Regis hotel 圣雷吉斯酒店
Standard Oil 标准石油
Starbucks 星巴克
Staybridge Suites
Subaru 斯巴鲁
Sulwhasoo 雪花秀
Sunning 苏宁
Surge 大浪
Swarovski 施华洛世奇
Syoss 丝蕴

T

T-beauty 茶颜
Tefal 特福
Tencent 腾讯
Tesco Express 特易购
The Forever 永久
The Ritz-Carlton 丽兹卡尔顿酒店
ThinkPad 思考本
Tibet Spring 西藏 5100
Tide 汰渍
Tiffany 蒂凡尼
Timberland 添柏岚

Toshiba　东芝
TOUS　淘气小熊
Toyota　丰田
TRIO
Tsingtao　青岛啤酒
TUMI

U

Umbro　茵宝
UNI　三菱水笔
Unilever　联合利华
Uriage　依泉

V

Valentino　华伦天奴
VANCL　凡客诚品
Vanke　万科
VAS　胜亚
Vidal Sassoon　沙宣
Virgin　维珍
Vitasoy　维他奶
Vlasic
Volkswagen　大众
Volvo　沃尔沃

W

WaHaHa　娃哈哈
Wall's　和路雪
Wal-mart　沃尔玛
Waterman　威迪文
Watsons　屈臣氏
Wedgwood　威基伍德
Wella　威娜
Whispers　护舒宝
WINSTON　云丝顿
Wrigley　箭牌

X

Xerox　施乐
Xingcheng Hotel　星程酒店
Xiyue　禧玥

Y

Yahoo　雅虎
Yamaha-Disklavier　雅马哈－蒂维卡维尔
Yili　伊利

Z

Zara

其他

3M
7 Days Inn　七天酒店
7-up　七喜
10 Corso Como
°CoolTec

参考文献

[1] 艾·里斯，杰克·特劳特. 定位：有史以来对美国营销影响最大的观念 [M]. 谢伟山，苑爱东，译. 北京：机械工业出版社，2011.

[2] 唐纳德·莱曼，拉塞尔·温纳. 产品管理 [M]. 汪涛，译. 4版. 北京：北京大学出版社，2006.

[3] 菲利普·科特勒，凯文·莱恩·凯勒. 营销管理 [M]. 王永贵，于洪彦，译. 13版. 上海：格致出版社，2009.

[4] 李杰. 战略性品牌管理与控制 [M]. 北京：机械工业出版社，2012.

[5] 菲利普·科特勒，弗沃德. B2B品牌管理 [M]. 楼尊，译. 上海：格致出版社，上海人民出版社，2008.

[6] 杨晓燕，周慧，邓元兵. 中国制造及其国家品牌营销战略 [J]. 销售与市场（管理版），2010.

[7] 张译匀，沈璟璟. 基于波特竞争力模型的宝洁竞争策略分析 [J]. 商场现代化，2010.

[8] 余明阳，戴世富. 品牌战略 [M]. 北京：清华大学出版社，北京交通大学出版社，2009.

[9] 卡尔·麦克丹尼尔，小查尔斯·兰姆，小约瑟夫·海尔. 市场营销学 [M]. 时启亮，朱洪兴，王啸吟，译. 8版. 上海：世纪出版集团，上海人民出版社，2006.

[10] 阿德里安·瑞安斯. 击败低价对手：优质品牌如何应对低价竞争者 [M]. 屈云波，李怡锦，译. 北京：企业管理出版社，2010.

[11] 伊萨多·夏普. 四季酒店：云端筑梦 [M]. 赵何娟，译. 海南：南海出版公司，2011.

[12] 郭晓凌. 品牌层级与品牌战略 [J]. 商业时代，2003.

[13] 邱红彬. 关于品牌定位几个理论问题的探讨 [J]. 北京工商大学学报（社会科学版），2002.

[14] 韩经纶，赵军. 论品牌定位与品牌延伸的关系 [J]. 南开管理评论，2006（14）.

[15] 江明华，曹鸿星. 品牌形象模型的比较研究 [J]. 北京大学学报，2003（2）.

[16] 贺川生. 美国语言新产业调查报告：品牌命名 [J]. 当代语言学，2003.

[17] 沈之扬. 品牌翻译中的民族文化因素 [J]. 中国经贸，2003（8）.

[18] 郑献芹. 品牌命名的方式和技巧 [J]. 河南师范大学学报（哲学社会科学版），2007（3）.

[19] 王金军. 标志设计的关键——记忆点 [J]. 装饰，1996.

[20] 魏坤. 品牌传播中的标志设计 [J]. 科技创业月刊，2006（3）.

[21] 李泽厚. 美学三书 [M]. 安徽：安徽文艺出版社，1999.

[22] 唐E舒尔茨，菲利普J凯奇. 全球整合营销传播 [M]. 黄鹂，何西军，译. 北京：机械工业出版社，2012.

[23] 钮先钟. 危机与危机管理：理论与实际 [J]. 中华战略学刊，1986：91.

[24] 朱爱群. 危机管理 [M]. 台北：五南图书出版股份有限公司，2002.

[25] 史英杰，唐建生. 浅议多品牌战略企业内部协同机制 [J]. 现代财经：天津财经大学学报，2008（7）.

[26] 张婉茹，王海澜. 中外企业的品牌战略及思考 [J]. 科技与管理，2004（4）.

[27] 吕承超，孙日瑶. 多品牌战略内在机制的经济分析 [J]. 经济经纬，2011（6）.

[28] 郭兵，郑颖超. 企业多品牌战略影响因素分析 [J]. 现代商业，2008（35）.

[29] 许娟娟，付雅莲. 品牌架构类型分析：公司品牌和产品品牌的结构性关系 [J]. 现代管理科学，2009.

[30] 马宁. 宝洁与联合利华——全球两大日化帝国的品牌行销策略 [M]. 北京：中国经济出版社，2006.

[31] 陈茹冰，吴丹. 宝洁与联合利华市场营销策略比较分析 [J]. 现代商贸工业，2008（3）.

[32] 李青. 品牌延伸的顾客评价研究综述 [J]. 广东外语外贸大学学报，2008.

[33] 卢泰宏，谢飙. 品牌延伸的评估模型 [J]. 中山大学学报（社会科学版），1997.

[34] 符国群，品牌延伸研究：回顾与展望 [J]. 中国软科学，2003.

[35] 裘晓东，赵平. 如何实施成功的品牌延伸战略 [J]. 商业研究，2003.

[36] 程桢. 品牌创新的动因及策略 [J]. 管理现代化，2004.

[37] 张岩松，品牌创新的四大基石 [J]. 企业改革与管理，2005.

[38] 周玫. 基于顾客忠诚的品牌竞争力评价分析 [J]. 当代财经，2005，9（3）.

[39] 张为栋. 略论品牌的情感定位与顾客忠诚度的维系 [J]. 商业研究，2004，6（4）.

[40] 范秀成. 品牌权益评估方法 [J]. 南开管理评论，2000，1.

[41] 云小风. 浅议企业提升品牌资产价值的策略 [J]. 当代经理人，2006，5（1）：34-37.

[42] 丁家永. 从品牌资产价值角度看名牌战略规划 [J]. 机电信息，2006，3（10）：77-83.

[43] 海尔集团企业文化中心. 品牌经营全球化：企业文化结硕果 [J]. 现代企业，2009.

[44] 周源. 我国企业 OEM 向 OBM 转变路径探究 [J]. 商业时代，2012.

[45] 康娜，聂岸羽. 企业自主创新浅析——由 OEM 到 ODM、OBM [J]. 现代商业，2010.

[46] 唐文龙. "中国制造"，踏上品牌全球化征程 [J]. 企业研究，2010.

[47] 杨承东. 中国本土品牌：连遭外资并购后该沉思些什么 [J]. 品牌，2010.

[48] 万后芬，周建设. 品牌管理 [M]. 北京：清华大学出版社，2006.

[49] 郭国庆. 市场营销学通论 [M]. 5 版. 北京：中国人民大学出版社，2013.

[50] 菲利普·科特勒，凯文 L 凯勒. 营销管理 [M]. 全球版. 王永贵等，译. 14 版. 北京：中国人民大学出版社，2012.

[51] 邓德隆. 2 小时品牌素养 [M]. 3 版. 北京：机械工业出版社，2011.

[52] 戴维·阿克，埃里克·乔基姆塞勒. 品牌领导 [M]. 耿帅，译. 北京：机械工业出版社，2012.

[53] 乔恩·米勒，戴维·缪尔. 强势品牌的商业价值 [M]. 叶华，周海昇，译. 北京：中国人民大学出版社，2007.

[54] 戴维·阿克. 创建强势品牌 [M]. 李兆丰，译. 北京：机械工业出版社，2012.

[55] 苏珊娜·哈特，约翰·莫非. 品牌圣经 [M]. 高丽新，译. 北京：中国铁道出版社，2005.
[56] 贝恩特·施密特，亚历克斯·西蒙森. 视觉与感受：营销美学 [M]. 曹嵘，译. 上海：上海交通大学出版社，1999.
[57] 杨柳，雷新敏. 浅析酒店集团品牌战略选择——以新加坡悦榕集团为例 [J]. 旅游研究，2012.
[58] 贾丽军. 品牌美学定义演变与研究意义 [J]. 广告大观综合版，2009（07）.
[59] 孙德良. 市场和产品与品牌定位的区别及联系 [J]. 现代企业，2010（05）.
[60] 庹晓骅. 电视频道也要品牌化 [J]. 电视研究，2002（07）.
[61] 厉春雷. 论品牌审美时代的到来 [J]. 文化论坛，2012（06）.
[62] 王昕. 品牌·美学·流派 [J]. 美术报，2008（32）.
[63] 张锐，张焱. 品牌表意系统的构成及塑造方法研究——基于品牌美学的视角 [J]. 重庆文理学院学报（社会科学版），2010（29）.
[64] 赵晓飞. 品牌发展模式——茅台PK五粮液 [J]. 中外企业文化，2011（09）.
[65] 李建福，李晓红. 品牌翻译的美学价值体现 [J]. 河北联合大学学报（社会科学版），2013.
[66] 辛杰. 品牌美学视角下的品牌策略 [J]. 经济与管理，2008（22）.
[67] 郑献芹. 品牌命名的方式和技巧 [J]. 河南师范大学学报（哲学社会科学版），2007（05）.
[68] 杨柳，雷新敏. 浅析酒店集团品牌战略选择——以新加坡悦榕集团为例 [J]. 旅游研究，2012（04）.
[69] 纪伟. 对星巴克体验营销的探索性研究——以星巴克消费者为研究对象 [J]. 中国集体经济，2008（01）.
[70] 祝合良. 中国品牌发展的回顾与展望 [J]. 中国商业改革开放30年回顾与展望，2008.
[71] 沃尔夫冈·韦尔施. 我们的后现代的现代 [M]. 洪天富，译. 北京：商务印书馆，2004.
[72] 腾守尧，聂振斌. 知识经济时代的美学与设计 [M]. 江苏：南京出版社，2006.
[73] 杨先艺. 设计艺术历程 [M]. 北京：人民美术出版社，2009.
[74] Dana L. Alden, Jan-Benedict E. M. Steenkamp, Rajeev Batra. Brand Positioning Through Advertising in Asia, North America, and Europe: The Role of Global Consumer Culture[J]. Journal of Marketing Research, 1999, 63（1）: 75-87.
[75] Sobodh Bhata, Srinivas K. Reddyb. The impact of parent brand attribute associations and affect on brand extension evaluation[J]. Journal of Business Research, 1999.
[76] Sobodh Bhata, Srinivas K. Reddyb. The impact of parent brand attribute associations and affect on brand extension evaluation[J]. Journal of Business Research, 1999.
[77] David Aaker, Kevin Keller. Consumer evaluation of brand extensions[J]. Journal of Marketing, 1990.
[78] Tauber. Brand Franchise Extension: New Product Benefit from Existing Brand Name[J]. Business Horizon, 1981.
[79] Smith Park. The Effects of Brand Extensions on Market Share and Advertising Efficiency[J]. Journal of Marketing Research, 1992.
[80] John Philip Jones. What's in a Brand? Building Brand Equity Through Advertising[M]. McGraw-

Hill Education, 1998.

[81] Philip Kotler, Levy. Broadening the Concept of Marketing[J]. Journal of Marketing, 1969.

[82] P. H. Collin, A. Ivanovic. Dictionary of Marketing[M]. Bloomsbury Reference, 2004.

[83] David Aaker, Jennifer L. . Dimensions of Brand Personality[J]. Journal of Marketing Research, 1997.

[84] Christopher M. Moore, Grete Birtwistle. The Burberry Business Model: Creating An International Luxury Fashion Brand[J]. International Journal Of Retail & Distribution Management, 2004. 8(32).